変貌する世界の緑の党

草の根民主主義の終焉か？

E・ジーン・フランクランド
ポール・ルカルディ
ブノワ・リウー 編著
白井和宏 訳

緑風出版

目次

変貌する世界の緑の党——草の根民主主義の終焉か？

第12章　イギリスにおける緑の党　組織の変化と継続性

執筆者一覧

編者　E・ジーン・フランクランド（E.Gene Frankland）、ポール・ルカルディ（Paul Lucardie）、ブノワ・リウー（Benoît Rihoux）

第1章
ポール・ルカルディ（Paul Lucardie）オランダ・フローニンゲン大学・政党資料センター研究員
ブノワ・リウー（Benoît Rihoux）ベルギー・ルーヴァンカトリック大学・政治学教授

第2章　ドイツ
E・ジーン・フランクランド（E.Gene Frankland）アメリカ・インディアナ州マンシー市・ボール州立大学・欧州政治学教授

第3章　フランス

ブルーノ・ヴィッラルバ（Bruno Villalba）フランス・リール第二大学政治学講師

第4章　フィンランド

ユッカ・パーステーラ（Jukka Paastela）フィンランド・タンペレ大学政治学教授

第5章　ベルギー

ジョー・ビュロン（Jo Buelens）ベルギー・ブリュッセル自由大学研究員

パスカル・デルウィ（Pascal Delwit）ベルギー・ブリュッセル自由大学政治研究センター政治学教授

第6章　アイルランド

ジョージ・テイラー（George Taylor）アイルランド・ゴールウェイ国立大学政治社会学、公共政策学講師

ブレンダン・フリン（Brendan Flynn）アイルランド・ゴールウェイ国立大学政治社会学講師

第7章　スイス

アンドレアス・ランドナー（Andreas Landner）スイス・ローザンヌ公共行政学大学院・行政政策教授

マイケル・ブランドル（Michael Brändle）スイス連邦政府外務省職員

第8章　オーストリア

フォルクマール・ローバー（Volkmar Lauber）オーストリア・ザルツブルク大学政治学教授

第9章　スウェーデン

ジョン・バーチェル（Jone Burchell）イギリス・シェフィールド大学戦略的経営学講師

第10章　オランダ

ポール・ルカルディ（Paul Lucardie）オランダ・フローニンゲン大学政党資料センター研究員

ヘーリット・ヴァールマン（Gerrit Voerman）オランダ・フローニンゲン大学政党資料センター所長

第11章　オーストラリア、ニュージーランド

クリスティーヌ・ダン（Christine Dann）ニュージーランド・ニュージーランド緑の党元役員・研究員、論文「世界の緑の党の起源」で博士号

第12章　イギリス

ウォルフガング・リューディッヒ（Wolfgang Rüdig）スコットランド・ストラスクライド大学政治学部准教授

第13章　カナダ

ジャクリーン・シャープ（Jacqueline Sharp）カナダ・ホリスティック栄養士、気候変動経済学者、オンタリオ緑の党で活動

アニタ・クラインク（Anita Krajnc）カナダ・トロント・メディア民主主義運動家、著述家、プロテスト・アート（抗議の芸術）と独立メディアについて執筆中

第14章　アメリカ

ジョンC・ベルク（John C.Berg）アメリカ・サフォーク大学政治学部教授学部長、イギリス・オックスフォード大学ロザミア・アメリカ研究所研究員

第15章　結論

ブノワ・リウー、E・ジーン・フランクランド

はじめに

（ブノワ・リウー、ポール・ルカルディ、Ｅ・ジーン・フランクランド）

国会議員の当選を目ざした緑の政治団体は最初に、ニュージーランド（一九七二）、イギリス（一九七三）で結成された。ただしどちらも「緑の党」という名称を用いたのは後になってのことである。そして明確に「緑の党」として、世界中に出現するようになったのは、一九八〇年代初めから半ばにかけてである。当時、緑の党が大きな注目を集めたのは、既成の政党制度を否定する組織方針を掲げ、自らの組織だけでなく、社会全体に草の根民主主義を定着させると主張していたからだった。既成政党に比べて組織は小さかったが、多くの緑の党は設立から十年以内に国会議員を誕生させた。一九九〇年代半ばには、フィンランドとイタリアの緑の党が、初めて連立政権に参加した。野党だった他国の緑の党も、政治と社会に影響力を発揮するようになった。ただし、緑の党が登場したことで政党間の競争関係が変化する一方で、緑の党自体も他政党との関係によって変化してきた。

こうした状況を踏まえて一九九七年一月に、ポール・ルカルディとブノワ・リウーは「欧州政治研究協会（ＥＣＰＲ）」に研究会の設置を提案した。そのテーマは「既成の政党組織への挑戦か？　緑の党およびオルタナティブな左翼政党における組織の理論と実践」という内容だった。

緑の党が欧州で誕生してから二十年、激動時代を生き抜き、現実社会の中で発展を遂げていた。その過程で、緑の党がどのように組織を進化させたのか調査することが目的だった。研究会を企画したもう一つの理由は、近年、政党に関する比較研究論文が相次いで出版されことによる。イタリアのアンジェロ・パーネビアンコによる政党論についての画期的な著作『政党　組織と権力（*Political Parties: Organization and Power*）』（村上信一郎訳、ミネルヴァ書房、二〇〇五 [Panebianco, 1988]）、アメリカのリチャード・カッツとアイルランドのピーター・メアによる政党組織についての実証的な二冊の著作（Katz/Mair "*Party Organizations: A Data Handbook*", 1992, "*How Parties Organize*" 1994）、さらには現代のエリート政党に関する研究（Koole 1996）や、学術誌「理論政治学ジャーナル（*Journal of Theoretical Politics*）」に掲載されたアメリカのロバート・ハーメルとケネス・ジャンダの優れた論文（Harmel/Janda, 1994）などである。

上記の「欧州政治研究協会」のセミナーには一五人の学者・研究者が集まり、一九九八年三月にイギリスのウォリックで合同会議を開催して、本書の企画が生まれた。まずは参加者の一人ジーン・フランクランドに、ブノワ・リウーとポール・ルカルディが加わって論文を作成した。その後、さらに視点を広げるために研究者を募り、アイルランド、オーストラリア、ニュージーランド、カナダ、アメリカに関する論文をまとめたのが本書である。

完成に至るまで、長期にわたる努力を必要とした。協力者の方々の熱意に感謝したい。

第一部　序論

第1章 「アマチュア運動家の党」から「プロフェッショナルな選挙政党」へ?

― 西欧民主国家における「緑の党」の組織変容について ―

変化した緑の党

今なぜ、緑の党に関する論文を出版する必要があるのだろうか。一九八〇年代の緑の党は、新鮮で刺激的な存在だった。自然や経済成長をめぐる既成概念に異議を唱えただけでなく、ドイツの社会学者ロベルト・ミヘルス(一八七六〜一九三六年)が提唱した「寡頭制の鉄則」、すなわち「あらゆる社会集団は規模が拡大するにつれて必ず寡頭制になる」という命題に挑戦していた(『現代民主主義における政党の社会学—集団活動の寡頭制的傾向についての研究』(森博・樋口晟子訳、木鐸社、一九七三)(Michels, [1911] 1962)。すべての緑の党にとって「草の根民主主義」の実践は、イデオロギー的な信条であると同時に、重要な組織課題だった。緑の党と連携する新しい社会運動についても、次のように語っていた。

「現代の社会運動における新たな組織形態は、運動の目的を達成するための単なる手段だからではない。新たな組織を作ることに目的があるのだ。……運動自体が新しい方法であり、その方法こそが新しいメッセージなのである」(Melucci, 1984)。

ところが約三十年が経過した現在の緑の党は、初期の頃の魅力と純粋さを失っている。緑の党は発展し、いくつかの国では連立政権にも加わった。しかし、政権に近づく過程の中で、緑の党は草の根民主主義を置き忘れてしまったのではないかとも思われるのだ。

準備段階や創設期にある政党は、外部からの圧力に影響を受けやすく、組織も変化しやすい。とくにメンバーが少人数で、組織の制度化が遅れている政党はその傾向が強い。しかし緑の党にとって、どのような組織を形成するかという課題は、アイデンティティの核心であるとともに、政治的な目標だった。「すべての政党は必然的に、非公式な権力の集中と独占化が進み、同じ道をたどることになる」と予言したミヘルスやオストロゴルスキーの「寡頭制化」に対して、緑の党は(暗に、あるいは明らかに)挑戦しようとしたのである(Ostrogorski, [1902] 1964)。

本書の目的は、緑の党のアイデンティティである草の根民主主義が、今もどの程度まで堅持されているのか検証することにある。さらに、それに付随する疑問もある。第一に、そもそも緑の党が、少なくとも設立時には、草の根民主主義を原則にしていたというのは確かな事実なのだろうか。創設時の神話に過ぎないということはないのか。第二に、もしも、当初から草の根民主主義を実践していたとしても、彼らの組織が「特殊な形態の党」であり、彼らの主張どおり他政党とは異なる組織だったのだろうか。第三の疑問として、緑の党が当初は既成政党と異なる組織であったとしても、今ではより一般的な主流の政党組織に変化したのではないのだろうか。そして、もしそれが事実だとすれば、「なぜ」「どのようにして」「どのような状況で」変化したのだろうか。

こうした疑問に対して納得できる答えを見つける唯一の道は、異なった状況にある各国の緑の党が、時間の経過とともにどのように変化したのか比較して分析することである。そこで私たちは一四カ国の緑の党を選択した。組織の規模、設立年数、選挙歴、政権への関与など様々な点で異なる党を選んだ。幸いこうした疑問に答えようとする、熱意と能力を兼ね備えた各国の研究者も見つけることができた。

本章では、政党概念の「枠組み」を共有するため、過去の論文の中で定義されてきた他の政党と緑の党が、どのように異なっているのかを、まず分析する。そして次には、政党を変化させる要因を列挙する。各国の研究者は、こうした共通の基準にそって緑の党を歴史的に考察することになる。

緑の党は従来と異なる政党か?

四つの政党モデル

政党モデルに関する研究者の論文を分析すると、それぞれの主張が強調されすぎている場合もあるが、専門用語や認識については共通点があることが分かる。こうした傾向は、先に紹介したリチャード・カッツとピーター・メアが編集した国際的なプロジェクトの報告書でも明確に表れていた（Katz/Mair, 1992）。オランダの政治学者アンドレ・クロウェルは、政党モデルを五つに分類した。「政党の起源」「選挙の主張」「イデオロギーの違い」「組織」など様々な要素を結びつけて分類したのである（Krouwel, 2006）。本書では彼が提唱した三つのモデルを採用した上で、その他の二つのモデルを分解・統合して四つの政党モデルに整理した。

一 「エリート政党」

「エリート幹部の政党（elite caucus or cadre parties）」とは、フランスの政治学者モーリス・デュヴェルジェが、その古典的著作（『政党社会学』岡野加穂留訳、潮出版社、一九七〇）で提起したモデルである（Duverger,［1951］1954）。この政党モデルは、いくつかの原則や共通の利益に合意した議員によって組織される。地方の政治クラブの連合体のように、ゆるやかな関係にある組織を基盤にしており、市民社会とは日常的かつ個人的な結びつきを維持している。党の指導者が市民社会と国政のリーダーを兼ねることもある。ほとんどの決定は、各地の国会議員や有力者が主導する地方組織によって行われる。通常、政治資金は資産家の寄付によってまかなわれる。

二 「民主的、あるいは全体主義的な大衆政党」

「民主的、あるいは全体主義的な大衆政党」（mass parties of "democratic or totalitarian" integration）とは、上記の「エリート政党」とは対照的な政党モデルであり、ドイツ出身の政治学者シグマンド・ノイマンが提唱した（『政党―比較政治学的研究』渡辺一訳、みすず書房、一九五八）（Neumenn, 1956）。議会外で組織され、攻撃的で一貫したイデオロギーを基盤にする政党モデルである。大衆を動員して、政治システムへの参加を促す。ただし、大衆の参加形式は、比較的民主的なボトムアップ型の場合もあれば、指導者によって操作されている場合もある。民主的な政党の場合もあれば、その反対に全体主義的な政党の場合もある。いずれも、中央集権的な組織を公式に形成する。市民社会との結びつきは強固であり、組織の関係も制度化されているが、連携する対象は、オランダ語でいう「柱（zuil）」、すなわち特定の社会部門に限定されている。宗派や階級が組織の柱となり、教育と学校、スポーツや余暇活動、労働や交流など、日常生活の全域で、組織を補完するネットワークを形成して政党との結びつきを持続させる。

三　「選挙至上主義の国民政党」

「大衆政党」（生き残った「エリート政党」も同様に）は、いったん政治制度の中に統合されると、「選挙至上主義の国民政党（electoralist people's parties）」に発展する（Mintzel, 1984, Kaste/Rachke, 1977）。確立したイデオロギーをもたず、得票率を最大にすることが目的の政党であるため、「キャッチオール（包括）政党」とも呼ばれる（Kirchheimer, 1966）。この種の政党の基盤にあるのは、あいまいで穏健なイデオロギーであり、多かれ少なかれトップダウン的な組織を形成する。アピールの対象となるのは特定の宗教や階級でなく、すべての市民である。組織関係を優先することもあるが、市民社会との結びつきは制度化されず、個別の協議にもとづく。選挙だけに活動を集中させる政党もあるが、メンバーの参加を拡大しようとする政党や、具体的な政策の実現を目ざす党もある。「現代的なエリート政党」と呼ぶこともできる（Seiler, 1993, Koole, 1996）。

四　「プロフェッショナルな選挙政党」「政党マシーン」「企業型政党」

今日では、新たなタイプの政党が登場しつつある、といえるかも知れない。「プロフェッショナル

（専門職的）な選挙政党（professional-electoral party）」（Panebianco,［1982］1988）、「政党マシーン（parti machine）」（Seiler, 1993）、「企業型政党（business firm party）」（Hopkin/Paolucci, 1999）などと呼ばれる政党である。絶えず変化する政治課題に焦点を絞り、選挙に勝って公職に就くことを目的にして、専門家集団が組織を形成する。党員を募る場合（あくまでも党員登録している場合に限られるが）に対象となるのは、政治的なキャリアを積むことに関心をもつ人物だけである。市民社会との結びつきは、限定的で個人的な関係でしかなく、その場限りの一過性のものである。政権内の同じような「小エリート政党（The subtyre 'cartel' parties）」（Katz/Mair, 1995）と結びつくこともあるが、類似のあるいは異なる政党と競争を続けることもある。方針を決定するのは、指導者と専従事務局である。政治資金は国からの政党補助金や、企業などのスポンサーから提供される。将来的にはインターネットを利用した「サイバー政党」の登場も予想されるが、その場合には競争力をもった民主的な政党になる可能性もある。有権者や支持者に直接アピールし、党内では郵便やインターネットを使った投票を通して議員候補者を決めるようになるかもしれない（Magetts, 2006）。

ただし以上の政党タイプは、あくまでも理念上のモデルであり、実際に存在しているわけではない。デュベルジェからカッツ、メアに至るまで政治学者のほとんどは、これまでの時代はそれぞれ特定の政党タイプによって特徴づけられてきたと陰に陽に主張している。しかし、現実に存在している政党はさまざまな政党タイプを合わせ持ったものかも知れない。現在、もっとも一般的な政党は「国民政党」であると考えられるが、他の政党タイプの特徴が混在している場合もある。たとえば、フランス、ポルトガル、イタリアの「共産党」は、今でも「大衆政党」に分類できるだろう。オランダの「プロテスタント党」のように宗教的なイデオロギーを基盤とした小政党でも「大衆政党」の要素をもつ（Massink, 1993, Lucardie, 1991）。「フランス民主連合（ＵＤＦ）」と統合した「社会民主中道派（ＣＤＳ）」は「エリート政党」と共通点があるし（Van Kemeeke, 1997）、カナダの政治学者、ケネス・カーティによれば、「プロフェッショナルな選挙政党」と呼べるカナダの大政党にも「エリート政党」の要素がある。

なお「プロフェッショナルな選挙政党」や「企業型政党」の例としては、スペインの「民主中道連合[訳注1]」や、「フォルツァ・イタリア[訳注2]（Forza Italia）」があげられるだろう（Hopkin/Paolucci, 1999）。

「緑の党」の政党モデル

全てとは言えないが、多くの主要政党は「エリート政党」や「大衆政党」から「国民政党」へと発展していく傾向がある。ところが、小規模で傍流にある政党の場合は、あえてこうした一般的な趨勢から逸脱することを期待されるため、図らずも小規模のまま継続することがある。また「エリート政党」や「大衆政党」であっても環境の変化に適応できないことがあるし、「国民政党」でも想定する支持層を誤ることがある。

さらには異なる要素を合わせもった政党や、以上の政党モデルに該当しない新たなタイプの政党も存在するかもしれない。したがって、緑の党を類型化する場合にはどんな理論的視点から見ても、二つの可能性がある。第一には、複数の政党の「混合体」としてモデル化すること。第二には、「オルタナティブな政党」や「新たな政党」と考えて、「新たなタイプの政党モデル」と位置づけることである。しかし、緑の党を最初から既成政党の「混合体」と位置づけて検討することにはどんな理論的視点から見ても賛同を得られないだろう。事実、すでに様々な研究者が新たな視点から緑の党を分析していることを踏まえて、本章でも緑の党を「新たなタイプの政党」として分析したい（Poguntke, 1987, 1993, Kitchelt, 1989, Harmel, 2002）。

たとえばドイツのポグントケは、「緑の党におけるすべての特徴は、草の根民主主義の運動から派生している」と考え、「草の根民主主義、あるいは底辺民主主義こそ、新たなタイプの政党の核心である」と強調する。ここで彼が指摘する緑の党の特徴とは、「専従幹部による強制的な指示でなく、共同決定やアマチュアリズムの重視」「政党組織と議会機能との分離」「リーダーの交代制」「会議の公開」「最下位組織の主導権」「すべての役職における男女平等」などである（Poguntke, 1993）。とくにポグントケが実証研究の対象とした「ドイツ緑の党」では、参加型民主主義を実現しようとする傾向が強かった。ただし草の根民主主義といっても、実際には一般のメンバーが権限を握っているわけではない。緑の党のメンバーは比較的少数であり、一般メンバーと運動家との違いも曖昧だが、地方組織で活動する運動家が強い権限を握っているのが実態である。

以上の理由から、緑の党を新たなタイプの「アマチュア運動家の党」と呼ぶことができるだろう。「アマチュア運動家の党」は一般的に、政党政治家でなく「新しい社会運動」から育った運動家によって設立される。アメリカのガンサーやダイヤモンドが、「緑の党は〝左派リバタリアン〟（訳注3）あるいは〝ポス

訳注1　一九七七年、総選挙で勝つことを目的に、十数政党が連合して結成された政党。

訳注2　実業家であったベルルスコーニが一九九四年に結成した政党で、〝がんばれイタリア〟の意。

ト産業社会の極右〟に発展する可能性がある〝社会運動の政党〟と呼ぶこともできる」と指摘するのは、こうした理由があるからだ。「左派リバタリアン」のイデオロギー的な特徴は、「消極的な合意」にある。すなわち、異質な参加者の混在、参加の自由、弱い中央組織、草の根レベルの支持者による緩やかなネットワークなど「消極的な合意」を基盤として形成されたのが「アマチュア運動家の党」であるという指摘である(Gunther/Diamond, 2003)。

「アマチュア運動家の党」は、社会運動の中から独立して政党に発展した後も、非公式に社会運動との関係を持続する。社会運動と政党との間でリーダーが入れ替わる場合もある。運動家の経歴も、党のイデオロギーに影響を及ぼす。結果として緑の党には、エコロジー、平和主義、フェミニズムなど様々な運動が合流するため、イデオロギーが体系化されずに偏ったり、中心軸が定まらない場合もある。(原注1)

「アマチュア運動家の党」は他の大半の社会運動と同様、国家に対して矛盾した態度をとることがある。国からの財政的支援(政党助成金)を拒否しないが、行政当局に対しては不信感を抱いているからだ。

運動家は、自分たちが最大限に権力を発揮できるように組織の形成を進める。時には、選挙での当選や政策の実現を二の次にしても、組織問題を優先することがある。そのため、できる限り運動家自身が影響力を発揮できるレベルで、方針を決定しようとする傾向がある。こうして方針の議論と決定は、組織の現場レベルや地方支部・地方総会で行われるし、総会の運営権も運動家の手中にある。多くの総会には、運動家全員が参加できるし、時には一般メンバーが郵便投票を通して決定に参加したり、参加者全員の投票で方針を決めることもある。さらに運動家たちは、党執行部と議員集団の両方をコントロールしようとする。リーダーの交代制や罷免、議員に対する「命令的委任」、昔ながらの「分割統治の原則」による党執行部と議員集団の分離といったルールを導入する。また彼らは共同代表制を重視し、幹部や事務局の専従職化には反対する。メンバーが少数でも選挙で多くの票を得られる緑の党の場合には、大ぜいで決定権を分かち合う必要がないため、運動家たちにとって有利である。それとは反対に、メンバーが数千人程度の「アマチュア運動家の党」とならともかく、何百万人もの党員がいる「大衆政党」に近づくと当然、一般メンバーにまで決定権を与えられなくなる。

また、メンバーからの寄付をあてにできない「アマチュア運動家の党」でも、選挙で必要な得票数に達すれば、国からの助成金で活動費を補えるようになる。ところが、この問題こそ政党組織を変化させる要因であり、落とし穴になる危険性をもっている。

さらには、運動家間で生じるイデオロギーや派閥の対立が、組織変化を促すこともある（Kitschelt, 1989, Kitschelt/Hellemans, 1990）。メンバーが積極的に組織運営に参加しており、リーダーへの委任を好まなかったり、組織内の対立に馴れている場合は、イデオロギー的な要素が強い論争になると、しばしば対立を生み出すことになる。

一般的に「アマチュア運動家の党」が台頭したのは、「プロフェッショナルな選挙政党」の広がりに対する弁証法的な反応と考えられる。したがってこうした新たな政党に該当するのは、「緑の党」だけ

原注1　「中心が弱い」イデオロギー概念については、以下を参照（Freeden, 1998）。

訳注3　個人の自由と社会的公正の両方を強調し、平等主義リバタリアニズム、リバタリアン社会主義とも呼ばれる思想。

ではない。「左派リバタリアン政党」や、「イタリア急進党（Italian Partito Radicale）」のような「オルタナティブな左翼政党」、アイスランドの「女性党」、オランダの「民主66」なども「新たなタイプの政党」の政党と言える（Panebianco, 1988, Styrkarsdottir, 1986, Van der Land, 2003）。そこでこうしたタイプの政党を「第五の政党モデル」に分類する（表1‐1参照）。

「アマチュア運動家の党」は、なぜ、どのように変化したのか？

一般的に、創設期の緑の党は「アマチュア運動家の党」モデルに近かったと考えられている。この前提に立った場合、緑の党は今も同じなのだろうか、それとも別のタイプの党へと変化しているのだろうか。そしてもし変化したのであれば、なぜ、どのように変化したのだろうか。

組織の変化を説明する仮説としての「枠組み」

最初に先駆的な学者たちの研究を基礎にして、緑の党の組織変化を説明する「枠組み」について仮説を立てたい（Douverger［1951］1954, Wilson, 1980, 1994, Panebianco［1982］1988, とくにHarmel/Janda, 1994）。この「枠組み」は、緑の党が抱えている特殊で客観的な二つの状況を反映する。すなわち緑の党の「歴史の浅さ」と「規模の小ささ」である。第一に、緑の党は近年、登場してきた政党であり、多くの場合、安定した状態にあるとは言えない。そこで有効な視点が「ライフスパン（Life Span）」という概念を応用することである（Pederson, 1982, 1991）。すなわち、人の一生のように政党も、結成から消滅に至るまで、いくつかの「分岐点（段階）」を通過しながら発展していくという考え方である。最初に政治団体とし

表1-1　政党の類型とその特徴

	政党の類型	エリート政党	大衆政党	国民政党	プロフェッショナルな選挙政党	アマチュア運動家の党
1	起源	国会	教会、階級運動	幹部、大衆政党	個人のリーダーシップ	新しい社会運動
2	イデオロギー	潜在的な原則	完成されたイデオロギー	顕在的な原則	選挙の当選	部分的なイデオロギー
3	市民社会との関係	エリート中心	強固な結び付き	弱い結び付き	結び付きはない	非公式な結び付き
4	国家との関係	エリート中心	遠い	中間的	密接	遠い
5	得票数に対するメンバーの比率	低い	高い	中間的	低い	低い
6	リーダーシップ	私的なアマチュア	公的、カリスマ的	公的な専従職	個人	アマチュアによる共同代表制
7	候補者選考	地方組織	中央組織	中央組織	中央組織	地方や地域
8	国会議員と党との関係	国会議員に主導権	党に主導権	均衡状態	国会議員に主導権	党に主導権
9	権力の中心	地方のリーダー	党大会と党首	幹部会	党首と事務局	運動家（総会）
10	基礎組織	選挙区	地方支部	地方支部	選挙区	地域や地方支部
11	党中央と基礎組織の関係	直接選出	間接的	間接的	直接的な支持	直接選出
12	党員の役割	選挙活動	全面的な参加	部分的な参加	拍手による支持と寄付	全面的な参加
13	財源	寄付	会費	会費	寄付と助成金	会費
14	組織運営	ボランティア	ボランティア	専門職の事務局とボランティア	専門職の事務局	主にボランティア

表1-2　組織を変化させる主な要因

1　政治制度の特徴とその変化	・政治制度（体制）の国際的な変化
	・選挙制度の変更
	・政党制度の変更
	・政党助成金の変更
2　政党間の競争の変化	・競合政党の台頭と衰退
3　「分岐点（段階）」となる状況の変化	・選挙での大勝・惨敗
	・国会議員の当落
	・政権（国政・地方自治体）への参加と離脱
4　党内における変化	・指導者の交代
	・派閥の力関係の変化
	・運動家・メンバーの世代交代
	・組織規模の変化
	・運動家・メンバーの社会的背景の変化

て登録して公的な存在となり、初めての選挙を戦って国会に議席を獲得し、連立政権に参加することで政党として成熟し、組織的にも安定するようになる（政党にも安定した状態があるという仮定での話ではあるが）[原注2]。こうした分岐点を通過することで、政党は質的に成長し、組織的にも変化して、必然的にある種の状態に至る。たとえ分岐点（段階）を通過することに失敗しても、その経験が変化を促すことになる。そこでこの「分岐点」という視点を、我々の政党モデルに導入する（Rihoux, 2001, Buelens/Lucardie, 1998）。

第二に緑の党は、多くの既成政党と比べて、メンバー数、得票率、専従者数など、どの点においても比較的小規模な政党（国によっては非常に小さな政治団体）である。したがって彼らのような小政党の場合には、かりに上記のような分岐点を通過しなくとも、本質的な組織変化が起こりうると予測される（Parnebianco, [1982], 1988）。なぜなら、最初はメンバーが少数の政党であればなおさら、時間の経過につれて組織規模が変化する。メンバー数が五〇〇人規模の党なら直接民主主義の原則にもとづいて、重要な方針も総会で決定できる。ところがメンバー数がたとえば二万五〇〇〇人やそれ以上になれば、総会に参加する代議員を選出しなければならないし、組織をマネージメントする機構も必要になる。したがって「政党の規模」という観点も、組織変化を促す要因として検討する必要がある。

その他にも「政党内部」に影響を与える可能性がある要因として、「指導者の（完全あるいは不完全な）交代」や「派閥の力関係の変化」がある。あるいは、異なる社会環境で育った新しい世代の運動家やメンバーが参加することで、組織が変化することもある。たとえば「共産党」の場合も、新中産階級に属する新たな世代の活動家が党に加わり、古くからの労働者幹部と交替したことによって組織が変化した（Voerman, 1990）。

「外部からの衝撃」によって組織の変化が促されることもある（Harmel/Janda, 1994）。「選挙における劇的な敗北」「特定の政党との競合」あるいは「政治制度の変化」といった外的な圧力も変化の要因となる。たとえば一九九〇年のドイツ再統一や、一九五八年に大統領の執行権が強化されたフランス第五共和制、一九九四年から小党乱立時代に入ったイタリア第二共和制などといった「政治体制の変化」がそれにあたる。あるいは選挙制度や政党助成金などの「制度改革」も政党組織に影響を与える。以上のように直接・間接的に政党組織に変化をもたらす主要な要因を次の表１‐２に示そう。

そしてまた、上記以外にも変化をもたらす要因がある。組織改革にともない、規約、党則、定款が修正される。組織構造が変化すれば、運営方法や日常活動も変化する。つまり象徴的な言い方をすれ

原注2　ペダルセン（Pedersen）が提唱した「ライフスパン」という概念を、初めて緑の党の分析に適応したのがミュラー＝ロメルである（Müller-Rommel, 1993）。

ば、組織改革によって「組織文化」が変化するのである。その結果、設立当初は特徴的だった組織スタイルから、大きく遠ざかることがあるだろう。具体的には、候補者のポスターや選挙演説会の内容についても組織の承認が必要になり、候補者選考の前に世論調査が活用され、積極的な党員拡大のために党員資格を緩めることなどが起きる。規約には「党の原則」を掲げていても、現実にはそれが機能しなくなる可能性もある。メンバーによる直接投票や合意にもとづく意思決定、リーダーの交代制やクオータ制（女性数の割当制）も実施されなくなり、イデオロギー論争を避けるようになる。ただし、小規模で段階的な変化はいつでも起こりうるものなので、本書では、重要かつ大きな変化に焦点を絞る。

さらに、我々が提示する政党モデルは、党組織が一直線に変化することを想定してない。組織を変化させる要因として「時間」が介入してくる以上、動的な政党モデルを構築する必要がある。つまり、我々は、政党組織が低次元から高次元に向かって、常に定められた道をたどるとは考えない。様々な変化が組み合わさり、時間の流れとともに様々な偶然の要素も重なって、組織が変化すると想定する。

仮説としてのシナリオ　「プロフェッショナル化」する緑の党？

あくまで理念上の仮説だが、緑の党の組織が変化する可能性の一つとして、以下に、私たちが考えたモデルを説明しよう。それは「緑の党の組織は、初期の状態とは著しく異なる、最終的な（現在の）状態に変化する」というシナリオである。

かりに、初期段階の緑の党が「アマチュア運動家の党」であっても、それと正反対の「プロフェッショナルな選挙政党」へと段階的に、あるいは急速に進化することは弁証法的に起こりうる。矛盾を感じるかもしれないが、弁証法の意味を理解すれば同意してもらえるだろう。そもそも「アマチュア運動家の党」と「プロフェッショナルな選挙政党」とは、外的特徴において重要な共通点がある（表1 - 1参照）。それは「得票数に対するメンバーの割合の少なさ」と「政党助成金への依存度の高さ」である。むろん内的特徴の違いは大きいが、もしも大半の運動家が「社会を変えて自然環境を守ろうと努力しても、成果が得られない」といった不満をもつようになると、外的要因を変えることより、組織の内部を変えようと努力する可能性が生まれる。緑の党のイデオロギーは、左翼的な自由主義から社会民主主義まで様々な思想が融合しており、分散化する傾向にあるため、折衷主義に陥る可能性もある。設立当初は、新しい社会運動と強固に連携していても、両者の関係性は決して制度化されることがないので、やがては疎遠になり、完全に途絶えることさえある。多くの社会運動は、政党と距離を置く方が望ましいと考えるからである。

設立当初のリーダーシップは、共同代表制であり、指導力も弱いが、やがては統合されて強力になり、一人の党首が担うようになる場合もある。国会議員の役割も、当初はメンバーからの「命令的委任」と位置づけられ、任期ごとに交代して、総会で罷免されることさえあるが、やがて運動家の監視下から自由になり、党執行部の中の「現実派」と関係を強める。こうしてメンバーの参加は後退し、方針の決定は執行部に一任されるようになる。総会の決議も挙手でなく拍手で承認され、執行部からの提案も修正されなくなる。専門職の事務局が運動家の仕事を担うようになり（事務局もかつては運動家だったのだが）、高等教育を受けて専門職に就いている支持者を増やそうとするようになる。

こうした組織変化は常に継続するため、選挙で寄付が集められなければ、政党助成金の依存度が高まることになる。さらに、「現実派（*Reale*）」は「政策を実現するためには、議員の当選が優先課題である」と主張し、規約を変更して党の組織構造を変えようとする。ただし、「現実派」が敗北すれば、「原理派（*Fundi*）」の運動家が支配権を握り、一時的にはこの過程を逆転させる可能性もある。しかし「原理派」が主導権を握ると結局は、選挙の得票率を減少させてしまうため、政党助成金が減額されると、再び力関係が逆転して「現実派」が優勢になる。

多くの読者は、右記のシナリオに対して「強引で、可能性は低い」と感じるかもしれない（Ignazi, 1998）。むろん、これは一つの仮説でしかない。しかも、この仮説から別のシナリオが導き出される可能性もある。たとえば「ドイツ緑の党」研究の第一人者とされるヨアヒム・ラシュケは、緑の党が「もっと開かれた枠組みの、プロフェッショナルな党に進化する」可能性を示唆している（Raschke, 1992）。

彼がイメージしているのは、二つのタイプの党の妥協による合体である。すなわち、「専門職化した党の事務局が効果的な選挙運動を組織する。同時に、彼らがアマチュア運動家や専門家たちと非公式なネットワークを形成し、コミュニケーションを強化する党」になるという構想である（ただし、彼の仮説は「緑の党はかくあるべき」という提案であると言えよう）。

しかし、彼が提示する政党モデルは、権力の中心がどこにあるのか不鮮明なことに問題がある。そのため、彼も後の著作では、「ドイツ緑の党は、党の戦略を明確に規定した〝組織戦略センター〟を設置した上で、もっと中央集権的でプロフェッショナルな組織構造にすべきである」と提案している（Raschke, 2001）。

各部の概要

本書では、各国の研究者が、一四の欧米諸国における緑の党について組織の進化を分析する。各国の政治システムと緑の党の両方の特徴について、幅広い視点から各々の事例を説明する。

第二部では、緑の党が連立政権に参加した五カ国を扱う。ドイツでは緑の党に起きたパラダイム・チェンジについて説明する。ドイツでは長期にわたる激論の末、一九九八年には「同盟90／緑の党」が、社会民主党との連立政権に参加した。ただしこの出来事が、本当に、緑の党のパラダイム・チェンジを示しているのだろうか、という疑問については最終章で結論を出す。

フランス緑の党については、党内の課題と、「エコロジー世代」との競合関係、一九九七年に誕生した社会党を中心とする「多元的左翼」連立政権への参加について説明する。

フィンランドの緑の党は、当初きわめて周辺的な存在だったが、一九九五年には突然、連立政権に参加した。

フィンランドと正反対の事例がベルギーである。フランス語圏の「エコロ（*Ecolo*）」とオランダ語圏の「アハレフ（*Agalev*）」は、当初からきわめて安定した政党であり、一九九九年には社会民主党との「虹の連立政権」に参加した。

アイルランドの緑の党もフィンランドに似て、長期間、周辺的な存在だったが突然、連立政権に参加することになった。

第三部は、国会議員は当選させたものの、政権には参加してない国々を扱う。

スイスの緑の党は、一九八〇年代から国会議員を当選させ、ベルギーのように安定した勢力になった。

オーストリアの緑の党は、浮き沈みを経験し、長期にわたる党内闘争の末、二つからさらに三つの党へと分裂した。

スウェーデン緑の党は、国会議員の当落を繰り返してきたが、少数与党であった社会民主党政権を一九九八年から二〇〇六年まで支えた。

オランダの緑の党は、競合政党の統合によって誕生し、「左翼緑の党」という大規模な党へと発展した。

第四部では、地方議員はいても国会議員が少数であるか、当選経験のない緑の党を扱う。偶然にもこれらはみな、英語圏の国々である。

オーストラリアとニュージーランドの緑の党は、長年にわたって活発な活動を展開しており、類似点も多いが相違点も多い。

イギリスにおける緑の党は、多くの点で例外的な存在である。四十年もの歴史があるのに、未だ周辺的な存在なのである。そして最後に、カナダとアメリカの緑の党について説明する。

ページ数の制限や、実務上の理由から、「イタリア緑の党」「ルクセンブルグ緑のオルタナティブ」「ポルトガル緑の党」など、興味深い事例を省略しなければならなかった。それでも我々が選んだ一四カ国は、欧米諸国で活動し、様々な規模と段階にある緑の党を分析対象にしている。

各国の研究者は、最初に提起した主要な疑問に答えることで、我々の仮説の有効性を検証する。そして、我々がこの序章で提起した「政党モデル」を、最終章ではさらに体系的に進化させることを試みる。すなわち最終章では、四つの重要な疑問に答える。第一に、緑の党は最初から「アマチュア運動家の党」として出発したのだろうか。第二には、創設者たちの意図はどうであれ、緑の党も「寡頭制の鉄則」にしたがって、組織を変化させたのではないのか。言い変えれば、緑の党の歴史は、「政党の発展過程において、草の根民主主義というパラダイムは生き残ることができない」という現実を示しているのではないのだろうか。第三に、緑の党の組織変化に対して、最も重要な影響をもたらした要素や原因は何なのか。第四に、緑の党を分析することから、他のタイプの政党、とくに新たな発展過程にある政党組織も分析可能な「一般理論」を導き出すことができるだろうか。

アメリカのロバート・ハーメルによる最近の論文「政党組織の変化・競争論理」でも指摘しているように、以上の疑問に答えるためにはさらに多くの国際的な比較分析と情報が必要だが、本書の研究も少なからず貢献できるものと考える（Harmel, 2002）。

第二部　連立政権に参加した経験をもつ緑の党

第2章　ドイツにおける緑の党の進化　アマチュアリズムからプロフェッショナリズムへ

はじめに

「ドイツ緑の党（The German Greens, Die Grünen）」は、世界で最初に結成された緑の党ではないし、初めて国会議員を誕生させた緑の党でもない（原注1）。それでも、欧州の主要国の中でドイツ緑の党は選挙で大成功し、驚くほどの早さで連立政権の座についた。そのため、早くから注目を集め、新たに誕生した世界の緑の党の中でも、ドイツ緑の党が「典型例」と見なされるようになった。ドイツ緑の党は歴史的に特殊な環境の中にあり、有利な政治的機会や政治構造にも恵まれてきたが、彼らの綱領、組織、行動主義は、ドイツを超えた「模範」と見なされているのである。ただし、ドイツ緑の党の組織が静止していた時期はほとんどない。ドイツ緑の党では創設者たちの意図に反して、結成直後から、アマチュア運動家たちの直接行動主義と距離を置き始めたからである。本章の目的は、ドイツ緑の党がどのようにして、なぜ変化したのか、その意味を検討することにある。最初に、歴史的な起源と、その後の発展過程をふ

り返ろう。（訳注1）

ドイツ緑の党の起源と発展過程

一九七七年から一九八〇年にかけては、ドイツ緑の党にとっての準備期だった。さらにその期間は二段階に分かれる。最初に、地方議会選挙の候補者連合として「緑のリスト」を形成した。それに続いて一九七九年には、欧州議会選挙に候補者を擁立するため、全国的な連合体の結成を試みたのである(Hülsberg, 1988)。当時、運動の中心課題は、核兵器の配備と原子力発電所の建設に反対することだった。既成政党はすべて推進派だったが、他方では、保守派の環境保護主義者から左翼急進主義者、さらに政治に無関心な地域住民までもが原子力の利用に反対していた。

地方議会選挙で当選を果たしたことから、州議会選挙に挑戦しようという気運が高まり、緑の政治勢力と様々な思想をもった急進的左翼、「オルタナティブリスト」などのグループが連携を模索した。ところがこの「準備段階にあった党」内では左右両派が対立し、選挙運動も分裂して、一九七八年の州

原注1　一九九三年五月には、旧西ドイツの「緑の党」と旧東ドイツの「同盟90（*Bündis 90/Die Grünen*）」が統合し、現在の公式名称は「同盟90／緑の人々」である。ただし本章では簡略化した通称である「緑の党」という名称を用いることにする。

訳注1　ドイツ緑の党の歴史と組織については『ドイツ・エコロジー政党の誕生』（西田慎著、昭和堂、二〇一〇）が詳しい。

議会選挙に当選することはできなかった。

一九七八年七月には「キリスト教民主同盟（CDU）」の連邦議員で、グローバルな環境危機を警告してベストセラーとなった『収奪された地球』（辻村誠三・辻村透訳、東京創元社、一九八四）の著者ヘルベルト・グルールが、州議会や地方議会の候補者が連合した全国組織「緑の行動・未来（GAZ）」を結成した。さらに「キリスト教民主同盟」の姉妹政党「キリスト教社会同盟（CSU）」の政治家だったアウグスト・ハウスライターも、国家主義者の小政党「中立ドイツ行動委員会（AUD）」を結成して、一九七〇年代には大衆受けする環境保護政策を主張し、草の根運動家との連携を進めていた。

さらに、一九七二年に設立された数百の環境団体の全国的な連合体である「環境保護市民運動連盟（BBU）」は、政党政治と距離を置いていたが、そのメンバーであり「社会民主党（SPD）」の党員でもあったペトラ・ケリーたちが私的なサークルを組織した。そこに集まったのが先に述べたヘルベルト・グルールや、アウグスト・ハウスライターであり、さらには芸術家のヨーゼフ・ボイス、東ドイツから亡命中の政治家で理論家のルドルフ・バーロ、ニーダーザクセン州の「緑のリスト・環境保護（GLU）」の代表たちだった。彼らの目標は、一九七九年六月の欧州議会選挙に候補者を擁立するため、左派と右派との同盟関係を構築することだった（Mewes, 1998）。

こうして一九七九年三月に、「もう一つの政治連合（SPV）・緑の党」が結成された。ところが当初、大部分の左翼は欧州共同体に反対していた上、政党制度にも不信感を抱いていたため参加しなかった。それでも、六月の欧州議会選挙で「もう一つの政治連合・緑の党」は三・二％の得票率で一〇〇万票近くを獲得し、四五〇万ドイツマルクの選挙補助金が支給された。そのため、懐疑的だった左翼団体の多くも先を争うようにして「もう一つの政治連合・緑の党」に参加したのである（Gottschlich, 1998）。

さらに一九七九年十月のブレーメン市議会選挙（ブレーメン市は州と同格に位置づけられている）では、元社会民主党員、環境保護主義者、独立左翼（その中には一九六〇年代の学生運動の指導者として有名なルーディ・ドゥチュケもいた）、反核運動家たちが連合して「ブレーメン緑のリスト」を結成した。彼らは「五％条項」の壁（ドイツの選挙制度では得票率五％を超えないと議席を獲得できない）を上回る得票を得て、四議席を獲得した。

この「ブレーメン方式」が成功したことによって「もう一つの政治連合・緑の党」の中間派は右派の反対を抑え、「共産主義同盟」や「オルタナティブリスト」など左翼の運動家の加入を認め、全国レベルで「緑の党」が結成されることになった（Hülsberg, 1988）。

一九八〇年一月十三日、異質な経歴をもつ様々な運動家が参加した総会で、「緑の党」は結成された。総会に集った創設者たちは、自分たちが共通の目標をもつ政治集団であることを確認し、草の根民主主義、社会的責任、エコロジー、非暴力といった象徴的な原則について、消極的ながらもようやく合意に至った。ただし党綱領に記載すべき具体的政策をめぐっては大きな隔たりがあった。総会後も激しい論争が続いたが、一九八〇年三月のバーデン・ヴュルテンベルク州議会選挙でも五・三％の得票率で四議席を獲得した。保守派の強い南部の州で躍進したことにより、ブレーメン市の成功が偶然ではなかったことも証明された。

同じく三月にザールブリュッケンで開催された総会では、左派勢力が優勢になって右派を抑え、党綱領が採択された。六月にドルトムントで開催された総会では、中間派と左派が多数派を形成し、選挙政策については妥協をはかって保守派の怒りをなだめようとしたが、最終的にはほとんどの右派が離党してしまった。その中の一人ヘルベルト・グルールは、中道右派の有権者を対象にした「エコロジー民主党（ÖDP）」を結成。その後、同党はドイツ南部の地方議会では当選したものの、連邦議会では議席を獲得できずにいる。(原注2)

ところが同年十月に行われた連邦議会選挙において、緑の党の得票率は一・五％しかなかった。「キリスト教社会同盟」が政権を獲得して右翼の政治家フランツ・ヨーゼフ・シュトラウスが首相になることを阻止するため、緑の党の多くの支持者が「社会民主党」に投票したことが原因だった。

一時的な抵抗政党と見なされていた緑の党だが、一九八一年から一九八二年には四つの州議会選挙で議席を獲得し、再び勢力を回復した。(原注3) 緑の党のリーダーたちは従来の政治家とは明らかに異なる演説や振る舞いをして、議場は緑の党の「舞台」となった。さらに彼らは議会外でも、アメリカの核ミサイル配備に反対するデモに参加した。テレビ映りの良いペトラ・ケリーたちが活発に行動したことで、緑の党はエコロジーと平和運動の最前線に踊り出ることになった。(原注4) ただしマスコミは、緑の党や、党内の「赤（社会主義者）」と「緑（エコロジー派）」の対立構造について批判的な報道をすることが多かった。それでも設立からわずか三年で、メンバーは約一万八〇〇〇人から二万五〇〇〇人に増加した。

一九八二年六月にはハンブルク州議会選挙において、緑の党と競合関係にあった「オルタナティブリスト」が共同で候補者を擁立した。その結果、七・七％の票を得て議席を獲得し、社会民主党と連立の可能性を協議するまでになった。(原注5)

そしてついに一九八三年三月に、緑の党は、ドイツ連邦議会の過去三十年間の歴史の中で、新党として初めての議席を獲得した。得票率は五・六％であり二八議席が配分された（その内、一議席は「ベルリン・オルタナティブリスト」に割当てられた（原注6））。

原注2　たとえば「エコロジー民主党（ÖDP）」は二〇〇二年の連邦議会選挙で、〇・一％を得票しただけだった。

原注3　西ベルリンでは一九八一年に、緑の党が左派の「オルタナティブリスト」と連合し、市議会で議席を獲得した。「オルタナティブリスト」は一九八五年に、正式に「緑の党・ベルリン支部」となった。

原注4　ペトラ・ケリー、その他のエッセイを参照（Kelly/Leinen, 1982）。邦訳はペトラ・ケリー著『希望のために戦う』（高尾利数・菊池悦朗訳、春秋社、一九八五）を参照。

原注5　ハンブルクでは、どの政党も単独では過半数に至らなかったため、一九八二年十二月に再選挙が実施された。今度は社会民主党が過半数を制し、「緑のオルタナティブリスト」は得票率を一・一％減らした。世論調査では「緑のオルタナティブリスト」の支持者のほとんどが、社会民主党の連立を望んでいたが、エコ社会主義者のリーダーは連立に反対していた。その後、一九九四年に現実主義的なリーダーが登場したことで、「緑のオルタナティブリスト」はハンブルグ州議会で社会民主党と連立政権を組み、与党になった。

原注6　ドイツの連邦議会の選挙では「小選挙区比例代表併用制」を採用しており、有権者は二票を投じる。一票目は「小選挙区票」として、個々の「小選挙区（総議席数の半数）の候補者」に投票し、その選挙区で過半数を占めた候補が当選する。

二票目は「比例代表票」として、「各州の政党候補者名簿」に投票し、この「比例代表票」の得票率にもとづき、各党に全議席が配分される。各党は、各州の候補者名簿に配分する議席数を各州での比例代表票数に応じて比例配分し、候補者名簿の順位に従って当選者が決まる。

ただし小選挙区で当選した議席数は、各党に配分された議席数から差し引かれる。だが選挙区の当選者数が政党名簿の当選者数を上回っても、議席は減らされない。連邦議会で議席を得るためには「比例代表票」の得票率が五％以上であることが必要である。選挙区で三議席以上、当選した場合には五％未満でも政党に議席が配分される。本章で示している得票率とは政党名簿の得票率を指す。

連邦議会において、緑の党には「会派」としてのすべての権限が与えられ、各委員会に出席できるようになるとともに、一つの委員会で議長の座を獲得した。さらに、毎年七二〇万ドイツマルク(訳注2)の政党助成金が支給されるようになった。

四年後に行われた一九八七年の連邦議会選挙で、緑の党の得票率は八・三%に上昇した。欧州議会選挙でも一九八四年には八・二%、一九八九年にも八・四%の得票率を達成し、議席を獲得した。設立から十年後にはメンバーも四万一三一六人に増え、連邦議会と欧州議会に議席を確保するとともに、八つの州議会と数百の地方議会で議員を当選させるまでに成長したのである。

発足当初から緑の党内には複数の勢力が存在しており、早い段階で保守派は離党したが、多様な政治傾向は変わらなかった。ヨアヒム・ラシュケによれば、党内には八つの潮流があった(Raschke, 1991)。緑の党が議会外で反対運動を繰り広げていた段階では、様々な勢力と協力した。そして参加者が広がれば広がるほど、得票率も増えて五%の壁を超えることができた。ところが、緑の党が連邦議会に議席を獲得すると、連立政権への参加をめぐって総会の議論が紛糾し、すべての勢力にとって深刻な事態となった。

とくに一九八〇年代半ばのヘッセン州では、それまで競合関係にあった社会民主党と緑の党とが連立政権を組んだため、党内の派閥対立が激しくなり、全国から注目を集めた。ヘッセン州で多数派だった「現実派」は、連立政権に参加して改革を実現することに積極的だった。ところが連立政権に反対の「原理派」は、「社会全体を改革するためには、議会外での行動を広げるべき」と主張していたのである。(原注7)

一九八六年になると、両派はそれぞれ支持者を集めて全国集会を開催した。一九八七年から一九八八八年には、派閥対立がさらに激化した。党執行部の中では「原理派」が多数派だったため、これに不満を募らせた強硬な「現実派」は、公然と党の分裂を語るようになった。

膠着状態を打開するために、一九八八年には全国的に「中間派」が組織された。中間派グループの一つ「目覚め（*Aufbruch*, Awakening）」は、「各派がマニフェストを提示して、党の将来像をメンバーの投票で決定する」ことを提案し、彼らは「理性的なオルタナティブな党」の形成を提案した。他方で、「現実派」のマニフェストは「議会活動に集中する党」に改革することを主張していた。ところが「原理派」にとって、緑の党は草の根民主主義的な組織であるがゆえに、自分たちの勢力以上に影響力を発揮できていたので、現状を肯定し、マニフェストは作成しなかった。

ところが、一九八八年には党の財政をめぐるスキャンダルが発覚し、十二月にカールスルーエで開催された総会では、「原理派」が支配する「党幹部会（federal executive board）」が代議員から不信任されるという事態が起きた。

同年には、非教条的な「左翼フォーラム」が結成されたが、彼らも「目覚め」グループが提案していたメンバー投票には反対だった。（原注8）「左翼フォーラム」は、社会民主党との連立政権には反対していたが、

原注7　「原理派」とは、自称「現実派」が名づけた呼称であり、実際にはラディカルな「エコロジスト」（とくに有名な人物がフランクフルトのユッタ・ディットフルト）とラディカルな「エコ社会主義者」（同じくハンブルクのトーマス・エバーマンとライナー・トランペルト）の連合体だった。両者の間にもイデオロギーの相違はあったが、「現実派」に対抗するため団結していた。

訳注2　当時のレートは一ドイツマルク＝一〇〇円弱、七億円程度に相当。

表2-1　連邦議会選挙における緑の党の政党得票率と議席配分数（1980年〜2005年*）

年	得票率（%）	獲得議席数
1980	1.5	0
1983	5.6	27
1987	8.3	42
1990**	3.8	0
1994	7.3	49
1998	6.7	47
2002	8.6	55
2005	8.1	51

*1980年、1983年、1987年の選挙については、ベルリンの「オルタナティブ・リスト」の結果は含まれていない。

**1990年の選挙では、議席獲得のためには西ドイツと東ドイツそれぞれの選挙で5%以上の得票率が必要とされた。西ドイツ「緑の党」は4.8%の得票率だったため1議席も獲得できなかったが、東ドイツ「同盟90／緑の党」は6.1%の得票率で8議席を獲得した。

閣外協力については容認の立場であり、彼らの目標は組織運営を効率的にすることだった（Frankland/Schoonmaker, 1992）。

翌年の一九八九年三月にデュイスブルクで開催された総会では、派閥間の勢力を均衡させるため、連邦議会で議員会派を形成していた左翼急進派から穏健派、現実派まで、複数の勢力で執行部を構成することになった（Frankland/Schoonmaker, 1992）。

ところが一九九〇年十二月、東西ドイツ統一後に初めて行われた選挙で、緑の党は統合問題に対応しきれず有効な選挙運動も展開できなかった。旧西ドイツ側の得票率は四・八％しかなく、連邦議会の議席をすべて失ってしまった（旧東ドイツのグループは八議席を獲得）（表２・１参照）。

それでも一九九一年一月のヘッセン州議会選挙で、緑の党は復活を果たした。七・二％の得票率で議席を獲得し、社会民主党と連立政権を組んだのである。四月にノイミュンスターで開催された総会では、「現実派」「穏健派」「非教条的な左翼急進派」が連合して組織改革を推進した。その結果、主要な「原理派」であったユッタ・ディトフルトは仲間とともに離党することになった（原注9）。

その後の州議会選挙にも当選し、緑の党はさらに現実主義的な方針を推し進めた。一九九三年四月には「緑の党」（メンバー数三万六三二〇人）と、旧東ドイツの「同盟90」（メンバー数二二〇〇人）とが、それぞれメンバー投票を実施して組織を統合し、「同盟90／緑の党」が結成された。

一九九四年初めの選挙では、一六州のうち一三州の議会で議席を獲得した。十月に行われた連邦議会選挙でも七・三％の票を得た。一度、議席を失った政党が再び当選したのは、連邦議会史上、初めてのことだった。新たに結成された緑の党の議員会派の目標は、「責任ある野党」になることだった。メンバー数も一九九四年の四万三八九九人から、一九九八年には五万一八一二人へと着実に増加していった（表2‐2参照）。

一九九八年初めには、緑の党は五つの州で社会民主党と連立政権を組むようになっていた。そしてマクデブルクで開催された総会では、次回の連邦議会選挙後に「赤と緑の連立政権」を実現する方針「新たな始まり」を採択した。九月の連邦議会選挙では、戦術ミスや派閥間の小競り合い、調整不足などが重なって、緑の党の得票率は六・七％に低下した。それでも社会民主党が得票率を増やしたために、

原注8　最終的に緑の党の仲裁裁判所は一九八九年四月に、「提案されたメンバー投票は、党憲章に記載された条件にそぐわない」という手続き上の理由をもって却下した。

原注9　「エコ社会主義者」であったユッタ・ディトフルトとトーマス・エバーマン、ライナー・トランペルト、および約四〇人の仲間は同月に離党し、「ラディカル左派」を結成したが支持者を拡大できなかった。ディトフルトは「エコロジカル・オルタナティブリスト」と協力して、一九九一年六月にハンブルクで候補者を擁立したが〇・五％の得票率に終わった。

社会民主党と緑の党とで多数派を形成し、緑の党としては連邦議会で初の連立政権を誕生させた。

連立政権の形成にあたって社会民主党と協定を締結する交渉過程では、多くの点で譲歩をしたが、緑の党は三つの閣僚ポストを獲得して、外務大臣にはヨシュカ・フィッシャーが就任した。その後の数カ月は社会民主党との間に論争が起こり、一連の地方選挙でも得票率を低下させたが、逆にそれが契機となって、党内の「現実派」はさらに組織改革を推し進めた（いくつかの改革案は、二〇〇〇年三月に承認された）。

ところが社会民主党との連立政権は、一九九九年にコソボ、二〇〇一年にはアフガニスタンへの軍事介入を承認したため、数千人の平和主義者や急進的左派が緑の党を去ってしまった。こうして連立政

表2-2　ドイツ緑の党のメンバー数（1980年～2007年）

年	メンバー数
1980	18, 320
1981	15, 352
1982	25, 000（推定）
1983	25, 222
1984	31, 078
1985	37, 024
1986	38, 170
1987	42, 419
1988	40, 768
1989	41, 171
1990	41, 316
1991	38, 873
1992	36, 320
1993	39, 761
1994	43, 899
1995	46, 410
1996	48, 034
1997	48, 980
1998	51, 812
1999	49, 488
2000	46, 631
2001	44, 053
2002	43, 881
2003	44, 052
2004	44, 322
2005	45, 105
2006	44, 677
2007	44, 388（2007年前半）

権に参加したことで、結党時からの原則である非暴力主義を妥協することになったが、その後の総会でも、代議員の多数は連立政権への参加を支持した。

二〇〇二年九月二十二日の連邦議会選挙では、緑の党は八・六%と過去最高の票を獲得した（表2-1参照）。歴史的な成功を遂げた要因について、共同議長の一人クラウディア・ロートは、「かつてなかったほどのプロフェッショナル化と、党の団結の成果である」と強調した。確かに、緑の党の運動家たちは党組織における専門職の必要性を認めるようになっていた。さらにまた、二〇〇二年選挙の最終週では、世論調査でもっとも人気の高かった外相ヨシュカ・フィッシャー個人を前面に押し出す選挙運動を展開することも許容するようになっていた。

次節では、緑の党の創設者たちが発案した「草の根民主主義の組織モデル」とは何だったのか検討する。そして一九八〇年の緑の党設立から一九八三年の総会を経て、どのようにして連邦議会に対応してきたのかを振り返る。

草の根民主主義と緑の党の組織

一九八〇年の結党時に採択された連邦綱領は、「緑の党は、政策だけでなく組織運営においても、伝統的な政党に対するオルタナティブである」と宣言した。彼らは、エコロジーなどの政策を実現するために、「草の根民主主義と分権化にもとづく組織を構築する」ことを目標にした。「一般のメンバーが、すべての議員や代議員、党組織を常にコントロールすることが、彼らの思想の核心にあった。組織

運営や政策形成における透明性を確保して、個々のメンバーが組織基盤から離れないようにするためである」。(原注10)

「草の根民主主義（底辺民主主義）」の思想は、一九七〇年代の新しい社会運動から生まれて、緑の党へと発展した。この思想は、既成政党の政策だけでなく、中央集権的に階層化された組織構造をも否定した。社会運動団体の中にも様々な組織形態があるが、「草の根民主主義こそが、既成政党が進めてきた受動的な代表制民主主義に対抗する〝正当性〟をもっている」と位置づけた。ただし緑の党の創設者の一人であり、元「キリスト教民主同盟」のヘルベルト・グルールのような政治家にとっては、草の根民主主義に対する思い入れはなかった。彼が、緑の党を離党した後に設立した「エコロジー民主党（ÖDP）」は、一般的な政党と同様の組織形態だった。それでも初期の緑の党の運動家たちは、既成政党とはまったく異なる組織の形成を目ざしていたのである。

緑の党が新たな組織原理を採用したことによって、メンバーはもちろん、メンバー以外の草の根運動家たちも緑の党の組織活動に参加できた（Flankland, 1989）。党の会議では、社会運動や市民グループの代表にも発言権と提案権が与えられた。初期の頃には、メンバー以外の人物を選挙の候補者として総会で承認することもあった。新たな政策を提案して、社会的にリーダーシップを発揮するため、党内の社会運動家だけでなく、外部の専門家によって構成される全国レベルのワーキング・チームを積極的に組織化した。一九八〇年代には、特定の政策を検討するため約三十ものワーキング・チームが組織され、州レベルでも政策検討会議を設置した。

緑の党の憲章では、「緑の党のメンバーは、ワーキング・チームや委員会、党の機関会議に参加する権利を有する」と認めていた。連邦綱領は、「合意にもとづく意思決定」を推奨しており、「党内の多数派は、多数決によって少数派の意見を排除せず、尊重しなければならない」と定めていた。緑の党は「運動としての党」であり、「草の根民主主義を発展させるためには、組織の上位と下位に位置する人々の間で絶えずコミュニケーションを交わすとともに、下からの主導権が必要である」と主張された。すなわち緑の党は、既成政党のトップダウン方式とは正反対の組織モデルを念頭に置いていたのである(Poguntke, 1994)。

党内組織における上部と下部との非公式な関係も、既成政党とは対象的だった。「緑の党における暗黙の了解の一つは、個人主義的でカリスマ的なリーダーの存在を否定することだった」と言われた(Papadakis 一九九四)。ロベルト・ミヘルスは「政党は必然的に寡頭制になる」と主張したが、緑の党における草の根的な運動家には、自分たちのリーダーを信用しない傾向があった。とくに初期の頃、州や連邦の総会に参加した代議員たちは、楽しげにリーダーに対して反論し、議論の結末は予測不可能だった。緑の党の組織文化がこうした特徴をもった一つの理由としては、「高等教育を受け、参加を重視するメンバーが大勢参加したためである」という指摘がある(Harmel, 1987)。

緑の党の憲章では、「地方と州の緑の党は、それぞれが綱領、憲章、財政、人事について最大限の自治権をもつ」と宣言された。そして最終的な意思決定は、メンバーの直接投票に委ねられていた。連邦レベルの憲章や綱領の変更については、地方組織の三分の一の合意があれば、メンバーによる直接投票

原注10　連邦綱領の英文翻訳から引用(Heretics, 1983)。

を実施できた。ただし現実には、一九八〇年代半ばのヘッセン州議会で、「原理派」が支配する「党幹部会」と、党外にも影響力のある人物の働きかけにより、緑の党と社会民主党の連立政権が崩壊するという事件が起きた。掲げられた理念に反して、州レベルの自治権がどのような実態だったのかについて、この事件が示唆している。

緑の党で最高位に位置する公的機関は「連邦総会」であり、年一回以上、開催された。一九八〇年代には、二つの州の緑の党が賛成するか、全メンバーの一割が賛成すれば、臨時総会を開催することも提案できた。連邦総会の代議員は各地方の組織から選出され，代議員数は各組織のメンバー数に応じて配分された。一九八三年から一九八七年までは、平均して約六〇〇人の代議員が連邦総会に参加し、代議員の四分の三は総会ごとに交代していた。総会に参加する代議員は、党財政が中央集権化することに対しても否定的だったため、党幹部会は総会ごとに予算の増額を提案し、承認を受けなければならなかった。さらに有力な人物が総会の場を支配するのを防ぐため、一般の代議員も公平に発言できるよう〝くじ引き〟で発言の機会を与える制度もつくられた。

社会民主党のようなエリート幹部の出現を阻止するため、緑の党の創設者たちは第一に、共同代表制を導入した。一一人で構成する「党幹部会（federal executive board）」の中から、平等の権限をもつ三人の「共同議長（speakers）」を選出して、党を代表した。ただし党憲章は、「すべての党組織における男女比率を同数にする」と定めていたが、実際の役員は、性別とはほとんど無関係に派閥の推薦で決められていた。

次回の総会までの最高決定機関が「連邦中央委員会（federal executive committee）」であり、年四回以上、開催された。「連邦中央委員会」を構成する約四〇人のメンバーは、各州の総会で選出され、その人数は各州の緑の党のメンバー数に比例して配分されたが、地方や州の代表や議員が「連邦中央委員会」を兼任することは禁止された。

第二に創設者たちは、党の役員が報酬を得ることに反対した。報酬を得ればその役職が職業になる可能性があるためだった。ただし、諸経費を実費で支給することは認められた。

第三に、党役員については任期が定められた。「議長」の任期は一期二年間とし、最大二期連続を上限とした。任期を定めたのは、リーダーが日常的な組織活動に戻って、経験から習得した技能や知識を現場の中で生かすようにすることが目的だった。

第四に党憲章は、議員と党役員との兼任を禁止した。国会議員や大臣が、党役員を兼任すれば権力が集中して、草の根民主主義の原則と両立しなくなると危惧したのである。

さらに初期の頃の緑の党の運動家は、「党を形成して議員を当選させることは、議会内で活動する足場を確保するための戦術であって、より重要なのは議会外に運動の基盤を構築することだ」と考えていた。それでも、議員に当選すれば議会内に取り込まれてしまう危険性があった。事実、同様の歴史を社会民主党は経験してきたのである。そこで、一九八三年一月にジンデルフィンゲンで開催された総会では、緑の党が代議制民主主義の中に引きずり込まれないようにするため（von Beyme, 1984）、「草の根民主主義によって連邦議員をコントロールする」という方針が承認された。具体的には第一に、「連邦議員は、その基盤（底辺）である党組織に対して定期的に報告書を提出する」ことになった。第二に、「連邦議員は、総会と連邦中央委員会の決定に拘束される（命令的委任を受けている）」と定められた。それはすなわち、議員が党の決定を無視して行動した場合には、緑の党の会派から追放されることを意味していた。第三には、「連邦議員に与えられる報酬は、熟練工の賃金に相当する額とする」とし、「議員報酬の大半は、オルタナティブなプロジェクトのために設けられた〝エコ基金〟に寄付しなければならない」と定めた。第四に、連邦議員は四年間の任期途中で、「後任者」（立候補したが、政党名簿の順位が低かったため、当選には至らなかった候補者）と交代することにした。そのため一九八三年の初当選から二年後の一九八五年には、ペトラ・ケリーを除く全議員が辞任し、繰り上げ当選によって新たな議員に入れ替わった。州議会議員のほとんども一九八〇年代中頃に交代した。(原注11)

一九八三年三月の初当選後、緑の党の連邦議員は独自の会派を形成したが、その組織形態は他政党と異なり、三人の「共同議長（speakers）」と、事務局長一人と副事務局長二人を置いた。任期は一年で毎年交互に選出した。再選は一年だけ可能と定めたが、実際にはほとんど毎年、交代した。緑の党の議員たちは、一般市民にも自分たちの会議を公開したため、連邦議会がある西ドイツの首都ボンで、彼らの会議は注目を集めた。初当選した議員たちは、議員の事務所を「地域に開かれた活動拠点」にすることを目標とし、方針の決定も共同で行うようにした。議員が参加する会議では、方針を分かりやすく提案することに努め、後任予定者も議員と同じ投票権をもった。事務局員の間で報酬の差はほとんどなかった。(原注12)

しかし、現在はこうした結党時の状況から四半世紀以上が経過している。この間、ジャーナリストや支持者たちは、緑の党が危機的な状況にあると何度も感じてきた。そして危機感をいだいた緑の党のリーダーや運動家、メンバーたちは、時には漸進的に、また時には突然に、草の根民主主義的な組織モデルを否定することによって緑の党を発展させてきたのである。そこで次には、「議会政治の受容（一九八三年～一九九〇年）」「選挙の敗北からの復活（一九九一年～一九九八年）」「連立政権への参加（一九九八年～二〇〇五年）」という三つの段階に分けて、組織がどのように変化してきたのか検討する。

議会政治の受容（一九八三年～一九九〇年）

政党の発足後すぐに連邦議会選挙に当選したことが、緑の党の草の根民主主義に影響を与えることになった。設立から三年も経たずに、六つの州議会と連邦議会で議員を誕生させ、ハンブルクとヘッセン州では連立政権に参加する可能性も出てきた。ところがその一方で一九八〇年代中頃になると、緑の党というオルタナティブな政党の推進力だった新しい社会運動が停滞し始めた。そして発足からしばらくすると「草の根民主主義こそが組織の基盤である」という原則に反して、党内の主導権は、運動重視のグループから議会重視のグループに移行した。党幹部よりも議員集団の方が影響力を持ち、マスコミも議員に注目した（Zeuner, 1985）。アマチュア運動家による「連邦中央委員会」が、有給の職業的な議員集団をコントロールしようという試みは挫折しつつあった。緑の党の成功度を示す指標も、選挙の得票

原注11　ゲルト・バスティアンも一九八四年二月に緑の党の会派を離脱したが、連邦議員を辞任せず無所属の議員になった。その後、一九八六年二月に再び緑の党に加入した。

原注12　一期目の会派には、後任者を含めて六十人以上の事務局員が一緒に活動した。二期目となる四年後には、一三〇人以上の事務局員を雇用した。

率に代わってしまった。緑の党の運動家たちが主張していた党の「基盤（底辺）」には、一般有権者も含まれるようになった（Frankland, 1999）。さらに皮肉なのは、既存の政治制度を否定してきたはずなのに、選挙活動や議員の活動費は国からの助成金に依存するようになったことである。緑の党には、活動資金を拠出できるほどのメンバー会費もなければ、企業や労働組合からの寄付もなかったのだ。

連邦議会に当選した直後には、議員の中に明確な派閥は存在しなかった。ところが二期目の一九八七年から一九九〇年になると、「現実派」と「穏健派」の議員が多数派になった。

その一方で、エコ社会主義者とラディカルなエコロジストの連合体である「原理派」も、運動家たちを動員する力を保っていた。彼ら「原理派」は、「現実派は権力の獲得に野心を抱いている」と見なして信用せず、組織改革の方針に反対した。それでもこの時期、注目すべき二つの改革が実施された。第一には、一九八六年に党憲章が改正され、党の役員、事務局員、候補者を男女同数にする制度（クォータ制）が正式に定められた。第二に、党の「共同議長」は専任で仕事をしていたが、報酬額は非専従レベルだった。そのため、「原理派」も含む運動家たちは連邦議員になりたがっていた。そこで何年間もの議論の末、一九八九年の総会では、議長にも専従レベルの報酬を支給することが承認された。こうして連邦議員に比べれば少額とはいえ、議長にも議会事務局と同等の報酬が支払われることになったのである。ただし、党の事務局員の報酬額を引き上げることは承認されなかった（議会の会派事務局と比べて、党の事務局の人員数は十分の一程度だった）。

当選後の十年間で、党と議員団との関係は変化した。すでに一九八四年には、ゲルト・バスティアンたちが緑の党の会派から離脱しており、それ以上、所属議員が減ると議会会派として認められなくなるため、党の決定に従わないと除名するという脅しも効かなくなり、会派の権威は低下した。

一九八八年五月には、性暴力犯罪の刑期をめぐる議論が発生し、多数の議員が党の方針に従わないという事件が起きた。不満を募らせた「フェミニスト」と八人の党幹部が所属していた「原理派」は、新聞『フランクフルター・ルントシャウ』紙に有料広告を掲載し、「緑の党の連邦議員団は、もはや党の基盤を代表してない」と宣言した。そのため党役員、議員代表、州の代表たちが「危機管理委員会」を設置して問題の沈静化にあたった（Rarchke, 1993）。この事件は「命令的委任」の原則に反して、連邦議員が自らの裁量権を主張したという点で重大な出来事だった。

そもそも緑の党は、連邦議員に対して、二年後には後任者に交代することを要請していた。しかし任期途中の交代は理論的には意味があったとしても、会派を弱体化させたし、議員経験者が後任者と密接に協力することもなかった。しかも、辞任を渋る議員も何人かいたため、会派内の人間関係を悪化させた。結局、一九八六年にハノーバーで開催された総会では、任期途中の交代制を廃止し、議員の任期については選出母体である州レベルの緑の党の判断に委ねることにした。

緑の党の創設者たちは、議員が職業化することを危惧していたが、一九八七年に当選した連邦議員の四分の一は交代せずに議員を継続した。各州の総会は、議員経験を積み重ねることが何か問題を生むとは考えなかったのである。議員会派の事務局でも、三分の二の事務局員は議員経験を積んでおり、法令や技術に関する専門知識をもっていた。やがて議員の事務所を地域に開かれた活動拠点にするという理想も消えていった。

ドイツ緑の党では、多様なイデオロギーを尊重して、組織を分権化させたことによって、非公式な派閥が形成された。野心的な政治家も横行し、組織は階層的で分離した構造になってしまった(Kitschelt, 1989)。メンバー数が四万二四一九人に達した一九八七年の時点でも(表2-2参照)、積極的なメンバーは、推定で全体の二割しかおらず、草の根民主主義は機能しなかった。その一方、地方・州・連邦の議員集団は、あまりにも多くの事柄に対処するために時間と精力を奪われた。幹部の一人だったユルゲン・マイアーは、当時の状況を嘆いて次のように語っている。

「緑の党は、プロフェッショナルな組織を構築して、その強みを発揮することもできないうちに、草の根民主主義的な組織の優位性さえも放棄してしまった」

一九八九年から一九九〇年にかけては、緑の党を新たな政治勢力へと押し上げるため、組織構造を急速に変化させた。一九九〇年の選挙における惨敗は、ほとんどの支持者が予想してなかったことだった。

選挙における敗北からの復活(一九九一年〜一九九八年)

一九九〇年十二月二日の選挙で、緑の党の得票率は五%を下回り、全議席を失った。それでもこのショック療法によって、組織は新たな段階へと進み始めた。「現実派」と「穏健派」が、この機会を逃さずに改革を推進したのである。彼らは、草の根民主主義の力を弱めて、効率的な党組織を形成しようとした。一九九一年四月にノイミュンスターで開催された連邦総会では、両派から提案されたほとんどが代議員に承認された。それでも、「党役員と議員の兼任禁止を廃止する」という提案は否決された。すでにいくつかの州ではこの規定を廃止していたが、連邦総会では規約改正に必要な三分の二以上の賛成を得られなかった。その一方、総会では、「党幹部会」の運営効率を高めるために、構成を一一人から九人に減らし、「共同議長」も三人から二人にすることにした。「共同議長」には、旧西ドイツ側からは左派の男性が、旧東ドイツ側からは左派の女性が選ばれた（一九九〇年十二月三日に、東西ドイツは正式に再統一した）。党幹部会のメンバーの任期も撤廃された。緑の党をプロフェッショナル化するもう一つの改革として、執行部の中に「事務局長」を新設した。

さらに最大の改革は、「連邦中央委員会」を廃止して、新たに「州評議会（states council）」を設置したことである。「連邦中央委員会」の責務は重かったがメンバーは専任ではなく、会議はイデオロギー的な議論が多かった。州の活動や議員とも認識にずれが生じており、緑の党を代表する組織とは言えなくなっていたのである。新設された「州評議会」は各州から選出された二〜四人の代議員で構成され、そのうちの一人は州の執行委員、もう一人は州議会議員とした（Poguntke, 1993）。「州評議会」のその他のメンバーは、「党幹部会」、連邦議員、欧州議会議員、作業部会から選出された。一九九一年から一九九四年まで、緑の党には連邦議員がいなかったので、「州評議会」が中心的な役割を果たすことになった。(原注13)

一九九三年三月には、旧東ドイツの「同盟90」と統合した。小規模だった東ドイツ側の組織名をあえて優先させて、名称を「同盟90／緑の党」とした。当面の移行措置として、旧東ドイツの組織につい

原注13　一九九〇年十二月の連邦議会選挙において、旧東ドイツの「同盟90／緑の党」としては八人が当選したが、そのうち「東ドイツ緑の党」からは二人が議員になった。議員が少数だったため、連邦議会内における会派として認められず、十分な権限と活動費が与えられなかった。

ては「党役員と議員の兼任禁止」の原則は、適用しないことにした。「州評議会」には旧東ドイツから四人の委員が割当てられ、「共同議長」の一人についても暗黙の了解で、旧東ドイツ側から選出された(Poguntke/Schmitt-Beck, 1994)。

さらに旧東ドイツ側の危惧を配慮して、三点の改革が党憲章に盛り込まれた。第一には、共産党体制が長く続いた東ドイツでは「党」に対する拒絶反応が強いことを考慮して、「独立メンバー(free-lance)」という資格を認めたのである。「独立メンバー」も活動に参加でき、議員候補者に立候補できたが、党の役員には就けないこととした。第二に、旧東ドイツの利益にかかわる事項については、旧東ドイツの州の評議会が、党の方針に対して一時的な拒否権をもてるようにした。そして第三には、旧東ドイツにおける運動と政治活動を支援する組織を形成することにした。もっとも、旧東ドイツにおける組織改革が、党組織全体に重大な影響を及ぼすことはなかった(Poguntke, 1996)。

こうして緑の党内では、「現実派」と「左派」系のリーダーが主導権を握るようになった。彼らは、緑の党には政策能力があり、政治的な責任を果たしているという印象が広めることに努め、組織運営も一般の社会的慣習に近づけた。党組織の事務局は小規模のままであり、その人数も一九八〇年代後半とほとんど同じだったが、彼らの能力は向上していた。アマチュアの参加によって創造性を生み出そうとした緑の党の伝統から、党指導部は離れていった。その代わりに彼らは、外部に世論調査を委託し、専門家との合同会議を開き、広告代理店を使って党をアピールし、情報技術を活用するようになった。複雑な政策を単純化して有権者に伝え、人々の感情に訴えて共感を呼ぶためには、緑の党の人物を際立たせた戦略が必要だという認識は緑の党の支持者の中にも広がっていった。

さらにまた、政党主導によって提携団体を設立するという方針についても、緑の党は既成政党に近づいた。他の大政党と同様の若者組織の設立について、長期間、議論した結果、一九九四年には「緑のオルタナティブ青年同盟」を結成した。同様に様々な論争の末一九九七年には、州レベルで設立された組織を独立させ、緑の党系の教育財団として「ハインリヒ・ベル財団基金会」を設立したのである。

一九九四年十月の連邦議会選挙で、緑の党は議席の奪回に成功した（表2-1参照）。新たに結成した会派の「共同議長」は三人から二人に減らした。任期は二年だったが、再選も可能にした。会派の「共同議長」の一人は「現実派」でベテランのヨシュカ・フィッシャーであり、彼とのバランスを取るという名目で、もう一人は若手の左派ケルスティン・ミュラーが選ばれた。ただし、実権はフィッシャーに集中しており、フィッシャーは社会民主党との連立政権の実現に向けて努力した。ジャーナリストも、彼を特別な代表として扱った。

さらにフィッシャーは、「党役員と議員の兼任禁止」の規定を緩和させようとしたが、一九九四年にケルンで開催された総会では承認されず失敗に終わった。一九九五年十二月には、フィッシャーを初めとする連邦議員の半数が、緑の党の方針に背いて、ドイツ連邦軍がNATOによる旧ユーゴスラビアへの武力行使に参加することに賛成した。フィッシャーたちの判断によって党内対立は激化したが、もはや「命令的委任」の原則は議員に対する効力を持たなかった。しかも、近々実施される州議会選挙で、緑の党に批判的な報道がされることを恐れた党幹部は、一九九六年にマインツで開催された総会では、この問題を討議しないことにした。その後、連邦議員の会派はさらに一般的な組織運営を行うようになり、外部の人間は会議に参加できないようになった。

一九九八年の連邦議会選挙に向けて、党幹部会は緑の党のイメージを一新するため、広告代理店を使った。しかし、緑の党の組織を「近代化」しようとする戦略は実現しなかった。緑の党が掲げた選挙政策に対して激しい批判が巻き起こったが、有権者に対して緑の党の方針を明確に説明できる人物は存在せず、派閥間の争いはさらに激化した（Frankland, 2000）。

連立政権への参加（一九九八年〜二〇〇三年）

それでも一九九八年九月二十七日に行われた連邦議会選挙で、緑の党は六・七％の得票率で四七議席を獲得した。前回を下回る結果だったが（表2-1参照）、社会民主党と組めば多数派になり、連邦議会で初めて「緑の党と社会民主党との連立政権」が誕生した。外相に就任するヨシュカ・フィッシャーの後任として、「現実派」は議員会派の代表にレッツォ・シュラウホを推した。新たな「原理派」の派閥も組織されたが、彼らも今では現実的になっていた。そのためシュラウホと、現実的な左派であるケルスティン・ミュラーが再選されて、会派の「共同代表」（共同議長ではなく）になった。

十月にボンで開催された総会では、社会民主党との連立は争点にならず、圧倒的多数の代議員によって承認された。むしろ議論になったのは、「連邦議員が閣僚に就任する際には、議員を辞任して政党名簿の後任者が議席を引き継ぐ」という提案だった。提案者は、「行政権と立法権は分離させるべきである。それはリーダーを民主的にコントロールしようとする緑の党にとって当然であるし、事実、州議会で閣僚に就任した議員は辞任してきた」と主張した。しかし、この提案に対して強硬に反対したのがフィッシャーだった。彼にしてみれば、閣僚に就任したからといって議員を辞任すれば、閣僚としての立場が弱まることは明らかだった。結局、閣僚に就任した三人が議員を継続することを認め、二年後の総会で再検討することになった。そして二〇〇一年三月にシュトゥットガルトで開催された総会では、「次回の連邦議会選挙以降、閣僚に就任した際には議員を辞任する」ことを決定した。ところが最終的には、二〇〇二年十月にブレーメンで開催された総会において、この決定は黙殺される結果になった。

一方、党内の改革派は、社会民主党との政権運営という新たな課題に対応するため、意思決定の速度を速めつつ、運動家たちとの調整も密接に行うことにした。そこで一九九八年十二月にライプツィヒで開催された総会では、「党幹部会」のメンバーを五人に減らすとともに、「州評議会（states council）」に代わって「党評議会（party council）」を形成した。この「党評議会」に新たに加わる二五人のうち、一二人までは州や連邦の議員や閣僚が兼任できることにした。「党幹部会」としては、「党評議会」を少数で効率的な中央組織にしたかった。ところが代議員たちが望んだのは、むしろ人数を増やして党を代表する機関にすることだった。さらに代議員たちは、党組織の代表を「議長（speaker）」から「代表（chair）」に変更することにも反対した。議員会派の「共同代表」には二人の女性（東の現実派と西の左派から各一人）が選出されたが、緑の党の閣僚に男性が多くなったことへの補償措置だった。(原注14)

原注14　一九九八年、社会民主党との交渉が失敗に終わり、シュレーダー首相は緑の党が要求した四人目の閣僚を拒否した（閣僚が三人となったため、男女各二人でバランスをとることができなくなった）。ただし緑の党における役職者の男女同数の原則は、女性が男性を上回ることは認めている。なお、党代表の一人を東から選出することは、党憲章には明文化されていない。

一九九九年になると、連立政権内では社会民主党との対立が激しさを増し、地方選挙の結果も後退した。そこでヨシュカ・フィッシャーは、「共同代表制」と「党役員と議員との兼任禁止」を廃止することを提案した。しかし左翼の反対派は、「地方選挙に敗北した原因は、現実主義的な妥協をしたためである」と主張し、組織改革に反対した。

二〇〇〇年三月にカールスルーエで開催された総会でも、「党幹部会の半数までは、議員や閣僚が兼任できる」という提案が出されたが、規約改正に必要な三分の二の合意を得られなかった。それでも、仕事量の多さに対処するため「党幹部会」のメンバーを五人から六人に増やすとともに、「党評議会」の構成員をほぼ半数に減らして、彼らに既成政党と同様の強い決定権を与えることが承認された。さらに党代表の名称を「議長」から「代表」に変更することも承認された（Frankland/Harmel, 2000）。

二〇〇〇年六月にミュンスターで開催された総会では、「党の共同代表」にベテランの州議会議員であるフリッツ・クーンとレナーテ・キュナストが選出された。二〇〇一年三月には、閣僚に就任したキュナストに代わって、経験豊かな左派の欧州議会議員であるクラウディア・ロートが代表を引き継いだ。

二〇〇二年の連邦議会選挙に向けて、党執行部としては、社会民主党との連立政権を継続するために、前回を上回る得票率を達成することが目標になった。そこで新たな戦略として、選挙運動の前面にヨシュカ・フィッシャーを押し出すことになった。彼こそ緑の党を代表できる人物と考えられたのである。有名な広告代理店に委託して計画したのが、「緑の党なら、うまくいく（Green works）」という選挙キャンペーンだった。緑の党のリーダーが選挙運動の先頭に立つことで、マスコミからも注目を集めた。八月にはドイツが突然、大洪水に見舞われるといった予想外の出来事が起きたが、それも緑の党は選挙活動に生かすことができた。
こうして二〇〇二年の連邦議会選挙に当選したクーンとロートは、引き続き「党の共同代表」に選出されることを望んだ。そこで十月にブレーメンで開催された総会では、再び「党役員と議員の兼任禁止」の廃止を提案しようと考えたが、反発の強さを考慮して、「執行委員会の三分の一までは議員や閣僚が兼任できる」という提案に修正した。ところが、それでも規約改正に必要な三分の二の代議員の賛成は得られなかった。代議員たちの反対理由は様々だった。緑の党の創設者と同様に、権力の集中化に反対する人々。連立政権の合意にもとづき強制された議会の方針と、緑の党の政策とは切り離すべきと考えた人々。さらに、フィッシャーが個人的な権力を使い分けていることに不満をもっている人々もいた。(原注15)
「兼任問題」をめぐる膠着状態を打開するため、いくつかの州の緑の党は、「党役員と議員の兼任禁止問題をメンバー投票で決着すること」、および「クーンとロートが連邦議員と共同代表を兼任することを例外的措置として一時的に認めること」を主張した。この方針は、二〇〇二年にハノーバーで開催さ

原注15　一九九八年の連邦議会選挙に当選後、議員会派の代表となったレッツォ・シュラウホは経済副大臣に就任する予定だった。そこでフィッシャーは当初、後任にフリッツ・クーンを据えようとした。しかしその後、信頼できるクーンに党を任せ、議員会派の代表にはクリスタ・ザガー（党の元共同代表で、ハンブルクの元上院議員）を据えようと考えた。他方で、ケルスティン・ミュラーが、外務副大臣に就任したため、議員会派の共同代表の一人が空席となった。そこでフィッシャーは、旧東ドイツ出身の若手で現実派のカトリン・ゲーリング＝エッカートを代表にするため、ワーナー・シュルツ（旧東ドイツで一九八〇年代後半から市民運動を担ってきたベテランの緑の運動家）に根回しを行った。

れた総会で提案されたものの、僅差で承認されなかった。結局、クーンに代わってラインハルト・ビュティコファーが、ロートに代わってアンゲリカ・ベーアが「党の共同代表」に選出されることになった。その後は、シュテフィ・レムケが「事務局長（party maneger）」に就任し、二人の「党の共同代表」とともに、「党評議会」に出席できることになった。さらに総会では、一三人の新たな「党評議会」委員が選出されたが、一人を除く全員が州や連邦議会の議員や閣僚であり、結局、党内においても議員が優勢になった。

代議員も長く続いた論争に決着をつけることに賛成し、二〇〇三年四月二十二日から五月十三日にかけてメンバー投票が実施された。五七％の投票率のうち、六七％が「兼任禁止の原則を緩和して、党幹部会の三分の一は議員や閣僚が兼任できる」ことに賛成した。ただし「党の共同代表」については、「連邦議会の会派代表や閣僚は兼任できない」ことが再確認された。それでも党の指導部は、メンバー投票という、多数決による直接民主主義を用いることで、強硬な少数の代議員を抑え込んだのだった。(原注16)

制度化と危機

議会外のラディカルな運動体だった緑の党が、なぜ議会内の改革派へと変化したのだろうか。それを理解するためには、政党における組織変化をモデル化したイタリアのアンジェロ・パーネビアンコの理論が有効である（Panebianco, 1988）。第一に、「政党は絶えず変化する」と考えた彼の政党モデルによれば、「政党は、イデオロギー的な目標と、アマチュアリズムの精神と、攻撃的な戦略を持ち、政治環境に対する〝団結のためのシステム〟として結成される」。ところが「制度化が進むにつれて、目標は現実的になり、精神はプロフェッショナル化して、実現可能な戦略をもつようになり、組織は〝利害関係を調整するシステム〟へと変化する」。ただしこうした変化の要因を分析したパーネビアンコは、「党が成長する過程において経験した内容次第では、通常の発展過程から逸脱することもある」と指摘する。緑の党の場合は、一貫しない分裂的な状況の中から誕生した。そのため、分権的で自律的な組織を構築することはできなかったが、党内で支配的な勢力も分裂していたため、完全には制度化が進まなかったと考えられる。

この政党組織の変化モデルは、政治家の日常的な経験に結び付いている。緑の党の場合も、地方・州・連邦議会の選挙で成功したことで、数百人の草の根運動家が代議制民主主義の中で活動するようになった。運動家たちも地方や州の政府に参加するようになり、有権者は具体的な成果を期待した。ところが、新しい社会運動が衰退したため、緑の党としては独自の財源を確保する必要性が高まった。そして州から支給される選挙補助金や、会派に対する活動助成金が不可欠な財源になった。こうして緑の党も一般的な政治制度に対応するようになり、原理主義的な傾向を捨てて、建設的な反対派になったのである。すでに一九八〇年代後期において緑の党は、草の根民主主義の原則をよそに、「半・議会内の政党」になっていた。この流れに反対する者は、党を離れ始めた。一九九八年には連立政権に参加したこ

原注16　二〇〇三年四月から五月に実施されたメンバー投票では、党全体の組織改革をめぐる論争を終わらせることはできなかった。たとえばバーデン・ヴュルテンベルク州の緑の総会では、州の執行委員会の半数までは州・連邦・欧州議会の議員が兼任できるとする提案が否決された。

とで、その傾向がさらに進んだ。原則を妥協することが容認できない人々は緑の党を去った。他方、社会民主党との連立政権によって、緑の党が政策の実現に影響力を発揮できると考えた人々は党に残った。その後は、積極的に新たなメンバーを募ったことで、離党したメンバーの一部を補充できた。推定では、現在のメンバーの二〇％が一九九八年以降に加入している。彼らの関心は、具体的な政策を実現することであり、政権に参加することにも積極的である（Flankland, 2003）。このように運動家の社会的関心が変化し、新たなメンバーが参加したことが、緑の党における組織の進化を促したと考えられる。

パーネビアンコが提示した政党における組織変化の第二のモデルは、「党の組織体制における断続的な変化」に焦点をあてている（Panebianco, 1988）。すなわち彼は、「選挙の敗北など周囲の圧力と、党内の緊張関係とが相互に作用することで、党内を支配していた古い連合勢力にとってかわる新しいステージが生まれる」と指摘する。一九九〇年から一九九一年にかけて起きたドイツ緑の党の変化は、まさにこの第二のモデルにあてはまる。一九九〇年の連邦議会選挙で全議席を失ったことで、「現実派」「穏健派」「非教条的な急進的左派」の連合体が形成されたからである。

ただしこのモデルは、その後に起きた組織変化にはあてはまらない。党内で支配権を握った連合体は、社会民主党との連立政権を実現させ、一九九八年には「党評議会」を設置した。二〇〇〇年には、社会民主党との連立に対処するため、「党評議会」の権限をさらに強化した。総会において代議員たちは、指導部が提案した改革方針にすべて賛成することはなかったが、主導権を握った「現実派」と連立政権の運営を重視した「左派急進派」との連合体に対して、組織的な反対行動は起きなかった。二〇〇三年五月に長年の課題だった「党役員と議員の兼任禁止」の原則を緩和したのは、周囲から圧力や、内部の緊張関係が強まったからではない。主導権を握った連合勢力が目ざした専門職化が進み、二〇〇二年の連邦議会選挙で過去最高の得票率を獲得したことが影響している。

ただし党の設立から約三十年が過ぎた今でも、「オルタナティブ」なアイデンティティーは確固としてドイツ緑の党内に残っているため、指導部といえども草の根民主主義の原則を完全に放棄することはできずにいる。

こうして組織の変化には、党内外の様々な要因が影響している(Kitschelt, 1989)。ただし、ドイツ緑の党においてとくに注目すべき点は、選挙での当選を目標にして組織を発展させてきたことにある。

「アマチュア運動家の党」から「プロフェッショナルな選挙政党」へ?

結党からの五年間、緑の党は「アマチュア運動家の党」にきわめて近かった(第1章参照)。それは彼らが抱いていたパラダイムからして当然のことだった。緑の党は既成政党に挑戦し、「選挙至上主義の国民政党」というモデルを拒否した。「社会民主党やキリスト教民主党は、既存の体制に順応しすぎている。問題を一般化、制度化してしまい、すべてを自分たちだけで解決できると考えている」と批判していた(Raschke, 1983)。それにもかかわらず緑の党の組織は、すぐに「アマチュア運動家の党」の特徴から遠ざかっていった。一九八〇年代後半になると、もはや議員集団をコントロールしているとは言えない状況になった。専任で仕事をする党幹部も増えたが、十分な資金がないため、議員集団を完全にはコントロールできなかった。主要政党に比べれば緑の党のメンバーの参加度は高かったが、それは党が小規模なためでもあった。まして「すべての活動に参加する」ことを理念に掲げた「アマチュア運動家の党」であるにもかかわらず、メンバーが参加するのは活動の一部でしかなかった。その一方で、役職に就かない反対派や策略家は少数派ではあったが、人数以上の影響力を発揮していた。

初期の頃に比べて、今日の緑の党は、さらにプロフェッショナルな政党になっている。指導部は専任職となり、高度の知識をもつた専門家も抱えている。組織の運営効率は高まり、政策課題の解決に向けて、具体的な方針を策定する能力も蓄積された。選挙活動においては、戦略を練り上げ、最新の広告技術を駆使して大衆受けする手法を導入している。さらに、政治家個人を前面に押し出した選挙キャンペーンを展開することで、選挙指向の政党となった。

しかし、だからといって緑の党が「プロフェッショナルな選挙政党」に変化したわけではない（第1章参照）。「プロフェッショナルな選挙政党」モデルにおける一四項目の特徴のうち、ドイツ緑の党に該当するのは、「得票数に比べてメンバーが少ない」という一項目だけである。二〇〇二年の連邦議会選挙でもメンバーの比率は少なく、計算上では一人のメンバーに対して八五票を獲得している。

その一方で、「アマチュア運動家の党」モデルにおける一四項目の特徴のうち、六項目は確実に、現在の緑の党にも該当する。すなわち、①新しい社会運動から誕生したこと、②市民社会と非公式な結びつきがあること、③得票数に比べてメンバーが少ないこと、④候補者は地方や州レベルで決定されること、⑤地方や州の支部が組織の基本的な単位であること、⑥組織の基盤で活動しているメンバーが直接投票や代議員を通して指導部に影響を行使できることである。

さらに、その他の五つの特徴についても、ある程度、あてはまる。すなわち、①イデオロギーが薄らいだこと、②地方・州・連邦議会で連立政権に参加したことで政府との距離が縮まっていること、③メンバーが中立的になり、指導部と対立もするが全面的に支持することもあること（総会での提案を拍手喝采で承認することもめずらしくなくなった）、④党の財源は国からの助成金やメンバーの会費に依存しているが個人や法人からの寄付も受けていること、⑤党組織に有給の事務局も増えたが活動の多くはボランティアが担っていることである。合計すれば「アマチュア運動家の党」モデルの一四項目の特徴のうち、一一に該当する。

ただしリーダーシップについては、「共同決定とアマチュア主義」が原則とは言えなくなった。一九八〇年代に比べると、党組織や議員会派の会議では、出席者全体の合意にもとづいて方針を決定することは少なくなった。「党の共同代表」も、専任役員として報酬を受ける専門職になった。その役割も単に組織を代表するだけではなく、執行能力とコミュニケーション能力が重要な資質として求められるようになった。さらに一九九〇年代になると、党役員と議員・閣僚を兼任することも可能になった。今では、議員や閣僚は長年の政治経験を積んだ専門職になっている。

現在の連邦議員と党との関係は、「アマチュア運動家の党」のように、党の側に主導権があるわけではない。かといって「プロフェッショナルな選挙政党」のように、議員の側に主導権があるというわけでもない。しいて言えば、「国民政党」のように「バランス」のとれた関係になっているといえよう（第1章参照）。

連立政権への参加といった高度な政治判断は別にして、会派の運営や方針については議員たちが独自に判断している。それでも総会に参加する代議員や一般メンバーは、緑の党が完全に議員中心の政党となることを望んでない。この点は、二〇〇二年から二〇〇三年に起きた「党役員と議員の兼任禁止」をめぐる議論を見ても明らかな事実である。

「アマチュア運動家の党」のモデルに従えば、権力の中心は「総会」と、そこに参加する運動家にある。ところが二〇〇〇年には、「党評議会」のほとんどのメンバーが党役員と議員によって構成されるようになり、事実上、既成政党の幹事会と同様の権力をもつようになった。つまりは意思決定の中心が、「総会」と「党評議会」に二重化されたのである。

近年の総会は整然と運営されるようになった。それでも、指導部の提案に対して運動家が徹底して批判する時もある。指導者の個人的なリーダーシップを、運動家も受け入れるようにはなった。それでも緑の党に、指導部の権威やカリスマ性を尊重する組織文化は今も存在しない。

現在の緑の党は、「プロフェッショナルな選挙政党」あるいは「大衆政党」というよりは、「アマチュア運動家の党」に近いことは確かだが、重要な点で進化している。本書の第10章では、「オランダ緑の党」を「プロフェッショナルな運動家の党」と表現しているが、「ドイツ緑の党」にも同様の傾向があてはまる。

結論

二〇〇二年三月にドイツ緑の党は、新たな基本綱領を採択した(原注17)。新綱領でも、「民主主義は……我々の政治活動にとっての基盤である（九条）」と宣言したが、草の根民主主義に関する明確な言及はない。

その代わりに「市民が直接参加できる、多様な民主主義をさらに発展させる（一三、一四条）」ことを提唱している。「国家と社会におけるすべての領域で市民の参加を広げるとともに、議会内の民主主義を強化することが、緑の党の目的である」と述べ、「我々はもはや〝反政党の党〟ではなく、政党システム内のオルタナティブである（二一条）」と宣言した。

四半世紀以上の歴史を経て、ドイツ緑の党はプロフェッショナル化したとはいえ、今もアマチュアとしての明確な特徴を維持している。主要政党に比べれば、組織構造は今も「ボトムアップ」型である。州や地方組織には、組織運営、人事、政策について自治が認められているし、実際に機能している。新たな「党評議会」が発足したことで、マスコミ対応にも精通する統一的な指導部が形成されたが、主要政党の組織に比べれば、緑の党は今も中央集権化されていない。かつて、フィッシャーや彼の仲間たちは、連邦レベルの人事や方針決定については強い影響力を発揮したが、それでもヘッセン州を除き、州レベルの緑の党の意思決定に対しては、ほとんど影響力を持たなかった。今も総会の運営は、指導部の思い通りにならないし、すべての組織レベルで女性代表の数が多いことも注目すべき点である。「共同代表」制も、主要政党と緑の党との違いを際立たせている。(原注18)

最後になるが、緑の党は伝統的な社会的・経済的団体からの支援を受けていない。その点は、政治制度を改革する勢力として有利な立場にあると言えよう。だからこそ、連立政権内では少数派であっても、全力を尽くすことで社会民主党という巨大なタンカーのような政党を少しずつ動かし、いくつかの

原注17　同盟90／ドイツ緑の党「二〇〇二年ベルリン新綱領　未来は緑」（『未来は緑―ドイツ緑の党新綱領』今本秀爾監訳、緑風出版、二〇〇七）。

改革を実現したのである。

結び

二〇〇五年の選挙では、州議会でも連邦議会でも、緑の党は政権に参加できなかった。緑の党の得票率は「自由民主党」と、新たに組織された「左翼党」を下回ったが、五十一議席を獲得したことで「キリスト教民主同盟」から連立政権への参加を呼びかけられた（最終的には、「社会民主党」と「キリスト教民主同盟」の大連立政権が誕生した）。

マスコミにとってスターのような政治家になったヨシュカ・フィッシャーも指導部から引退した。連邦議会で七年間、州議会ではそれ以上の長期間、政権の座にあった緑の党が野党になって活動することは予想以上の困難があった。それでも指導部に対する草の根からの不満が強まり、党が危機的状態に陥るようなことはなかった。組織改革が再び総会の争点になることもなかった。

二〇〇七年九月には、党内の「左派急進派」が、臨時総会の開催を要請した。ドイツ連邦軍によるアフガニスタンへの軍事介入に賛成した「執行委員会」の方針を、反対派を動員して否決したのである。ただし、二〇〇七年の総会で緑の党の社会経済政策が議論になった際、代議員は「野党としての立場を明確にすべき」と主張したが、指導部の批判は行わなかった。

二〇〇七年五月に行われた選挙後には、ブレーメン州で「社会民主党」との連立政権が形成された。その後の州議会選挙の結果を踏まえると、今後の連邦議会では、大連立、三党連立、少数政権、いずれの可能性もありそうだ。

二〇〇八年五月には、ハンブルク州で史上初の「キリスト教民主同盟」と緑の党との連立政権が誕生した。ただし緑の党としては、今後どの政党と連立を組むのか、方針を決定してない。ドイツでは五つの政党が政権の座を狙っており、この新たな時代は、小規模だが「プロフェッショナルな運動家の党」に進化した緑の党にとっては、危機であるとともにチャンスとなっている。(訳注2)

原注18　「現実派」は反対しているが、「フェミニスト」は共同代表制を放棄する提案に対して、常に抵抗する傾向にある。ただしハンブルグでは、州として独自の決定をした。二〇〇一年十二月、緑の党のハンブルク支部にあたる「緑のオルタナティブリスト」が、ハンブルクの党憲章を修正して、「党役員と議員の兼任禁止」を廃止し、さらに「共同代表制」を「単独代表制」にしたのである。

訳注2　二〇〇九年の連邦議会選挙でドイツ緑の党は、得票数一〇・一%、議席数は六八に増加した。二〇一〇年秋にメルケル首相は「原発稼働期間の延長」を決定し、市民から大きな反発を受けた。さらに二〇一一年三月に起きた福島第一原発事故後には、ドイツ緑の党の支持率が急上昇して、各地の地方議会選挙でも勝利した。〝次回の連邦議会選挙では緑の党の党首が首相になる可能性がある〟という世論調査の報告も、メルケル首相が「二〇二二年までに全原発を停止する」方針を決定する大きな要因になった。

第3章　「フランス緑の党」　制限された状況下で変化した運動家の文化と実践

序章

フランスでは、新たに設立する政治団体の組織構造をめぐって数年間の議論が行われた。そして「フランス緑の党（*Les Verts*, The Greens）」が結成されたのは、一九八四年のことだった。彼らの信条は「これまでと違った政治を進める」ことだったが、三十年近くを経た現在も、はたしてこの信条は引き継がれているのだろうか。

フランス緑の党の組織変化は、党内における派閥勢力の変化と密接に結びついている。そこで本章では、派閥の力関係が変化して他政党との連立を目ざすようになり、選挙の当選を優先する戦略を採るようになっていった過程を検証する（Villalba/Vieillard-Coffre, 2003）。また組織が変化したもう一つの要因が、運動家とリーダーの組織文化が変化した点にあることを解明する。

こうした分析を通して、緑の党の運動家が対外的な党としての影響力をあるレベルまで実現しようとしながらも、党内における参加型の組織をどのように再構築していったのか明らかにする。さらに、一九九七年から二〇〇二年にかけて実施された重要な組織改革についても分析する。当時、緑の党はメンバーが大量に入れ替わり、組織は弱体だったが、初めて連立政権に参加したことで存続できたのである。

草創期における組織　フランス緑の党の特殊性

フランス緑の党が完全に自立し、統一した政党になるまでには長い時間が必要だった。初期の頃の政治運動や、一九七〇年代初めに組織された「候補者リスト」の段階から、緑の党の発足まで十年以上の時を必要とした（Sainteny, 1997, 2000, Frémion, 2007）。運動家たちは、政治団体の設立に向けて準備を開始した当初から、社会的・知的な多様性を重視した。組織規約は必要最小限にとどめ、個々人の多元的・文化的な関係性を基盤にして運動家の文化を形成しようと努力した。フランス緑の党では、一貫して多様性が重要な価値として位置づけられてきたのである（Alphandéry et al, 1991）。

こうして一九八四年に緑の党が発足した当初から、運動や組織運営における多様性が重視された。エコロジストたちによる組織形成には時間がかかり、困難ではあったが、多様な社会運動や運動家のグループが相互に連携して、ついに緑の党が発足した。彼らにはそれぞれ堅持すべき明確な目標と、各組織に固有の流儀があった。彼らを結びつけていたのは、共通の政敵が存在するという認識だった（Roche/Bennahmias, 1992）。

他国の緑の党と同様に、フランス緑の党のイデオロギーの中心には、環境問題だけでなく草の根政治と直接民主主義の実現にあった（Deschouwer, 1994, Rihoux, 2001）。この基本方針を社会で実現するために、彼らは緑の党を設立したのである。

一九八四年一月に結成されたフランス緑の党の中心になったのは、「緑の党―エコロジー政党」と「緑の党―エコロジー連合」という二つの「初期段階の党」だった。とくに後者の「エコロジー連合」は、草の根民主主義と地方自治の実現を目的としたラディカルな潮流だった。その組織の基本原則は、共同代表制、役員の交代制、兼職の禁止、専従役員の否定、役職者の男女同数制、分権化、地方自治、非メンバーへの公開制などであり（Rihoux, 2001, Villalba, 2001）、当初から規約にも明文化していた。組織の目的は、「一般の運動家が、党中央の権力を真にコントロールすること」であり、同時に「すべてのメンバーが指導部と交流できる、従来とは異なる政党運動を構築すること」にあった。

ただし当初、緑の党が定めた規約は、中心になった二つの党が掲げた価値観の妥協の産物だった。最高の意思決定機関は「総会」だった。そして「評議会（party council）」を構成する委員は、地方と地域圏（region）の各選挙区にあるグループから七五％が選出され、残り二五％が総会で直接、選ばれた。さらに「執行委員会（party executive）」は一〇人から二〇人の委員で構成され、そのうち四人が平等の権限をもつ「広報官（spokesperson）」に指名されたが、「党首（president）」にあたる職務は存在しなかった。「評議会」と「執行委員会」のメンバーは全員が専任でなく、有給の事務局もいなかった。「評議会」は、いつでも「執行委員会」を罷免することができた。こうした党役員の交代制は厳密に運用され、地域圏と国レベルの役員は任期途中で入れ替わった。また、「党役員と議員の兼任」は明確に禁止された。

変化の過程と組織への影響

変化する選挙情勢、外部からの圧力と戦略

ところが、緑の党の結成後の選挙結果は低迷し、欧州議会選挙でも得票率が低かったために、「右でも左でもない」とした方針の有効性に疑問の声が上がった。この方針は、緑の党の政治的な自立性と純粋性を守るため、一九八六年から党の「代表（leader）」になったアントワーヌ・ヴェシュテルが提唱したものだった。しかし時が経つにつれて、選挙活動における連携を課題と考える運動家や派閥のリーダーが増えていった。彼らが熱望していたのは、単に得票数を増やすだけでなく、国、地域圏、地方の選挙で議席を獲得することだった。議席が得られれば公的助成金が与えられ、緑の党の財政基盤も拡大できた。ところがフランスは小選挙区制であるため、主要政党の社会党には有利だが、小規模の緑の党が議席を獲得するのは困難な状況にあったのだ（Cole, 2003）。

そこで一九九三年の総会では、「進歩的な左翼政党と、優先的な提携関係を築く」という基本方針が採択された。また同じ時期、ドミニク・ヴォワネとイヴ・コシェが中心となって現実主義者と左派の派閥が集まり、代表のヴェシュテルを破って党中央を掌握した。彼らの最優先課題は、社会党を中心とする左翼政党と選挙協力を結び、当選可能な選挙区に候補者を擁立することだった。国会に議席を得ることで公的助成金を獲得し、さらに支持者を拡大して連立政権に参加することが彼らの目標だった。

一九九七年の国政選挙が近づき、緑の党と社会党は戦略的な選挙協力を進めることに合意し、二九の選挙区で候補者を重複させないように調整した（Villalba/Vieillard-Coffre, 2003）。その結果、緑の党も七議席を獲得して初めて国会議員の当選を果たし、「左翼連合」が下院で多数派を占めたことで、その後の七年間、緑の党は連立政権に参加することになった。

二〇〇二年の国政選挙でも選挙協力の結果、社会党が候補者を擁立しない五七選挙区に候補者を擁立した。ところが、緑の党の当選者はわずか三議席で期待はずれの結果に終わった。運動家たちは不満をつのらせ、党指導部は危機的状況に陥った。そのため、緑の党は圧倒的な力の差がある社会党との提携を躊躇するようになった。

二〇〇二年十二月には新たな指導部が選出され、「契約にもとづく自立」という新たな方針が採択された。それは「一回目の投票では、緑の党と社会党は各々が独自に候補者を擁立」し、「二回目の投票では得票率の高い候補者に一本化する」という方針だった(訳注1)。

新たな緑の党の指導部は、二〇〇四年の欧州議会選挙でも独自の候補者を擁立し、「地域圏」の選挙でも、一回目の投票では独自の候補者リストを作成することにした(訳注2)。社会党との調整は難航したが、パリを中心とする「イル＝ド＝フランス」を含め、一四の「地域圏」で社会党と共同で候補者リストを作成し、六の「地域圏」では独自に候補者リストを作成した。その結果、ほとんどの「地域圏」で緑の党は得票率・議席数ともに伸張し、二〇の「地域圏」で社会党・共産党・緑の党による左翼連合が与党になった（ただし、欧州議会選挙では前回の九・七％から七・四％へと得票率が低下し、議席数も減らした）。

二〇〇五年五月に実施された「欧州憲法条約」の批准を問う国民投票をめぐっては、緑の党の指導部が賛成派と反対派に分かれ、完全に分裂してしまった。条約に反対していたラディカルな左翼団体とエコロジストのグループは、次の選挙で主導権を握るため、この機に乗じて先鋭的な連合体を形成しようとした。彼らの政治的立場は、明確な「反自由主義経済」であり、社会党に対しても距離を置くべきと考えていた。国民投票の結果、フランス人の五四・八六%が条約の批准に反対したが、ラディカルな左翼団体と緑の党の連携は長く続かなかった。緑の党そのものがこの問題をめぐり分裂していたことがその原因だった。

二〇〇七年の大統領選挙でも、緑の党は多くの課題に直面した。社会党からは左翼陣営の統一候補を擁立することを提案されたが、緑の党としては了承できなかった。結局、緑の党としての独自候補者を擁立するため、ドミニク・ヴォワネとイヴ・コシェとで予備選挙を行い、ドミニク・ヴォワネが選出された。大統領選挙で、政治的エコロジーを主張する候補者は緑の党だけだったが、得票率はわずか一・五七%だった。敗因の一つは、当選の可能性が少ない緑の党に投票しても死票になると有権者が判断したためだった。しかしそれ以上に大きく影響したのは、きわめて移り気な緑の党の支持者たちが、社会党や中道「フランス民主連合」のフランソワ・バイル候補、あるいはラディカルな左派の候補者（フランス農民運動と反グローバリゼーションのリーダーであるジョゼ・ボヴェなど）に投票したためだった。

訳注1　フランスの小選挙区では「二回投票制」が採用されており、一回目の投票でどの候補者も一定の得票率に届かなかった場合には、上位の候補者だけで二回目の決選投票を行って当選者を決める。

訳注2　「地域圏」はフランスにおける最大の地方行政区画で、州に相当する。全部で二七の「地域圏」があり、フランス本土とヨーロッパの領土に二二、ヨーロッパ以外の海外の領土に五つある。

二〇〇七年六月の国政選挙でも、二〇〇二年と同様に社会党との選挙協力が課題になった。社会党と候補者を重複させないために、選挙区の調整を進めた。緑の党内における意見の相違に配慮しながら「政治的エコロジー政策」をまとめ、全国に普及させることに努力した。ところが結局、社会党とは合意に至らず、社会党からの支持を受けたのは現職議員三人だけだった。最終的には四人の議員が当選したが、緑の党は依然として議会内の少数派だった。

緑の党の総括は、「圧倒的に優勢な社会党との関係に対応するため、長年にわたり自党の戦略を変更してきた」というものだった。これまで、緑の党のリーダーたちは幹部や運動家も含めて、社会党という外的要因に対応するための戦略の実現に多くのエネルギーを費やしてしまい、党内組織を強化することにほとんど集中できなかったのである。

社会党との連立政権によって政策が実現できたことは、メンバーから概ね評価されていた。党内調査によれば（Boy et al.2002）、「政権への参加は緑の党にとって良い経験だった」と、回答者の六一％が評価していた（一九％は「どちらかと言えば悪かった」と評価）。しかし国レベルの組織運営については、否定的な評価が多かった（地方レベルになると評価はさらに割れていた）。政権政党として数多くの現実的な問題に直面した緑の党の指導部は、国会内の実務や方針決定の進め方において判断を誤った。そもそも彼らには、閣僚としての政策を策定するために必要な、高度な知識を習得する余裕がなかったし、目標を現実化できる専門的なスタッフを集める資金もなかった（Lepage, 2003）。要するに、緑の党には「政党組織としての文化と力量」がいまだに欠けていたのである（Spire/Chancel, 1992）。さらに党内では、閣僚や事務局までが派閥争いに巻き込まれたため、問題はさらに悪化した（Villalba, 1999, Sainteny, 2000）。

その上、緑の党は自ら選択した戦略の結果として影響力を弱めてしまった。彼らは長年にわたりエコロジー・環境問題の「第一人者」として認知されてきた。そしてさらには、地球規模の問題についてまで政策を広げようと努めてきた。ところがそのために、緑の党のイデオロギー的な判断基準は次第にあいまいなものとなり、支持者を拡大できずにいたのである。

二〇〇七年に大統領候補を決定する際にも、環境問題に深くかかわってきたイヴ・コシェでは選挙に不利と判断し、あえてドミニク・ヴォワネを擁立したことは、緑の党の迷いを反映している。

しかも今日では右翼も左翼も環境政策を掲げるようになった。緑の党に注目を集めて、選挙を成功させてきた環境問題という資産を徐々に失いつつあるのだ。その一方で、緑の党が推進・実現してきた多くの政策も、その後の首相が転換したため長続きしなかった。たとえばシラク大統領の指名を受けて、二〇〇二年に首相になったジャン＝ピエール・ラファランは、核開発を再開し、高速道路に代わる鉄道建設計画を放棄して公共交通の予算も削減した。他方では、右派も独自に「エコロジカル」な政策を掲げるようになった。たとえば、シラク大統領は外交方針の中心に「持続可能な発展」を据えようとした。二〇〇五年三月に改正されたフランス憲法は、シラク大統領の後押しによって「予防原則」を採り入れ、「すべての市民が健全な環境の中で生活する権利を有する」ことを宣言した。ただし、こうした改革が実現しても、環境問題に専門的に取り組んできた緑の党にとって有利な状況にはならなかったのである。

さらに、保守系・右派政党によって最も成功した事例としては「二一世紀のための市民行動（CAP21）」がある。保守派のアラン・ジュペ首相の下で環境大臣を務めたコリーヌ・ルパージュは、一九九六年に協会として「CAP21」を設立し、二〇〇〇年六月には政治団体になった。そして二〇〇七年の大統領選挙において「CAP21」は、中道右派の「フランス民主連合（UDF）」と協力関係を結び、大統領選挙の一回目投票では「フランス民主連合」党首のフランソワ・バイル候補を支持した。

サルコジ大統領も二〇〇七年秋に、環境に関する円卓会議「環境グルネル会議」を開催した。会議には、エコロジー運動の主流派も参加し、環境問題や持続可能な開発にかかわるすべての運動家が参加する全国的なフォーラムが設立されたのである。

運動家とリーダーの組織文化と実践、その変容と持続

設立後から最初の十年間、フランス緑の党は、当初からの組織目標だった草の根民主主義の実現に取り組んだ。一般の運動家が党内で決定権をもつため、従来とは異なる組織運営を実験した。そうした試みの一つは、高度な形式主義的な手続きを会議に導入したことである。たとえば採決を行う際には、特定の個人の発言が影響力を持ちすぎないように工夫した。総会では、各人の発言時間を平等に制限して交代させ、発言者も男女同数にするルールにした。

しかし選挙という競技を経験したことで、緑の党のメンバーも徐々に、外部からの要求に応える形で組織を変化させていった。「原理主義者」のリーダーだったアントワーヌ・ヴェシュテルは党の自立性を守ろうとしたが、それもこうした「正常化」に対する反動であったと考えられる。彼は、緑の党がもっていた固有のイデオロギーと組織目標を再確認しようと努力した。しかし現実には、一九九三年以降、彼に反対するヴォワネ派が党内の主導権を握ることになった。それは緑の党が、「限定的な政治制度を無視してまで、自らの組織文化を維持することはできない」と認めたことを意味した。

しかも緑の党の特徴は、メンバーの出入りが激しいことであり、毎年二五～三〇％が入れ替わる。設立から二十年間、メンバーを続けたのは五七人しかいなかった。フランスではどの政党も同様の問題を抱えているが、緑の党ほどメンバーが交代している政党はない。入れ替わる割合は状況によって変化するが、党内争いが激しい時には離党も多くなり、選挙結果が良い時は安定している。

そこでフランス緑の党は一九九四年に、メンバーを拡大して組織基盤を安定させることを目的に、多様な運動家たちに対して門戸を開放することにした。党の周囲で活動していた様々なエコロジストやオルタナティブな運動家たちに、加入を呼びかけたのである。組織合併のような例は少なかったが、その甲斐あって、いくつかの主要団体の運動家たちが党に加わった。たとえば「エコロジー世代」において、少数派のリーダーだったノエル・マメールを中心とする約四〇〇人の運動家や、左翼運動や他政党（主に社会党と、少数だが共産党）からも加入があった。

その結果、かつてのメンバーがもっていた社会的な特徴や、組織的な慣習、古くからの組織経験は、大きく変化した。メンバーへの調査でも、こうした傾向は明らかだった（Roche/Benmahmias, 1992, Boy et al, 2003）。たとえば、新たに加入したメンバーは、草の根民主主義的な環境保護団体とのかかわりは少なく、階層的な組織の労働組合や、左翼急進運動などの政治団体との関係が深かった。またメンバーの平均年齢も高くなった。古くからのメンバーは設立当初からのイデオロギーや組織的な目標に対して忠実だったが、若いメンバーは政治的立場を変えやすく、組織論についても柔軟な見解をもっていた。

二〇〇〇年代になってもメンバーの入れ代わりは激しく、加入して五年以内のメンバーが五八％を占めていた。こうして他団体で培われた認識や経験が入って来たことで、緑の党の創設者たちが目ざした草の根民主主義的な組織文化は薄らいでしまった。最終的には、古くからの運動家も、新たに参加した運動家も、既存の政治ルールを受け入れるようになった（Lavabre, 2001）。今ではフランスだけでなく、どの国の緑の党も、伝統的な直接行動主義が衰退するという共通の現象に直面している（Ion, 1997）。もはや直接行動主義は、緑の党にとっての当然の活動スタイルとして受け入れられなくなっている。フランス緑の党でも、激しい直接行動や急進的な運動家はいちじるしく減少している（Bréchon, 2001）。それでもメンバーは、党組織が参加型であることを望んでおり、メンバーが参加することによって党内の緊張関係が続いていることも事実である。

「プロフェッショナル化」と「効率的な民主主義」のジレンマ

政党とは、共通認識を土台にした組織である（Hastings, 2001）。したがって、人々から支持を獲得し、他政党から認知されるためには、政治的、イデオロギー的に一貫した態度を表明しなければならない。そのためにはこうした役割を表現でき、「効率的」に組織を運営できる人材が必要なのである。

フランス緑の党におけるプロフェッショナル化の過程は、二つの状況をめぐって進んだ。第一の状況としては、アメリカのキッチェルトが指摘したように（Kitschelt, 1899）、緑の党がイデオロギー的な論理にもとづいて、複雑な草の根民主主義の実現を目標としていたことである。ところがこれは緑の党を代表する人々の論理であって、周囲を取り巻く政治制度については考慮してなかった。外部の状況に対応するためには、組織内とは違った手続きが必要であり、異なる政治的判断を求められるために、長年にわたって周囲からの圧力が強まった。

第二の状況としては、緑の党が一九九〇年代中頃に、活動資金を大幅に増加させたことがある。一九八四年から一九八九年までは、メンバーからのささやかな会費が主な財源だった。ところが一九八九年以後は、地方議員や欧州議会議員の議員報酬に割当てた寄付によって、党の収入が増加した。その上、選挙補助金も得られるようになった（欧州議会選挙の選挙補助金は、一九八九年に九〇万ユーロだったが、一九九九年に二〇〇万ユーロ、二〇〇四年には四〇〇万ユーロに増加した）。そして最大の財源になったのが、一九八八年に導入された政党助成金の新制度だった。国政選挙での得票一票に付き、毎年、約一・六ユーロが支給されるようになり、二〇〇三年には緑の党に二〇〇万ユーロが支給された。

こうして二〇〇四年には、緑の党の年間予算は六〇〇万ユーロに増加し、小規模ながらも党中央の組織を維持することが可能になった。同年には、選挙運動のスタッフとは別に、約一五人の事務局を雇用するようになった。

さらに、一九九〇年代半ばには、緑の党としての独自性を維持しつつも、「政治的効果」を重視する組織文化を追求するようになった。当時、環境運動とは無関係の左翼政党で組織経験を積んだ新たな運動家が多数、加入してきたことが影響していた。

このように、効率を求める組織に転換したことと、一部の運動家がプロ化したという、二つの重要な変化が同時に起きた。一般のメンバーでも積極的に活動に参加して、能力のある運動家なら容易に党の役職に就いて、有給の専従として活動を続けられるようになった。一九九八年の調査（Boy et al. 2002）によると、メンバーの二五％が何らかの役職に就いており（一九％が地方レベルの役職）、四二％のメンバーが選挙に立候補した経験があり、一〇%が地方・国・欧州議会で議員経験があった。メンバー数は最大時でも一万人に満たなかったので、選挙活動を展開するためには選挙戦略の組み立てや政治的メッセージの作成、法的な対応、そして人材不足など様々な制約に直面した。そのため運動家たちは、観念の世界から抜け出して、現実社会に対応しなければならなかったのである。こうした現実が強力に作用して、緑の党の組織論を社会化させたのである。

要するに、既存の制度の枠組みの中で政治活動を行うことが、運動家たちにとって現実政治を学ぶ重要な契機となり、現実的な行動を促すようになったのである（Villalba, 2005）。ちなみに緑の党がクオータ制を実施したのも、かならずしも党内からの要求によるものではない。政党の役員を男女同数にすることは、法的にも義務化されたのである。

組織活動に参加する運動家の割合は常に高くあり続けてきた。調査によれば、一般メンバーの二一%が、「一週間のうち、一二時間以上、党活動に参加している」と答えている。他の左翼政党に比べると、はるかに高い割合である（Boy et al.2003）。しかも多くのメンバーは、緑の党の活動や会議だけでなく、労働組合など他団体の活動にも積極的に参加している（Faucher, 1999）。ここで興味深いのは、様々な団体に参加している運動家の方が、緑の党内での影響力が大きいことである。たとえば労働組合の運動家は、党内でも積極的な役割を果たしている。緑の党のメンバーのうち、非労働組合員で立候補経験があるのは三八%だが、労働組合員の場合は四七%が立候補の経験がある。同様の傾向は、党内の役職にもあてはまる。労働組合員の場合は、その組織経験から人を動かす技術を習得していることが影響していると考えられる。運動家の能力を尊重する緑の党としては当然だと言えよう。もちろん同様の傾向は他の運動団体でも確認できる。ただし必ずしもすべての他団体が草の根民主主義を重視しているわけではない。結局、緑の党を変化させた重要な要因は、他団体の流儀で活動してきた運動家も容易に党内で重要な地位に就けるという点にあった。

ただし、緑の党のエリートたちにも二つの大きな変化が起きている。第一の変化は、政治的経験を積み重ねるにしたがって、次第に考え方を変えたことである。この傾向は、イヴ・コシェやドミニク・ヴォワネ、あるいはギイ・アスコエットたちのように国政で活動する主要人物だけでなく（Voynet, 2003, Hascoët, 1999）、党の中間的組織（Schulthess, 2004）や地方組織で活動するエリートたちについてもあてはまる（Schulthess, 2004）。彼らが考え方を変えたのは、政治経験を通じて様々な知識や能力を得たためである。彼らは、選挙対応、高度な専門知識、交渉能力、人脈を通じた動員など、専門的な政治経験を積み重ねてきた（Villalba, 1996, 2005）。

したがって「プロフェッショナル化」とは次のように定義される。

「（政治のプロ化とは）分業化が進むことによって、政治的代表の役割を、特定の集団が公式に独占することである。専任者がその役割を担うようになり、その仕事に相当する額の報酬や手当が与えられる。彼らが専門的な知識と戦略的な方針を身につけることにより、臨機応変に問題に対処できる特殊な能力をもつようになるのだ」（Sadran, 1987）。

第二の変化は、一九九五年以降、段階的に新たな政治的リーダーが加入したことと関連している。新たに参加した多くの人々としては、たとえば一九九九年に緑の党に加入して二〇〇二年には「書記長（National Secretary）」に就任したジル・ルメールや、ノエル・マメールのような伝統的左翼であり、組織の連携に経験を積んだ政治運動の出身だった。

ただし、フランス緑の党の場合は党の近代化をめぐって、激しい派閥闘争が起こることはなかった。党の指導部が安定化し、議員がプロ化して専門能力を高めたことによって、戦略と組織の両面で改革は後退することなく進行した。それでも現実には、改革方針を決定することより、日常的に党組織を運営する方がはるかに困難だった（たとえば、後述の参加型組織改革［RPI］を参照）。

こうして緑の党が進化したことによって、有能な人物の集め方にも変化が起きた。地方議会や地域圏議会の選挙に成功したため（Boy et al. 1995）、一九九二年以降になると、何をもって政治的「能力」と考えるかその基準が問題になった。「専門職化した運動家」や「職業的な政治家」が増え、それまでの草の根運動家が主張してきた基準とは反対に、彼らは金銭的な報酬や専門家として肩書を要求するようになった。二〇〇五年の時点では、メンバーの二五％が、少額でも報酬の得られる代表や事務局などの役職に就いていた。

当然のことながら、専従者になった人々は認識や経験も異なるようになり、党内で一般の運動家と一緒に活動することは困難になっている。とりわけ、専任的な役職をめぐっては、妥協点を見つけることに苦心している。なぜなら、党外で職業的に活動してきた運動家や、地域圏の議員、大都市の市長・副市長などの政治家は、彼らにとって新たな仕事となった職業的な地位を放棄したがらない。しかし、緑の党の一般の運動家は、今もこうした現実を認めることはできない。そこで、職業化した議員の地位や、議員に再選されなかった場合の処遇、議員報酬の額、任期の制限など、具体的な問題が対立的な論争に発展することがしばしば起きる。

「アマチュア運動家の党」としての特徴が変化することや、指導層がプロ化することは、ある意味で避けられない現実である。政党が選挙の当選を優先するようになり、とくに選挙制度における様々な制約に対応するため必然的に起こることである。一九九〇年代の半ば、緑の党のリーダーは運動家に対して選挙方針の変更を訴えた。そして、「緑の党は〝成長〟しなければならない」というリーダーの主張が運動家たちに受け入れられたのは、運動家たちも現実政治に直面したからである。

しかしその結果、一九九四年と一九九九年に、多くのラディカルなリバタリアン（自由至上主義者）や、選挙優先の方針を否定する運動家たちが離党した（Boursier/Chailan, 2001）。現在も周期的に、緑の党の現状に批判的な派閥が登場して、「現在の党は、職業的政治家を生み出す構造にある」といった批判を展開するが、きわめて少数派である。

一九九〇年代末になると緑の党は、組織全体を戦略的に「正常化」させることに集中した。社会党との連携を強化させ、選挙制度に適応することが目的となったのである。

組織変化の結果・一九九四年の改革と段階的な順応

発足当初の「違った方法で政治を行う」という目標が、多数決が支配する現実に制約された政治システムに適応していく過程はゆっくりと進行した。時間がかかったのは、アマチュア運動家たちが絶えず「正常化」に抵抗したためである。彼らは、組織全体を早急に改革しようとする提案を拒み続けた。今も多くの運動家は、「組織の遺伝子に組み込まれた原則」（Panebianco, 1988）を放棄することを嫌っている。彼らにとっては、この原則こそが緑の党の中心的な思想であり、「政治的エコロジー主義」にとって重要な柱だからである。

それでも一九九四年には、重要な改革が実行された。「交代制」のルールを緩和して、「党評議会」の任期を延長したのである。さらに、「党執行委員会」の構成人数を減らして、権限を強化した。その上、それまで緑の党には「党首（president）」がおらず、数人の「広報官」がいるだけだったが、規約上、事務局の責任者に過ぎなかった「書記長」が党首に準じた役割を担うようになった。これは一人の事務局員の提案による非公式の決定だったが、緑の党にとっては重要な改革となった。

「総会」の運営方法も大きく変更され、二段階で開催されるようになった。最初に「地域圏」のレベルで総会が開催され、会費を納入するすべてのメンバーが参加して決議に加わることも、決定を委任することもできる。それに続いて、各「地域圏」が選出した代議員が参加する「全国総会」が開催されることになった。「地域圏」の総会では、政策から戦略まで様々な提案を議論し、決定した。そして「全国総会」では、「地域圏」における様々な決定を組み合わせて、実現可能な提案にまとめた上で、代議員の議決にかけられることになった。

さらに他方では、次第に様々な判断を執行部に委任するようになった。選挙で他政党と連合する件についても、執行部に委任した方が良いと考えられるようになった。

また、「社会主導型環境開発センター（Centre d'écodéveloppement et d'initiative sociale, ＣＥＤＩＳ）」という支援団体が組織された。目的は、運動家や地方組織の代表を育成することであり、運営費のほとんどは公的な助成金でまかなわれた。教育内容は、主に実践的で専門性の高い分野であり、組織運営に関する分野もあったが、イデオロギーや思想に関する講義は行われなかった。こうして緑の党では、書記局や地域組織でも専門的なスタッフが増えていったのである。

組織の変化と現状

組織の弱点と課題

今日では、党組織が制度化されて、エリート層が専門職として仕事をするようになったが、財源は小規模のままである。その理由は、収入のほとんどを公的助成金に依存しているからであり、得票数と議席数が党の財源に大きく影響している。そのため、社会党と提携して与党になる戦略が、さらに重要になった。二〇〇二年の国政選挙では、議席数を減らしたために二三〇万ユーロも収入が減り、一五人いる「党執行委員会」の報酬額と活動費を引き下げなくてはならなかった。費用のかさむ「党評議会」の開催頻度も減らすことにした。すでにその前年には「党評議会」が、党組織を維持するために、月に一〇七五ユーロ以上の報酬を得ているすべての議員に月一五ユーロを寄付することを義務づけた。

こうして緑の党は財源を集中化させてきた。党本部の賃貸料を支払わずに済むように、ビルを購入して資産として所有したが、選挙に負ければローンも払えなくなるため、連続して選挙に敗北するわけにはいかなくなった。そのため、二〇〇四年の欧州議会選挙で議席を減らしたことは、党財政にとって大きな痛手になった。それでもこの間の選挙結果は、さほど低調ではなかったので、何とか公的助成によって財源を維持し、ある程度、選挙運動費用も捻出できている。

二〇〇二年には、「機能不全」に陥っていた組織を改善して発展させるため、外部の専門家も加わった「共同内部監査（Audit participatif interne, ＡＰＩ）」を行った。さらに二〇〇三年からは、「参加型組織改革（Réforme Participative Interne, ＲＰＩ）」と呼ばれる活動を開始した。その目的は、党組織全体の運営機能（情報伝達、書記局運営、資金配分等）を改善することだった。さらにもう一つの目的は、党内の民主的な制度（調整の方法、議論の組織化、採決の方法、対立の調停、全国レベルでの組織統一等）を改革することだった。ただし、参加する運動家が少ない上に、手続きが煩雑なため、改革の進捗度は遅く、大きな変化は生まれていないのが実態である。

組織の運営方法

党規約上では、今も「総会」が最高決定機関である。しかし現実には「党評議会」と「党執行委員会」が大きな権力を発揮している。ほぼ毎週開催される「党執行委員会」では、一九九〇年代末以降、構成メンバーである四人の「広報官」と、それ以上に「書記局長」が権限をもつようになった。地方組織の代議員によって構成される「党評議会」が議論する前に、「党執行委員会」が方針を決定しなければならないことが多いため、「党執行委員会」と「党評議会」や地方組織との間では緊張関係が続いている。それでも調査によれば、多くのメンバーは「運動をけん引するのは党評議会」であり、「基本方針を決定するのは総会」であると考えている（Boy et al. 2003）。

党内における派閥間の対立は、今も激しいものがある。毎年の総会で、各派閥は公開討論の場や、組織動員によって影響力を発揮している。ただし「党執行委員会」のメンバーは総会で選出されるが、その複雑な過程の中で対立が起こることはない。党規約では、「党執行委員会の役職は、どの派閥にも属していない個人を指名することができる」と定めているが、一般的傾向として、「党評議会」や「党執行委員会」などの役員に選出されるためには派閥に属している必要があるのが現実である。結局、派閥に属さないメンバーは、党内の意思決定に対してほとんど影響力を行使できないし、役員や事務局、あるいは議員候補になる機会もほとんどない。この傾向は、とくに国レベルの組織で顕著だが、派閥の影響力は地方によって異なる。各地における勢力、歴史、議員や事務局数、将来性などに応じて派閥の影響力は異なっている。

各派閥は、様々な資源を競合して配分するために存在している。思想的な論争もあるが、それは副次的な目的である。こうした党内における派閥政治は、「政治家」的になっている運動家の文化をさらに強めてもいる。その結果、派閥のリーダーやメンバーはもちろんのこと、派閥に参加したくない運動家たちまでが、幹部に組織運営を委任し、直接民主主義と反する方向に進んでいる。ただし派閥が分裂・統合したり、新たな派閥が生まれることもある。こうして派閥の勢力関係が変化するために、緑の党のメンバーは党内で自由に発言できるし、影響力のある役職に就くこともできるという、虚構が維持されているのだ。

総会では、派閥間の連携や対立の変わりやすさに対して、いつも批判の声が上がる。しかし、そうした派閥の動きの必要性を否定するまでにはまったく至っていない。党内でプロフェッショナル化が進んだことも、組織の頂点で権力を独占する幹部の影響力を強める結果になった。党幹部は、各派閥が戦術的に競合する関係を完全に制御している。こうした状況については、「緑の党の歴史的なイデオロギーである民主主義の原則を歪めている」と批判するメンバーや運動家も少なからず存在するが、この構造を改革する動きはない。結局、プロ化した政党の中で、限られた資源を共有するためには、こうした組織構造が「効率的」と考えられているのである。

長期にわたる議論の末、二〇〇七年十一月に「党評議会」は、七一％の賛成をもって党規約の改正を決定し、「党役員（party leadership）」を総会の直接選挙で選出することにした。代わりに「党執行委員会」の人数を一一人に減らし、八人の賛成があれば意思決定ができることにした。さらに「党評議会」は「政治評議会（political council）」の新設を決めた。その役割は、緑の党の主張を整理して統一することにある。議事運営の進め方も変更され、「地域圏」の総会で五〜一〇％の賛同を得た提案については、単独の議案として、あるいは同種の議案を一つにまとめて「全国総会」で議論することにした。これらの改革案は、二〇〇七年十二月に実施されたメンバー投票によって承認された。こうした改革が示しているのは、緑の党がさらに現実主義的な進化を遂げていることである。フランス緑の党の運動家たちは、選挙対策とマスコミ対応を重視して、政治活動を行うようになったのである。

結論・現実への適応に向けた努力

フランス緑の党は一九八四年に、アマチュア運動家の党、草の根民主主義の党、そして高度に分権化された党として設立された。ところが一九九〇年代以降になると、社会党と連立して閣僚に就任したことで、行政に対する責任が発生した。それでも創設以来の価値観を引き継いだ多くの運動家たちは原則にもとづく組織運営を続けようとしたため、新たな状況に対応することは非常に困難だった。

フランス緑の党の事例が示しているのは、政党の組織文化や運営方法は、政治的環境に影響を受けて変化するということだ（Lucardie, 1999）。とくにフランスでは、特有な政治文化や政治制度が決定的に影響している（Bréchon et al. 2000）。選挙制度や連合政権への参加が、彼らの政治方針を左右しているのだ。したがって緑の党が、こうした政治環境に対応しつつ、継続的に組織文化を進化させていくことは、草の根民主主義を尊重する以上、困難ではあるが、避けられないのである。

フランス緑の党は二十年以上にわたって組織運営を効率化しようと試み、多くは失敗したが、今でもそのバランスをとろうとしている。多くの運動家と一般のメンバーにとっての重大な関心事は今なお党組織の形態にあり、それこそが緑の党のアイデンティティーなのである。その一方、「選挙に勝利しなければならない」（Kitschelt, 1989）という論理を次第に受け入れるようになり、フランスの政治システムとその文化に適応するため、きわめて現実的で選挙を重視する方針を採用するようになった（Cefaï, 2001）。

こうした変化過程を要約すれば、三つの要因が影響していると考えられる。第一の要因は、アンジェロ・パーネビアンコが指摘したように、党内で指導的なエリートが拡大したことである（Panebianco, 1988, Rihoux, 2001）。政治という競技のルールを学んだことで、彼らエリートは知識と能力を使って、党を政治状況に適応させようとした。その中で、彼らエリートが党内における支配権を確立してきたのである。一九九〇年代半ばには、政党政治を経験してきた既存の政治団体から、新たな政治的リーダーが参加してきたことで、こうした傾向はさらに強まった。

第二の要因は、リチャード・カッツとピーター・メアが分析したように、フランス緑の党が、組織の制度化を着実に進めてきたことである（Katz/Mair, 1995）。緑の党は、政党間の競争に勝つため、国の公式・非公式な競技のルールに対応してきた。党の財源を公的助成金に依存するようになったことで、この傾向はさらに加速した。当選できれば次の選挙費用も賄えるため、選挙において他政党と連合する必要性も正当化された。すなわち政党助成金の必要性から、ほとんど自動的に、他政党と同様に連合する方針を選んだのである。

第三の要因は、外部からは気づきにくいが、上記二つの要因と同じように重要であり、おそらくは、さらに深刻なものである。それはメンバー全体の意識が根本的に変化していることである。緑の党のメンバーは、個人としてだけでなく集団（そして派閥）としても、政治的・制度的な制約に対応しなければならないことを学んだ。そして政治という競技を効果的に進めるため、社会集団として適応するようになったのである。そして、現実の状況を受け入れるようになったことで、「党役員と議員の兼任禁止」や「選挙における他政党との交渉方法」についても見直しを行ったのである。それでも緑の党のイデオロギーが薄まったわけではない。フランスでは「文化的な自由主義」と位置付けられる、設立当初からのリバタリアン的な主張は、今も明確に宣言されているからだ。

ただし、これら三つの要因のうち、どれかひとつが決定的であるとは言えない。これらの要因は流動的で、相互に関連しているからだ。たとえばある視点から見れば、緑の党内で、専門職化と制度化が進んだため、組織構造と選挙戦略が変化し、その結果、運動家たちの動機も変化したと考えられる。ところがそれとは反対の見方もできる。つまり、運動家の性格や認識が変化したことで、選挙戦略が変更され、連立政権に参加したとも考えられるのである。

最も注目すべきは、フランス緑の党が、今も完全にはプロフェッショナル化されてないことだ。大多数のメンバーと運動家は、無報酬のアマチュアのままである。彼らの多くは、幹部の専門職化、固定化、交渉過程の不透明性などに反対しており、派閥の幹部たちはイデオロギー的な主張をしているが、実際に欲しているのは権力だと批判する。こうして緑の党では、戦略と組織の関係について、いくら議論しても決着がつくことがない。緑の党の中には、「政策決定に影響力をもつため政権に参加する」ことを熱望するメンバーがいる一方、「社会の文化を根底から変革する」という目標を放棄しないメンバーも多数いるからである。

緑の党の創設者で経済学者のアラン・リピエッツは、緑の党を「ラディカルな改良主義者」と呼んだが、確かに緑の党は「新たなラディカルさ」を発展させてきた。それは、「政治的エコロジー主義」がもつ革命的な原理である（『政治的エコロジーとは何か―フランス緑の党の政治思想』若森文子訳、緑風出版、二〇〇〇年）。すなわち「生産主義と消費主義、および階層的組織の否定」と「失業、不平等、差別などの緊急な社会的危機の解決」とを結びつけた点にある。その実現のためには、既存の制度を活用した政治行動が必要であり、それと同時に、問題に取り組む様々な社会運動家や反グローバリゼーション団体との連携に努めている。

緑の党は、こうした中間的な立場を何とか維持してきた。ただしその理由は、彼らの財政基盤が弱体で専門能力が不足していることや、指導部の思想が均質で幅が狭いといった弱点を抱えているためでもある。政権を欲するなら社会党との連携は避けられないが、それはまた彼らを縛り続ける大きな制約である。緑の党が政党政治の中で何らかの役割を果たしたいなら、もはや設立当初の「純粋な」組織には戻れないし、かといって既成政党と異なる「オルタナティブな」組織が実現できる可能性も今のところない。したがって、当初からの組織原則と、制度的な束縛との間で、何とか妥協点を見いだす以外、道はないのが現状である。

ただし、緑の党の歴史は三十年に満たない。経済学者ヨーゼフ・シュンペーターは、「政治は必然的に専門家の仕事になる」と主張した（『資本主義・社会主義・民主主義』、中山伊知郎・東畑精一訳、東洋経済新報社、一九九五年）。しかし、緑の党の場合、政治が職業となるにはかなりの時間を要することだろう。(訳注3)

訳注3：二〇一〇年十一月、フランス緑の党は発展的に解消し、二〇〇九年欧州議会に参加した人々とともに、新しいエコロジー政党「ヨーロッパ・エコロジー―緑の党（Europe Ecologie-les Vert）」を結成した。参照『フランス緑の党とニュー・ポリティクス』、畑山敏夫著、吉田書店、二〇一二）

二〇一二年五月に実施された大統領選挙の決選投票でオランド候補を支持した「緑の党」のセシル・デュフロ党首は、地域間平等・住宅大臣に就任した。六月に実施された国政選挙で原発政策の見直しを掲げた「社会党」が単独過半数を制し、連立を組む「欧州エコロジー・緑の党」も下院で一八議席を獲得。上院議員一一名、欧州議会議員一六名を擁する政党になった。

第4章　フィンランド緑の党　オルタナティブな草の根運動から政権政党へ

はじめに・フィンランドの政党システム

一九七〇年代にイタリアの政治学者ジョヴァンニ・サルトーリは、政党モデルの一つとして「分極的多党制」を提唱した（Sartori, 1976）（『現代政党学』、岡沢憲芙・川野秀之訳、早稲田大学出版会、一九八〇）。一九八〇年代には私も、フィンランドの政党システムはサルトーリが提示したいくつかの基準に該当すると考えていた（Borg/Paastela, 1983）。ところが今ではフィンランドの政党システムは完全に変化しており、「分極的多党制」モデルにあてはまらなくなっている。サルトーリによる「分極的多党制」の特徴は、以下の八項目だった。第一に現代的な反体制政党の存在、第二に双系野党（相互に排他的な二つの野党）の存在、第三に中間政党の存在、第四に両極的なイデオロギーの対立、第五に遠心力による分裂化、第六にイデオロギーを基礎にした政党制、第七に無責任な野党の存在、第八として過剰な公約の政治、である。

しかし、今日のフィンランドには有力な反体制政党は存在しない。野党は与党に対して単純に反対しないし、イデオロギーの違いも少ないため、決定的な対立もない。各政党が誇張した公約を掲げることもないし、無責任な野党もほとんど存在しないのである。(原注1)

ただしフィンランドの政党システムが、多数の小政党によって構成される傾向は現在も続いている。ドイツの政治学者クラウス・フォン・バイメは、現代の政党を一〇種類(自由主義、保守主義、労働者、農民、地域主義、キリスト教、共産主義、ファシズム、抗議運動、エコロジー、の各政党)に分類したが、フィンランドの多くの政党もこの分類にあてはまる。フィンランド国会には八つの会派があり、ファシスト政党はないが、その他九種類の政党が存在している(Beyme, 1985)。

それでもフィンランドの政党システムは、歴史的にきわめて安定していた。選挙では、常に四大政党(「社会民主党」、保守主義「国民連合」、農民政党「中央党」、「共産党」)が他政党の支持率を上回っていた。一九八〇年代になると「共産党」が主要政党の座から消え、今日では三大政党が中心になっている。一九八〇年代以降は政権も安定し、一九八三年以後の選挙は、任期満了の四年ごとに実施されている。一九八三年から一九八七年まで、連立政権の中心は「中央党」と「社会民主党」だった。保守派の「国民連合」はソ連からの圧力もあって、一九六六年以降は野党の座にあった。(訳注1)

しかし一九八七年になると、ソ連のペレストロイカ(ロシア語で「改革」の意)がフィンランドにも大きく影響し、保守派の「国民連合」が「社会民主党」と連立を組んで政権与党になった。一九九一年から一九九五年までには、「中央党」と「国民連合」が連立政権の中心となった。ただし一九九五年には連立政権に参加する政党が広がり、「社会民主党」、ソ連邦崩壊後に結成された「左翼同盟」「スウェーデン人民党」（スウェーデン語話者を支持基盤とする党）、さらに「緑の党」も加わった。一九九九年から二〇〇三年までの間も、同じ組み合わせの連立政権が続いた。一般常識では対立関係にある「社会民主党」と「中央党」が連立することはありえないはずだが、それが誤りであることをフィンランドの政治は証明している。二〇〇三年の選挙でも「中央党」と「社会民主党」が優勢になり、「スウェーデン人民党」と連立政権を組んだ（この時期に「緑の党」は政権に参加しなかったが、その理由は後述）。

ミュラー＝ロメルは、フィンランドを「均質的な多党制」（undifferentiated multi-party system）と呼んだが、それはどの政党も単独では多数派になれず、どのような組み合わせの連立政権も実現可能だからだった（Müller-Rommel, 1991）。

こうして一九八〇年代以降のフィンランドは、危機的状況とまでは言えないにせよ、政党システムが正常に機能しなくなったため様々な議論が展開された。それと同時に、若い人々はオルタナティブな政治を求めるようになった。新しい社会運動が広がったのも、オルタナティブな政治が求められたからであり、緑の党もこうした状況の中から誕生した。

緑の党が初めて国会議員を当選させたのは一九八三年であり、全二〇〇議席中の二議席を獲得した。一九八七年には四議席に増え、一九九一年には一〇議席になった。その後、一九九五年九議席、一九九

原注1　フィンランドには、小規模な共産主義政党が二つあるが、国会には議席をもってない。

訳注1　第二次大戦後の一九四八年に、フィンランドはソ連と「友好協力相互援助条約」を締結して独立したが、議会民主制と資本主義の維持を引き換えに、外交上は東側の一員として行動していた。

九年一一議席、二〇〇三年一四議席、二〇〇七年に一五議席を獲得し、大都市を中心とする地方議会でも議席数を拡大している。

本章では緑の党の歴史を六段階に分類している。第一段階は、党の形成期（一九七六年～一九八三年）。第二段階は、準備期（一九八三年～一九九一年）。第三段階は、政党としてのデビュー期（一九九一年～一九九五年）。第四段階は、政権与党の期間（一九九五年～二〇〇二年）。第五段階は、下野した期間（二〇〇二年～二〇〇七年）。そして第六段階が再度、政権の座についた期間（二〇〇七年～）である。

フィンランドでは、様々な新しい社会運動が誕生する中で、緑の党を結成する基盤も形成され、一九八三年の選挙で初めて国会議員を誕生させた。組織面から見ると、この時期の緑の党がもっとも興味深い。緑の党にふさわしい組織を形成しながら、新たな政党を立ち上げることは、きわめて困難だった。一九九一年以降も組織をめぐる議論が続いたが、現在の緑の党は国会に一〇議席を有しており、フィンランド政治における周辺的な存在ではなくなった。既成政党はこの第一段階から緑の党に関心をよせ、積極的に協力関係を築きたがった。ただし既成政党が期待したのはあくまでも、緑の党を政治過程に参加させて、最終的には政権に取り込むことにあった。

フィンランド緑の党の起源

フィンランド緑の党「グリーン・リーグ」には、二つの起源がある。一つは古くからの政党であり、もう一つは様々な新しいオルタナティブな社会運動だった。ただし、一人の運動家が政党と社会運動の両方に属していることもあり、実際の活動は重複していた。

設立当時のリーダーや運動家について体系的な調査は行われてないが、驚くべきことに、中には元共産党の中心的な活動家もいた。しかも彼らは「ユーロ・コミュニズム」(訳注2)を支持していたわけでもなく、あくまで伝統的な共産党の出身者だった。さらに社会民主党や、毛沢東主義、さらにはトロツキー主義者も一人いた。ドイツやベルギーの緑の党と比べると、新左翼出身のメンバーは少なかった(Kitschelt, 1989, Dittmers, 1988)。また保守派は少なかったが、自由主義者もめずらしくはなかった。

数々の新しい社会運動の出身者たちも、緑の党の設立に参加したが、最も重要なのが「ケミエルビ運動」だった。市民運動の典型とも言えるこの運動の対象は、当該地域の問題に限定されていた。活動期間も短く、運動が活発化したのは一九七九年から一九八〇年までだった。フィンランドのヘメ県には「ケミエルビ湖」という小さな湖があり、多くの野鳥が生息していた。ところが一九七〇年代に、数戸の農家が湖の一部を干拓して農地を拡張するため、法的な権利を取得した。計画を聞きつけた環境保護運動家たちは、干拓事業を阻止するため、湖にキャンプを設置して堰を作った。行政当局の承認の下にこの堰は破壊されたが、運動の支持者たちは再び堰を築いた。干拓農家と警察、反対する運動家と小規模農家との間で、激しい応酬戦が一年以上も続いたが、最終的には反対派が告訴され、罰金を科された。こうして農家と当局が勝利したが、真の勝者は運動家だった。彼らは、連帯を経験することの重要性を共有し、運動は全国に報道されたのだ。その後、緑の党のリーダーになる運動家たちが、自分の身体を

訳注2　一九七〇年代にイタリア、フランス、スペインなどの共産党で主流となり、複数政党制の容認、自由と民主主義の擁護を宣言した共産主義。

鎖で採掘機械につなぐ姿がテレビや新聞で報道された。

ただし、多くの運動家たちは、必ずしも湖の保護に強い関心をもっていたわけではなかった。むしろ彼らの関心は、社会運動を体験することにあったのである。一人の運動家が語っていたように、「運動の目標は別の対象でも良かった」のである。原子力発電所の建設や、石油の流出事故でも、彼らは参加したはずである。急進的左翼の世代にとって、社会運動は通過儀礼のようなものだった（Järvikoski, 1891）。「スイス緑の党」の起源として、「すべては高速道路の建設反対運動から始まった」と語られているが（Rebeaud, 1987）、フィンランドでは「干拓事業の反対運動から始まった」のである。

最初の選挙と草創期の組織（一九七六年〜）

オルタナティブな運動家たちが、候補者擁立に向けて政治団体を形成し、最初の選挙に挑んだのは一九七六年のヘルシンキ市議会選挙だった。彼らは、無所属の「候補者リスト」を組織して立候補したが、一・五％の得票率で当選はできなかった。次の一九八〇年の市議会選挙も、ほとんど同じ候補者で「オルタナティブ・ヘルシンキ・リスト」を組織し、ヴィル・コムシが市会議員に当選した（Borg, 1988）。彼は「ケミエルビ湖」の反対運動でマスコミから注目を集めた人物だった。

一九八三年の国政選挙では、予想外にも二議席を獲得した。当時を振り返り、「緑の党の草創期に集った人々は全員が仲間であり、誰一人として政治権力の行使を望むものはいなかった」という神話が今も残っている。しかし現実には、初期の素朴な時代は瞬く間に過ぎ去った（Timo Harakka, *Vihreä lanka,*

19/8/1993)。

一九八三年から一九八七年まで、二人の国会議員は独自に会派を結成した。活動資金を集め、新聞も発行した。ところが公式な党組織が存在しなかったため、ラジオやテレビの討論会では、誰が緑の運動を説明するのか、次の選挙に向けてどのように候補者を選考するのかをめぐって、深刻な問題が起きた。最終的には、オルタナティブな運動団体の代表が集まり、臨時の会議で候補者を選考したが、候補者はどの政党からも公認を受けていないため、無所属で立候補することとなり、周囲からも批判を浴びた。後に緑の党の国会議員となったエーロ・パロヘイモはこうしたやり方を、「当初、私は自己推薦方式で候補者になった」と語っている（*Vihreä lanka*, no.15, 1984）。

緑の党「グリーン・リーグ」の結成（一九八八年～）

一九八〇年代の半ばには組織形成をめぐり、長期間、激しい議論が交わされた。いくつかの組織案が検討されたが、争点は、政党を設立するか否かにあった（Paastela, 1987）。最終的には、一九八七年二月二十八日に開催された総会で、「グリーン・リーグ（The Green League）」の結成が承認され、「緑の委員会（Green Commission）」（以下、委員会と呼ぶ）が設置された。委員は毎年の総会で選出され、任期は二年としたが、委員の半数は毎年、交代し、任期終了後二年間は再選できないことにした。さらに「委員会」の下には、部門ごとの「作業部会（working commission）」が組織された。「委員会」が公に声明を発表する場合には、委員の六分の五以上の賛成を必要とした。ただしそれはあくまで「委員会」としての声明であり、「委員会」は「グリーン・リーグ」を代表する権利をもたなかった。「グリーン・リーグ」のメンバーになれるのは登録を認められた団体であり、そのメンバー団体「緑の協会（Green societies）」は、全国組織でも地方組織でもありえた。ただし「地方組織の主要な目的は選挙活動ではない」と宣言された（「緑の協会の公式・非公式な位置について」、*Vihreä lanka*, no.70, 1987）。「グリーン・リーグ」は、環境や平和問題などにかかわる社会運動の担当者と「議長」を選出したが、「議長」の役割も制限されており短期間で交代することにした。

こうした組織方針が採択されても、「グリーン・リーグ」がかかえる問題は解決されなかった。その後も、正式な政党の結成を要求するリーダーや運動家が増え続け、翌一九八八年二月に開催された総会で討議することとなった。総会には一〇〇人以上が参加したが、「グリーン・リーグ」の登録団体から選出された正式な代議員は二六人だけだった。そして総会では「グリーン・リーグ」を政党登録するために必要な五〇〇〇人の名簿を集めることが決定された（ただし、賛成した代議員は一七人で、五人が反対、三人が棄権、一人は会場にいなかった）（*Vihreä lanka*, 15/2/1988）。

こうして総会後すぐに「グリーン・リーグ」は政党登録されたが、この総会で採択された「宣言」には「反権威主義・反政党」であることを自負する所感が述べられている。

「グリーン・リーグは政党になるが、政党はあくまでも一つの道具にすぎない。市議会議員や市の委員、あるいは国会議員になった緑の党のメンバーは、党を代表するわけではなく、その規則にも縛られない。市民からの信任を受けてその地位に選出された者は、同時に一人の人間であり、自らの認識と良心に従ってすべてを決定する責任がある。彼らは市民の意見を聞かねばならないが、市民に拘束されたり、党の陰に隠れてはならない。我々は、常に一般的な判断しか行わない政党や団体を手本にはしない。市民が知る必要があるのなら、我々が何を実行しようとしており、その理由は何か説明することが、市民からの信任を受けた者にとっての倫理的指針である」（「組織宣言」、*Vihreä lanka*, 15/2/1988）。

一九九一年の国政選挙で「グリーン・リーグ」（以下、緑の党と呼ぶ）は、六・八％の得票率で一〇議席を獲得した。緑の党として初の女性議員も当選し、緑の党は熱狂につつまれた。

ところが選挙後の党内は、連立政権への参加をめぐって、「現実派」と「原理派」の二つに割れた。国会議員に再選できなかった「現実派」のオスモ・ソイニンヴァーラは、「緑の党は、新たな原子力発電所の建設についても妥協を準備すべきだ」と公言した（*Vihreä lanka*, 21/3/1991）。しかしこの発言に対しては「原理派」の側から「緑の党の原則に対する裏切りである」という強い非難が浴びせられた（原注2）（*Vihreä lanka*, 28/3/1991）。

最終的に新政権は、「中央党」と「国民連合」が軸になって発足し、「社会民主党」が野党の中心になった。緑の党も、連立政権への参加に向けて交渉に入ったが、「中央党」と「国民連合」から受け入れられない要求を突きつけられた（*Vihreä lanka*, 18/4/1991）。緑の党の多くのメンバーも〝野党である方が望ましい〟と考えており、ソイニンヴァーラのような「現実派」は少数派でしかなかった。

一九八八年に政党登録した後も、緑の党には「国会議員は、党の議長を兼任できない」という不文律

原注2　フィンランドでは五番目となる原子力発電所の建設をめぐって長い間、激しい議論があった。ところが一九九二年の秋に、国会が建設計画の中止を決定したことで人々を驚かせた。「国民連合」を除くすべての政党に、原発反対の議員が存在したためだった。

の規則があった。そのため一九九一年に、それまで議長だったハイディ・ハウタラが国会議員に当選した時には、後継者として国会議員でないペッカ・サウリを選出したが、党を代表する「議長」が国会議員でないことは問題を生むことになった。緑の党のメンバーたちは、「真の権力は国会議員団が握っており、党の委員会は議員団の決定を追認しているにすぎない」と批判するようになったのである。そのため結局一九九三年には、国会議員のペッカ・ハーヴィストを「議長」に選出することになった。

その後も、党の指導部に対する不信感が残ったため、一九九三年の総会では組織改革を実施して、「執行委員会（executive committee）」を新設した。「執行委員会」は、「議長一人」「副議長三人」「書記長一人」、その他五人の委員で構成され、この五人の委員にはそれぞれ副委員が付いた（それまで設置されていた「委員会」は三四名で構成され、その委員は、地方組織と全国組織が選出した代議員が参加する総会で選出された）（*Vihreä lanka*, 12/1991）。こうした重大な組織改革が実施されても、総会では緑の党の民主主義をめぐる激しい議論は起きなかった。「議長」の候補者たちも主張にほとんど違いがなかったため、対立的な選挙にはならなかった。

ただし翌一九九四年に行われる大統領選挙に向けては、候補者の人選で問題が生じた。「社会民主党」のマウノ・コイヴィスト大統領はすでに二期十二年間、在任したため三期目は立候補できなかった。そこで主要政党はもちろん小政党も候補者を擁立したが、緑の党は候補者を決められず擁立できなかったのである。

フィンランドのEU加盟も、緑の党にとって難問だった。長期にわたって議論したが、一九九四年六月の総会でも方針を決定できなかったのである。EU加盟に賛成したのは代議員のうち四五人だけで、反対派六〇人の勝利となった。ただしこの結果が、緑の党のイメージにとってどのように影響したのかは意見が分かれている。一方では、「そもそも緑の党のように、オストロゴルスキーが提唱したシングル・イシューの政党は、問題の重要度にかかわらず、すべての問題に関与すべきではない」という意見があった。(原注3)他方では、「方針を統一させて、明確に態度表明できなければ、支持者を混乱させてしまい、政党として問題である」という批判があった。

連立政権への参加（一九九五年〜二〇〇二年）

一九九五年の国政選挙で、緑の党は議席増を期待していたが、逆に一議席、減少させる結果になった。選挙後に発足した連立政権には多くの政党が参加し、各党のイデオロギーを象徴する色が多彩だったため、「虹色の政府」と呼ばれた。フィンランド史上初めて、元共産党と保守政党が連立政権を組んだことで、「奇妙な組み合わせの政府」とも呼ばれた。議席を減らした緑の党も、連立政権を多数派にし、政権のイメージを良くするため、参加を呼びかけられた。この段階の緑の党にとっては、一部の有権者から「ブルジョア的な体制派の政党」と見なされることは問題ではなかった。彼らの関心は、どの

原注3　オストロゴルスキーは、初期の「反政党」理論家の一人で、二〇世紀初頭に出版された著書の中で次のように主張した。「イギリスにおける保守党や自由党のような〝永続的〟な政党は有害である。こうした政党が腐敗するのは必然だからである」。彼が代替案として提唱したのが、目的が達成されたら活動を終了するシングル・イシューの政党だった（『*Democracy and the Organization of Political Parties*』Ostrogorski, 1902）。

閣僚ポストを獲得でき、誰がその地位に就けるかにあった。こうして緑の党は連立政権に参加して環境大臣の椅子を獲得し、党の委員会と議員団との合同会議においてペッカ・ハーヴィストを選出した。(原注4)

連立政権への参加をめぐって党内で議論が起きたが、異議を唱えたメンバーの理由は様々だった。「緑の新聞」の元編集長ティモ・ハラッカは、環境大臣の人事について「仲間内の独裁体制」と批判した。「ペッカ・ハーヴィストは議長に再選されず、国会議員にも落選している。我々が軽蔑してきた既成政党でさえ、そのような人物を大臣に就任させることなどありえない」と非難した（*Vihreä lanka*, 4/5/1995）。さらに彼は、「党内の決定は〝仲間〟や〝ファミリー〟の間で行われている。ヘイディ・ハウタラとペッカ・ハーヴィスト、そしてペッカ・サウリの三人が、いつも互いに支持し合っている」と批判した。(原注5)

特定の運動家たちがそれぞれ小グループに所属していたことは、多くの関係者が認めている。ただし誰がその〝ファミリー〟に属していたのかについては意見が異なる。しかも二〇〇五年になると、党内の権力は〝ファミリー〟の手中から離れることになった。当時、緑の党の「議長」を務めていたのは草創期から緑の運動にかかわり、著名な政治家になったオスモ・ソイニンヴァーラだった。彼は二〇〇一年から二期四年間、「議長」に選出され、規約ではもう一期「議長」を務めることができた。二〇〇五年二月の時点まで対立候補は不在で（*Vihreä lanka*, 11/2/2005）、最終的には彼を含めた四人が立候補した。ところが「議長」に選出されたのは、北カレリア県選出の国会議員ターヤ・クロンベルクだった。〝ファミリー〟に対する草の根メンバーからの反発によって、新たな議長が選出されたのである。しかも異例なのは彼女の経歴だった。一九四三年生まれの彼女は、スウェーデンのルンド大学とコペンハーゲン・ビジネススクールで博士号を取得した。デンマークの研究機関で長年、研究員を務め、デンマーク人の夫が死亡した後、フィンランドに戻ってきた。フィンランドでは北カレリア県議会で事務局長を務めたあと、二〇〇三年に国会議員に当選した。研究員の経歴をもつことや女性であることはめずらしくないが、異例なのは彼女の年齢（二〇〇五年の時点で六十二歳）と、フィンランドでの政治経験が短いこと、そして彼女の選挙区だった。北カレリア県は、フィンランドで最も貧しい地方の一つで、現在も緑の党の支持者は少数である。「議長」候補者たちの意見に大きな違いがなかったため、メンバーはあえてこれまでと異なる人物を選んだのかもしれなかった。

連立政権からの離脱（二〇〇二年〜二〇〇七年）

一九九五年から連立政権に参加していた緑の党は、二〇〇三年選挙の約一年前の二〇〇二年に政権を離脱した。政府の仕事は比較的順調だったが、五基目の原子力発電所の建設計画が問題となった。政

原注4　フィンランドでは、開発途上国支援は外務大臣の所管だった。この選挙後に、緑の党の環境大臣の所管に移行した。

原注5　ハラッカは、前年の一九九四年に「緑の新聞」の編集長をやめさせられているため、個人的な恨みを抱いていた可能性もある。したがって反主流派の意見を重視しすぎるべきではないし、具体的な固有名詞については異論があるかもしれない。ただし私が見る限りでも、ある種の〝ファミリー〟が存在したことは事実である。一九八〇年代初めから引き続き、公式・非公式に指導部を形成していた人々がいたのだ。かといって長年、党内で陰謀が続いてきたというわけでもない。少なくとも民主主義国家における民主的な政治運動の中で、陰謀が長続きした例はないのである。

府内で、緑の党は計画反対の中心的存在だった。ただし、政府が原発建設を許可する法案を国会に提出することを決定した時点では、緑の党は政権を離れなかった（*Vihreä lanka*, 31/5/2002）。むろん、「即時、政権から離脱すべき」という意見もあったが、彼らは、法案は国会で承認されないと予測していた。数年前の国会でも、同じ法案が否決されたため、楽観的だったのである。ところが今回の国会では、賛成一〇七、反対九二で原発の建設が承認された。そのため、政権に残るか否かをめぐって、党内では小さな混乱が起きた。一九八〇年代初めの反対運動以来、原発建設に反対することは緑の党の存在理由でもあった。政権に残れば、支持者からの信頼を失うことは明らかだった。

そこで、委員会と国会議員団との合同会議で投票にかけたところ、政権残留に反対が三八人、賛成が八人という結果となった。当時、議長だったソイニンヴァーラは残留に賛成したが、彼に辞任を要求した者はおらず、そのまま議長を続けた。ソイニンヴァーラの側も、「自分の意見が通らなければ議長を降りる」という脅しに出ることもできたはずだった。ロベルト・ミヘルスが指摘したように、それが「政治家にとって自分の意志を組織に受け入れさせるための最後の武器」だからである（Michels, 1911 [1989]）。彼がそうした態度をとらなかったのは、個人の自由な判断を尊重するフィンランド緑の党の政治文化の現れと言えた。

二〇〇三年の選挙後、緑の党は新たな連立政権への参加に意欲的だったが、失敗に終わった。理由の一つは、「中央党」と緑の党とが敵対関係にあるためだった。農民政党「中央党」は今も地方では有力政党だが、大都市（人口五三〇万人のフィンランドにおける大都市という意味だが）、とくに南部の都市での支持率は低い。他方で緑の党は都市型の政党であり、「中央党」の支持率が低い地域で支持率が高い。緑の党も「中央党」も福祉国家政策を積極的に支持しているが、道徳的問題について「中央党」はきわめて保守的なため、両党は対立関係にある。さらにまた、「中央党」が野党の時代にはEUの自然保護計画に反対したが、与党だった緑の党の環境大臣と指導部はこのプロジェクトを全面的に支持したという経過もあった。

政権への復帰（二〇〇七年〜）

二〇〇七年の国政選挙では「国民連合」が大勝した。「国民連合」は一〇議席増やしたたが、「社会民主党」は八議席減、「中央党」は四議席減だった。緑の党は一議席を増やして一五議席となり、「国民連合」「中央党」「スウェーデン人民党」、そして緑の党とで連立政権が形成された。新政府は「原子力発電も含めて、二酸化炭素を排出しないあらゆるエネルギー源を排除するものではない」と宣言した。緑の党としては、積極的には受け入れがたい方針だったが、政権に参加するための代償だった。

メンバーと組織

一九九八年に一一二五人だった緑の党のメンバーは、二〇〇八年一月には三〇五〇人にまで増加している。ただし、フランスの政治学者モーリス・デュヴェルジェが指摘したように、政党によって党員の意味は異なる。たとえば「エリート政党」と「大衆政党」とでは明確な違いがある。「エリート政党」

の役割は有力者を集めることであり、党員は政府の高官や議員である。重要なのは党員の社会的・政治的地位であり、人数は問題でない。ただしデュベルジェも指摘するように、純粋な「エリート政党」というものは、ほとんど実在しない。多くの「エリート政党」では加入申請書に署名した後は、党員を続けるため定期的に会費を払う以外は何もしないのが実状である（Duverger, 1981）。

フィンランド緑の党にも同様の傾向があるが、会費の納入という最低限の義務を果たしているメンバーでさえ少数である。緑の党には地方議員が三一四人（女性が一九八人、男性が一一六人）所属しているが、さらに約八〇〇人から九〇〇人のメンバーが地方自治体の様々な委員に就いている。おそらくは会費を納入せず、正式な登録手続きもしてない多くのメンバーが、地方自治体の委員になっていると推測されている。さらに、大都市では議員や委員にはならないメンバーも多数、存在している。

党の最高決定機関は、毎年開催される総会であり、基礎組織（全国的な協会や地方支部）から選出された代議員が出席する。(原注6) 総会では「議長」と三人の「副議長」、その他八人の「執行委員」が選出される（八人の執行委員には各々、副委員が付く）。この全一二人で構成される「執行委員会」のうち、男女は各五人以上でなければならない。「議長」の任期は最長で三期六年だが、他の執行委員の任期は二期四年までである。ただし執行委員は任期終了後も引き続き、議長や副議長に就任できる。また、総会では三〇〜四〇人で構成される「委員会」のメンバーが選出される。

二〇〇五年時点で、党本部には八人の専従職員がいるが、四〇人から七〇人もの専従職員がいる大政党に比べれば少人数である。ちなみに小政党である「スウェーデン人民党」にも一九八五年から一九八九年まで、平均して党本部に一三人、地方組織の担当者として六人の専従がいた。緑の党に地方組織の担当者がほとんどいないのは、地方組織のメンバーが極端に少数だったためである。

緑の党の財政は、ほとんどが公費でまかなわれている。登録政党に対しては国会議員一人ごとに年間約五万ユーロが支給される。二〇〇七年の選挙では一五人の国会議員を当選させたため、国から一一万九九七五ユーロの補助金が支給された。毎週三五〇〇部発行している新聞も、党の収入になっている。ただしメンバーの会費は少額であり、その額については年間一〇ユーロから二五ユーロの範囲で各基礎組織が決定できることになっている。

結論

フィンランド緑の党は、どのような政党モデルに分類できるだろうか。その起源は新しい社会運動にあったが、多くの運動家は「共産党」や「自由人民党」など既成政党の出身者だった。ただし、彼らが新しい社会運動に参加し、さらに緑の党に参加する前に、すでに各党を脱退しているか、党内では積極的に活動してなかった。

異論もあるだろうが、緑の党のイデオロギーは一般的に、幅が狭くて偏りがあると言える。今では少数派になったが、ある種の緑の党の運動家にとっては、エコロジー問題が唯一の関心事である。しか

原注6　全国的な協会としては、「エコロジカル・グリーンズ」（緑の党よりも原理主義的な団体）、「メタ（Ｍｅｔａ）」（森林保護協会）、「グリーン・ボールズ」（緑の党の男性組織）、「スウェーデン系フィンランド人協会」、女性や青年の協会、医師や看護婦のような特殊な専門職の協会などがある。

し、自然は人間に対して「自然と人間がどのような関係であるべきなのか」教えてくれはしない。そのためエコロジストにとっては、人間の関係性が副次的な課題になってしまうこともある。その一方、大多数のメンバーにとっての主要な関心事は人間の関係性にあるが、それについても既成政党のように明確な見解をもっているわけではない。

緑の党は今も社会運動と非公式な結びつきを維持している。しかし他方で、緑の党は得票数に比べてメンバー数が極端に少ないため、「エリート政党」のような特徴をもっている。したがって、緑の党におけるリーダーシップの形態を解決するのは容易でない。今では「執行委員会」のうち、二人が国会議員を兼任するようになった。何人かは長年の運動家だが、何人かは社会運動ではまったく無名である。こうした面を見れば、緑の党を「エリート政党」と位置づけることもできるだろう。

国会議員の候補者選考については、地方組織に委ねられている。しかし国会議員に当選した後は、その活動を緑の党が統制しているわけではない。そのため国会議員団が「執行委員会」を支配しているという批判もある。国会議員団と党の指導部とが対立して分裂状態に陥ったこともあるが、両者の間で権力バランスがとれているのは、緑の党では今も、権力の重心は党指導部の側にあると考えられているためだ。

緑の党の公式な基礎組織は、イデオロギー的傾向のある全国レベルの「協会」と「地方組織」であり、「地方組織」は選挙区に対応して組織されている。こうした基礎組織と党の指導部とは、代議員を通した間接的な関係にあるが、小政党である緑の党では多くのメンバーが全面的に政治活動に参加している。党の主要な財源は国に依拠しており、会費が占める割合はきわめて少ない。組織はほとんどボランティアによって運営されているが、専従事務局も数人、存在する。こうした構造は一九九三年以降ほとんど変化していない。

以上のような分析から、フィンランドの緑の党は「エリート政党」と「アマチュア運動家の党」との混合体と言えよう。少なくとも「大衆政党」「国民政党」「プロフェッショナルな選挙政党」ではない。それでも緑の党は「形式的な階層構造と中央指導部をもった一般的な政党」に変化しつつある。党内では、草の根で活動するメンバーが重要な役割を担っていることは確かだが、その理由はメンバーが少ないためというのが実状なのである。

第5章　ベルギー　二つの緑の党の類似点と相違点

はじめに

　ベルギーには二つの緑の党が存在する。フランス語圏の「エコロ（Ｅｃｏｌｏ）」と、オランダ語圏の「アガレフ（Ａｇａｌｅｖ）」であり、「アガレフ」は二〇〇三年に「フルン!（Ｇｒｏｅｎ!、オランダ語で緑の意）」と改称した。両党の特徴は、結成後すぐに国会議員を当選させたことである。一九八一年には両党とも国会に議席を持ち、緑の党としては史上初めて、独立した権限をもつ国会議員団の会派を形成した。

　ベルギーにおける緑の党の組織進化を分析するためには、ベルギーの政治と制度における三つの特徴を理解しておく必要がある。第一の特徴はベルギーが事実上、二つの国民で構成される国家であることだ。「オランダ語圏」（北部フランデレン地域では多数派だが、ブリュッセル首都圏地域では少数派）と、「フランス語圏」（南部ワロン地域と、ブリュッセル首都圏地域で多数派）という二つの言語集団が存在する。民族的・言語的な分断は根深いが、一九七〇年以降、長い時間をかけて連邦制の実現に向けた努力が続けられてきた。そして一九九三年に憲法が改正され、中央集権的な国家から、複雑な制度ではあるが完全な連邦国家に移行した。そのためベルギーには、「オランダ語系政党」と「フランス語系政党」という二つの政党システムが存在しており、二つの緑の党も別々に発足した。両党の変化には類似の側面もあるが、基本的には独自の道を歩んできたのである。

第二の特徴は、ベルギーには強力な「大衆政党」の伝統があることだ。「新コーポラティズムの見本」と呼ばれたベルギーでは、政治制度が系列化されてきた。(訳注1)キリスト教民主主義、社会主義、自由主義の三大政治勢力が、労働組合や文化組織など政党の柱となる多数の関係団体の利益を保護してきたのである。しかし一九九〇年代初めになると、政党への公的助成金が増加した。そのため緑の党も含めて各政党も「プロフェッショナルな政党」組織を形成することが可能になったのである。

第三に重要な特徴は、ベルギーの選挙制度は上記三つの〝伝統的〟政党系列を離れて、新党を結成し発展させるためにきわめて有利であることだ。緑の党が登場する以前の一九六〇年代から一九七〇年代にも、各言語や地域集団の利益を主張する政党が支持者を広げたし、一九九〇年代以降は「ポピュリスト政党」が台頭した。(訳注2)選挙制度が比例代表制であるため、緑の党だけでなく多くの新党が短期間で国会議員を当選させてきたのである。

ただし、短期間で政党を結成して国会に議席をもつことは、新党が不安定になる要因にもなってき

訳注1　「新コーポラティズム」とは、政府と利益集団のパートナーシップにもとづく政治運営の仕組み。
訳注2　ベルギーにおける「ポピュリスト政党」とは排外主義的な傾向をもつ新右翼政党を指す。

た。とくに草の根民主主義の伝統をもつ緑の党にはこの傾向があてはまった。

こうして二つの緑の党には共通する特徴や傾向も多いが、両党の歴史については以下、別々に分析を進める。(訳注3)

「エコロ（Ecolo）」（フランス語系緑の党）

一九八〇年「エコロ」誕生の遺産

フランス語圏における緑の党の発祥の地は、「ワロン地域の首都ナミュール」である。(訳注4) 一九七〇年代初めに左派リバタリアンの指導者であったポール・ラノワイがワロンの地域政党を脱退し、「新しい民主主義」という政治運動を発足させた。一九七四年の国政選挙、一九七六年のナミュール地方議会選挙には他団体と共同で候補者を擁立した。「ナミュールにおける、エコロジーと自治のための戦い」というのが彼らのスローガンだった。この政治運動は一九七六年に設立されたベルギー「地球の友」の活動とともに発展し、一九八〇年に「エコロ」が結党される際には、「地球の友」の創設者が中心的な役割を果たした（Mahoux/Modesn, 1984）。一九七七年に「地球の友」が採択した宣言は、一九八〇年代前半に「エコロ」が推進した多くの課題と政党組織としての重要な原則を掲げていた。すなわち彼らは、「統合的な連邦主義」の原理にもとづいて各運動団体と社会全体とを運営することを提唱したのである。政治運動である「新しい民主主義」も、代議制民主主義を否定し、「各団体は個々のメンバーが直接的に自治権と意思決定権をもつべきである」と考えていた。

一九七七年と一九七八年には、ワロン地域のエコロジー運動が中心になって政治活動を発展させるため、国政選挙に挑戦した。しかしナミュール議会以外の選挙区に立候補した候補者票を合計しても、得票率はわずかだった。

ところが一九七九年の欧州議会選挙では大きな飛躍をとげた。ワロン地域のエコロジー運動に支援されて「緑派の候補者リスト」が組織され、ワロン選挙区で五％弱、ブリュッセル・ハレ・フィルフォルデ選挙区では三・三％の票を獲得した。この成果を踏まえて正式に政党を形成しようとする気運が高まり、一九八〇年三月に二度開催された総会で「運動エコロ（Movement Ecolo）」が結成された（Delwit/De Waele, 1996）。党名にあえて「運動」という言葉を冠したのは、社会運動と草の根民主主義を基盤にして政治活動を進めるという意志がこめられていた（現在も正式な党名は「運動エコロ」である）。

一九八一年、初の国会議員の誕生と最初の危機

一九八一年の国政選挙で、「エコロ」は初の国会議員を誕生させた。「違った政治を進めよう（Let's do politics differently）」がスローガンであり、具体的な政策だけでなく、組織運営や政治のスタイルも既成政党とは違った方法で実行することを主張した。ワロン選挙区とブリュッセル・ハレ・フィルフォル

訳注3　ベルギーでは政党も地域ごとにオランダ語系、フランス語系に分かれており、その地域に住む有権者は基本的に、他地域の言語の政党に投票できない構造にある。
訳注4　ワロン地域は、国土の南半分を占め、公用語はフランス語とドイツ語である。

デ選挙区の票を合計すると五・一％の得票率になり、二人の下院議員と三人の上院議員を当選させた。「エコロ」の結成後、最初の選挙で国会議員を誕生させたことで、「エコロ」は次々と選挙に当選するようになった。一九八二年の地方選挙では、ワロン地域で二番目に大きな都市であるリエージュをはじめとする四つの地方議会で当選を果たした。一九八〇年代前半にはワロン地域とブリュッセル首都圏地域で、数多くの支部も結成された。さらに一九八四年の欧州議会選挙では九・九％の票を得て、一議席を獲得した。こうして党創設からわずか四年の間に、地方・国・欧州議会とすべての選挙で当選を果たし、多くの議員を誕生させたのである。

ところが選挙には勝利したものの、すぐさま困難に直面することになった。第一の問題は、党のイメージをコントロールすることだった。「エコロ」はそれまでの選挙で自らを〝議会外の活動に重心を置く「運動としての党」であり、「既成政党に対抗する新党」である〟とアピールしてきた。ところが実際には国会議員が誕生したため、議会外の運動より国会内での活動が中心になった。しかも新たなメンバーの加入によって、党内には緊張関係が生まれていた。しかも一九八五年の国政選挙では、前年の欧州議会選挙より大幅に得票率を減らしたことで対立は激しくなっていった。

一九八六年になると、党内では三つの問題が発生し、「エコロ」は危機に陥った。第一の問題としては、キリスト教と自由主義政党の連立政権に閣外協力するか否かをめぐって論争が起こった。第二には、設立から五年が経過して、運動の目標と組織のあり方を再構築したいと考える運動家たちが登場し、二つの派閥が対立するようになった。ブリュッセル首都圏地域では「エコロを抗議運動と考える派閥」が組織され、それに対してポール・ラノワイを中心とするナミュール支部では、「政権参加を目標とする派閥」が組織された。そして第三の問題は、党の財源が減少したことだった。メンバーが大量脱退した上、国会議員の当選者数も減少したため、すべての支出を一時中止しなければならなくなった。エコロが再び成長するようになったのは、一九八九年の欧州議会選挙を経て、一九九一年の国政選挙で得票率を回復した後のことだった（Delwit, 1999）。

組織の変化

「エコロ」の創設者たちは、既成政党と異なる組織を形成したいと考えていた。「連邦主義」と「補完性原理」、すなわち地方組織が実施できない機能だけを中央組織が担うことを原則としており、「ボランティアによる活動」が設立当時における組織の特徴だった。「エコロ」には「連邦評議会」と「執行委員会」という二つの中央組織があったが、地方組織の側は自分たちが様々な権限をもつことを望んでいた。そのため中央集権化や専従化を進めようとする提案は、すべて否決されることになった。「執行委員会」では合意にもとづく意思決定が行われ、中央組織に専従者はいなかった。設立から数年間の「エコロ」は、明らかに「アマチュア運動家の党」だった。

当初「執行委員会」のメンバーは九人だった。しかしやがて五人に絞られ、ボランティアと有給の専従者の両方で構成するようになった。設立直後の主な財源はメンバーの会費だけであり、予算はわずかしかなかった。一九八〇年代のメンバーは八〇〇人から二〇〇〇人程度しかいなかった。したがって当初の「エコロ」は明らかに「大衆政党」でもなければ（Duverger, 1992）、特定の社会集団を代表する党でもなかった（Neumann, 1956）。その後、徐々にメンバーは増加したものの「大衆政党」としての基準を満たすようなレベルではなかった。

「エコロ」の基礎組織は、選挙区を単位とする一四の地方支部に分かれていたが、メンバーが多いのは、ブリュッセルとブラバントの二カ所だけだった。全体的には、得票数に比べてメンバーは非常に少なく、メンバー一人に付き一五〇票以上を獲得した計算になる。それに対して「社会党」の場合には、メンバー一人に対して五〜六票の割合だった（表5-1）。

表5-1　フランス語圏における、エコロのメンバーに対する得票数の割合（国政選挙の年）

年	メンバーに対する得票数の比率
1981	不明
1985	0.006
1987	0.004
1991	0.031
1995	0.013
1999	0.006
2003	0.022

一九八一年の国政選挙で四人の下院議員と二人の上院議員を当選させ、その後の選挙でも国会に議席を維持したことで、「エコロ」もある程度の財源を確保できるようになった。国会議員が議員報酬のかなりの割合を党に寄付したからである。

しかし一九九〇年代になると、「エコロ」の組織構造は状況に対応できなくなった。一九八九年に制定された新法により、政党助成金が交付されるようになった。しかも一九九一年の選挙に成功したため財源も増え、地方・国・EUのすべてのレベルで議員、事務局員、メンバーの組織も拡大した。もはや党の組織構造は時代遅れになっていたため、一九九二年五月にトゥールネーで開催された総会では組織規約を改正する提案が出されたが承認されなかった。そこで提案されたのは、「執行委員会」の委員を五人から三人に絞って全員を有給にすることであり、有給と無給の委員が混在する状態を解消することが目的だった。しかし運動家の多くは、少数の有給専従者が権力を独占することを嫌っており、その可能性のある提案に対して警戒心を抱いていた。しかしその後も「執行委員会」と議員との間で何度も対立が生じたため、再度、総会に提案され、最終的には改革案が承認されることになった。それでも結局、「執行委員会」の中には強力なリーダーシップを発揮する人物がいなかったため、マスコミ慣れした議員以上に党の側が影響力を発揮することはできなかった。

一九九三年五月には「連邦評議会」において、党の戦略と組織構造についての議論が始まった。改革案をまとめたのは、ナミュールのミシェル・ソマヴィルと、ブリュッセルのピエール・ヨンケーレが中心となった党内のシンクタンクだった。第一の提案は、「エコロ」を一般的な政党に近づけることだった。第二には、総会運営に代議制を導入することだった。そして第三には、「執行委員会」の委員を三人の有給専従者に絞り、総会で選出を行い、任期を四年として一回だけ再選を認めるという提案だった。すでにこうした改革は他国の緑の党でも実施されていたこともあり、一九九四年一月にユイとビュルディンヌで開催された総会では、ほとんどの提案が承認された（Rihoux, 2001）。一九九四年四月にはイザベル・デュラント（ブリュッセル出身）、ダニー・ジョス（モンス出身）、ジャッキー・モラール（リエージュ出身）の三人が「執行委員」に選ばれた。

連立政権への参加とその教訓

一九九五年の国政選挙は期待を下回る結果だったが、その後、一九九〇年代後半には回復した。社会運動や他団体の運動家との連携に向けて党綱領を改正するため、一九九六年から一九九八年にかけて公開の政治討論会を開催した。一九九六年にはベルギーで、児童への虐待や殺人が起きたことが契機になり、衝撃を受けた市民が立ち上げた運動と連携を深めた（Rihoux/Walgrave, 1997）。こうした一連の活動によって、フランス語圏における「エコロ」の支持層は拡大していった。

一九九八年から一九九九年になると、党の指導部は連立政権への参加に意欲を示すようになり、党の内外で連立政権に参加する意志があることを表明した。それでも選挙前の段階では、連立政権に向けて他政党と交渉を進めることはできなかった。

一九九九年六月十三日に実施された国政選挙と地方選挙において、「エコロ」の得票率は一九％に達した。選挙に勝利したことで「エコロ」の立場は有利になり、国会と地方議会で連立政権に参加し、与党になった。ところが政権に参加したことで大きな困難に直面した。他政党との協議は四週間も平行線をたどり、政権参加を実現したことの高揚感はすぐに消え去った。他政党との協議が難航した理由は、「エコロ」の交渉担当者が、党内で高まる不満に対処しなければならなかったためだった。とくにブリュッセル支部は、ブリュッセル議会における閣僚のポストを要求していたにもかかわらず、「エコロの交渉担当者がそれを断念してしまった」と非難した。こうして大きな成功のはずだった政権参加も、「エコロ」にとってはいつもながらの党内争いに発展していったのである。

一九九九年七月十日の総会では、「連邦議会」「フランス語共同体議会」「ワロン地域議会」で連立政権に参加する方針がようやく承認されたが、指導部に対しては強い批判が浴びせられた。それでも長期にわたる交渉の末、「連邦議会」では三つの閣僚のポストを獲得できたため、総会では連立政権への参加が、賛成四一三人、反対一五五人で承認された。「フランス語共同体議会」における連立政権の参加も、賛成四九二人、反対一五五人、「ワロン地域議会」も、賛成三四〇人、反対一四〇人で承認された。ただし「ブリュッセル議会」における連立政権の参加については、「エコロ」からの要求が受け入れられなかったため、賛成八五人、反対一〇三人で否決された。

一九九四年から「エコロ」の戦略と方針を策定するシンクタンクの代表を務め、連立政権への参加交渉においても代表を担ったジャッキー・モラールは、連邦議会で副首相への就任を予定されていたにもかかわらず、総会で否決されてしまった。交渉を担当した他の指導部メンバーは、「総会は最悪の状況であり、エコロにおける政権参加方針に大きく影響した」と語っている。事実、連立政権には参加したものの、総会後のエコロの影響力は低下し、他政党からの信用も失うことになった。

こうした事態によって、党内の分裂状況は深刻化した。内部対立が日常活動や組織運営にも影響を及ぼした。連立政権に参加した四年間は、党内問題が最重要課題になった。最初に争点となったのは執行委員の選挙だった。「政権参加反対」と見なされていたフィリップ・ドゥフェイ、ジャック・ボードウィン、ブリジット・エルンストが五一〇票を獲得し、旧執行委員と現職の閣僚すべてを支持した「政権参加賛成」派の四〇一票をおさえて、新執行委員に選出されたのだ。この結果は、党活動にとって重荷となり、閣僚の活動、閣僚と執行委員との関係、執行委員と他政党幹部との関係に悪影響を及ぼした。その後、連立政権の中で「エコロ」は苦しい見習い期間をすごさねばならなかった。

四年後の政権末期の段階になると、もはや「エコロ」は一九九九年選挙で獲得した新たな支持者に対して、「責任をもって閣僚を担っている」とは言えなくなっていた。政権政党としての信頼度は低下し、指導部の行為は有権者に説得力を持たなくなった。「政権内で意義ある仕事をしている」とも言えない状況であり、「エコロ」が「前進した」と主張する政策についても有権者は無反応だった。

そこで二〇〇三年の選挙を控えた「エコロ」は、アピール内容を練り上げた。「エコロが政権に参加したことで社会改革が進み、時間はかかったが政策は着実に実行されている」と有権者に理解してもらうことが目的だった。さらに長期的な目標として「持続可能な発展」を掲げたが、その内容は曖昧で理解が難しく、具体性に欠けていた。それに引きかえ他政党は、強烈な個性をもった党首が登場し、健康保険、年金、社会福祉、海外支援、税制改革などマスコミが報道する争点に絞ってアピールした。その一方で「エコロ」は、本来なら、環境や社会問題を最初に主張した政党として、有利な立場であるはずなのに攻勢に出られなかった。終始、受け身の選挙活動を展開し、自己弁護にしか聞こえなかった。結局、「エコロ」は政権政党として振る舞うことができないまま選挙を終えた（Buelens/Deschouwer, 2002, Hooghe/Rihoux, 2003）。

二〇〇三年敗北後の改革と二〇〇七年の復活

二〇〇三年五月十八日の選挙は惨敗だった。得票数を六〇％も減らし、一一人の下院議員は四人に減った。二〇〇四年に行われた地方選挙と欧州議会選挙も敗北した。選挙の結果は、下院議員四人（定数一五〇）、上院議員二人（定数七一）、ワロン地域議会議員三人（定数七五）、ブリュッセル議会議員七人（定数七二）に終わった。二〇〇四年の選挙後になって、「エコロ」がブリュッセル議会の連立政権に参加したのは皮肉なことだった。

「エコロ」が転機を迎えていることは明らかだった。党内および党外状況を見きわめながら、政権参加の経験から教訓を引き出し、選挙敗北後の根本的な変化に取り組むべき新たな状況が生まれていた。第一には、財源が大幅に減少したことである。政党補助金の大部分は得票数に応じて割当てられていたので、数万票もの得票と国会議員の議席を減らしたことは大きな痛手になった。一二〇人いた有給の事務局も多数、解雇して、五〇人に削減した。第二には、連邦議会、ワロン地域圏議会、フランス語共同体議会、ドイツ語共同体議会において、与党から野党に戻ったことだった。七人いた閣僚も失ったため、実質的には「エコロ」の事務局として仕事をしていた数百人も失うことになった。第三に、選挙だけでなく政治面でも「エコロ」の影響力が低下したため、マスコミからもほとんど報道されなくなった。

こうした否定的な状況の中で、政権に参加していた間は棚上げになっていた党内の組織問題が再び浮上した。「エコロ」にとって、最初に満足させなければならない「顧客」は、総会に参加する運動家たちだった。党中央の権力は何人かの有給専従者が握っていたが、「エコロ」は依然として「運動家の党」として認識されていた（Seiler, 2003）。「運動家の党」という理念は緑の党の遺産であり、ある意味では彼らのアイデンティティーに過ぎなかったのかもしれない。それでもこの理念が残っている限り、選挙に勝利して強固な代議制民主主義を築くことはもちろん、連立政権に参加することは困難だった。

選挙に惨敗したあとも、エコロは「執行委員」による「共同代表制」を継続したが、それでも部分的な改革を行った。政治部門を担当する「執行委員」を二人（ジャン＝ミッシェル・ジャヴォーとエヴリーヌ・ユイットブローク。ただしユイットブロークは二〇〇四年に、イザベル・デュランに交代）に減らし、事務局を担当する「執行委員」を一人（クロード・ブルイール）にしたのである。二〇〇五年には九月と十二月に二度の総会を開催してさらに改革を進め、二人の「執行委員」を「共同党首（co-presidents）」にすることを決定した。男女各一人とし、ワロンとブリュッセルから選出した。任期は四年とし、一度だけ再選できた。「共同党首」の下には「事務局長（General Administrator）」が置かれ、人事は「連邦評議会」が選出することにした。

こうして四年間、野党の座にあったエコロだが、二〇〇七年六月の国政選挙では支持率を回復し、下院と上院の議席を大幅に増やした。政党助成金も増加して、党の事務局は一九九〇年代末の規模になった。二〇〇七年十二月の総会では「共同党首」としてジャン＝クロード・ジャヴォーとイザベル・デュランが、「事務局長」としてクロード・ブルイールが選出された。

結論として、設立当初のエコロが草の根民主主義にもとづく「アマチュア運動家の党」に近かったことは明らかである。ただし時とともに組織改革が進み、少なくとも二〇〇三年の選挙に敗北するまで組織の制度化と専従化が進められた。しかし二十五年以上にわたって国会に議席を維持し続けた現在でも、党運営の面では完全に「主流派の政党」や「伝統的な政党」に変化したとは言えない。その他の面でも、参加型の直接民主主義を実施しており、既成政党と違って複数代表制を採っている（総会に参加するのも代議員でなく、メンバーの直接投票で採決される）。ただし近年では、既成政党と同様に「共同党首」を党の顔にしようとする傾向が強まっているのも事実である。

「アガレフ（Agalev）」（フルン！）（オランダ語系）

アガレフの起源

設立当初の「アガレフ」の組織は、まさに「アマチュア運動家の党」だった。「アガレフ」は一九七〇年、アントワープにいたカトリックの司祭が始めた社会運動から誕生した。「アガレフ（Agalev）」という党名は、この社会運動の名称「生き方を変えよう（オランダ語でAnders Gaan Leven）」の頭文字だった。一九七〇年代初頭に広がったフェミニズム、第三世界支援、平和運動など、新しい社会運動が基盤となって政党を発足させ、議員を当選させたのである。

「生き方を変えよう」という社会運動が、初めて緑の候補者を支援したのは、一九七四年の国政選挙と一九七六年の地方選挙だったが得票率は低かった（Kitschelt, 1989）。一九七八年の国政選挙では「アガレフ」という一時的な名称で「候補者リスト」を組織した結果、得票率が上昇した。一九七九年の欧州議会選挙では、オランダ語圏のフランデレン地域で、二・三％という予期せぬ得票率を獲得した。そこで政党ではないが、継続的な政治組織として「アガレフ」を形成することになったのである。ところが組織内では選挙方針をめぐって激しい論争が起こり、二つのグループが形成された。運動の創設者リュック・ヴェルステランを支持するグループと、現実派の二つのグループの間で争点になったのは、緑の思想でなく、社会改革の進め方と政治組織における指導部のあり方についてだった（Versteylen, 1989）。

「アガレフ」は一九八一年末に行われた国政選挙で三人の下院議員を当選させ、予想以上の成果を上げた。ところが国会議員は当選したが、正式な党組織がなかったために、社会運動と対立関係になってしまった。創設者ヴェルステランが意図していたのは、組織に依拠せず、日常的な社会運動によって政治を変えるという戦略であり、政党を結成するつもりはなかった。しかしそのために、社会運動と政治組織との間で対立関係が続くことになったのである。当初から「アガレフ」にとっての重要課題は、組織内民主主義の実現と、政策の提案という二つの目標を実現することだった。そのため、草の根民主主義を実施することと、効率良く方針決定することとの矛盾を解決するために、一九九〇年代になるまで多くの時間と努力が費やされることになった（Buelens/Rihoux, 2001）。

一九八二年になると「アガレフ」は政党として登録され、「運営委員会（steering committee）」を設置して、総会で委員を選出した。ただし組織が中央集権化して、草の根民主主義が弱まることを警戒し、公式の代表を選出しなかった。国会議員の役割も、党の政策をつくることでなく、あくまで党の方針を国会に伝える担当者と位置づけられた。党にとって最重要の基盤は、地域組織だった。選挙の候補者も地域組織が選考し、選挙区メンバーによる投票で決定した。一九八〇年代後半まで組織は拡大せず、一九八五年の選挙時にはメンバーが九二五人しかいなかったにもかかわらず、二五万票を獲得して、地域議員四三人、地方議員七人、下院議員七人、欧州議員一人を誕生させた。参加民主主義を機能させるため、あらゆる課題について協議を行い、地域活動も組織的に進めるためメンバーは多くの仕事に対処しなければならなかった。

最初の改革

専従体制は小規模であったが、人数が増えるにしたがって、自分たちが置かれている状況に不満をつのらせた。一九八九年一月に発行された党の出版物は、専従者と一般メンバーとの対立関係について特集した記事を掲載しており（Janssens, 1989）、政治局長だったレオ・コックスは次のように語っている。「ベルギーではほとんど毎年のように選挙が行われる。この現実に対処するため、我々は政治団体としての傾向を強めているが、文化運動の側面は置き去りにされている。ボランティアだけでなく、専従者も、議員の増加が急速すぎることに苦しんでいる」

こうして、それまでは党内のコミュニケーションを深めることが社会改革を進める原動力と考えられていたが、一九八九年の総会では、組織運営の効率化を進める方針が採択された。さらに総会では「書記局（party secretary）」と「政治局（political secretary）」という二つの機関が設置された。党内で専従者の役割を明確にしたのは初めてだったが、その目的は執行部の役割を明確にして、メンバー投票によって解任もできるようにするためだった。ただし二つの機関は実務上の権限をもっていたが、ボランティアで構成される「運営委員会」の管理下に置かれており、二つの機関の委員の任命も「運営委員会」が行った。任期も限定されている上、交代制が義務づけられ、二期連続することはできなかった。委員の男女比率を同数にすることも、規約に明文化された。さらに、社会運動「生き方を変えよう」と党「アガレフ」との関係についても規約で定義し、「両者は独立した組織ではあるが、共通の目標を持ち、互いに協議を続ける意志をもつ団体である」と明記された。さらに注目すべき点は、議論の進め方についても規則を定めたことである。「党内で論争が起きた場合には、いきなり報道機関や党の発行物で主張せず、協議会を設置して議論する」と定めたのである。ただし結局、この規則は機能せず、その後もこうした「悪習」が無くなることはなかった。

指導部のプロフェッショナル化

一九九一年の国政選挙では期待したほどの成果を得られず、下院議員七人の当選にとどまった。しかしその数カ月後には、「フランデレン地域議会」の連立政権に参加すべきか否かをめぐって論争が起きた。これまでも地方議会で連立政権に参加したり、行政機関の責任者に就任した経験はあったが、悪印象しか残らなかった上に、政党としての信頼性を損なうことの危惧もあり、多くのメンバーは躊躇した。

「フランデレン地域議会」の第一党は「キリスト教民主主義政党」であり、第二次大戦後のほとんどの期間、与党だった。今回、「アガレフ」は「社会党」から、「（赤と緑の）紫連合」の連立政権を組むことを要請されており、「社会党」を中心とする連立政権が誕生すれば、画期的な出来事となるはずだった。それでも、地方組織は連立政権の参加に否定的であり、判断を覆すことはできそうもなかった。「アガレフ」は、自分たちのイデオロギー的な政策を受け入れさせることに固執して妥協しなかった。最終的に「社会党」を中心とする連立政権は実現せず、「アガレフは政党として無責任である」と「社会党」と「自由党」から非難される結果になった。

それでも「アガレフ」にとって、新たな政治状況が生まれたことは確かだった。「フランデレン地域議会」のレベルで、初めて連立政権への参加を要請されたのであり、政党として制度化を進めた成果だった。ただし党の交渉担当者と指導部は、「アガレフのメンバーには政権に参加する自信がない」ことに失望していた。その一方、一般のメンバーは、指導部による交渉の進め方を不満に感じていた。メンバーが判断するための情報が不足しており、交渉を通してどのような選択肢が可能なのか不明だったのである。たとえば「アガレフ」は、移民に選挙権を与えることを要求していたが、交渉過程では相手に妥協の余地があるような姿勢を示したことで、元上院議員のエリック・グリフィンが離党した。こうして、指導部と一般メンバーとの対立は、連立参加交渉の始まりから起きた。一般メンバーは「交渉担当者が合意目標を決定すべきでない」と考えていたのである。

一九九二年に「アガレフ」は、連邦制への移行協議の中で、環境税の導入や小政党に有利となる選挙制度改革を実施することと引き換えに、憲法の部分的な改正を支持した。ところが今回もまた、他政党との連携の進め方や、環境税の導入をめぐって、指導部と一般メンバーとの間に対立が生まれた。そこで実験的に「執行委員会（executive committee）」を、国会議員側に有利な構成に変更することにした。同年の総会で、ボランティア・メンバーの中から五人が執行委員に選出され、これに投票権を持つ四人の専従（「書記局」と「政治局」の二人の局長と国会議員二人が加わる体制となった。さらに執行委員会には、連邦議会の下院と上院、および「フランデレン地域議会」の議員会派代表三人も参加することになった（Janssens et al. 1993）。「執行委員会」の構成は一九九三年にもさらに変更され、八人のボランティア、一人の「政治局」長、三人の議員会派の代表で構成されるようになった。こうした改革を進めた理由は、あくまで現実的な必要性にもとづくものだった。これまで非公式な立場にあった指導部が公式に決定権をもつことで、組織運営が改善されると期待されたのである。

ところが今度は、党内において専従者の割合が増えたために、ボランティアの「執行委員」の役割が問題となった。一九九四年の党内の聞き取り調査では、「執行委員」の一人が次のように不満を語った。「専任で仕事をする者と、ボランティアの委員とが一緒に活動するのは不可能だ。地方組織が決めた政治方針を、ボランティアである我々が執行委員会に承認させるのは困難である。ボランティアが一般メンバーを代表して活動することなど、どうしてできようか」（Steenkiste, 1994）。こうして党内調査においても組織改革の要求が再び確認された。一般メンバーも専従者も双方が組織の構造に不満をもっていたのである。

メンバーを拡大することも「アガレフ」の課題だったが、その仕事も「執行委員会」に委ねられていた。そこで、それまではメンバーになるためには地方組織に加入することが条件だったが、一九九三年には直接、「アガレフ」のメンバーになれるように変更された。

一九九五年から一九九六年にかけても、重要な組織改革が実施された。一九九二年から実験的に進められていた改革を制度化して、専任の幹部が公式に党の頂点で方針を決定するようにした。「執行委員会」を「党委員会（party committee）」に改称して、党の最高機関と位置づけたのである。ただし、構成はほとんど変更なく、六〜九人のボランティア委員を総会で選出し、議会会派の代表三人（「下院」の会派と「フランデレン議会」の会派から各一人、あとの一人は「上院」「ブリュッセル首都地域圏議会」「欧州議会」の会派の中から選出した）、それに二人の専従者（政治局長と書記局長）が加わった（「党委員会」では依然としてボランティアが多数派だった）。

さらに「運営委員会」を「政策審議会（policy council）」に改称して、新たに議長を設置した。「政策審議会」の役割は、政策の方向性を決めることであり、すべての地域の政治局長（一三人）、地域組織の代表（メンバー二五〇人に付き一人ずつ）、六人の地方議員、五人の州議会議員によって構成された。

「政治局」と「書記局」も日常的な課題を処理する公的な機関となり、事務局運営、組織活動の管理、委員会の支援、国会議員の監督など責任の範囲が拡大した。

政権への参加

一九九九年の国政選挙で「アガレフ」は、史上最高の得票率（七・二％）と議席（九議席）を獲得し、連立政権に参加するチャンスが生まれた。一九九一年に「フランデレン地域議会」で連立政権に参加することを拒否した事件は、もはや精神的痛手として残っておらず、政権に参加する障害にはならなかった。他政党との交渉は専任者が担当すると了解され、交渉担当者も毎日の進捗状況をEメールで関係者に伝えた。こうして党指導部は交渉を通して何が得られたのか理解し、他政党が問題にしている点も認識した。ボランティアの委員も連立政権に参加して責任を取ることに合意できた。こうした結果が党に何をもたらすかについては、まだそれほど明らかではなかったが、党の意思決定プロセスにとっては重要なことだった。

選挙に成功したことで有給の専従者が増えた上、連立政権の閣僚とその事務局も党活動に加わるようになった。「地域政府」と「連邦政府」の両方のレベルで、閣僚を中心とするグループが形成された。ただし、ベルギー政治の特徴は、政策決定において閣僚が重要な役割を担っている点にある。そのため、党の方針も閣僚によって規定されるようになった。党が何を行い、どのように他政党と交渉を進めて、何を合意すべきなのかについても、閣僚が主導権を握ることになったのである。しかも閣僚には、彼らを補佐する事務局も付いている。その結果、草の根民主主義を重視し、メンバーが民主的に政治をコントロールすることを目ざした緑の党にとっては、閣僚の役割が大きな問題となった。

もう一つの問題は、国会議員の間で発生した。これまでも国会議員は党の方針に影響を与えてきたが、今では閣僚の事務局がその役割を担うようになったのである。国会議員は政府が方針を決定するまで待たなければならず、しかもあらかじめ政府の方針を支持することが前提になった。そこで党内における対立を避けるため、下院議員、閣僚の事務局、党内の専門家が参加する「政策検討会議」を設置したが、閣僚の側から方針が提案されるという現実は変えられなかった。こうして二〇〇一年五月の政権参加後は、事実上、閣僚が党の中央に位置するようになったのである。

さらにまた、新たなメンバーの加入が急増し、とくに若い人々の割合が多かったため青年組織が形成され、彼らも党組織で委員を担うようになった。

こうした状況の中で、党内における方針決定の過程はきわめて複雑なものになった。公式には「党委員会」と「政策審議会」が方針を決定することになっていた。しかし政府内では、日々、閣僚と事務局がはるかに重要な決定を行っていた。マスコミ報道に対応するためには、党内の決定を速める必要があったが、緊急事態でも「党委員会」が会合をもつのは二日に一度の頻度であり、マスコミ対応には遅すぎた。党の指導部が会議の結果を通して公式に方針を発表する前に、マスコミは党の主要メンバーの発言を報道するようになっていたのである。党としての見解は分裂し、方針も混乱していたため、党内の意思疎通が問題になった。ある時には、マスコミのカメラの前で、自分の意見を述べることをためらう閣僚の姿が報道され、有権者にマイナス・イメージを持たれたこともあった。

この当時、党と閣僚とをつなぐ鍵となる人物が政治局長のヨス・ガイゼルツだった。彼は「アガレフ」の代表ではなかったが強い影響力を持ち、事実上、党首のような役割を果たしていた。そのためマスコミも、彼のことを四人の閣僚と並ぶ党の広報官として扱うようになった。

衝撃的な惨敗と党の再建への道

政権与党であったのに、二〇〇三年の選挙は大惨敗に終わった。ベルギーでは二〇〇三年から選挙制度が変更され、得票率が五％に満たない政党は議席を獲得できなくなっていた。ところが「アガレフ」の得票率は五％に届かず、九人の下院議員すべての議席を失った。連邦議会の議席を失ったために閣僚の座も失い、事務局も大幅に減少した。選挙活動で中心的な役割を果たしたヨス・ガイゼルツは責任を痛感して、地域議会で閣僚を務めていた二人とともに辞任した。

ところが「アガレフ」にとって、彼らに代わる人材を見つけることはきわめて困難だった。次世代の中には、マスコミ慣れした政治的リーダーはおらず、翌年には地方選挙を控えていたため、党内は危機的状況に陥った。

地域政府で、「アガレフ」は引き続き政権の座にあった。しかし、連邦議会に議席がなければ、マスコミから注目を集めることはできなかった。世論調査でも地方選挙での敗北が予想されたため、「アガレフは社会党に合流すべき」という世論が増加した。政党として生き残るためには改革が必要だったが方針が定まらず、イメージはさらに悪化した。

それでも、二〇〇三年末の総会では重要な決定が行われた。党名を「フルン！（Groen!、緑）」に変更し、次の地方議会選挙で「社会党」と連合する方針を否決したのである。「政治局長」には、元閣僚のベラ・ドゥアが選出された。今や「政治局長」の役割は党首に匹敵するようになっていた。こうしてこれまで何度、総会に提案しても否決された党の代表が事実上、存在するようになったのである。ただし、社会党との連合を主張していた何人かの元下院議員は「フルン！」を離党して他政党に加入した。彼らには、「社会党と別れ、独立して活動する」と宣言した「フルン！」の将来性を信じられなかったのである。

二〇〇四年の地方選挙で「フルン！」の選挙活動は地味ながら、どの党からも独立した政党の必要性を訴えた。その結果、「フランデレン地域議会」で六人を当選させ、最悪の危機的状況を脱することに成功した。さらに二〇〇七年の国政選挙では五％を超える得票率を達成して、再び下院議員と上院議員が当選できた。同時に、フランス語圏の「エコロ」と共同の会派を結成した。「フルン！」もこの段階では党の代表を「党首（President）」と呼ぶようになっていた。上院議員に当選したベラ・ドゥアは「党首」を辞任し、後任には「アガレフ」の時代からの歴史的な人物で、元閣僚のミーケ・フォーゲルッツが就任した。

「アガレフ（フルン！）」の歴史的な進化

「アガレフ（フルン！）」は、時とともに明確に変化した。ただし「アマチュア運動家の党」として出発した「アガレフ（フルン！）」の、現在の状態を定義することは容易でない。「プロフェッショナルな選挙政党」の特徴もいくつか持つようになったが、「アマチュア運動家の党」との新旧ミックスと言う側面が強い。それでも今では、個人の資質が優先され、専任の「党首」が存在し、事務局や党組織でも専従者が増えている。

ただし、二〇〇三年の連邦議会選挙で全ての議席を失ったことが契機となり、「プロフェッショナル化」に向けた改革は一時的に停滞し、むしろ草の根民主主義の重要性が再確認されるようになった。社会運動の側も、より公然と「フルン！」への支持を表明するようになった。選挙で大敗した後もメンバーが増加したことで、運動家の考え方はさらに多様になった。野心的で現実的なイデオロギーをもつ新たなメンバーにとって政権への参加は魅力的だった。

こうして二〇〇三年選挙の惨敗後に新たな傾向が生まれたが、むしろ設立当初の理想に近づいたと言える。権力は党の頂点に集中するようになったが、いくつかの点では草の根民主主義的な組織を維持している。たとえば候補者選考は今も各選挙区にある地方組織が行っている。二〇〇三年の総会で、社会党との連立を求めず、「フルン！」を独立した政治勢力にすると決定したことも、戦略的な判断でなく、理想を優先させたためである。ただし、この決定もメンバー全員がそろって拍手で承認したわけではなかった。「執行委員会」で多数派を占めるのは、今も総会で選出されたボランティアの委員である。彼らのイデオロギーも進化して論理的には緻密になったが、変質はしていない。政権与党の時代には、思想的に妥協を強いられ、自分たちの主張を抑えたが、選挙で敗北した原因の一つはその点にあった。党の指導部も、「緑のイデオロギーを無視して、妥協を重ねた結果、有権者にとっては〝フルン！〟の根底にある思想が不鮮明になってしまった」と反省する。

「アガレフ（フルン！）」の組織がこのように変化してきたのはなぜだろうか。要因の一つは、選挙活動におけるアピール力を強めようとしたことにあった。政治組織の結成後、すぐに国会議員の当選を果たしたことで、社会運動から政党に移行する必要性が生じた。一九九九年にはさらに議席を増やして、連立政権に参加した。ところが二〇〇三年の選挙で全議席を失った敗因は、党のリーダーが事実上の党首のようにふるまうことを容認したためだった。二〇〇七年になって、公式に「党首」を設置することにしたが、それまで何度も総会で否決されてきた方針であり、組織における「草の根民主主義」と「効率」との矛盾を象徴していた。組織運営の「効率」を優先させるのなら、その目的について議論すべきだったはずだが、議論が不足していたことで「党首」の設置が遅れたのである。

さらに、ベルギーの政治状況も「アガレフ」の方針に影響を与えた。「アガレフ」が連立政権の交渉に参加できたのは、単に彼らが議席を増やしたためではない。多党化したことで、他政党にとっては連立政権を成立させるために彼らが必要になったのである。他政党にとって「アガレフ」との連携の基盤にあるのは、思想的な一致でなく、あくまで現実的、戦略的な判断でしかなかった。そのため「アガレフ」にとっても連立政権に参加することは、やっかいで困難な判断となった。しかも政権に参加すれば、今度はマスコミから党として方針を発表することを催促された。ところが草の根民主主義を実践するためには時間がかかるのであり、こうした周囲の状況とはまったく相容れなかったのである。

それでも「アガレフ」の場合には、「ドイツ緑の党」のように「現実派」と「原理派」の間で危機的な衝突は起こらなかったし、指導部に対する批判もほとんどなかった。専従者とボランティアとの間とで議論はあったが、論点は政策やイデオロギーでなく、組織運営の効率化についてだった。こうした全般的な政治状況の影響を受けて、ボランティアの委員よりも専従者や国会議員の間で組織運営に対する認識が変化し、草の根民主主義を重視するようになったのである。二〇〇三年の選挙に惨敗して専従者の数が激減したことも、ボランティアの役割を重視する要因になった。

結論　二つの緑の党の比較

「フルン！（アガレフ）」と「エコロ」は、同じ連邦政府の中で活動しており、客観的な状況も似ているが、発展の仕方は異なっている。両党とも二〇〇三年までは選挙で成功を続けた。早くから国会議員を当選させて、連立政権に参加した。したがって同様の進化を遂げたと思うのが当然だが、現実はまったく異なっていた。「フルン！（アガレフ）」も「エコロ」も設立当初は草の根民主主義を重視し、「アマチュア運動家の党」のモデルにきわめて近かった。しかしその後、わずか数年の間に様々なレベルの議会で当選を果たしたことで、多数の専従者と議員が活動するようになり、指導部と草の根運動家の役割が変化してそれまでの組織構造に大きく影響することになった。

一九九〇年代になると「フルン！（アガレフ）」では、専従者が中心になって意思決定を行うようになり、現実に対処できる組織へと改革が進んだ。さらに連立政権に参加し、二〇〇三年の選挙で惨敗した後には、「党首」の設置を決めた。それは「アマチュア運動家の党」から「プロフェッショナルな政党」へと変化してきた長い歩みを象徴する結末だった。

「エコロ」でも同様に近年では「共同党首」制を導入した。ところが「フルン！（アガレフ）」と違って「エコロ」では、今も、ボランティア運動家と専従者との間で、草の根民主主義をめぐる対立が続いている。「エコロ」では指導部と草の根の運動家との間に断絶があるため、組織問題が発生する。最終的な決定権は一般メンバーが握っているが、派閥のリーダーと専従者との間で論争が起きると党内の組織運営はしばしば停止することになった。

結局、両党の違いを生んだ主要な要因は、一般メンバーの態度の違いにあった。伝統的に「エコロ」のメンバーには、指導部と専従職者に対する不信感がある。それに対して「フルン！（アガレフ）」の運動家や指導部は一九九〇年代から、事実上の代表を受け入れてきたし、最近では公式に「党首」の必要性を認めた。「フルン！（アガレフ）」には、実質的な派閥が存在しなかったため改革を推進できたのである。ところが「エコロ」の場合は、「ドイツ緑の党」ほど深刻ではないにせよ、党内が大きく分裂していた。地域によって派閥は異なるが、とくにブリュッセルでは、ラディカルで左翼的なメンバーが優勢だった。こうして「エコロ」には対決指向の強い政治文化が存在したが、「フルン！（アガレフ）」では対立を合意によって解決しようとする傾向が強かったのである。もともとオランダ語系の「フランデレン地域圏」には、社会的協調やコーポラティズムを指向する政治文化があった。その点が「フルン！」が党内で協調を重視していたことにも影響しているだろう。

外的状況が似ている二つの緑の党を比較するのは興味深い。両党を分析すると、選挙の成功や政権への参加といった要素が緑の党に大きな影響を与えたことが分かる。ただし、それだけでは政党組織の変化は説明できない。党内の政治文化と、一般メンバーの性質が重要であることを示しているのがベルギーの事例なのである。

第6章　アイルランドにおける緑の党

はじめに

近年、アイルランドでは、環境問題に対する政治的な抗議運動が各地に広がっている。ゴミ焼却場（コーク、ゴールウェイ、ティペレアリー）、高速道路建設（ダブリン）、水質汚染（キラーニー、スライゴー、ゴールウェイ）、あるいは地域開発や未開発が問題となっている。ところが政府は、こうした問題を環境保護局などの担当部署にまかせきりで対応せず、一時は「ケルトの虎」とさえ呼ばれた高度経済成長後の、産業構造の立て直しを優先している(訳注1)（Taylor, 2002, 2004）。

一九八〇年代から一九九〇年代にかけても環境破壊に対する抗議運動が続き、様々な勢力が発展して緑の党の形成を促すことになった。その他にも様々な外的な要因が重なって、アイルランド緑の党が

訳注1　「ケルトの虎」とは、一九九五年から二〇〇七年まで続いたアイルランドの急速な経済成長を指す。韓国、シンガポール、台湾、香港など「アジアの虎」の成功になぞらえた言葉。

結成されたのである。アイルランドの政党システムは多党化の傾向にあり、選挙制度が小政党でも当選可能な「単記移譲式・比例代表制」であるため、政党間の競争が激しくなるにつれて、連立政権に参加する可能性が開けた。(訳注2) 他国の緑の党と比較して、アイルランド緑の党が成熟段階にあるとは言えないが、党内の組織改革に成功し、イデオロギーを再調整したことで、連立政権に参加できた。政党間の競争が影響して、緑の党は「アマチュア運動家の党」から脱皮したが、完全に「プロフェッショナルな選挙政党」に成長したかという点については疑問が残る。「アマチュアによる運動の党」が必然的に「プロフェッショナルな選挙政党」に行き着くとは限らない。連立政権に参加したことが失敗と記憶された場合には、再び運動に重点を置いた政治活動へと逆戻りする可能性もあるだろう。

歴史的起源　アマチュア運動家の党

アイルランドでは一九七〇年代後半から一九八〇年代前半にかけて、原発建設に反対する運動が全国に広がり、小規模なグループがゆるやかに連携した（Baker, 1988, Tovey, 1990)。「アイルランド・エコロジー党（the Ecology Party of Ireland（ＥＰＩ））」が発足したのは、こうした運動が盛り上がった時期ではあったが、運動が組織されて「エコロジー党」が誕生したわけではなかった。設立に参加したのは四〇人にも満たず、参加者の多くは様々な抗議団体のメンバーであり、新しい社会運動を代表する組織とは言えなかった。「エコロジー党」は、急成長しつつあった環境破壊に対する抗議運動の一形態として誕生したと言えるだろう。それでも「エコロジー党」の登場はアイルランド政治にとって画期的事件であり、重要な進歩だった。アイルランドでは歴史的に、ナショナリストの政党が支配的だったからである(Mair, 1987)。

他国の緑の党と違って、アイルランドの「エコロジー党」には草の根民主主義に対して強い思い入れはなく、数人のリーダー的な人物が中心となって組織が形成された。初期段階におけるメンバーのほとんどがアマチュア運動家であり、それが「エコロジー党」のラディカルさを支えていた。このラディカルさと政治的な抗議運動の傾向があったために、一九八三年には緑の運動グループの緩やかな連合体を結成することを決定した。彼らは、反核運動と酸性雨に抗議する運動において成功したドイツ緑の党と同様の組織を作ろうとしたのである。一九八五年には、草の根運動家たちの意向を反映して「エコロジー党」から「緑の連合（Green Alliance）」に名称を変えた。新たな名称によって、従来の保守的な政治組織の特徴であった形式化、階層化、制度化を否定していることを表現したのである。

さらに一九八七年には「緑の連合」から「緑の党」へと名称を変えた。有権者にとって「緑の連合」という名称では、政党なのか、それとも多様な目標を追求する連合体なのか、理解しにくいためだった。ただしこの名称変更が満場一致で承認されたわけではなかった。既成政党型の組織をめざす運動家たちと、抗議運動の一環としての政治組織をめざす運動家たちとの間で激しい論争が起きた。一九八九年には、緑の党が「動物福祉政策」に積極的でないという理由から、ウィックロー州グレイ

訳注2　「単記移譲式・比例代表制」では、各選挙区の定数は三人から五人であり、投票用紙には候補者全員の名前が記載される。投票者は自分が選択する順に番号を付けて、その番号を合計した数の順位で当選者が決まる。

ストーンズ支部が離党した。同様に、「ＧＡＮＧ（Green Action Now Group）」という連合体に参加していた団体も、「緑の党が国政で妥協するようになった」と抗議して離脱した。原理主義派の人物は次のように語っている。「緑の党は、大して重要でもないことに必要以上の時間を費やしている。環境破壊が危機的状況にあるにもかかわらず、滑稽であり悲しいことだ」。こうした運動家たちは、「緑の党は〝変革の道具〟でなくなり、政権を獲得できる政党であるかのような〝虚構の存在〟になりつつある」と、大声で非難するようになった（Ferguson, 1990）。ダブリン北東選挙区のノラ・ケルも同様に、「今の緑の党は、環境を守るために行動するよりも、政策を議論することに時間を費やしている」と嘆いていた。ただし発足間もない左翼政党にとってこうした内部対立は当然の出来事であり、批判があったとはいえ派閥が生まれて組織的に衝突していたわけではなかった。

一九八九年から一九九二年にかけては、党内の運動家だけでなく有権者から見ても、緑の党のイデオロギーが確立された時期だった。脱物質文明を推進する政治を目ざす政党として、オルタナティブな経済戦略を政策に掲げた。持続可能な発展を促進し、市民の政治参加を広げる組織を形成することを主張するようになった。アイルランド緑の党のほとんどのメンバーは中産階級出身だったが、社会経済問題については労働党より左派に位置していた。その上、緑の党は、社会的多様性と寛容を認め、近代的で世俗的な社会生活を支持した。たとえば一九九二年のマニュフェストは次のように宣言している。「性教育と避妊方法を普及させる一方で、レイプの犠牲者に対するカウンセリングと心理療法が必要である。さらに、憲法による離婚禁止を改めるとともに、女性が中絶のため海外に行かないで済むようにすべきである（訳注3）」。

変化した政治環境

「エコロジー党」が選挙で初めて成功したのは、七人の候補者を擁立した一九八二年の国政選挙だった。ただし得票率は低く、選挙区で一位選択された票数も一・三％に過ぎなかったが、マスコミから注目を集めたのである。(原注1)

党名を「緑の連合」に変更した後の一九八五年には、初の地方議員を当選させた。ただしこの時も選挙区で一位選択された票は〇・二％しかなく、一九八七年の選挙も〇・四％しかなかった。最初の国会議員を誕生させたのは、一九八九年のダブリン選挙区でのことだった。

こうして一九八〇年代には大した成果を上げられなかったが、一九九〇年代になると内外の要因が重なって選挙で成功するようになった。外的要因としては、アイルランドの環境問題、選挙制度、政党政治に対して市民の不満が高まったことがある。一九八〇年代までは、一般的に環境問題は地方の課題であり、地方自治体の責任で解決すべきと考えられていたが、やがてその反動として国の責任が問

原注1 「エコロジー党」が注目を浴びたのは、アイルランド政治において画期的な出来事だったことと、アイルランドでは小政党に対しても、その規模に応じて選挙放送が割り当てられていたためだった。

訳注3 カトリック教徒が多数を占めるアイルランドでは、憲法で、離婚と妊娠中絶を禁止していた。離婚については一九九五年の国民投票の結果、認められるようになったが、人工中絶は母体に死の危険がある場合を除いて今も禁じられている。

われるようになったのである。そもそも一九七〇年代以降、環境問題に関してはEU指令(訳注4)に従うことが義務づけられていたが、アイルランドには担当する行政機関が存在せず、環境問題は放置されていた(Taylor, 1988)。一九九〇年代になると環境問題が重視されるようになり、緑の党に有利なはずだったがそう単純な状況でもなかった。「フィアナ・フォール(共和党)」と「進歩民主党」による中道右派の連立政権も、環境問題に対応するようになったからである。一九九二年には、緑の党の支持率が高まったことも影響して、環境省が改組されて環境保護局が新設された。その狙いは緑の党の活動領域を浸食することにあったが、緑の党の支持率は低下せず、一九九一年の地方議会選挙では一三人が当選し、一九九二年の国政選挙でも一議席を維持した。

こうして緑の党が選挙に当選できるようになったのは、一九九〇年代に起きた政党の分裂と競争が激化したことも影響していた。イギリスの植民地だったアイルランドでは、一九一八年にイギリスからの独立を主張した「シン・フェイン党」がアイルランド議会で多数派となった。その後、アイルランド独立戦争を経て、一九二二年にイギリスからアイルランドの自治権を勝ち取った。ところがその後、同党が分裂したことから、アイルランドにおける政党システムが誕生した(自治権は得たものの、イギリスからは「イギリス・アイルランド条約」を強制されて、北アイルランドはイギリスの統治下にとどまることになり、アイルランドでは内戦が起こった(原注2))(Mair, 1992)。

一九七〇年代初めになると「労働党」が左派的な方針を掲げるようになり、「シン・フェイン党」の流れを組む「フィナ・ゲール(統一アイルランド党)」も市場経済に批判的立場をとるようになった。こうしてアイルランド政治では社会民主主義的な傾向が強まったが、同じく「シン・フェイン党」の流れを組む最大政党の「フィアナ・フォール（共和党）」は既存の方針を変更せず、経済成長を優先する「上げ潮派」の経済政策を堅持するために単独政権を維持した。一九八〇年代になると、左派の「労働者党」、右派の「進歩民主党」が結成され、アイルランドの政党政治も細分化していった（原注3）（Mair, 1999）。さらに、景気が後退すると「フィナ・ゲール（統一アイルランド党）」も左派的な方針を転換せざるを得なくなり、所得再配分政策を放棄して、社会的支出の抑制に取り組むようになった。

一九八〇年代後半には政党間の競争が激化した。一九八九年には「フィアナ・フォール（共和党）」による単独政権の時代が終わり、同党から分裂した「進歩民主党」との連立政権が初めて誕生した。アイルランド政治史上、画期的な事件であり、その後、「フィアナ・フォール（共和党）」は優勢ではあるが

原注2　独立後の十年間、「シン・フェイン党」は「イギリス・アイルランド条約」賛成派と反対派に分裂した。その結果のアイルランドでは産業化が遅れ、政治課題に対してもナショナリストが優位に立てなかったため、「シン・フェイン党」に代わって「労働党」が主要政党になった。一九四八年以降は、「シン・フェイン党」から分裂した「フィアナ・フォール（共和党）」が最大政党になった。

原注3　新たな小政党の多くは、イデオロギーの違いが契機となり、主要なナショナリスト政党から分裂して結成されたが、そのほとんどは支持者を拡大できなかった。たとえば一九八六年に結成された「進歩民主党」は新自由主義を唱えたが、その中心にいたのは保守的なナショナリストの二大政党である「フィアナ・フォール（共和党）」と「フィナ・ゲール（統一アイルランド党）」の元幹部だった。一九九〇年代には「民主的左翼党」が結成されたが、同党も「労働者党」の中でユーロ・コミュニズム的な方針を支持していた分派であり、さらにその起源をさかのぼると、一九一八年から一九二三年にかけて「シン・フェイン党」から分裂した様々なナショナリストや社会民主主義者だった。

訳注4　欧州連合が加盟国に対して求める共通ルール。

主要政党の一つになった。一九九〇年代まで「フィアナ・フォール（共和党）と他政党との連立はあり得ない」というのがアイルランドにおける歴史的、イデオロギー的な常識だった。しかし、そうした時代も終わり、「緑の党」も新しい柔軟な戦略を採用すれば、中道右派や中道左派など様々な政党と連立政権を実現することが可能になったのである。(原注4)

ちなみに「比例代表制」を採用している西欧諸国では、政党が決めた「候補者リスト」の順位にしたがって当選者が決まる。そしてこうした「候補者リスト」方式の場合、有権者は候補者よりも政党を選択して投票を行う（Sinnot, 1999）。これに対して、アイルランドの選挙制度も「比例代表制」ではあるが、「単記移譲式」という方法を採っているため、候補者の人柄や当該選挙区の情勢も当落に影響するという特徴がある。しかし、どちらの場合も小政党が増えるため、連立政権が形成されやすくなり、政治的に不安定をきたすというのが一般的な見方だ(原注5)（Sinnott, 1999）。いずれにせよ「フィアナ・フォール（共和党）」による単独政権の時代が終わったことで、アイルランド緑の党も連立政権への参加が可能となり、他政党と競い合いながら、自らのイデオロギーを統合していく契機となった。

一九九〇年代の緑の党は国政に重点を置くようになり、大統領選挙では中道左派の候補メアリー・ロビンソンを支持した。他政党と連携するという戦略の重大な変更は一九九四年の地方選挙でも貫かれ、他政党との選挙協力によってダブリン市長の座を獲得した。(原注6)当初は単純に、「フィアナ・フォール（共和党）」に反対するという方針に立ち、「フィナ・ゲール（統一アイルランド党）」や「労働党」とも連携した。一九九〇年代中頃には、緑の党内で「現実派」がさらに優勢となり、それまでの「共同代表制（collective leadersip）」を廃止して、公式に「党首（party leader）」を置くことを決定した。こうした改革は、緑の党が「アマチュア運動家の党」から変化したことの表れだった。

原注4　一九八〇年代まで一党優位を保っていた「フィアナ・フォール（共和党）」に対抗するため、他党間で連携が行われた。ところが一九八九年になると「フィアナ・フォール（共和党）」の側が、「いかなる政党とも連立を組まず、単独で政権を握るか野党となる」という方針を転換した。

「労働党」もそれまでは「フィナ・ゲール（統一アイルランド党）」と連立することで、「反フィアナ・フォール」政権を形成してきた。ところが一九九二年になると「労働党」が「フィアナ・フォール（共和党）」と連立政権を組んだため連立相手の幅が広がり、政党間の競争がさらに激しくなった。

一九九五年には、「フィナ・ゲール（統一アイルランド党）」と「労働党」、および小政党の「民主的左翼党」とで連立政権が形成した。「民主的左翼党」は、ラディカルな脱物質文明主義の左派政党であり、一九九九年に「労働党」と合併したが、ラディカルなイデオロギーをもった小政党でも連立政権に参加できることを示した点で重要な出来事となった。

その後は、それまで連携したことのない政党とも連立を組む傾向がさらに強まり、「フィアナ・フォール（共和党）」は一九八九年から一九九五年までと、一九九七年七月から二〇〇八年まで連立政権の座に就いた。

原注5　これに対して、「アイルランドで誕生した小政党は今まで政党政治の枠内で活動しており、比例代表制だからといって必然的に政党政治が不安定になるわけではない」という主張がある。ただし他方で、「そうした見解は楽観的すぎる」という批判もある。アイルランドの「単記移譲式・比例代表制」の場合には、無所属の候補者でも当選できるからである。問題は二つある。

第一には、無所属の国会議員も加わった少数派政権が形成される傾向が強まることである。事実、一九八〇年代以降、無所属の国会議員が加わった少数派政権が三度、形成されている。必ずしも「単記移譲式・比例代表制」によって政治が不安定になったとは言えないが、少人数でも無所属の国会議員が大きな影響力をもつので、連立政権が短期で終わることが増えているのも事実である。

第二の問題は、「単記移譲式・比例代表制」だと候補者が自分の選挙区で活動することが重視されるため、候補者間の競争が激しくなることだ。候補者が自党の政策ではなく、選挙区有権者へのサービス度を競うようになれば、こうした傾向がさらに加速する可能性もある（Sinnott, 1999）。

一九九〇年代になると、緑の党は従来の政治的立場とは反する方針も主張するようになった。その結果、支持率が高まり、熱心な支持者も増えたが、党内では緑の党としての重要政策を放棄するか否かをめぐって論争が起きた。たとえば、税制改革の導入、ベーシック・インカム、脱経済成長、低インフレ政策、大幅な失業率の低下といった政策が争点になった。しかも国際主義とヨーロッパ主義に立脚した世界観こそ緑の党の思想だったが、有権者はEUとの関係強化を拒否していた。有権者は「強者が支配するEU統合に反対すべき」と考えていたのである。アイルランド緑の党も、超国家的な組織が形成されることには強く反対していたが、環境、人権、軍縮、平和といった課題については欧州全体で協力しながら推進することを重視していた（Bomberg, 2002）。

もっともEU統合に関しては、他国の緑の党内でも論争が起こることはめずらしくなかった。スウェーデンとイギリスの緑の党も、EU統合に対して批判的な立場をとっていた。ただし他国の緑の党の場合は、EU統合に懐疑的であっても自らの政治的立場を考慮したが、アイルランド緑の党は有権者の意向を反映して、EU統合をめぐる交渉への参加まで否定したのである。

こうしてEU統合への対応は、緑の党が「アマチュア運動家の党」からどの程度、変化して、政権参加を重視するようになったのかを計る指標となった。二〇〇一年には緑の党が「ニース条約」に反対したことで、有権者にとっては緑の党の立場が鮮明になったが、後に「フィナ・ゲール（統一アイルランド党）」や「労働党」と連立を組む際の障害となった。（訳注5）

ただし緑の党内では、政権参加を阻むような問題についても妥協できるようになっていた。そもそも緑の党が「労働党」や「フィナ・ゲール（統一アイルランド党）」と連立を組むことができないなら、まして「フィアナ・フォール（共和党）」が連立の相手になるはずはなかった。当時の「フィアナ・フォール（共和党）」は保守的な中道右派の立場に移行して新自由主義的な政策を信条にしていたため、緑の党の経済・社会政策とは大きくかけ離れていたからである（Taylor, 2004）。

こうして二〇〇七年の国政選挙後、緑の党が「フィアナ・フォール（共和党）」と連立政権を組んだことは驚くべき決断だった。それまで緑の党は「フィアナ・フォール（共和党）」政権に対して「収賄の疑惑があり、政治的に腐敗している」と痛烈に批判していたのである。連立政権への参加交渉は容易でなかったが、参加に合意できたのは、一九九〇年代から進めた党内改革が成功して、緑の党がすでにアマチュア運動主義から脱却していたためである。既成政党と同様の手順で、連立政権への参加交渉を進めたことは、緑の党がある面で「選挙政党」に変化したことの証拠だった。

この時、連立政権を構成したのは「フィアナ・フォール（共和党）」と緑の党、および新自由主義の「進歩民主党」で、無所属の国会議員からも支持を受けていた。緑の党は、一五の閣僚ポストの内、「環

原注6　アイルランドの地方政府は、政党政治と無関係に、日常的な業務を進める実務的な役割を担っている。そのため、地方選挙で他政党と連携しても、連立政権の形成を意味するわけではない。地方選挙で結ぶ協定は、行政権を分担する合意と見なされているのである。市長は儀礼的な役職であり、行政の長としての権限や義務もほとんどない。それでも市長になることは議員としての評価を高め、将来、国政選挙に立候補するためのステップと考えられている。緑の党として初のダブリン市長になったジョン・ゴームリーも後に、一九九七年の国政選挙ではダブリン選挙区から立候補して国会議員に当選した。

訳注5　「ニース条約」とは、EU新規加盟国に備えて機構改革を定めた条約。アイルランドでは一回目の国民投票で反対が多数を占めたが、翌年に行われた二度目の国民投票では賛成が多数になり、承認された。

境・地方政府担当大臣」と「エネルギー・天然資源担当大臣」の二つを獲得した。しかも驚くべきことに、二〇〇七年六月に開催された臨時総会では、一般メンバーの八六％が連立政権への参加を支持した（O'Donohue/Hennessy, 2007）。ただし二〇〇七年の選挙は緑の党にとって成功と呼べる結果ではなかった。二〇〇二年の選挙に比べて、一位選択された候補者の得票率は三・八％から四・七％に増加したが、当選者は六人と同じだった。コーク選挙区で落選した代わりにカーロー・キルケニー選挙区で当選したが議席数は変わらず、緑の党は依然としてダブリン中心の政党だった。それでも連立政権に参加して二つの閣僚の地位を獲得したことは注目に値する事件だった。

現在の組織

「候補者を擁立する以上、我々、緑の党は、政党としての将来展望を考えなければならない。連立政権に参加したことで有権者からも期待され、それ以上にマスコミが注目するようになった。したがって、賛成できないメンバーもいるかもしれないが、これから我々が参加する既存の政治制度に対応した組織を形成する必要があるのだ」（Boyle, 1990）。

一九九五年から一九九六年にかけて緑の党は規約を改正したが、その内容は「アマチュア運動家の党」からの変化を示している。理論上は、草の根民主主義の重視を表現しており、組織に大きな変更はなかった。しかし国レベルの指導部の権限を強化し、重要な組織を新たに設置した。それは、「全国執行委員会（national party executive）」「地方組織」、国政選挙に対応する「選挙区組織」の三つの組織である。「選挙区組織」は政党としての基盤であり、候補者を当選させるために準備された。「地方組織」は、地方選挙のための組織や、村や町レベルの団体、国政選挙の選挙区組織など様々な団体で構成された協議会だった。とくに欧州議会の選挙区は、国会の選挙区と範囲が異なるため、「地方組織」が重要な役割を果たした。

そしてもっとも重要なのが「全国執行委員会」だった。年四回、会議が開催され、日常的な組織活動を指導するとともに、予算を執行し、選挙活動を実施した。さらに、「選挙区組織」が選考した候補者を不採用にしたり、「選考委員会」を開催して新たな候補者を選出する権限ももった。「全国執行委員会」を構成するメンバーのうち七人までは、一般メンバーが出席する総会で選出された。

また、「党首（Party Leader）」と「副党首（Deputy Leader）」も設置された。そして重要な点は、「国会内の方針については、全国執行委員会の承認をもって、国会議員が決定できる」と規約に定めたことである。こうして党内に階層的な組織構造が形成され、権力を集中したことで、「全国執行委員会」は、一般メンバーや地方のグループに対して選挙方針も指示する権限をもつようになった。「全国執行委員会」が、他政党との選挙協定にもとづき、選挙区の候補者の選択順位（自党の候補者の次にどの党の候補者を選択するのか）を指示するようになったのである。

さらに、それまでの草の根民主主義的な意思決定方法と最も異なる点は、「国政選挙後、どの党と連立交渉するかは、国会議員の会議で決定できる」と規約に定めたことである。交渉結果については臨時総会での承認を受けることが必要だが、これはアイルランド「労働党」とほとんど同様の手続きだった。

こうした重大な改革によって、国会議員の権力が確実に強化された。現在では「全国執行委員会」に、

表6-1　アイルランド緑の党の選挙結果（1987～2007）

年・選挙	議席数	1回目の得票率（%）
1987年国政選挙	0	0.4
1989年欧州議会選挙	0	3.7
1989年国政選挙	1	1.5
1991年地方議会選挙	4	2.3
1992年国政選挙	1	1.4
1994年欧州議会選挙	2	7.9
1997年国政選挙	2	2.6
1999年欧州議会選挙	2	6.7
1999年地方議会選挙	8	2.5
2002年国政選挙	6	3.8
2004年欧州議会選挙*	0	4.32
2004年地方議会選挙**	18	不明
2007年国政選挙	6	4.7

＊2004年欧州議会選挙の得票率は推定。
＊＊2004年地方議会選挙の総得票率は不明。

財務責任者と最大六人までの国会議員も参加できるようになり、「アマチュア運動家の党」からさらに変化した。「党首」候補を指名するのも、一般メンバーでなく「全国執行委員会」の役割になった。

それでも緑の党が「プロフェッショナルな選挙政党」になるのを阻む壁が存在する。最終的に「党首」を決めるのはあくまでも一般メンバーであり、「党首」の任期も最大で二期四年と定められている。総会で一般メンバーが「党首」を信任しなければ、交代させることもできる。

これら一連の改革はすべて、「選挙という競争に勝つため」という論理によって推進されてきた。結果的に、党組織では専任者が増加し、連立政権に参加するため国会内の政治が優先されるようになった。ここまで改革が進んだ背景としては、一九九九年の地方議会選挙で緑の党の得票率が、一九九一年の水準にまで急落したことも影響している。

ただし西欧諸国で多くの政党が、議員の当選を最優先した「プロフェッショナルな選挙政党」へと発展できるのは、公的な政党助成金の支援を受けられるためである。ところがアイルランドにはその仕組みがほとんどない。国会議員の議席数に応じてわずかな金額が、党指導部の活動費として補助されるが、政党運営のための助成金制度はないのである。そのため緑の党は、議員報酬の一部を充てて、セミナーの開催や他団体との連携活動費にしている。他の西欧諸国と比較した場合、アイルランドの緑の党がプロフェッショナル化したことに、公的助成金はほとんど影響してないと言える。

こうした助成金制度がなくても、緑の党が、二〇〇二年の国政選挙で議席数を増やしたことは大きな成功だった。得票率も増やして、国会議員は六人になった（表6-1）。しかもこの選挙では長年、緑の党で活動してきた運動家が当選できた。彼らは国会で活躍するために、地方政治で経験を積み重ねてきたのである。一九九九年の段階ですでに地方議員の数も増やし、欧州議会の二議席を維持していた。二〇〇四年の地方選挙では議席が倍増したが、欧州議会選挙では二議席を失った。

二〇〇七年に緑の党が連立政権に参加した当初は、様々な論議が巻き起こった。緑の党の環境担当大臣が、高速道路の建設計画を中止できなかった上に、ダブリン市にゴミ焼却場が建設されたため、運動家たちを落胆させることになった。とくに「タラの丘」(訳注6)近くに計画された高速道路は、環境問題だけでなく、考古学上からも大きな注目を集めていた。それにもかかわらず政府が早期着工したことで、環境運動家たちの感情を逆なでした。ゴミ焼却場も、ダブリン市議会が、環境担当大臣の選挙区内に建設

訳注6　古代アイルランド諸王の玉座があったとされるキリスト教化前のアイルランドの中心地。

を認可したため、大臣は面目を失うことになった。

その一方、連立政権に参加した成果としては、建設業界の反対にもかかわらず、エネルギー・天然資源担当大臣が、新たに画期的な建設規制策を導入したことがある。アイルランド国内でのウラン探査活動も禁止した。環境税を導入して大型車に対する課税率を引き上げた。今後は自動車エンジンの容積でなく、二酸化炭素の排出量に応じて課税率を上げることになっている。さらに、緑の党の参加によって連立政権が実施した最大の改革は、上院と地方政府の制度を革新したことだった。また、連立政権における協定のあり方も見直されることになった。

結論

一九九七年の国政選挙以降、緑の党は支持者を広げるために、公共交通、住宅、育児などに関する政策の策定に取り組んだ。政策の幅を広げたことは、緑の党が変化したことの表れだった。そして、一九九〇年代前半の選挙で緑の党が最も成功したのは、一九九四年に二人の欧州議会議員を誕生させたことである。EU統合についてはアイルランド憲法を修正する必要があったため、国民投票で緑の党は反対に回り、欧州議会議員も反対の立場を明確に主張した。有権者にとってこの時代の緑の党のイメージは、二人の欧州議会議員が体現していたと言える。しかし現在、緑の党が掲げる広範な政策は、選挙区の有権者に的を絞っている。彼らが対象とするのは「脱産業社会の価値観をもった、左派的な中産階級の人々」なのである。

他国の緑の党と違って公的助成を受けられない点を考慮すれば、アイルランド緑の党の成功は注目に値する。一九九〇年代以前の緑の党は「アマチュア運動家の党」の路線を歩んでおり、既成政党のような形式的で階層的な組織を拒否していた。非公式ながら抗議運動団体と連携して、緊密な協力関係が続いた。エコロジー主義、平和主義、フェミニズムの思想をもつ緑の党は「アマチュア運動家の党」に該当していた。

ところが一九九〇年代後半になると、連立政権への参加が緑の党にとって中心課題になった。そのため、参加型の草の根民主主義的な組織を望む運動家と、選挙で当選するため状況に対応した政治戦略を追求する運動家との間に、緊張関係が生じた。そのため、地方や国レベルの抗議運動と選挙戦略を連携させた組織に再構築したことにより、運動家たちの士気によって緑の党の選挙結果は大きく左右されるようになった。また、選挙で当選するためには選挙区に対応した地域政策を掲げる必要があるため、公共住宅、公共交通、都市計画への市民参加、生活の質の向上といった政策を前面に押し出すようになっている。

一九九〇年代初めのアイルランド緑の党は、他国の緑の党と同様に、議会で自らの政策をアピールすることに重点を置いていた。しかしその後、緑の党が変化した要因を理解するためには、アイルランド政治の特殊性を考慮する必要がある。すなわち政党が多党化して選挙政策も多様化したために、緑の党も組織構造と選挙戦略を全面的に見直すことになったのである。その結果、緑の党は勢力を拡大し、比較的短期間で連立政権への参加を実現した。選挙制度はほとんど変わってないが「単記移譲式・比例代表制」であるため、中道右派から中道左派まで様々な組み合わせの連立政権が実現可能になっている。

こうして緑の党は組織を改革したことで選挙に成功し、連立政権への参加も可能になった。党内における派閥の力関係も変化したため「共同代表制」を変更して「党首」を設置し、「全国執行委員会」の権力を強化した。これらはすべて、アマチュア運動主義から脱却するための改革だった。ただし今でも、緑の党がプロ化するのを妨げる要素も存在する。党首を選出するのは一般メンバーであり、党首の任期も制限されている。運動家たちが総会で党首を信任しなければ、辞任させることもできる。

政党が改革を実施する場合には、カリスマ的なリーダーが登場したり、政党が危機的な状況に陥ることが一般的な要因となる。あるいは、「政党が、アマチュアによる運動主義から、選挙の当選を優先するプロフェッショナリズムに変化するのは必然である」という見解もある。しかしアイルランド緑の党に、こうした解釈はあてはまらないと考えられる。アイルランド緑の党は、設立間もない政党であり、絶えず変化している。新たな課題が生じるたびに、党内の議論も再燃する。「BSE（俗に言う狂牛病）」の発生や、歴史的景観を破壊する道路建設、ゴミ焼却場建設といった様々な問題が起こるたびに抗議運動が起こり、衰えることもない。

したがって抗議運動を過去の政治戦略と考えるのは誤りである。抗議運動は素朴なアマチュア行動主義と結びついていつでも登場する。緑の党が築いた政策や方針も、国内外の政治状況を反映して変化していくだろう。これから数年後に連立政権の内部で対立が生じたり、その後の選挙で敗北する事態になれば、緑の党のメンバーが再び、環境保護運動を重点に置いた政治戦略に転換する可能性も否定できないのである。(訳注7)

訳注7　二〇一一年一月、「アイルランド緑の党」は「フィアナ・フォール（共和党）」との連立政権を離脱した。二月の総選挙では「フィアナ・フォール（共和党）」が大敗して第三党に転落。「フィナ・ゲール（統一アイルランド党）」が政権を握った。

第三部　国会議員を誕生させた緑の党

第7章　スイス「オルタナティブ」と「自由主義」、二つの緑の党

スイス緑の党の歴史

オルタナティブな運動家は、「既成政党とは異なる政党が緑の党である」と主張する。「組織構造や意思決定における原則は、草の根民主主義や直接民主主義であり、エリート中心の階層的で中央集権的な政党とは異なる」と彼らは強調する。トーマス・ポグントケも「ドイツ緑の党」の草の根民主主義について次のように定義している。

「低位にある組織が可能な限り自治できること。すべての組織と議会活動に、メンバーや支持者が個人として参加する機会が最大限に与えられること」(Poguntke, 1994)。

こうした原則にもとづいて組織を運営するためには、組織を分権化するとともに、直接民主主義による意思決定と民主的な組織運営の方法を規約に定める必要がある (Fogt, 1984)。ただし、組織運営や規約を通してメンバーの参加を進める方法は様々である。さらに問題なのは、直面する現実に影響され

て、草の根民主主義を実現することが妨げられる場合があることだ。草の根民主主義の理想を最大限に実現しようとした「ドイツ緑の党」も、議会の制度や機構が障害として立ちはだかった（Poguntke, 1994）。

ところがそれと対照的に、草の根民主主義が目ざす様々な方針を実現できる状況にあるのがスイスの政治システムである。スイスは分権的な国家であり、高度な自治権が州に与えられている。市民参加による直接民主主義の仕組みが広範に実現されており、協議にもとづく意思決定が政治システムと政治文化の特徴なのである。連邦制の政治構造であるため、政党も州レベルで組織される必要がある（Geser et al, 1994）。したがって、スイスの政党は地域分権型の組織構造にならざるをえないのである。そのため、中央集権的で強力な政党を連邦レベルで組織することは困難となる。直接民主主義の制度が機能しているため、小政党も政治課題に対して影響力を行使しやすい。反エリート主義的な政治文化が根づいているため、意思決定においても単純過半数で採決せずに、様々な意見を採り入れながら共同して決定を進めている。

歴史的にはスイスの緑の党にも様々な出来事があった。一九七〇年代から一九八〇年代にかけて、地域指向の穏健な緑のグループが、左翼オルタナティブ派の緑のグループや様々なイデオロギーをもった運動と並行して誕生した。続いて、連邦レベルで穏健な緑の組織が形成され、これにオルタナティブ派が連携したことで、緑の党に左翼的な傾向をもたらした。二一世紀になって最初の十年でスイス緑の党は急成長をとげたが、その一方では自由主義的な傾向をもつ新たな緑の勢力も登場した。

スイスにおける最初のエコロジスト政党「環境のための大衆運動（ＭＥＰ）」は、一九七一年にフランス語圏のヌーシャテル州で結成された。その他にも一九七〇年代には、主にフランス語圏の州で緑の政

図7-1　州議会における議席数（1972年～2007年）

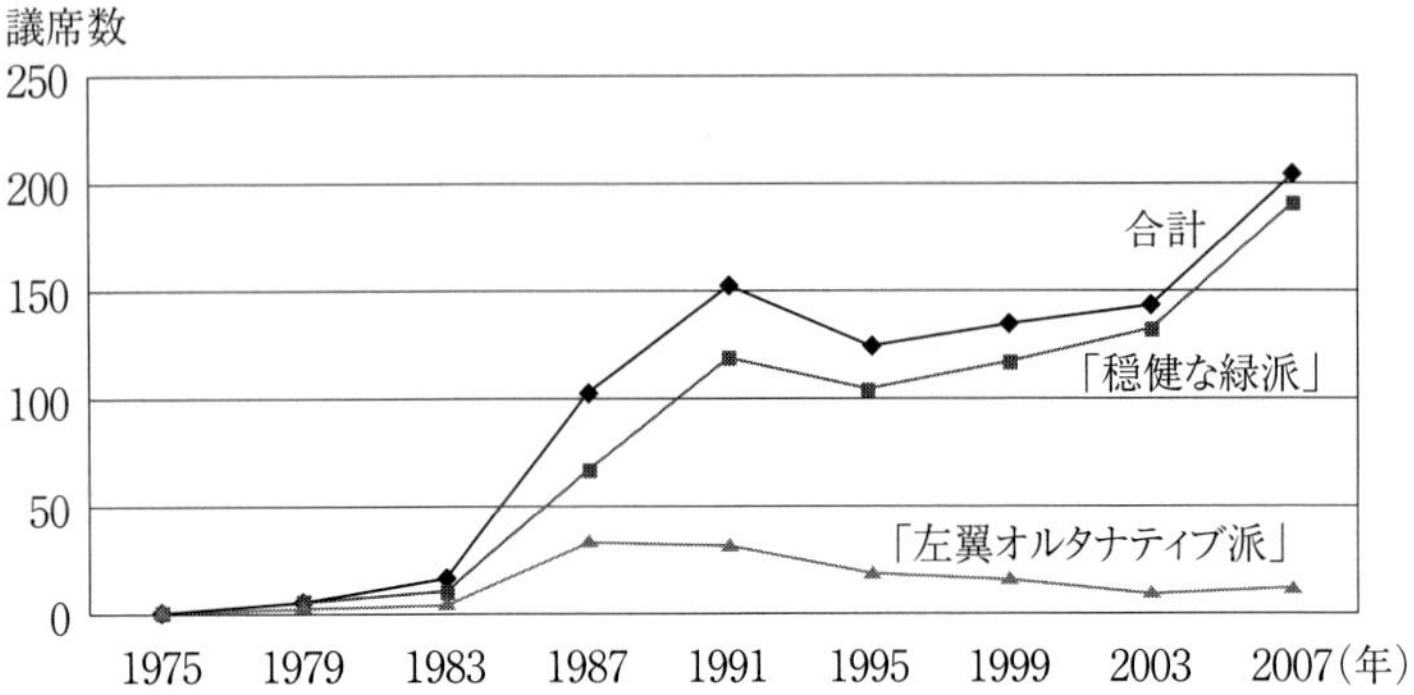

＊州議会の総議席数は、2, 811議席（1975年）、2, 888議席（1995年）、2,828議席（2003年）、2,624議席（2007年）。
＊＊「自由緑の党」が2007年にチューリッヒ州で獲得した10議席は含んでいない。

党が結成されたが、最も成功したのがボー州の「環境保護グループ（GPE）」だった。一九七九年の国政選挙では六・四％の得票率で、西欧諸国における緑の政党として最初に国会議員を誕生させた（Ladner, 1989）。

さらに一九八〇年代初めから半ばになると環境問題への関心が高まったことで、緑の政党や左翼のオルタナティブな政治団体などが、地方議会や州議会選挙で支持を広げていった（図7・1参照）。たとえばチューリッヒ一〇・四％（一九八七年）、ベルン七・八％（一九八六年）、バーゼルラントシャフト一二・八％（一九八七年）、ジュネーヴ八・二％（一九八五年）などである。

こうして緑のグループと左翼の運動家の間では、一九八三年の国政選挙に向けた「緑の連合」の結成を目ざして協議が行われた。ところが「穏健な緑派」と「左翼オルタナティブ派」とではイデオロギーや戦略に大きな隔たりがあり、一致することはなかった。「左翼オルタナティブ派」は、未来の社会像についてラディカルな政治思想をもっていたが、「穏健な緑派」は自らを「右で

表7-1　「スイス国民議会」における議席数（1979年～2007年）

	「緑の党（GPS）」		「緑のオルタナティブ（GRAS）」	
年	得票率（%）	議席数	得票率（%）	議席数
1979	0.6	1	0.2	0
1983	1.9	3	1.0	0
1987	4.9	9	2.4	3
1991	6.1	14	1.3	1
1995	5.0	8	1.5	2
1999	5.0	8	0.3	1
2003	7.4	13	0.5	1
2007*	9.6	20	0.0	0

*「自由緑の党」が2007年選挙で得た1.4%の票と3議席は含んでいない。

も左でもない」と位置づけており政策は環境問題に集中していた。「左翼オルタナティブ派」は、参加型の草の根民主主義を支持し官僚主義的な組織に反対していたが、「穏健な緑派」は合理的な方法で組織を運営していた。

対外的にも思想的にも環境主義（緑）の「キュウリの緑派」と、対外的には環境（緑）を主張するが思想的には左翼（赤）の「スイカの緑派」との協議は最終的に決裂し、一九八三年にはそれぞれ独自に連合体を結成する結果になった。穏健派のエコロジスト・グループは「スイス緑の党連合（GPS）」を結成し、左翼のオルタナティブ・グループは「緑のオルタナティブ・スイス（GRAS）」を結成した。「スイス緑の党連合」は全国組織の形成に着手したが、「緑のオルタナティブ・スイス」は地域で活動するラディカルな抗議団体のゆるやかな連合体を継続した。

一九八六年になると、穏健派の「スイス緑の党連合」は「スイス緑の党（GPS）」に名称を変え、一九八七年の国政選挙では四・九%の票を獲得した。

他方で、左翼の「緑のオルタナティブ・スイス」の得票率は二・四％にとどまった（表7－1参照）。その後の州議会選挙でも支持率がさらに低下したため、組織論をめぐって激しい論争が起こり、結局、いくつかのグループは穏健派の「スイス緑の党」に合流していった。一九九〇年代に入ってもこうした傾向は続き、最終的に主流となったのは穏健派の「スイス緑の党」だった。各州で活動していたオルタナティブ派のグループも「スイス緑の党」に合流し、一九九一年の国政選挙では六・一％の票を獲得した。ところが、オルタナティブ派のグループが参加したことによって、穏健派だった「スイス緑の党」も左翼的傾向をもつようになったのである（Ladner, 1999）。

一九九三年に「スイス緑の党」は、「緑の人々―スイス緑の党（The Greens - Green Party of Switzerland）」へと再び名称を変更した。ところが期待に反して、国政選挙における躍進は突如、足踏み状態に陥った（Hug, 1990, Müller-Rommel, 1993）。当時のスイスでは、環境問題への関心が薄らぐ一方、経済が危機的状況に陥ったため、「社会民主党」に支持が集まったのである。一九九五年の国政選挙でも「緑の党」は議席数を半減させたが、一九九九年は何とか議席数と得票率を維持した。

しかし、二〇〇三年の国政選挙で「緑の党」は再び勢力を回復し、七・四％の得票率で一三議席を獲得した。それ以降の「緑の党」は波に乗り、すべての州議会選挙で得票率を伸ばしている。二〇〇七年の国政選挙では過去最高の九・六％の得票率で二〇議席を獲得した（表7－1参照）。

その一方、チューリッヒ州の「緑の党」内で主流派だった左派勢力と長年、対立していたグループが新たに「自由緑の党（Green Liberal Party）」を結成した。「自由緑の党」も一・四％の得票率で三議席を獲得し、全体としては緑派の勢力がさらに拡大している。

連邦制国家における草の根民主主義政党

スイス連邦制の特徴

先に述べたように、スイス緑の党の組織には、連邦制という政治システムが大きな影響を及ぼしている。スイスでは、州と自治体に高度の自治権が与えられており、それはまさに「分権化」という緑の党の理念に近かった。スイスを構成するのは多数の小規模自治体であり、政治システムも高度に分権化されている。二六の州と約二七〇〇の自治体に、七五〇万人が生活している。まさに「スモール・イズ・ビューティフル」の理念に近い制度だが、緑の党の地域組織にとっては、国政選挙の選挙区の範囲まで勢力を拡大するのは容易でないという問題もある。

スイスにおける連邦制と分散型の政治システムは、政党制度とその組織に対して次のような影響を与えている。

第一には、選挙が比例代表制である上に、分権型の政治構造であるため、国全体のすべてのレベルで多数の政党が活動している。二六州には約一八〇〇の政党や政治団体があり、地方自治体レベルになると六〇〇〇近くもの政党や政治団体がある（Ladner, 1996）。

第二には、州と地方自治体が高度な自治権をもっているため、国政政党も分権化が必然となる。スイスの政治は連邦・州・地方自治体という三つのレベルで構成されており、それぞれが行政と立法機関をもっている。したがって、政党がスイスの政治に対して全面的に関与するためには、すべてのレベルで組織を形成する必要がある。そのため、すべての主要政党は連邦制に対応した組織を形成しているが、州や地方支部が高度の自治権をもっている。それぞれが独自に方針を決定して、資金を調達し、候補者を決定する。国政選挙の候補者選考も同様である。国政選挙の活動も主に州レベルで展開されるため、州支部の役割が大きい。州支部が候補者を選び、選挙運動を展開するため、連邦レベルの党組織の影響力は弱く、その役割は選挙運動の調整だけとなる。

第三には、下位にある政治制度の自治権が高いことから、二六州の地域的、文化的な違いが大きいことである。ただしその一方では、垂直的な政治システムも重要な役割を負っている。二六州には、それぞれ異なる政党と政党間の競争が存在する。小さな州でも二つ以上の政党があり、大きな州なら多数の政党によって運営されている（Kerr, 1987, Ladner/Brändle, 1999）。そのため、政党が一貫性を維持して政党組織としての均質性を構築するためには、全連邦レベルで様々な調整を行い、統一化に向けて努力する必要がある。

政党組織に関する規定は「スイス民法典」に定められており、党員の条件（加入、脱退、義務等）、最低限の組織条件（執行部、総会、組織構造）、方針決定の方法を定めている。ただし、各政党は地域や文化に応じて独自性を打ち出しており、規約や規則についても連邦・州・地方自治体の特殊性や条件に合わせて様々な工夫や配慮を行っている。

ただしスイスの政党も二〇世紀中盤以降、党を中央集権化して専門集団になることで活動を強化し、組織基盤の拡大に務めるようになった。その一方、一九七〇年代になると、新左翼運動や国家主義政党、社会運動に対応するため、党内の意思決定過程を民主化する動きもあった。

スイスの政治制度と緑の党

当初、「オルタナティブ派グループ」は、イデオロギーの違いや戦略の相違から、全国的な組織を形成できなかった。その一方で、「穏健派グループ」は現実主義的な視点に立ち、全国レベルでゆるやかな連合体を組織し、既成政党に比べても短期間のうちに連邦レベルで「緑の党」を発展させていった。一九七一年に、緑の党の起源ともいえる政治団体「環境のための大衆運動（MEP）」が地方政治に登場し、それからわずか十二年後の一九八三年には「スイス緑の党連合」が結成された。「スイス緑の党」になってからも勢いは衰えず、組織は全国に広がり、一九八三年に五つだった州支部が、一九九五年には二〇州に広がった。スイス特有の政治制度が、緑の党の登場にとっては積極的な影響を与えたと言える。

スイスにおける政治制度の特徴とは第一に、選挙制度が比例代表制であることだ。比例代表制は、政党の得票率がそのまま議席数に反映されるだけでなく、小政党も議会政治に参加しやすい制度である。州や地方議会レベルなら、新党を形成するのも容易である（Landner, 1996）。だからこそ、一九七〇年代初めに発足した緑の政治団体もすぐに地方議会で当選できた（Rebeaud, 1987）。一九七八年には州議会でも四議席を獲得し、一九七九年にはボー州で初の国会議員を当選させたのである。

第二の特徴は、連邦議会選挙では州が選挙区になることだ。すなわち一つの州で政党を組織しても、国政に参加できるのである。ただし当選ラインは、州の規模や状況によって異なる。小さな州では五〇%近くの票が必要だが、大きな州なら五%以下の得票率でも当選できる場合がある（Kriesi, 1986）。また、都市部の州なら新党の登場を歓迎する傾向がある。一九七九年にボー州で、「環境保護グループ（GPE）」の候補者が当選できたのもそのためである。全国的に見れば彼らの得票率は〇・六％にすぎなかったが、ボー州における得票率は六・四％だったため連邦議員を当選させることができた。二〇〇七年の国政選挙でも同様に、新たに発足した「自由緑の党」が、チューリッヒ州において七％の得票率で三議席を獲得した。

　第三の特徴は、直接民主主義の制度が機能しているため、新たな政治運動や政党が誕生しやすいことである（Kriesi, 1986, Kriesi/Wisler, 1996）。たとえば「レファレンダム」[訳注1]や、「イニシアティブ」[訳注2]という制度があるため、大規模な政党を組織して党員を動員しなくとも、政治的グループが市民を動かすことができる（Gruner, 1984）。こうした直接民主主義の制度があるため、既成政党が政治課題や政治交渉を自由に決定することはできず、政党の役割は限定されたものとなる。したがって、政党だけでなく社会運動やシングル・イシューを追求する利益団体も、政治課題に対して直接的な影響力を発揮できるため、政治的領域では激しい競争が起きる。緑の党も、選挙に当選する以前から、直接民主主義の制度を通して様々なキャンペーン活動を展開していた（Kriesi, 1986）。直接民主主義が機能しているため、賛否両論のある争点をめぐっては短期間で支持者を拡大することもできる。

「スイス緑の党連合」の組織

　一九八三年に「スイス緑の党連合」が結成された段階では、五つの州の緑のグループが選挙のために連携した組織だった。政治団体ではあったが、ゆるやかな連合体だったのである。州で活動するグループ、社会運動、政治団体に対しても開かれた組織であり、各団体が追求する目標や政策を連邦レベルで実現することを目的としていた。

規約でも、開かれた組織を形成することが推奨されていた。

第一には、競合関係になければ、各州で二つの団体が連合体に参加することを認めた。したがって、同じ州ですでに二つの団体が活動していた場合も、組織を統合する必要がなかったため、各地で結成された団体が連合会に参加しやすくなった。

第二に、新たに参加した団体については、権利と義務を制限された「オブザーバー団体」という特別な地位を与えられた。この規約があったため、連合体の側も時間をかけて慎重に加入手続きを進められたし、異なる見解や方針を掲げた様々な緑の団体もとりあえず連合体に参加することができた。「オブザーバー団体」になったからといって、必ず連合体に加入する必要はなく、そのまま「オブザーバー団体」を継続することもできた。こうした特別な地位は、他政党には存在しない仕組みだった。

「スイス緑の党連合」にも、他政党と同様に、「評議会（delegates' council）」と「執行委員会（executive board）」という二つの機関が設置された。「評議会」は立法機関であり、構成する代議員は各州から選出された。代議員の人数は、比例代表制の原則に従って、各州のメンバー数や州議員、国会議員の数に比例して決められた。また、「執行委員会」は各州支部の代表によって構成された。執行委員の人数は、連邦制の原則に従って、州の規模に関係なく、各州から同数の執行委員が選出された。

訳注１　政府や議会の決定に不服をもつ国民の要求によって行われる投票。
訳注２　憲法など法律の制定・改廃を求める国民の要求によって行われる投票。

「全国総会」も同様の原則にもとづいて、議決が行われた。すなわち、議案の採決にあたっては「代議員」と「州支部」の両方のレベルで過半数の賛成を必要としたのである。この方式は、スイスの政治制度ではすべての意思決定において、「個人」と「連邦」は同等の重要性をもっているという認識を反映していた。たとえば二院制のスイス議会やレファレンダムにおいても、方針が承認されるためには「投票者」と「州」の両方で、過半数の賛成が必要なのである（Linder, 1994）。

なお、「党首（president）」の任期は二年とし、再選は一度だけ可能とされた。

当初、「スイス緑の党連合」の権限は非常に弱かった。五つの州支部は、代議員一人につき八〇スイスフランを連合体に支払うことになっていたが、一九八三年の年間収入は二〇〇〇スイスフランしかなかった。(訳注3)「スイス緑の党連合」には基盤となる組織が存在しなかったため、設立から数年間は三人の国会議員が議員としての権利を活用しながら党組織を運営していた。それでもやがて、環境問題への関心が高まるにつれて、各地で緑の政治団体が結成され、「スイス緑の党連合」に参加するようになった。州支部の数は三年間で二倍近くに増え、一九八六年には九の州支部から選出された代議員と二つの「オブザーバー団体」で構成されるようになった。こうして「スイス緑の党連合」の組織は急拡大したが、実施された組織改革は、一九八六年に「スイス緑の党」へと名称変更しただけだった。名称変更の目的は、州レベルで活動する抗議運動の連合体だった左派の「緑のオルタナティブ・スイス」に対抗するためだった（Rebeaud, 1987）。「緑の党連合」でなく「緑の党」を名乗れば、既成政党と同じ土俵で競争することになる。緑の党の幹部たちは、「〝連合〟と名乗っている限り、有権者は緑の党が〝既成政党に対抗できる政党〟とは認識しない」と考えたのである（Rebeaud, 1987）。

「スイス緑の党」の発展

国会議員の増加につれて「スイス緑の党」は大きく発展した。「スイス緑の党」では、議員報酬の一〇％を党に寄付することを国会議員に義務づけていたからである。さらにまた、五人以上の国会議員が所属する政党には国から助成金が支給されたため、党財政にとって国会議員の存在はきわめて重要だった（Lander, 1989）。一九八七年の国政選挙で九議席を獲得したことで、有給の事務局長も雇用するようになった。

さらに、州や地方で結成された様々な団体が参加したことで「スイス緑の党」の勢力は拡大したが、その結果、それまでとは異質な組織文化が浸透してきた。そのため、一九九〇年には組織構造の見直しを検討したが、結局、「スイス緑の党は、州レベルで活動するグループ、運動、政治団体の連合体である」と確認するに止まった。さらに、「連合体においては、州支部の自治と平等が保障される」という原則も再確認された。「緑のオルタナティブ・スイス」を脱退して「スイス緑の党」に参加した左翼オルタナティブ派の影響力が強まったことで、参加民主主義の促進を目的とする組織改革方針が提案されたが、「党首の選出は、執行委員会でなく、代議員が出席する総会で決定する」という規約変更にとどまった。

全国的に組織が拡大して財源が増えたことで、一九九一年の選挙では五議席増の一四議席を獲得した。一九九三年に「スイス緑の党」は、「緑の人々—スイス緑の党」へと名称変更したが、その理由は、

訳注3　当時の為替レートは一スイスフラン＝九〇円前後。

左翼オルタナティブ派の影響力が拡大したことにあった。一九八七年から一九九三年の間に「緑のオルタナティブ・スイス」から八団体が脱退して「スイス緑の党」に合流したのである。一九九五年になると「スイス緑の党」は二〇の団体と六つの「オブザーバー団体」で構成されるようになった。その後も、二つの「オブザーバー団体」が正式加入し、党勢の拡大は二〇〇二年まで続いた。二〇〇四年初めには一七州の二〇団体と四つの「オブザーバー団体」、二〇〇七年末時点では一九州の二二団体で構成されている。

遅れていた中央組織の制度化もある程度、統合が進み、一般の政党組織のように分業化されて、組織規約も整備された。細部まで権限をもったワーキング・チームや管理委員会など、補助的な機関も設置され、男女同数のメンバーを割当てて、「共同党首制」を原則にしている。

ただし、過去には選挙で大敗したこともある。一九九五年の連邦議会選挙では、一四議席のうち、六議席を失って、運動家たちを落胆させるとともに組織も弱体化した。一九九七年の予算は三四万スイスフランになり、半数近くの議席を失ったことは党財政にとっても大きな痛手だった。一九九七年の予算は三四万スイスフランになり、有給の事務局員は二人だけになった。それでも州レベルにおける選挙の敗北は一部だけだったため、しばらくの間、「スイス緑の党」は州の活動に重点を置くようになった。再び、国政レベルで専門的な中央組織が形成できたのは、二〇〇三年の連邦議会選挙で議席を増やした後のことである。二〇〇六年の年間予算は六〇万スイスフランになり、現在は五人の専従事務局を雇用している。

「スイス緑の党」の発展過程を分析すると、スイスのように小規模な連邦制国家では、政党組織を全国レベルで統合するのは困難であることが分かる。ただし、そもそも緑の党の特徴は、中央集権的な組織構造に対して批判的な点にある。それでも彼らが全国レベルでの組織形成に努力しているのは、もっと効果的に選挙活動を展開したいと考えているためである。スイスが小国であり、その政治制度と政治文化の特殊であることが影響して、「スイス緑の党」は自然に合理的で現実的な「アマチュア運動家の党」という政党組織を形成するようになった。「スイス緑の党」には専従者が中心になって党組織を形成する財源もなく、組織運営を制度化するほどの規模にも至ってない。「総会」は、メンバーが直接参加して開催されるが、「総会」は党の方針決定にとって大きな重要性をもっていない（Geser et al. 1994）。これは、草の根民主主義の理念に反するように思えるが、驚く必要もない。分権化された「スイス緑の党」では「ドイツ緑の党」のように、組織論や意思決定の方法をめぐる論争が起きたこともないのである。

緑の党内における相違点と変化

各州の組織で行われた調査から「スイス緑の党」内にはどの程度の相違があるのか知ることができる（Ladner/Brändle, 2001）。調査結果が示しているのは、各州によって組織構造に違いがあるし、各州支部と連合体との関係にも違いがあることだ。さらに、緑の党が連邦レベルでどの程度、統合されているのかも分かる。一九九〇年と二〇〇三年の二回、同様の調査が行われたため、どのように党内が変化したのかも知ることができる。(原注1)

各州組織の歴史を振り返ると、一九八〇年代に急速に拡大したことが分かる。さらに一九九〇年代

表7-2　「スイス緑の党」における州支部の発展（1980年〜1997年）

	1980年	1990年	1997年
緑の党（GPS）の州組織	3	14	20
地域組織	17	103	116
メンバー数	575	3, 225	4, 240
サポーター数	4, 300	39, 500	40, 000
専従事務局員	1.2	5.1	4.5
財源（スイス・フラン）	不明	不明	800, 000

には、左翼オルタナティブ派が合流したことで、州組織の数も増加した。ただし、メンバーと会費収入は急増したが専従事務局の人数は減少している（表7－2参照）。結局、党の財源は議員の寄付に依拠していたため、一九九〇年代に州議会で議員が減少したことが組織に影響を与えたことが、ほとんどの州で確認できる。

スイスではどの政党にも州支部があるが、どの政党も階層的な組織構造を形成しており、代表は一名である。しかし「スイス緑の党」の場合、約三分の一の州支部は公式には代表を置かなかったり、「共同代表制（collective leadership）」をとっている。これは左翼オルタナティブ派に共通する原則であり、もともとオルタナティブ運動がこうした組織形態を採っていたことに由来する。ただし、オルタナティブ運動から誕生したすべての支部が、現在もこの原則に従っているのかについては不明である。かつてオルタナティブ派だった支部も、次第に穏健派と違いがなくなっている場合がある。

ちなみに、二〇〇一年から二〇〇三年にかけて連邦組織の「共同代表」は、オルタナティブ派が強いドイツ語圏のルース・ジェンナーと、穏健派が強いフランス語圏のパトリス・ムニィが務めており、どちらも政治的に成功していた州の出身だった。

我々が一九九七年に行った独自調査によると、どこの地方組織も比較的、弱体だったが、組織構造やメンバー、支持者については大きな違いがあった（Ladner/Brändle, 2001）。

第一の特徴は、組織の制度化が進んでいないことだった。規約が存在し、メンバー登録を行っていた州支部は約半数しかなかった。ただし、メンバー登録の有無については、州支部の規模でなく組織構造によって異なっていた。「共同代表制」を採用している支部ではメンバー登録を実施せず、一般的な組織構造の支部ではほとんどがメンバーの登録を実施していた。

第二の特徴は、地方の組織構造が初期段階のレベルにあったことである。他政党では代議員を選出して総会を開催していたが、緑の党はどの州でもメンバー全員が出席して支部の総会を開催していた。メンバーが直接参加して総会を開催している理由の一つは、おそらくイデオロギーによるものである（以前、左翼オルタナティブ派だったグループはとくにその傾向が強い）。もう一つの理由は州の政党規模がもともと小さいことにも由来する。方針決定や候補者選考の方法もほとんど規約化されておらず、組織運営の方法も制度化されてなかった。決定権のほとんどは支部の代表やリーダーが握っており、時には彼らだけで方針を決定することもあった（Ladner, 1989）。

第三に、スイスの二六州のうち、一九の州に「スイス緑の党」の支部があるが、さらに下位レベルの地域組織は一二〇しかない。それに比べて政権政党である「スイス人民党」には九四〇、「自由民主党・急進民主党」には一三六〇の地域組織が存在した。さらに「スイス緑の党」の場合は、州によって地域

原注1　一九九〇年の調査は「スイス緑の党」の四〇の地方組織と「緑のオルタナティブ（the Green Alternatives）」の一〇の地方組織を対象にしている。二〇〇三年の調査は「スイス緑の党」の七四の地方組織と五団体が対象になっている（Geser et al. 1994, 2003）。

組織の数にも大きな差があり、一組織しかない州もあれば三五組織ある州もあった。当然、メンバーや支持者の人数も、州によって大きな差があった。一九九七年に、ジュラ州にあった最も小規模な州支部には四〇人のメンバーしかいなかったが、チューリッヒ州にあった最大規模の州支部には一二〇〇人ものメンバーがいた。支持者の数もジュラ州で一五〇人、チューリッヒ州は二万五〇〇〇人と大きな差があった。

州支部の事務局と予算規模にも大きな差があった。四割以上の州支部には、有給の事務局がいなかった。支部の財源も乏しく、年間予算は数千スイスフラン程度だった。組織運営にかかわる仕事は、すべてボランティアや運動家たちが担っていた。その一方で、八つの州支部では有給の事務局も雇用しており、年間予算も二万から二〇万スイスフランだった。ただし有給の事務局といっても全員がパートタイムであり、州支部の予算は人件費よりも組織活動費にあてられていた。事務局メンバーの中で有給の事務局が三割を超える支部は少数だった。興味深いことに、有給事務局の人数は、州支部の規模とは無関係だった。大規模な二つの州支部にはそれぞれメンバーが一〇〇〇人以上いたが、事務局メンバーの中で有給の事務局員が占める割合は、それぞれ九五％と二〇％であり大きな差があった。有給の事務局員をどの程度まで雇用するのかについては、支持者の数も影響していた。また、組織面から見ると、正式な規約があり、一般的な組織運営を行っている支部ほど事務局の有給化が進んでいた。そして、組織が制度化されている支部ほどメンバーから会費を徴収できるので予算規模も大きかった。その逆に、正式なメンバー制度を導入してない支部の場合には、支持者のボランティアによって組織が運営されていた。

二〇〇三年の調査では、地方組織の財源についても詳細に調べているが、政権政党と比べると緑の党の地域組織の年間予算は、選挙がある年でも二〜三分の一程度の規模しかなかった(Geser et al. 2003)。ただし、会費の額は、ほとんどの地域組織が他政党より高額に設定しており、「社会民主党」の党費とほぼ同額だった。他政党と同様に緑の党でも、会費は財源の中で大きな割合を占めているが、「義務としての会費」と「自発的な寄付」のいずれも財源全体に占める割合は減少している。

近年では、州支部や議員からの地域組織に対する寄付の割合が増加している。そのため議員からの寄付が増えたことによって、組織方針に対する議員の影響力がどの程度、高まったのかという疑問もある。もしもそうした傾向があるのなら、「草の根民主主義を基盤とする党」から「議員や運動家中心の党」に変化し始めたと言えるかもしれない。

「スイス緑の党」が全国レベルで影響力を発揮し、党としての一貫性をもてるか否かは、各州の帰属意識と、方針への合意によって決まる。一九九七年の調査で、連邦レベルの組織と州支部との関係を分析したところ、州支部は連邦レベルの組織をさほど必要としてなかった。州支部の代表やリーダーたちの回答によると、州支部の三分の二は「州支部に対する連邦組織の影響力は弱い」という見解だった。同様に、州支部の三分の二は「連邦組織に対する州支部の影響力も弱い」と考えていた。結局、「双方の組織は独立しており、それぞれが自立している」というのが彼らの評価だった。

州支部の側は「連邦組織の役割は、全国レベルの政策を発展させることと、国の問題について情報を広めることに限定するべきである」と考えていた。国政選挙とレファレンダムの際には「スイス緑の党」を支援するが、方針の決定と政策の推進まで連邦組織に期待している州支部はわずかだった。どの州支部も、連邦組織から財政的な支援を受けることも期待しておらず、組織拡大の支援を期待していたのはごく少数の州支部だけだった。このように、連邦組織の影響力の弱さは、州支部が明言するとおりの実態だった。

それでも過去十年間で、連邦組織と州支部との連携が強まったことは明らかだ。ただし、その評価は分かれている。州支部の半数は「連携が強化された」ことを認めるが、残り半数はそれに否定的である。二〇〇三年の調査でも、緑の党の地方組織は他政党と同様に、連邦党組織の指導力と政策の重要性に対する認識がわずかだが高まっていた。連邦組織の方針に地方組織が同意することも、一九九〇年と比べて緑の党の地方組織では増えている（この点については、他政党の地方組織は、緑の党と逆の傾向を示している）。結局、「スイス緑の党」の州支部や地方組織に対する調査が明らかにしたことは、緑の党が州支部のゆるやかな連合体として機能していることである。連邦組織に対する合意度は、事実上、その政策に対する支持の度合いと一致しているのだ。

両者とも影響力は弱いと考えており、「連邦組織と州支部との縦関係を強化すべき」と考える州は半数しかなかった。残り半数の州が「縦関係を強化する必要はない」と考える理由としては、「スイスの連邦制度」「政党としての歴史の浅さ」「分権化という緑の党の理念」「党内における見解の相違」が挙げられるが、最も考えられるのはおそらく、四つの要因すべてが影響していることである。

ただし興味深いのは、他政党と比較すると緑の党の州支部の方が、連邦組織の政策についての合意水準がきわめて高いことである。「スイス緑の党」は様々な勢力が集まった連合体であるにもかかわらず、連邦レベルの政策については合意が共有されているのだ。国民投票において、賛否どちらを判断

図7-2　地方組織の財源（1990年と2003年の平均的な収入の割合）

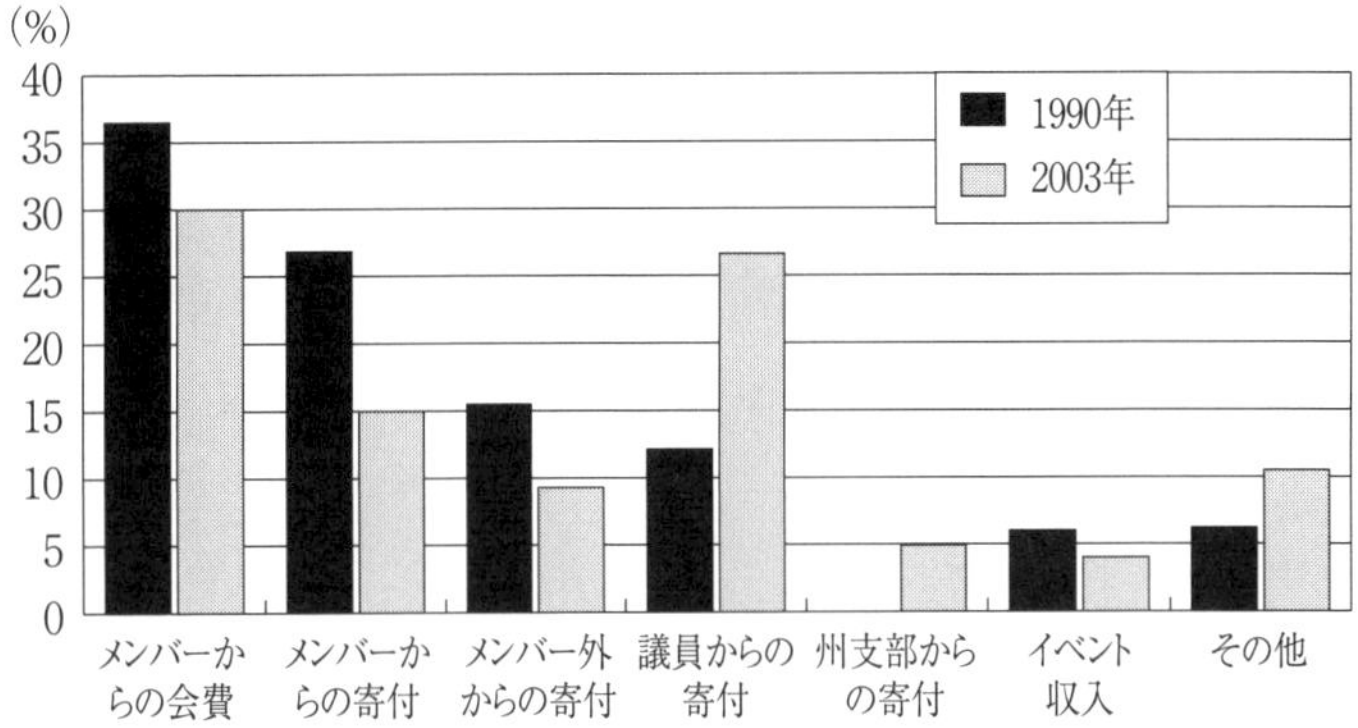

＊調査した地方組織数：1990年38団体、2003年71団体

するのかは州支部に決定権があり、連邦組織と反対の方針を決定することもできる。ところが国民投票の際に、「スイス緑の党」の州支部は通常、連邦組織の方針を支持するよう呼びかけている。スイスでは、一九八七年から一九九五年までに九〇回の国民投票が行われたが、「社会民主党」よりも「スイス緑の党」の方が、党内方針が一致していた。「スイス緑の党」においては、連邦組織の方針に反対した州支部は合計しても一六%であり、各国民投票においても平均で二%以下しかなかった。このように「スイス緑の党」の場合、連邦組織と州支部との関係が限定的であるにもかかわらず、現実的な判断では一致するのが特徴なのである。

　もっとも、政党が内部においてどの程度、方針を一致させるのかについては、組織の規模と政治的な位置も影響している。小規模な野党がアピール力を高めるためには、自らが統一的な存在であり、政府とは方針が明確に違うことを戦略的に示す必要がある。しかもその政党が、左翼・右翼いずれかの両極端に位置する場合、この傾向はさらに強まる。

それでも他政党と比べて緑の党のメンバーは、自らの政治的立場について認識に幅があり、しかも、その幅がさらに広がる傾向にある。それは「スイス緑の党」が、穏健派とオルタナティブ派の合流によって形成された党であることに由来している。

左翼化し、高齢化した、アマチュア運動家の党

草の根民主主義の原則にもとづいて組織を形成してきた「スイス緑の党」は、「プロフェッショナルな選挙政党」へとは発展せずにいる。小規模、分権化、専従事務局の不在、異質な文化の共存、といった党の性格ゆえに、トップダウン型の組織を構築することは困難である。それにもかかわらず、他政党と同様の変化が、「スイス緑の党」の中でも起きている。一九九〇年と二〇〇三年の調査を比較すると、党内の権力構造に関して、緑の党と既成政党との違いは少なくなっている。もちろん、他政党と緑の党とは歴史的背景が異なっているため違いはあるが、類似点が増えているのだ。

一九八〇年代後半に、左翼オルタナティブ派が合流したことで、「スイス緑の党」は草の根民主主義的な方向性を明確に打ち出した。そのため、一九九〇年代になっても党内におけるメンバーの重要度は高かった。それにもかかわらず「スイス緑の党」は、他政党と明確には異なる組織構造を形成することはできなかった。他政党との違いは、代議制民主主義を導入せず、メンバー個人が直接参加する総会が少しだけ影響力をもっている点だけである。他政党と比べれば、執行部の権力も少しだけ弱かったと言

える。

それでもこの数年間で、国会議員や州支部の代表、党の執行部の影響力が増大しており、総会の重要度は低下している。他政党との違いは少なくなり、むしろ類似点が増えている。リーダーの影響力は強まり、議員が中心になった政党へと変化しつつあるのだ。

他の調査でも同様の傾向が確認されている。その調査では、「スイス緑の党」の代表たちも、「日々の課題に取り組む上で、党指導部の自立性よりも一般メンバーの参加を重視するか」と尋ねられていた。その結果、二〇〇三年の時点では、「連邦組織の自立性の方が、党内の民主主義より重要である」と考えられていた。かつての制約された党内状況に対する反動として、メディアを通した民主主義に対応できる党に変化しようとしているのだ。

それでも他のすべての要素を考え合わせれば、「スイス緑の党」は「選挙指向のプロフェッショナルな組織」と呼ぶには程遠い状況にある。ただし、今も草の根民主主義が機能しているのは、党内の組織や意思決定過程が民主的なためというより、スイスが連邦制の国家であり、地方の自治権が強いことが影響している。緑の党の運動家たちは、草の根民主主義の理念が求める以上に、地元で常に重要な役割を果たしてきた。しかもその重要性は、近年、さらに増しているのである。

一九九〇年の調査では、「自らを左翼・右翼のどちらと考えるか」という質問に回答した地域組織は一割もなかった。そもそも彼らは自らを「右でも左でもなく前に進む政党」と考えていたのである。ところが二〇〇三年になると、「左翼・右翼のどちらか」という質問に対してどの地域組織も回答するようになった。「スイス緑の党」がこの十数年間に、イデオロギー的にも大きく変化した証拠である。

一九九〇年の調査が行われた時は、左翼オルタナティブ派が「スイス緑の党」と完全に統合する前だったため、メンバーの思想は均質的だった。「左翼＝1：右翼＝10」という指標を基準にすると、彼らは自分たちの政治的傾向を「3.3」の位置にあると考えており、これは「社会民主党」と同じ位置だった（それに対して、オルタナティブ派の回答は「1.6」であり、「スイス緑の党」よりも左翼に位置すると考えていたことが分かる）。

ところが二〇〇三年になると、「社会民主党」の自己評価は「3.1」だったが、「スイス緑の党」の自己評価はそれより左の「2.9」に変化した。実際、様々な政治課題に対する緑の党の地域組織の方針も、左翼的傾向が強まっている。国際的に比較すると、スイスの「社会民主党」は左翼に位置するが、「スイス緑の党」はそれよりさらに左翼に位置しているのである（ちなみに「社会民主党」と「スイス緑の党」には重要な相違点がある。それはEU加盟に「社会民主党」が積極的であるのに対して、「スイス緑の党」が否定的であることだ）。

なお一九九〇年より二〇〇三年の方が、「左翼・右翼のどちらか」という質問に対する回答の幅が広がっている。全体的には左翼的傾向が強まっているものの、「スイス緑の党」のメンバーの思想は以前ほど均質ではなくなっていることを示している（図7‐3参照）。

最後になるが、現在の緑の党の特徴は、他政党より急速に高齢化していることである。四十歳以下のメンバーは、一九九〇年には六〇％以上いたが、二〇〇三年には三四％に減っている。地域組織で活動する運動家の年齢構成も同じ傾向にある。とくに極左の活動家については若手が減っており、大部分が高齢化している。

図7-3　「左翼・右翼」の軸から見た、緑の党・地方組織の自己評価の割合

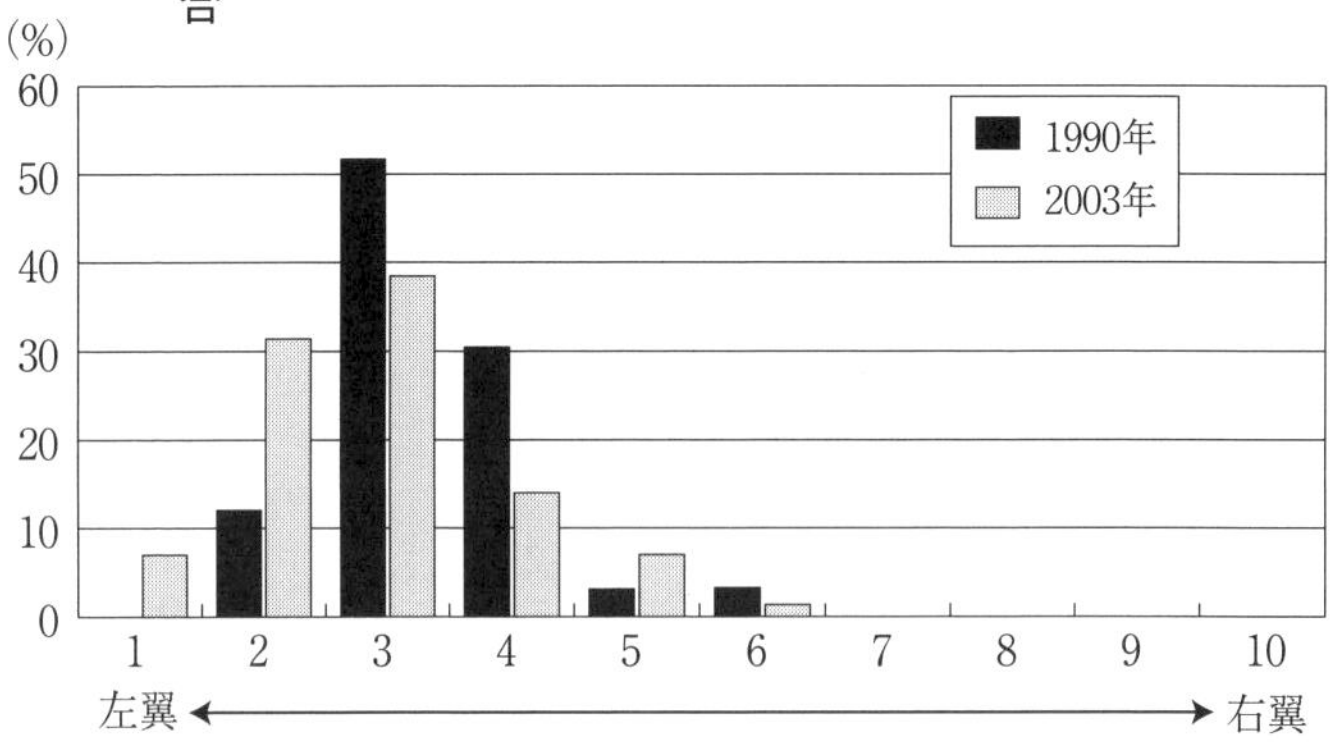

＊調査した地方組織数:1990年33団体、2003年73団体

図7-4　各年代に占める運動家の割合

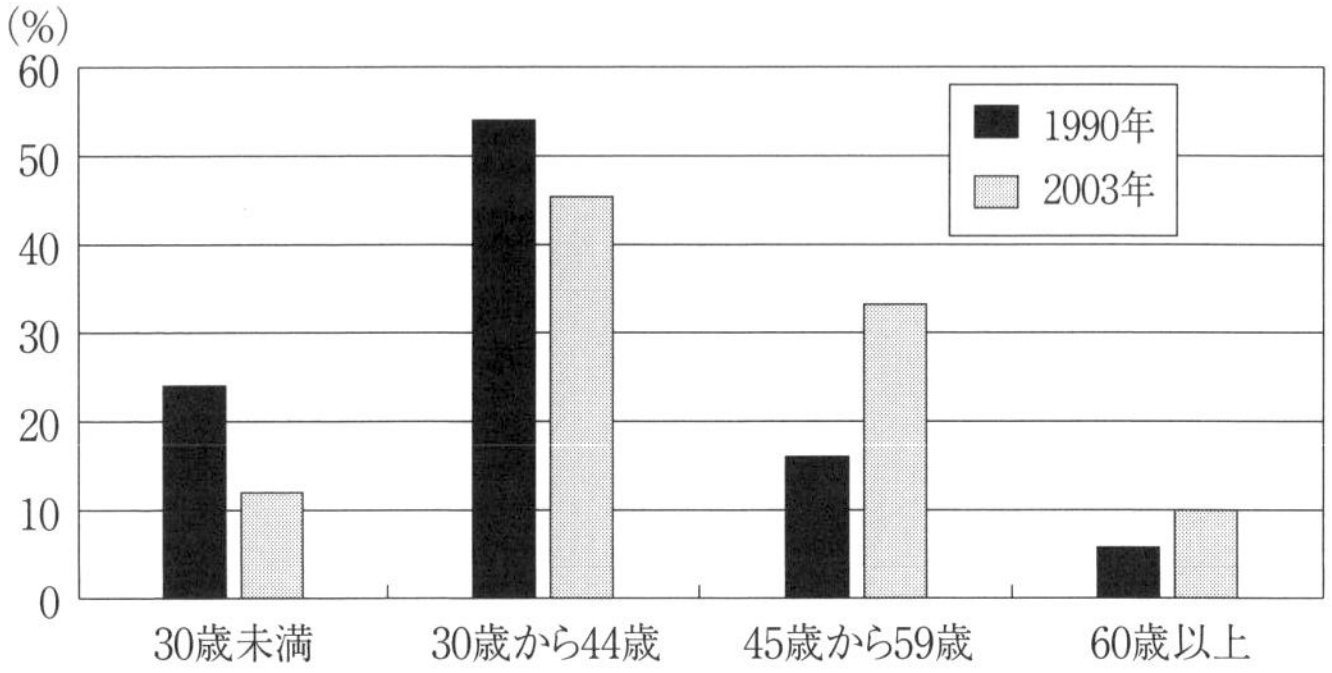

＊調査した人数：1990年597人、2003年958人

したがってどの政党と比較しても、緑の党の年齢構成は高い。四十五歳から六十歳までの運動家の割合は、一九九〇年から二〇〇三年の間に、スイスの全政党では三五%から三九%へと四%増加した。ところが緑の党の場合には、一六%から三三%へと倍増している。

結論

組織構造を比較すると、「スイス緑の党」と他政党との間に本質的な相違点は存在しないと言える。理由の一つは、スイスが連邦制であるためだ。どの政党も、支部はもとより下部組織に至るまで高度な自治権が与えられている。もう一つの理由は、支部や下部組織が小規模であるため、正式な政党として組織を制度化する必要性が低いことにある。さらにまた、「スイス緑の党」の誕生と同時期に既成政党でも民主主義が見直され、組織改革が進められたこともある（Ladner, 1999）。

以上のように、スイスの連邦制度は欧州緑の党の共通理念である「草の根民主主義的な組織」を形成するために、理想的な環境を生み出した。州支部に自治権があるからこそ、「共同代表制」をとる支部もあれば、その反対に階層的な組織を形成した支部もある。政党組織として制度化されず、連邦組織の規約にも「方針の決定に対して、各州支部は同等の権利をもつ」ことが盛り込まれた。州支部への加入条件も低かったため、少なくとも一九八〇年代には、「緑派」と「オルタナティブ派」のグループが同時に発展した。

地方選挙における選挙区の範囲は狭く、選挙区と同じ範囲で組織が形成されているため、地域組織の本部機能もきわめて小規模である。政治活動や事務作業もボランティアの運動家が担っている。こうして地域組織が小規模なために、議員の会派が方針を決定する方法や、代表を選出する仕組みも制度化する必要がなかった。州支部の総会においては代議員制をとらず、メンバーが直接参加している点は「スイス緑の党」が他政党よりも草の根民主主義を重視している数少ない特徴である。

ただし、代表の交代制、党に対する議員の影響力の制限、議員報酬額の制限、メンバーが党の方針策定に直接参加する仕組みなど、他国の緑の党に特徴的な制度は導入されなかった。その理由は、そもそもこうした制度を導入する必要性が少なかったためであり、こうした制度をめぐる議論もほとんど起きなかった。しかし「アマチュア運動家の党」として出発した「スイス緑の党」は、議員を中心にして数人の運動家が影響力を強めているとはいえ、今なお「アマチュア運動家の党」であり続けている。二〇〇三年以後の連邦選挙で、「スイス緑の党」は再び議席を増加させている。大きな要因としては、環境問題がスイスの政治課題として再浮上したことと、「スイス緑の党」が四党の連立政権に参加しなかったことも影響している。「キリスト教民主党」に代わって「スイス人民党」が与党の中心になってから、連立政権内で激しい政争が続いたため、連立与党は多くの市民から批判を浴びたのである。

しかし「スイス緑の党」も一〇%程度の票を得ているだけに、やがては連立政権への参加を問われる時期が来るだろう。その判断が今後の発展にとって、大きな節目となることは確実である。

「スイス緑の党」にとってもう一つの課題は、政治的位置である。党内には様々な勢力が共存しており、フランス語圏の「現実的な緑派（純粋な緑派）」と、ドイツ語圏の「左翼オルタナティブ派」とが一緒に活動している。「スイス緑の党」の議会方針は明らかに左翼的だが、「スイス緑の党」に投票したすべての有権者が「社会民主党より左翼的な政党に投票した」と認識しているとは思えない。二〇〇七年には、チューリッヒ州の緑の党から独立した「自由緑の党」が当選を果たした。この出来事は「スイス緑の党」が今より中道的な位置に立っても当選できる可能性を示している。政治的傾向が違う様々な州支部が、連邦レベルで統一した党組織を維持することは、将来的には不可能になるかもしれない。「現実的な緑派」と「オルタナティブ派」(訳注4)が、独自に全国組織を形成して、それぞれが初期段階の緑の党に立ち返る可能性も否定できないのである。

訳注4　二〇一一年十月に行われた連邦選挙で、「スイス緑の党」は七議席減らして一三議席となった。他方で、同党から独立した「自由緑の党」は経済成長を訴えて支持率を大きく伸ばし、九議席増の一二議席を獲得した。

第8章　選挙に勝つための戦い ── オーストリア緑の党における組織の進化

緑の党の誕生と発展

オーストリアの緑の党は、様々な母体から発展してきたが、そのうち、二つの団体は一九七〇年代の反核運動から誕生した。反核運動には多様な運動体が参加していたが、やがて二つのグループを形成したのである。一方の保守的なグループは、一人のリーダーが中心となって組織された。もう一方のグループには多様な人々が参加しており、カウンター・カルチャー（対抗文化）や極左的な傾向もあった。一九七八年には、原発の稼働をめぐる国民投票が実施され、反対が過半数を制して原発推進政策を中止させた。

その後、二つのグループは一九八三年の国政選挙に向けてそれぞれ政治団体を結成した。しかし、保守派のグループが立ち上げた「オーストリア統一緑の党（VGÖ）」は一・九三％の得票率に終わった。もう一方のグループも「オルタナティブリスト・オーストリア（ALÖ）」という草の根民主主義的な政治団体を形成したが一・三六%の得票率に終わり、どちらも議席は獲得できなかった（Schandl/Schattauer, 1996)。

一九八四年から一九八五年になると再び、オーストリアの環境政策にとって重大な事件が持ち上がった。今回の争点は、ドナウ川に建設される水力発電のダム計画だった。反対運動を展開したのは環境保護運動家だったが、彼らの批判の矛先はダム建設だけでなく、コーポラティズム[訳注1]を基盤にする「社会民主党」と「自由党」の連立政権に向かった。しかし反対運動は敗北に終わり、二つの政治団体は十分に影響力を発揮することができなかった。むしろ、今回の運動を率いたのは保守系の「人民党」に所属する若い政治家グループと、党内体制を批判して離党した元「社会民主党員」のグループだった[原注1]。彼らは一九八七年に予定されていた国政選挙に向けて「有名人の候補者リスト」を組織しようとした。かつての二つの小さな政治団体では実現できなかった、緑派の国会議員を当選させる大きなチャンスと考えたのである。ただし、彼らに政党を結成する意図はなかった。もしも国会議員が数人、当選すれば議会内で会派を組めば良いと考えていたのである。この方針を保守派の「オーストリア統一緑の党」のうち、南東部の都市・グラーツの分派は支持したが、首都ウィーンの左翼「オルタナティブ派」は反対に回った。

ところが一九八五年の夏になると、「有名人の候補者リスト」を組織する構想は断念され、新たに「国会に対する市民イニシアティブ（ＢＩＰ）」という組織が形成された。「国会に対する市民イニシアティブ」は、オーストラリアにある九つの州で新しい社会運動の先頭に立っていた。ただし、首都ウィーンには競合する勢力として「オルタナティブ派」の運動が存在していたため、それを無視することもできず、「国会に対する市民イニシアティブ」は彼らの参加も受け入れた。その一方で、「国会に対する市民イニシアティブ」は保守派の「オーストリア統一緑の党」とも選挙に向けた共同の政策綱領を作成することに合意した。そのため「オルタナティブ派」の運動家たちと保守派の勢力とが対立することになり、組織論をめぐって両派で論争が起きた。

一九八六年の大統領選挙で「国会に対する市民イニシアティブ」は、リーダーの一人フリーダ・マイスナー＝ブラウを擁立した。得票率は五・五％だったが、彼女は運動の代表としての地位を確立することになった。

その後「国会に対する市民イニシアティブ」は、国政選挙に候補者擁立を予定するすべての緑派の政治勢力に向けて「統一の委員会を組織し、統一した総会を開催すること」を呼びかけた。ところが選挙の実施が半年、前倒しになった時点で、予定されていた計画や今後の進め方についての約束は反故にされた。ウィーンの「オルタナティブ派」の運動家たちは独自に会議を開催し、大統領選挙に立候補したフリーダ・マイスナー＝ブラウを筆頭とする独自の候補者リスト「緑のオルタナティブリスト」を組織したのである。それに対して「国会に対する市民イニシアティブ」の指導部は、「過激派によるクーデター」と非難したが、候補者選考をめぐる確認も無視されることになった。

原注1　第二次大戦後の六十年間、オーストリアの主要な政権政党は「社会民主党」と保守系の「人民党」だった。

訳注1　企業や労働組合の連合体を通して社会的利害を集約・調整する政治経済体制。

結局、一九八六年十一月に行われた国政選挙では、「国会に対する市民イニシアティブ」の高圧的な態度も影響して多くの支持者が離れていった。それでも「緑のオルタナティブリスト」は四・八％の票を得て国会に八議席を獲得したが、三年前には実現できなかった「緑の大支持層」を結集することには失敗し、期待したほどの成果は得られなかった。

こうして運動と組織は統合できなかったが、一九八七年には「緑のオルタナティブリスト」の国会議員八人と、候補者、支持者グループが集まって、議員が中心となった政治団体を組織した。さらにその後、国会議員によって新たな政党「緑のオルタナティブ」が結成されたが、国会議員が望んだのはあくまでも彼らの運動を支援する中央集権的な組織だった。しかし、国会議員は議会内の仕事に追われ、それぞれがマスコミから注目を集めようと競い合ったこともあって、国会議員が新党の中で指導的な役割を果たすことはできなかった。結果的に新党の運営は各州で活動していた既存の組織が主体になり、分権化された連邦的な組織構造が形成された。ウィーンの左翼「オルタナティブ派」は組織から排除されてしまったが、新党に参加した多くの運動家には草の根民主主義の理想が残っていた。その一方、保守派の「オーストリア統一緑の党」も自党の解散を拒否したために、一九八七年二月に開催された「緑のオルタナティブ」の設立総会には参加を許可されなかった（後述するように、「緑のオルタナティブ」が「緑の党」と名称変更するのは一九九三年のことだが、以下、緑の党と呼ぶ）。

全国レベルにおける緑の党の組織力は弱体で、自治権を主張する州組織が影響力をもっていたため組織運営は困難だった。他方、国会議員団には国からの助成金によって数十人の補佐事務局が付いたため、緑の党は太刀打ちできなかった。緑の党にも助成金は支給されたが、諸経費に充てる程度の額でしかなかったのである。

　オーストリア緑の党の発展にとって、選挙結果が大きく影響していた。オーストリアの場合、地方議会選挙は全国一斉に行われないため、終始、どこかの地方で選挙が行われていた。そして一九八七年と一九八八年の地方選挙は、緑の党にとって悲惨な結果となった。「オーストリア統一緑の党」も候補者を擁立したため支持者が分裂し、緑の党の得票率は一九八六年の国政選挙より低下した。そのため「オーストリア統一緑の党」の代表を務めていた国会議員は緑の党から除名されることとなった（「オーストリア統一緑の党」はその後も独自に候補者の擁立を続けたが、一九九四年の選挙後には解党状態となった）。

　緑の党はその後のウィーン市議会選挙でも敗北したことから、国会議員団は、党組織の見直しと党綱領の作成を提案した。同時期には、政党助成の制度が変更されて小政党に対する助成金が減額された。そのため、もともと事務処理しか担っていなかった連邦レベルの党組織は、一人を残して有給事務局を全員、解雇することになった。

　国会議員団が組織改革を提案した目的は、党内における国会議員の権限を強めることにあった。しかし、提案の一部は一九八八年に実施されたが、他の方針はメンバーの意志に反していた。党綱領が正式に決定されたのも、一九八六年の国政選挙から二年経った一九八八年のことだった。

　国会議員の間では以前から、フレダ・マイスナー＝ブラウのリーダーシップが疑問視されていたが、緑の党の状況が悪化したことで評価はさらに低下した。一九八八年後半に彼女は辞任し、ピーター・ピルツが国会議員団の新たな「代表」になった。彼はその立場を活用して、その後の数年間、党内で中心的な役割を果たした。

一九八九年になると、翌年の国政選挙に向けた候補者選考をめぐって新たな論争が起きた。国会議員団の周辺にいる人々が、候補者リストの名簿順位を決定しようとしたのである。しかし、それは各州で開催される公開の集会を通して行われる候補者選考の影響力を低下させることを意味しており、その企ては成功しなかった。

結局、一九九〇年の国政選挙で、当選者は前回の八議席から一〇議席に増えたが、得票率は低下した。一九九一年に行われた二つの州議会選挙でも、得票率は減少した。同年にはウィーン市議会選挙が近づきつつあり、党指導部は惨敗することを恐れていた。こうした状況の中で、国会議員団の代表であるピーター・ピルツがウィーン市議会選挙における候補者リストの筆頭になることが決まった(訳注2)。彼は今や最も有名な緑の党の国会議員であり、「議員にも党の権限を与えるべき」と主張していた。結果的に、ウィーン市議会選挙での得票率は前回の二倍近くに増え、彼は党を決定的な勝利に導くことに成功した。

選挙が終わると早速、ピーター・ピルツは、草の根民主主義に対する批判を開始し、緑の党をプロフェッショナルな政党に改革することを提案した。「緑の党のリーダーにはもっと重要な役割を与えるべきであり、緑の党が環境問題だけでなく社会問題にも取り組む〝キャッチオール（包括）政党〟になる」べきと主張した。「政治的には中道に位置することで、退潮傾向にある社会民主と保守政党の二大政党の支持者を獲得する」というのが彼の戦略だったのである。さらに彼は、「〝政治経済システムを根本的に批判する〟という緑の党の理念では、環境運動を統一できない」と主張した。

一九九二年には二度の総会が開催され、彼が提案したほとんどの改革方針が承認された。こうした現実派の台頭によって、一九九四年の国政選挙にも勝利した。緑の党の「広報官（speaker）」としてマスコミ対応に習熟していたマドレーヌ・ペトロヴィッチを候補者リストのトップに据えたことで、得票数を五〇%も増加させ一二議席を獲得した。選挙から一年半後には、党規約が改正されて、組織の改革も承認された。一九九四年には、オーストリアのEU加盟という新たな争点が持ち上がった。緑の党は加盟に反対していたが、国民投票では三分の二の国民が賛成したため、方針を転換して「EUの内部から制度改革に取り組む」ことを宣言した。

ところが、一九九四年の勝利は長続きしなかった。連立政権が分裂したため一九九五年に再び国政選挙が実施されたところ、緑の党は九議席に後退してしまったのである。「広報官」だったペトロヴィッチは辞任したが、さらなる党内改革を主張するピーター・ピルツと近しいアレクサンダー・ファン・デル・ベレンが、後任として緑の党の「広報官」に就いた。彼は一九九四年に国会議員に当選し、一九九五年からは国会議員団の副代表になっていた。もともとピーター・ピルツの教え子であり、ピルツによって政治の世界に入った人物だった。そして、ファン・デル・ベレンが「広報官」を引き継ぐにあたっては、同僚となる広報担当者を自分が人選できることと、一貫した組織体制を構築することを条件にした。常に意見が対立していたため党の側もこれを了承し、規約も変更された。ただし、ピーター・ピルツに対しては批判も多く、一九九七年にはファン・デル・ベレンが国会議員団の「代表」になった。

ファン・デル・ベレンはリーダーシップを発揮して、党内と国会議員団をまとめ上げ、激しかった内部対立も治まった。一九九九年の国政選挙で緑の党は過去最高の成果を上げ、七・四%の得票率で一

訳注2　首都ウィーン市は州と同じ地位にあり、ウィーン市議会は州議会と同等の位置づけにある。

四議席を獲得した。

さらにファン・デル・ベレンは連立政権への参加を提案し、二〇〇二年一月には新たな方針が承認された。党内で連立政権の参加が承認され、交渉担当者と大臣候補を選び、連立政権としての公約を承認する手続きとその機関を確認したのである。

二〇〇二年の秋には国会が早期解散したため、早くもこの方針の有効性が試されることになった。国政選挙で緑の党の得票率は九・五%となり、一七議席を獲得した。二〇〇三年一月には「自由党」との連立に不満を抱いた保守系の「人民党」が、緑の党に対して連立政権への参加を呼びかけてきた。最終的に交渉は合意に至らなかったが、緑の党の政治的地位を高め、退潮傾向にあった「自由党」に代わって緑の党が、連立政権に参加する可能性のある政党として認識されるようになった。すでに緑の党は、チロル州（一九九四年から一九九九年まで）と、オーバーエスターライヒ州（二〇〇三年以降）の州議会で連立政権に参加しており、かつてよりも強力な存在になっていた。支持者も以前のような若者、都市生活者、高等教育を受けた人々だけでなく、それ以外の社会環境にいる人々へも広がっていた（Lauber, 1997, 2003）。二〇〇六年の国政選挙では一一%の得票率で二一議席を獲得し、第三党へと勢力を拡大した。（訳注3）

一九八七年、設立段階の党組織について

先に述べたように、国会議員団が中心になって「緑のオルタナティブ」という政党が形成されたのは、

一九八六年の国政選挙から数カ月後の一九八七年のことだった。国会議員は党内の役職には就かなかったが、実質的にはその後、数年間にわたり党内で最大の影響力をもっていた。

公式には緑の党の方針は、州組織が決定することになっていた。しかし、多くの州組織は大統領選挙に立候補したフレダ・マイスナー＝ブラウの支持者たちによって設立されており、彼女自身は、左翼オルタナティブ派を排除したがっていたし、本質的には草の根民主主義にも賛同してなかった。そのため各州の組織は、底辺民主主義を重視するスティリア州とチロル州もあれば、高度に中央集権化された組織を目ざしたニーダーエスターライヒ州やウィーン市もあり、様々だった。いずれの州もメンバーによって組織運営を行うことを原則にしていたが、メンバーの数が多くないため、会議にはメンバー以外の支持者や地域の運動家など誰でも参加できた。いくつかの州組織ではメンバーの名簿さえなかった。

全国レベルでは「総会」が最高決定機関であり、各州組織が選出した代議員が参加した。さらに「連邦委員会（federal committee）」「全国執行委員会（national executive committee）」および二人の「事務局長（managers）」という三つの機関が設置された。

「総会」には各州組織と少数民族（訳注4）を代表する一五八人の代議員が参加した。代議員には、議決権と動議の提出権が与えられた。党の最高決定機関である「総会」は年に一回開催され、「連邦委員会」と「全国執行委員会」も総会で選出された。党規約の変更、選挙方針、候補者リスト、党綱領に関する決定に

訳注3　二〇〇八年の選挙では下院で二〇議席を獲得し、二〇〇九年欧州議会議員選挙では二議席を獲得した。
訳注4　オーストリアには、クロアチア系、ハンガリー系、チェコ系、スロバキア系、スロベニア系、シンティ・ロマ人の六つの少数民族グループが住んでいる。

ついては総会において三分の二以上の賛成を必要とした。

「連邦委員会」は九つの州から選出された各三人と、少数民族を代表する三人の計三〇人で構成され、次の総会までの期間、党内における最高決定機関となり、総会の運営を担った。「連邦委員会」は各州を代表する中心的な機関であり、国会議員、全国執行委員、事務局長、財務担当者も職権上のメンバーとして会議に参加できたが議決権は与えられなかった。

「全国執行委員会」は、総会で選出された八人によって構成された。ただし、国会議員、五万人以上の人口がいる地方自治体の議員、党と議員会派の事務局、党内における教育機関の職員(原注2)については「全国執行委員」を兼任することは禁止された。

こうした「兼任禁止」の規則は、州組織の執行委員会にも適用された。この原則を導入した目的は、国会議員とその事務局の影響力を排除することにあったが、その結果として「執行委員会」は、州の自治権を主張する運動家によって支配されることになった。

二人の「事務局長」を設置することについては議論があった。フレダ・マイスナー＝ブラウを初めとする中央集権的な組織への改革を目ざした人々は、「事務局長」が戦略を指示する立場になることを期待していた。ところが、草の根民主主義を重視するオルタナティブ派は、その必要性を完全に否定した。結果として両者が妥協し、「事務局長」の人事は総会で決定し、その立場も「全国執行委員会」の下に位置付けられた。結局、「事務局長」は単なる事務処理のための役割になった。

こうして党組織は全体として、きわめて不自然な構造になった。自治権を望む州組織にとって、強力な中央組織は不必要だった。ところがそのため、国会議員団の地位が強まるという予期せぬ結果になったのである。国から助成金が支給されたので、国会議員団は独自に活動を展開できた。しかも、国会議員団を補佐するため数十人の事務局員が雇用された。ところがその一方で、連邦レベルの党組織が雇用できたのは数人の事務局だった。連邦レベルの党組織は、教育機関の運営など、費用のかかる様々な役割を担っていた。こうした状況では、党内で国会議員団が中心的な勢力になるのは必然だった。

組織の変化と改革の要因

オーストリアの緑の党では、一九八七年から二〇〇二年にかけて数度にわたり、段階的に組織改革が進められた。現在の党規約は二〇〇五年に改正されたものだが、これまでの組織改革に共通した方針は党運営を効率化することにあった。その目的を実現するため、連邦レベルの機関と国会議員団の役割を強化してきたのである。こうした改革が実現できたのは選挙結果が影響していた。選挙に惨敗しても、あるいはその逆に大勝しても組織改革が正当化された。もう一つ別の要因としては、連立政権への参加に向けて現実的判断が求められるようになったことが影響している。

組織の効率化は、三つの分野で進められてきた。第一には、政治家個人の権限を拡大することである。オーストリアでも、政治家の迅速な判断が求められるようになっていた。マスコミの影響力が拡大して、有権者の感覚にアピールすることが重視されるようになったことで、すべての政党が同様の傾向

原注2　オーストリアでは、国会議員を有する政党は党内のメンバーや役員のための教育活動や専門能力を高める研修のために、高額の活動費が支給される。

を強めていた。

第二には、組織運営を効率化することだった。とくに改革派が批判したのは、組織運営の手続きに時間がかかりすぎることだった。たとえば、総会では誰でも動議を提出できたため、さして重要でもない動議をめぐって長時間、議論が行われた。総会で方針を決定するためには、事前の準備も不足していた。さらに、メンバーでなくとも総会に参加できた州もあり、重要な方針が偶然、決定されることもあった。しかも、指導部どころか調整機関さえ存在しない州もあったのである。

そして、個人と組織の両面で党の影響力を高めるために、国会議員の役割が強化されることになった。国会議員が党内で力を発揮し、経験を積んだリーダーが政治の舞台に登場すればマスコミの注目も集まって、選挙で当選する可能性も高まることが期待されたのである。

第三の効率化は、意思決定を速めることであり、その契機となったのがEU加盟問題だった。オーストリア政治の特徴は、時間をかけて合意形成を進める点にあったが、EU加盟については迅速な判断が求められた。そのため、緑の党でも「広報官」を担当していた議員から多数の組織改革方針が提案されることになった。州組織はあくまでも自治権を主張したが、国会議員団は、連邦組織の機能と国会議員の権限を強化することを要求した。総会で議論が続けられ、最終的には一九九二年に、国会議員と一体となった強力な中央組織の形成が承認された。

最初に改革案が提案されたのは、一九八七年十二月の総会だった。地方議会選挙に連続して敗北した後、ピルツ、コワヘール、コフラーを中心とする国会議員団が改革方針を提案した（Grüner Klub, 1988）。第一の提案は、「兼任禁止」の規定を廃止することだった。彼らは、州や地方議会の議員団の代表や、市民運動の代表、専門家も代議員として「総会」に出席できることを提案したが承認されなかった。そこで次に彼らが提案したのは「連邦委員会」と「全国執行委員会」の委員を少数にして、委員会を構成する州組織の代表の権限を強めるとともに、国会議員も委員会に参加できるようにすることだった。この提案は一九八八年に承認され、議決権はなかったが国会議員も委員会に参加できるようになった。また、「事務局長」の権限を強化することも承認された。

さらに、国会議員の候補者リストの順位を「総会」で決定することも承認された。オーストリアの比例代表制選挙では、最初に州選挙区で当選者が決まり、残りの票数に応じて連邦レベルの候補者リストに議席が配分される。すなわち、候補者リストの順位によって当落が左右されるため、順位をどのように決定するかはきわめて重要な問題だった。

二度目の改革は、一九九一年十一月、ピルツがウィーン市議会選挙に立候補して勝利に導いた直後に実施された。以前から彼は、党組織を全面的に改革する必要性を主張していた。具体的には、「兼任禁止」の規定を廃止すること、国会議員団の代表を「全国執行委員会」に加えること、「全国執行委員会」の中から党の代表を選出すること、それに代わって「事務局長」の地位を格下げすることだった。ピルツが目ざしたのは、国会議員団の中でもリーダー的な人物が緑の党を牽引していくことだったのである。

一九九二年二月には、彼の考えを文書にまとめた改革方針案が配布され、同年には二度の総会が開催されて、多くの提案が承認された。最初に承認されたのが、「兼任禁止」の廃止だった。可決には三分の二以上の賛成が必要であり、一度目の総会では一票差で否決されたが、二度目の総会で承認された。それまでは、国会、州議会、大都市議会の議員、有給の事務局、党内の教育機関の責任者、州の執行委員は「全国執行委員」を兼任できなかったが、それが可能になったのである。

こうして「兼任禁止」の規定が廃止されれば、残る課題はわずかだった。そもそもピルツが目ざしたのは、国会議員や州議会議員の中から最も有能な人材を「全国執行委員会」に参加させることにあったのである。党の役職員も、職務上の権限として「全国執行委員会」に出席できるようになった。

さらにまた、「まるで討論集会のようだ」と揶揄されていた「連邦委員会」も改革されて「全国幹部会（national exective）」に改組された。委員の選出枠を広げて、全国執行委員と、国会議員一人、各州組織から一人（それ以前は三人）、州議会に議員のいる州についてはもう一人、党内の教育機関からの一人で構成されるようになった。

「総会」の出席者も変更されて、代議員だけでなく、国会議員、州議会議員、連邦執行委員、教育機関の責任者も職務上の権限として参加できるようになった。「総会」で動議を提出できるのは代議員に限られ、提案は党の各機関が行うことになった。

さらに、新たな機関として「連邦協議会（federal conference）」が設置され、長期戦略の策定を担当することになった。

こうして緑の党は、中央集権的な組織に改革された。それまでは、国会議員と州議会議員の任期を、連続二期までに制限していたが、国会議員は三期、州議会議員は四期を上限に延長した。一九九二年には、党名を「緑のオルタナティブ（Green Alternative）」から「緑の党（The Greens）」に変更することが提案され、一度は否決されたが、翌一九九三年に承認された。

ピルツの目標は、「ドイツ緑の党」内の「現実派」やヨアヒム・ラシュケが目ざしたように党組織を制度化することだった。一部のメンバーや運動家、幹部や支持者など特定のグループが組織を支配することなく、緑の党で活動することを望む多様なグループが誰でも参加できる開かれた組織を形成することがピルツの目標だった。さらにピルツは、「議員は有権者から〝命令的委任〟を受けている」という緑の党に特有の思想についても完全に否定した。既成政党は〝議員には自由に判断する裁量権がある〟と主張して有権者から不信感を持たれていたが、ピルツも既成政党と同様に、議員の「自由裁量権」を支持したのである（Schandl/Shattauer, 1996）。こうして次々と改革が実現したことによって緑の党の「正常化」はほとんど完成された。

さらにピルツは、「緑の党が人民党を吸収する」という方針も提案した。当時の「人民党」は、州議会選挙で敗退を続けていたため、ピルツは「人民党」がやがて分裂すると予測したのである。（訳注5）

その後も同様の方向に改革は進められた。一九九四年の国政選挙では、マドレーヌ・ペトロヴィッチを候補者リストの筆頭に据え、彼女個人の人柄を強くアピールする選挙運動を展開した。この国政選挙で飛躍的な成功を収めた後には、候補者選考の方法も正式に決定された。一九九五年六月の総会において国会議員の候補者が選出され、「全国執行委員会」も決定した。

「兼任禁止」と「議員任期」を制限する規則も完全に撤廃されたが、実はすでに国会議員のペトロヴィッチが「広報官」を兼任していたため、「兼任禁止」の原則は事実上、無視されていた。ただし「総会」では、代議員から、「兼任禁止の規定に反するため、ペトロヴィッチが議員団の代表を辞任することを

訳注5　人民党は議席を減らしたが、再び、社会民主党と連立政権を担っている。

求める」動議も提出されたが、大多数の反対によって否決された。広報担当者と事務局長の職務については〝国会議員団の職員に相当する〟と位置づけられて給与が支給されるようになった。

一九九七年になると「広報官」の地位はさらに高まった。そのため「全国執行委員会」は、適切な人材を探して面接を行い、党の役員に了解をとることが重要課題となった。それまで広報担当者は総会で選出されていたが、一九九七年にファン・デル・ベレンが「広報官」に就任する際には、自らが広報担当者の人選を行うことを条件にした。そして事務局長は実務責任者に格下げされ、広報官の補佐役に回ったのである。

組織改革は二〇〇二年にも実施された。緑の党が国会に登場して以降、政権を担当してきたのは「社会民主党」とキリスト教保守系の「人民党」だった。両党は第二次大戦後の二十年間も、大連立によって政権を維持していたがすでに大連立は分裂していた。その一方、極右のハイダーを党首に戴く「自由党」が、「社会民主党」と「人民党」の支持者を獲得して台頭し、一九九九年には「人民党」が「自由党」と連立政権を組んだ。緑の党も、政権参加に向けて準備を始める段階に来ていたのである。

ところが一九八七年に定めた緑の党の規約では「連立政権への参加や協力については、年一回開催される総会で方針を決定する」と定めていた。そこで、二〇〇二年に規約が改正され、「連立政権への参加については、執行委員会が臨時総会を招集して、その是非を問う」ことになった。しかもそれまでは、「総会を招集するためには八週間以上前に通達する」ことが必要だったが、「一週間前に通達すれば開催できる」ことになった。さらに、「連立政権への参加を交渉する担当者と、閣僚候補者を選出して党役員に提案する」権限は「執行委員会」が担うことになった。また、「広報官が不在の場合は、副広報官が代理を務める」とともに、「選挙運動の際には、副広報官も党代表と同様の役割を担うことができる」ことになった。事実、二〇〇三年に連立政権への参加が課題になった時には、最終的には合意には至らなかったものの、副広報官が連立政権への参加交渉を担当し、党内との情報伝達に重要な役割を果たしたのである（Schatz, 2003）。

二〇〇四年段階における組織

一九八七年の創設以来、緑の党は明らかに、プロフェッショナル化の方向へと進んできた。特定の運動家に特権を与えず、正式にメンバー登録して会費を納入し、継続的に組織活動に参加しているメンバーを重視した。州組織の規約によれば、一般メンバーの権限として、賛同者一〇〇人を集めれば、どんな提案もメンバーの投票にかけることができる。ただし、現実にメンバー投票を成立させるためには、州組織におけるメンバーの半数以上がその投票に参加することが条件である。また、メンバーは州の総会に参加して、選挙の候補者選考に参加することもできる。ただし、一般メンバーが総会に動議を提出することはできなくなった。

連邦レベルの重要な方針は、今も「総会」で決定される。広報官、連邦執行委員、財務責任者の人選も総会で決定される。総会に出席する一八八名の代議員は、九つの州と少数民族の中から選出される。欧州議会、国会、州議会の議員や、執行委員、教育機関の責任者も総会に参加できるようになった。設立当初に起きた総会の混乱を避けるため、総会に提案する議案は州と連邦組織の役員が、周到に準備するようになった。こうして指導部の役割は強化されたが、最高決定機関が総会であることに変わりはない。二〇〇三年の総会でも、連立政権への参加をめぐって議論を戦わせた。

総会に次ぐ決定機関が「全国幹部会」であり、三カ月に一度以上、開催される。構成メンバーは、「全国執行委員会」と、九つの州から各一人、州議会に議員がいる州はもう一人、そして少数民族を代表する一人である。国会議員、欧州議員、教育機関からも各一人が参加でき、全員が議決権をもつようになった。こうして今では州組織の権限が大幅に縮小された。

政治戦略と政策綱領の策定を担当するのが「連邦協議会」である。構成メンバーは「全国幹部会」、各州から一人、欧州議会、国会、州議会の議員団から各一人、教育機関から一人が選出される。この構成は一九九二年から変化してないが、現在は欧州議員も参加するようになった。さらに重要な変更点は、職務上の権限として参加できるメンバーが増えたことである。

したがって今では「全国幹部会」の人事については、総会がほとんど影響力を持たなくなった。しかも、総会に提出する議案の多くは「全国幹部会」が事前に準備するようになったため、総会で議論が対立することも少なくなり、総会に参加する代議員の重要度は低下した。

ただし「全国執行委員会」の一〇人の委員のうち、六人は二年ごとに総会で選出され、罷免することもできる。「広報官」は、すべての現実的な問題に対して答える役割にあり、他の議員と連携して活動することで事実上、党の代表職になった。事務局長と副広報官の人事については、「全国執行委員会」が国会議員、連邦・地方政府の閣僚、教育機関の中から選出することになっているが、「兼任禁止」の原則が廃止されたため、実際には国会議員が担うようになった。そもそも一連の改革の目的は、国会議員が党内で中心的な役割を担うことであり、今やそれが完全に実現したのである。もっとも、以前から国会議員は公式には党組織に関与できないことになっていたが、事実上は国会議員が主導権を握っていた。

このように、改革の目的は党をプロフェッショナル化することだった。すなわち、経験を積んだ議員の役割を高めること。その一方では、支持者を代表するわけでもないアマチュア運動家や党役員の影響力を低下させること。組織運営を効率化して、権力を集中すること。国会議員が党の組織運営に参加できるようにして、設立当初の混乱した状況から脱却すること。そして、政治家個人の判断を重視する社会の風潮に対応して選挙運動の効果を高めることだった。今日の選挙に勝利するためには、マスコミに報道され、社会からの注目を持続させることが必要になったからである。

こうして実施された改革からは、一九八七年に定めた党規約が掲げていた「オルタナティブ」な要素は取り除かれた。ただし組織が「正常化」したからといって、緑の党の本来の目標まで放棄したわけではない。緑の党を創設したリーダーと運動家たちは、まずは選挙に成功することが最重要課題であると認識したのである。そもそもは、選挙で当選することが、新たな政党を設立した論理的な根拠であった。多くのオルタナティブなグループも、緑の党に参加することでこれまでもそれなりの役割を果たしてきたのである。

結論

オーストリアの緑の党は、当初から「アマチュア運動家の党」として出発したわけではなかった。

様々な勢力の集合体として、一九八七年に新党が結成されたが、最大の勢力（フレダ・マイスナー＝ブラウを筆頭にした候補者リストを形成したグループ）は市民運動の中から登場し、環境運動の盛り上がりにおいて中心的な役割を果たした。他方には、エリート主義的でプロフェッショナルな選挙政党を目ざした「統一緑の党」があり、さらに第三の勢力としては、明確なイデオロギーをもった「オルタナティブ派」が存在した。

当初のリーダーはほとんどがアマチュアであり、あくまで個人としてリーダーシップを発揮していたが、次第にリーダーは専任化していった。それでも州組織のリーダーはかなりの期間、アマチュアのままだった。候補者選考も最初に州組織が候補者を決定し、その後で連邦組織が候補者リストの順位を決めていた。

国会議員は、当初から重要な役割を果たしていた。「兼任禁止」の規定があるため、最初は、党内の主要な役職に就けなかったが、その規定も一九九二年には変更された。党の代表も公式には存在しなかったが、実際にはフレダ・マイスナー＝ブラウが党の顔になっていた。そして一九九二年以降、とくに一九九七年になると、「広報官」が執行部とが一体となって党の中心的な存在になった。

重要な案件については、今も「総会」で決定されている。党の組織基盤は州組織であり、総会の代議員も州組織が選出する。執行機関の委員も、総会か州組織から選出される。メンバーの登録制度はあるが今も加入者は少ない。そのため、国からの助成金が財源のほとんどを占めている。組織運営はボランティアと一緒に、専従の事務局によって担われるようになった。

結成から数年後には大きな組織改革が実施され、党役員と国会議員との兼任禁止も廃止された。ただし、今でも国会議員が党を支配しているわけではない。重要な点は、総会を初めとする党組織が効率的に運営されるようになったことである。一九九〇年代になると、州組織の総会における議決権は、正式に加入して会費を納めたメンバーに限定されるようになった。その時だけ総会に参加した運動家たちが多数派を占め、方針の決定が左右されるのを避けるためだった。

このように緑の党で改革が進んだ一つの理由としては、オーストリアの政治システムが変化したことが影響している。一九八〇年代までは、独自の広報手段をもっていた大衆政党の勢力が強かった。しかしその後は、マスコミに対応能力をもつ政治家個人が注目されるようになった。さらに、政党間の競争では、二〇〇二年まで「人民党」が支持率を減らし、最近まで「社会民主党」も首都ウィーンでは低迷していた。しかも、極右の「自由党」も二〇〇二年以降は後退しているため、緑の党にとって有利な状況が生まれた。すなわち連立政権に参加する可能性が高まったことが、緑の党の改革にも影響を与えたのである。(原注3)

選挙結果も改革を促した。勝敗にかかわらず選挙結果が、党をプロフェッショナル化する合理的な理由になったのである。今日の緑の党は、九つある全州議会で議席を持ち、欧州、国、地方とすべてのレベルで議席を増加させている。連立政権に参加する可能性が高まったことも、プロフェッショナル化を進める理由になった。ただし、リーダーの交代はプロフェッショナル化に大きな影響を与えていない。むしろ、マスコミによってリーダーの存在が注目されるようになったことで、緑の党は一貫性をもった

原注3　「自由党」は二〇〇二年に党内対立が激化し、二〇〇五年に分裂した。支持者が離れたことでハイダーの影響力は低下した。

プロフェッショナルな組織になる必要性が高まったのである。

それでも、緑の党は「プロフェッショナルな選挙政党」に変化したわけではないし、初期段階の「キャッチオール（包括）政党」とも呼べない。社会運動との関係も途絶えていないし、薄まったとはいえ緑の党としてのイデオロギーも失っていない。緑の党はあくまでも、オルタナティブな価値観が通用しない客観的状況に対応するために変化してきたのである。オーストリア政治の特徴であるコーポラティズム、すなわち利益団体との協調的な政治システムに対して、緑の党は今も反対している。多くの市民は緑の党の方向性に共感しているし、緑の党のメンバーも候補者選考において重要な役割を果たしている。

一九八七年の結成時点から、リーダーの多くは「議会外でオルタナティブな政治モデルを形成する」という思想には共感してなかった。だからといって「権力を獲得することだけが主要な目標」と考えるほど現実主義的になったわけではない。

最後になるが、二〇〇六年に開催された二十周年記念のイベントでは、緑の党のリーダーシップが安定した高い水準にあることを示した。ただし、その一方で、緑の党の周辺にいる人々からは、「リーダーの存在が、若い人々の登場を妨げている」という指摘もあったことを付け加えておく。

第9章　スウェーデン緑の党「環境党・緑」

初めに

スウェーデンの緑の党「環境党・緑（Miljöpartiet de Gröna）」（以下、「緑の党」と呼ぶ）は、一九八〇年代から一九九〇年代にかけて、それまでの革新的な組織を一般的な組織に変更し、その過程では、他国の緑の党と同様に対立が起きた。それでも、組織構造と運営方法を大きく改革した目的は、スウェーデンの政党制度の中で地位を確立し、長く続いた五政党による政治支配を打ち破ることにあった。ただし、スウェーデン緑の党の特徴は、派閥争いが長期化して党内闘争に発展することなく現実的に組織改革を進めたことである。

歴史的背景：新たな政党の浮き沈み

スウェーデンは歴史的に、環境に対する関心が高く、先進的な政策を打ち出してきた。その意味では、新たな環境政党として緑の党が登場したことは当然のことだった。(原注1)ところが、一九六〇年代から一九七〇年代に新たに生じた環境問題や論争に対して、主要政党（社会民主主義、急進左翼、農民、自由主義、保守主義の五党）の対応はきわめて不十分だった。そのために、緑の党が発展したのは皮肉な出来事でもあった。

一九七〇年代には、原子力発電所の建設が最大の争点になった。環境保護団体が各政党に対してロビー活動を展開したことで、「中央党（旧農民党）」と「左翼党」も反核政策を掲げるようになった。ところが、約七十年間も政権の座にあった「社会民主労働党」が原発を推進したことに対して大きな反対運動が起こり、一九七六年の国政選挙に敗北した。ところが反核政策に方針転換したはずの「中央党」も新たな中道右派の連立政権に参加すると、他政党に妥協して再び原発推進に転換した。

反原発運動は失望したが、一九七九年にはアメリカのスリーマイル島で原発事故が起きたため、原発問題が再度、重要な争点として浮上した。抗議運動の高まりを受けて「社会民主労働党」は国民投票を実施したが、結果は反原発派の敗北だった。(訳注1)

それでも、地方で組織された様々なグループが連合して「反原発・市民キャンペーン」を形成し、その後、この組織が緑の党の基盤になっていった。国民投票で原発推進派が勝利したため、運動家の多くは主要政党への失望感を深め、もはや既成政党には改革を望めないと考えるようになったのである。

こうして一九八一年に、スウェーデン緑の党「環境党・緑」が結成された。反原発運動の高揚とともに、スウェーデンの政治を長年支配してきた五政党に対する不信感が強まったことで、緑の党にとって強固な支持基盤が形成された。環境運動家たちは「既成政党は自分たちを見捨てた」と感じ、「新党を結成する以外に道はない」と考えた。緑の党の綱領は、次のように宣言している。「今日では、ますます多くの人々が支持政党を失っている。既成政党は伝統に安住し、特権に甘んじている。彼らには、社会を抜本的に改革する意志も力も無い」

しかし、緑の党は一九八〇年代に二度、国政選挙に挑戦したが、当選に必要な最低得票率四％には届かなかった。一九八二年が一・七％（Ruin, 1983）、一九八五年は一・五％だった（Lindstrom, 1986）。そもそも緑の党は、既成政党に比べて圧倒的に不利な立場にあった。緑の党に支給された助成金は少額だった。国会議員がいないためマスコミからも取材を受けず、選挙では政見放送の権利も得られなかった（Vedung, 1988）。世論調査で緑の党は、一般的な「政党」ではなく「諸派」として扱われた。(原注2)

国会議員が当選することは困難だったが、緑の党は地方議会で議員を増やした。地方議会選挙では当選に必要な最低得票率が定められていないため、一九八二年には二八四の地方議会のうち、九六議会

原注1　スウェーデン政府が「環境保護局」を設置したのは一九六七年であり、一九七二年には首都ストックホルムで「第一回国連人間環境会議」が開催された。

原注2　有権者にとっては、緑の党が最低得票率四％を超える可能性をもっているかどうか判断できないため、自分の票が無駄になることを嫌う有権者は、最初から緑の党を投票先の選択肢に入れなかった。

訳注1　スウェーデンの国民投票は国会や政府の方針を拘束しない「諮問型」である。三つの選択肢が示され、結果は「新設を含めて容認（一九％）」「新エネルギー開発を強化する条件付き容認（三九％）」「早期全廃（三八％）」だった。国民投票の結果を踏まえて国会は「二〇一〇年までの脱原発」を決定したが、社会民主労働党はその後の数年間で原発を二倍に増設した。さらに二〇〇九年二月には中道右派政権になり、「原発の段階的廃止」という方針も修正された。

で一二四人が当選した。一九八五年にはさらに議席を増やし、一六〇の地方議会で二六〇人が当選した(Lindstrom, 1986)。平均得票率は三%だった。こうした選挙結果によって有権者からの信頼度を高めるとともに、緑の党の指導部も強化され、参加する運動家も増えていった。

さらに一九八〇年代後半になると、他国の緑の党と同様にスウェーデンでも国内外の環境問題が影響して、緑の党に対する有権者の関心と期待が高まった。一九八八年の国政選挙では、環境問題と政治腐敗が最大の課題となり、政治評論家も「選挙の争点は環境問題である」と指摘した(原注3)(Bennulf/Holmberg, 1990)。その結果、緑の党は五・五%の得票率で二〇人が国会議員に当選し、既成政党の壁を打ち破ることに成功した。

緑の党にとっては画期的な勝利だったが、国会内では少数派であり、政党の狭間でキャスティング・ボートを握ることはできなかった(原注4)。それでも、国会に議席を獲得したことで、「緑の党への投票は死票になるかもしれない」という有権者の不安は払拭できた。国会議員の誕生によって国からの助成金も増加し、組織基盤が強化された。

その後の地方議会選挙では、さらに飛躍的な成功を収めた。二六〇の地方議会で六九八人が当選。四〇の地方政府では、政権に影響を与えるようになった。さらに二五の県議会で一〇一人が当選した(原注5)。選挙に躍進したことで、マスコミからも大きな注目を集めるようになった。メンバーも増加し、他政党も環境問題を重点政策に掲げるようになった。支持者は、緑の党の議員が国会で影響力を発揮することを期待するようになった。緑の党を取り巻く状況には様々な制約があったが、緑の党に対する期待感はそれを大きく上回るようになった。

ところが一九九一年になると緑の党に対する支持率は減少した。環境問題に代わって経済問題が争点となり、支持者も離れていった。さらに党内でも問題が発生した。「広報官（sporekspersons）」たちが、互いに矛盾した発言を公に行うようになり、選挙戦略も失敗した。自らの立場について緑の党は「右でも左でもない」と主張していたが、党内では事実上、「右派対左派」の論争が起きていた。[原注6] しかも、環境問題が最優先の政治課題でなくなった上に、他の政治分野でも緑の党は影響力を発揮できなかった。一九九一年の国政選挙における得票率は三・四％しかなく、国会の議席をすべて失ってしまった（Bennulf, 1995）。

国政選挙に惨敗したことで、緑の党はこれまでの方針を見直さざるをえなくなった。ただし、こうした困難な状況に直面した場合、他国の緑の党なら内紛が起こるのが常だったが、スウェーデンの運動家たちは再起を確信していた。彼らは結束して党組織の改革を進め、議員団に起きていた問題の改善に取り組んだ。その上、国会の議席を失っても、多くの地方議会で緑の党は依然として主要政党の一つだ

原注3　一九八六年には裁判所も、「一九八五年の国政選挙で緑の党は差別されていた」という判決を下し、その後の世論調査では「政党」として扱われるようになった。
原注4　「緑の党の国会議員は、他政党の議員よりも活発で熱心に活動したが、目に見える成果は上がらなかった」というのが評論家の見解だった。
原注5　二五県のうち、二〇県では、選挙運動を行わずに当選を果たした。
原注6　一九九一年の国政選挙では、保守系の「穏健党」党首カール・ビルトから、連立政権への参加を打診された。しかし緑の党が拒否したことで、緑の党は自動的に左派と見なされ、それまで支持を集めていた中道派の票を失うことになった。

った。たとえば首都ストックホルムに次ぐ港湾都市であるヨーテボリでは、左右両党から信頼に値する政党として評価されていた。ただし国からの助成金が途絶えたことで、国レベルの組織活動は低下し、国会議員を当選させることの重要性があらためて確認された。

一九九四年の国政選挙で、緑の党は再び国会に議席を獲得した。すべての議席を失った政党が再び当選を果たしたのは、スウェーデンの議会史上初めての出来事だった。緑の党にとっては、選挙方針を大転換した点でも画期的な選挙であった。前々回の一九八八年選挙では、環境問題が最大の争点だったが、一九九四年の国政選挙では国家予算の削減を競い合うことが争点になり、どの政党の政策も「特徴がない選挙」と評された（Bennulf, 1995）。そこで今回、緑の党は、環境問題よりもEU加盟反対を主張することにした。さらに緑の党は、プロフェッショナルな選挙手法を導入して選挙運動を展開した。メッセージを十分に練り上げて組織的にアピールし、既成政党と同様のスタイルで有権者に訴えた。その結果、五％の得票率で、再び国会に一八議席を獲得したのである。ただし今回も国会内でキャスティング・ボートを握るためには、わずかに議席数が不足していた。(原注7)

EU加盟問題は有権者にとっても大きな関心事であり、一九九四年の国政選挙だけでなく一九九五年の欧州議会選挙でも緑の党は支持を拡大した。EU加盟に対する有権者の反発は高まっており、緑の党の得票率は過去最大の一七％になり、欧州議会に四議席を獲得した。(訳注2) しかし、国政に返り咲いても緑の党の支持基盤は脆弱であり、彼らは次の選挙で再び議席を失うことを恐れていた。緑の党にとっての最優先課題は、国会議員当選に必要な四％の壁を超えられる安定した選挙基盤を築くことであった。(原注8)

それでも緑の党は、次の一九九八年の国政選挙において四・五％の得票率で一六議席を維持した。

今回の選挙における最大の変化は、「社会民主労働党」の議席が過去七十年間で最低数に減少したことだった。そこで「社会民主労働党」は政権を維持するため、緑の党と「左翼党」に連立政権への参加を要請してきた。しかし、緑の党は政権には参加せず、閣外協力を行うことを選択した。緑の党の主張する政策については「社会民主労働党」から譲歩を引き出し、その代わり議案によっては「社会民主労働党」を支持することにしたのである。

一九九九年の欧州議会選挙は、前回の得票率が極端に高かったため、急落すると予測されたが、九・五％の得票率で二議席を獲得し、緑の党への支持が安定したことを示した。

二〇〇〇年代も安定した選挙結果が続いている。二〇〇二年の国政選挙では四・六％の得票率で一八議席を獲得した。社会民主労働党との連携でも引き続き影響力を発揮しているが、連立政権には参加していない。二〇〇四年の欧州議会選挙では六％の得票率で、一議席に減少した。

二〇〇六年の国政選挙は、緑の党にとって複雑な結果となった。五・二％の得票率で過去最高の一九議席を獲得し、四％の壁を超えることが緑の党の選挙にとって最優先課題だった時代は終わった。しかし、選挙全体の結果から見ると、左翼政党が敗北して保守中道の連立政権に交代したのである。そのため緑の党としては議席数を増やしたが、国会内の影響力を低下させる結果になった。

原注7　最終的に社会民主労働党は左翼党の支持をとりつけて、議会の過半数を占めた。
原注8　一九九八年の国政選挙前に行われた世論調査でも、緑の党の支持率は三％から八％の間だった。
訳注2　スウェーデンは一九九四年にEU加盟を問う国民投票を行い、賛成が辛勝していた。

「誰もが何か担えるはず」 当初のオルタナティブな組織（一九八一年〜）

一九八〇年代の緑の党は既成政党に対する環境運動家たちの不信と幻滅を反映し、「アマチュア運動家の党」としての主要な特徴を備えていた。彼らは、既成政党とは正反対の価値観を採り入れ、メンバーが組織に参加する仕組みを築こうとした。できる限り、上意下達型の階層的でない組織を形成しようとしたのである。彼らはこうした理想を実現するために緑の党を組織したのであり、その理念は次のように表現されている。

「分権化、地域主導、直接民主主義、権力の共有化、それが緑の党の組織における鍵だった」(Vedung, 1989)。

図9-1は、当初の組織構造を描いたものである。彼らは組織を分権化させて、民主的な運営を試みた。基本的に、党は国・地方・地域の三つのレベルで運営されたが、権限はできる限り地方に移譲された。主要な決定機関は「総会」であり、二八の地方から各二人の代議員が選出された。それに加えて地域組織からも、メンバー一〇〇人に付き一人の代議員を選出した(Vedung, 1989)。議決権をもつのは代議員だけだったが、緑の党のメンバーなら誰でも総会に参加できた。次の総会が開催されるまでの最高議決機関が「全国評議会(National Council)」であり、二八の地方から各一人選出された委員によって構成された。緑の党の運営は、総会に参加する代議員よりも、地方組織と強く結びついていたのである。

日常的な組織運営を担うために「委員会」が設置されたが、既成政党のような中央集権的な組織構造

図9-1　緑の党の組織構造（1981年～1990年）

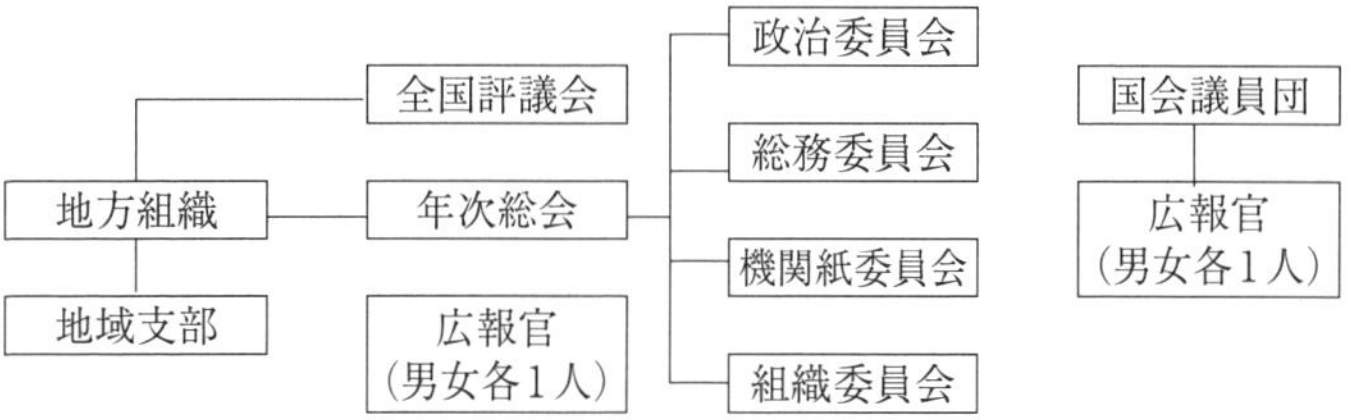

出典：Parkin 1989

にしないため、委員も総会で選出され、役割を四つの「委員会」に分権化した。「政治委員会（political committee）」は、政策と教育活動を担当。「総務委員会（administrative committee）」は、財務と事務処理を担当し、総会を準備した。「組織委員会（organization committee）」は、組織運営を担当。そして「機関紙委員会（newspaper committee）」は党の機関紙「オルタナティブ」など出版物の発行を担当した。さらに、権力を集中させないため「党首（a single party leader）」は置かず、「政治委員会」の中から男女各一人の「広報官（spokespersons）」を選出した。

党の主要な役員については厳格な交代制を導入し、任期は九年以内にすることを規約に定めた。さらに当初、「政治委員会」の議長については三カ月ごとの交代制にした。しかし、短期間での交代には無理があり、まもなく一年半に延長された（Vedung, 1989）。

四つの「委員会」は委員を兼任できず、委員会内で複数の役職を兼任できないことも規約化された。

さらに、党内における国会議員の位置についても明確化された。当初は、緑の党を代表する組織は存在しないはずだったが、すでに国会議員団が独自に会議を開催して、党から自由に活動するようになっていた。そこで党を国会議員団に支配させないため、党の「総会」や「委員会」には国会議員を参加させないことにしたのである。

組織改革に向けた圧力（一九九〇年～一九九二年）

ところが一九八〇年代後半から一九九〇年代初めになると、組織を改革すべきという要求が強まった。一九八八年に最初の国会議員を誕生させた後、国会内で起きた出来事が改革を促す契機になった。しかも一九九一年の国政選挙で全議席を失ったため、党内の争点は組織改革に集中した。問題は、党内における国会議員の役割があいまいなことにあった。国会議員団と党組織とは互いに自立した関係にあると位置づけられていたが、責任の範囲が不明瞭だったため組織的に混乱が起きていたのである。

最も実際的な問題は、党の「広報官」が国会議員ではないことから生じた。「広報官」たちは、自分が関与してない国会内の議論や決定についても見解を求められた。不正確な発言をしたために、混乱が起きることもよくあった。しかも、国会議員の方が党の顔として有名だったため、マスコミは「広報官」より議員に意見を求めることの方が多かった。その上、議員が公の場で互いに矛盾した発言をすることもあった。ある運動家は、こうした状況について次のように語っている。

「政治委員会が公の場で発言する機会はほとんどなかった。マスコミの関心は、すべて国会議員に向かっていた。そのため多くの政治委員はいつも不満を抱いていた。本来なら、国会議員と党が連携する組織が必要だったのだ。一九九一年の選挙に惨敗したのも、両者の関係があいまいだったことが原因だった」（Burchell, 2002）。

しかも、各組織や委員会が短期で交代したことで、さらに状況は悪化した。市民やマスコミは、「緑の党は混乱しており、組織全体が分裂している」という印象をもつようになった。党内には敵対的な雰囲気が生まれた。さらに、「社会民主労働党」の経済政策に対する評価をめぐって党内は混乱に陥った。国会議員団は「緑の党の信頼度を高める絶好の機会」と判断し、「社会民主労働党」の政策を支持していた。ところが、「社会民主労働党」との協議の最中に、党の役員が協力関係を完全に否定する発言を公にしたため交渉は決裂してしまった。緑の党の政治的信用を傷つけたことに対して運動家たちからは党内の分裂状況を非難する声が上がった。

他方で、地方議会選挙で緑の党が躍進したことも組織改革を促すことになった。緑の党は「地方組織の自立」と「議員の交代制」を原則にしていたが、地方議員が増えたことで原則を見直す必要に迫られていた。そもそも議員を交代させるほどメンバーがいない地方もあったし、地方組織を運営させるためメンバーはいくつもの役割を担わなければならなかった。それに加えて、マスコミや、経験豊富で敵対的な他政党にも対応しなければならなかった。もはや四つの「委員会」を通して様々な活動を推進させるという構想では党が機能しないことは明らかだった。一九九一年の国政選挙では、マスコミと他政党は緑の党の問題点を追及するようになり、「緑の党は無能なしろうと集団であり、国政政党としての資格は無い」といった批判を展開した。

したがって組織改革の契機は一九九一年の選挙に惨敗した点にあったのではなかった。実際に改革が行われたのは一九九二年になってからだが、すでに一九九〇年の時点で組織構造に問題があることは明らかだったし、改革も計画されていた。むろん、緑の党のメンバー全員が組織改革に賛成していたわけではなく、イデオロギー面から改革が議論されることもなかった。しかし、改革に賛成・反対いずれの派も、このままの組織では現実に対処できないという共通の合意があった。ある運動家は次のように状況を分析している。

「これまでの経験をふり返れば、我々が組織運営を重視しすぎたために、大きな痛手を負ったことは認めざるをえない。様々な問題をめぐって大騒ぎしたが、結局、現実には対応できなかった。人間の本質は変えられない。組織を運営するためには、代表や事務局長といった制度が必要なのだ。会議を開催するなら方針を決定することが必要だが、三〇〇人も参加する総会では選挙ポスターのデザインさえ決められなかった」（Burchell, 2002）。

ただし興味深いのは、他国の緑の党なら改革が実行されると反対派が大量に脱退するのが常なのに、スウェーデンではそれが起きなかったことである。改革に反対した運動家の一人も、「日常的には何も変わらなかった。賛否両派の同じ人々が組織運営を続けた」と語っている。すなわち、すべてのメンバーが「組織改革は緑の党にとって必要不可欠な過程である」と認識していたのである。その後、一九九四年の選挙に勝利し、その後の選挙にも成功したことで、過去のオルタナティブな組織を改革したことは、さらに正当化された。ほとんどの運動家は、選挙で当選することを放棄しても、理想的な組織を実現したいとは考えなかったのである。

ここまでの過程を要約すれば、緑の党の組織改革にとっては、外的要因が大きく影響したと言える。選挙で勝利するためには外的な制約に対応する必要があると彼らは判断し、改革の実行を決意したのである。一九八八年の国政選挙で初当選した後、一九九一年に惨敗したことが改革を促す決定的な要因になった。一九八八年の選挙に成功したことでマスコミ対応が重要になり、社会運動とメンバーの参加を重視する草の根民主主義を変化させることになった。国会議員が当選すれば当然、起こるはずの問題に対して緑の党は準備不足だった。当選した後になって新たな地位に適応するため奮闘することになったのである。

国会議員の当選も緑の党にとっては決定的な転換点になった。そもそも、組織改革が実行される以前から、国会議員は影響力を拡大していた。運動家たちも、緑の党が国会議員を中心とする政党に変化しつつあることを認識していたが、それまでの組織構造を継続させたために緊張関係が生まれた。とくに問題だったのは国家議員と党組織との関係が不明確だったことである。党の側は、議員が専門職になることに反対していたが、国会議員がマスコミから注目を集め、政治的な発言をするのを止められなかった。そのため緑の党は、理想とする組織と、国会内における責任との狭間で、多くの矛盾を抱え込んでしまったのである。

しかし国会で経験を積み、多くの教訓を学んだことで、組織改革の必要性は明確になった。さらに、一九九一年に惨敗したことで方針は固まった。一九九一年の選挙に惨敗した原因は多数あったが、問題の中心は組織運営の難しさと組織の弱さにあると認識された。とくに運動家たちは、有権者に対して緑の党の存在と政策を明確に伝えられなかった点を反省していた。

こうして、状況を改善するためには組織改革が最も現実的な方法であると考えられるようになった。一九九一年の選挙に惨敗した時だけでなく、一九九四年に復活を果たした時にも、常に組織改革が最優先課題であると運動家たちは考えた。事実、一九九四年の選挙で再び勝利できたのは、組織改革によって党内の方針を統一できたためであることは確かだった。

ただし一九九四年の時点でも国会議員と党組織との間に溝はあったが、他国の緑の党のような激しい内紛には発展しなかった。スウェーデンの場合、緑の党の運動家たちは現実的な判断をした。当初の構想とは違って国会議員の影響力が強まったことについて、運動家の一人は次のように述べている。「我々は、国会議員の重要性を認めるようになった。しかし、それは国会議員団が緑の党にとっての重要な組織基盤だからではない。我々は、マスコミが強い影響力をもつ世界で活動しており、それに対応する必要があると判断したのだ」（Burchell, 2002）。

伝統的な政党システムの中において、緑の党は型破りな組織運営を試みた。結果的には、現実に問題が生じたが、その経験が改革を推進する力になった。党を効率的に運営するためには、二つの問題があると考えられた。第一の問題は、国政で活動するためには中央組織の機能が必要なのに、地方組織を基盤にして党を運営しようとしたことである。第二の問題は、活動的なメンバーが少ないことにあった。地方組織を自立的に運営して、議員の交代制を徹底しようとしたために、この問題が表面化する結果になった。一握りの運動家しか活動してない地方組織も存在したのに、いくら「地方組織の自立」や「議員の交代制」の原則を強調しても無意味だったのである。

「伝統的」な政党組織への発展

図9-2は、一九九〇年代初めに改革を実施した後の組織図である。変更のない点もあるが、国レ

図9-2　1992年以降の党組織

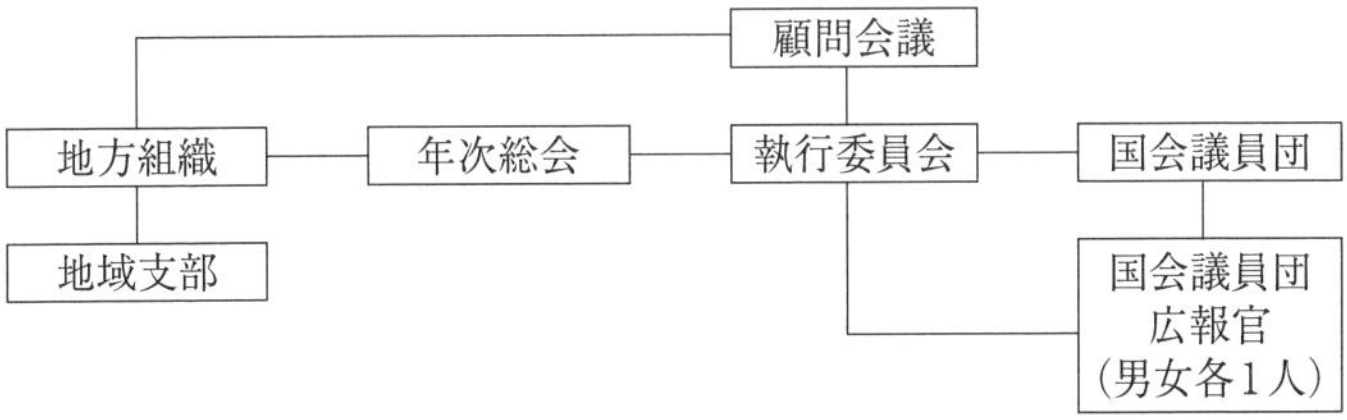

ベルの組織は大きく改革された。最も重要な点は、四つの委員会に分かれていたため運営が困難だった執行機関を一つに統合したことである。新たに形成された「執行委員会（executive board）」は、総会で選出された二五人の委員によって構成され、年に八回以上、開催されることになった。ただし分権化の伝統を継承して、「執行委員会」の下には小規模な専門部会が設置された。さらに、「執行委員会」に党が関与するため「顧問会議（advisory committee）」が設置された。「顧問会議」を構成するのは様々な地方組織のメンバーだった（Taggart, 1996）。

国会議員団と党組織との関係も改革された。今では両者は緊密に連携しており、男女各一人の「広報官（spokespersons）」も国会議員の中から選出されるようになった。

議員の交代制についても規則を緩和した。まずは、国会議員に対して党の側から交代を指示することを止めた。すでに国会議員もできる限り議員を継続したいと考えるようになっていたことを尊重したのである。そして一九九四年の選挙後に、交代制は完全に廃止された。ある運動家は次のように評価する。

「議員の任期を制限する方針は画期的だった。交代で議員を担うことは、〝人は誰もが何かの役を担えるはず〟という緑の党の理念を意味していた。

しかし現実には、議員の交代制と引き替えに、我々は重要なものを失ってしまったのだ」(Burchell, 2002)。

結論

スウェーデンの緑の党は、プロフェッショナル化に向かっており、創設時のようなアマチュア運動家の組織から脱却しようとしている。しかしながら、「緑の党はその歴史的基盤を放棄して完全に変化した」と結論づけるのは無理がある。むしろ「緑の党は、既成政党の枠組みに吸収されたのではなく、それまでのユートピア的な組織論を修正した」のだと言えよう(Doherty, 1994)。

ある運動家は、現在の状況を次のように語っている。

「我々の組織には以前より明確な存在となった代表がおり、一般的な執行機関も設置された。だからといって民主的な組織でなくなったわけではない。むしろ、誰が何を決定したのか分からず混乱していた時より民主的になった。かつては一つの課題について様々な機関が異なる決定をしていたが、今ではそうしたことは起こらない。誰かが党を支配して方針を決定しているといった批判もない」(Burchell, 2002)。

緑の党にとっての組織改革とは、国会に議席を維持するための現実的な対応策だった。国会議員に当選すれば助成金が支給されるため、議席の確保は党にとって重要課題だった。一九九一年に全議席を失ったことで、緑の党は活動の縮小を余儀なくされた。次回の選挙で再選できなかったら、緑の党は消滅するかもしれないという危機感が生まれた。一九九四年の選挙に成功したことで、国会に議席を獲得することは、財政的にも政治的にも重要であることが再確認されたのである。

このように国会の議席を失うことは、政党が伝統的な組織へと変化する重要な要因になる。しかも、欧州の緑の党に比べて、スウェーデンの環境運動は弱体であり保守的な面もあった。そのため、オルタナティブな組織を実現することに執着が少なかった点も影響している。さらにまた、スウェーデンの緑の党において、民主主義のあり方が議論された際には、組織を改革することが〝問題〟でなく〝解決の方法〟と認識された。こうして改革が実行され、一九九四年の選挙に成功したことで、さらに改革は正当化された。既成政党と比べて現在の緑の党には明確な組織面での違いはない。しかし運動家たちは、今後も選挙に成功し国会に議席を維持するための代償と考えている。

ただし、国会の議席確保が重要だからといって、これまで掲げてきたイデオロギー的な原則をすべて放棄するつもりがないことは、二〇〇二年の選挙後にも明確になった。「社会民主労働党」からの提案を受けて連立政権への参加と閣僚ポストをめぐる交渉を行ったものの、最終的には連立政権に参加しないと判断したのである。

「一九九八年に緑の党は、社会民主労働党と閣外協力することを決めた。その後も組織構造は分権化されたままであり、二〇〇二年に社会民主労働党との連立交渉を行った際に、緑の党の代表が決定権を握れなかったのもそのためである」という指摘もある（Aylott/Bergman, 2004)。

国会で議員が活動することは緑の党に組織改革を促すことになるが、その後、大規模な改革は実施されていない。ただし、緑の党には、閣外協力の困難さ、閣僚の不在、議席獲得の条件である四％の得票率を下回る可能性など、絶えず不安がつきまとっている。そのため、あえてオルタナティブな政党として、既成政党と異なる点をアピールしようとする勢力もいる。二〇〇六年に緑の党は、二〇一〇年の国政選挙後に社会民主労働党と「赤と緑の連合」を組む政治戦略を掲げた。もしも、この連立政権が実現すれば、緑の党にとって新たな時代が切り開かれるとともに、さらなる組織改革が進むことは確実だろう。(訳注3)

訳注3　二〇〇六年九月に実施された国政選挙では、「穏健党」を中心とする中道右派連合が与党の「社会民主労働党」を中心とする中道左派に勝利し、十二年ぶりの政権交代となった。「社会民主労働党」は二〇一〇年九月の総選挙でも再び中道右派連合に敗北したため「赤と緑の連合」は実現していない。

第10章　アマチュアとプロの運動家の党　オランダにおける二つの緑の党

はじめに

オランダでは一九九〇年代に三つの緑の党が結成されて、国政選挙に挑んだ。「右翼緑の党（Green Right）」と呼ばれた「環境と法の党（Party for Environment and Law）」は一九九四年の下院選挙に一度だけ立候補したが、得票率は〇・一％に満たなかった。「緑の党（The Greens）」は一九九八年まで国政に挑戦し続けたが当選できず、その後は地方議会で立候補を続けた。そして「左翼緑の党（Green Left/GroenLinks）」だけが国会に議席を獲得し、今日まで活動を続けている。

本章では「右翼緑の党」については省略し、「緑の党」と「左翼緑の党」について説明したい。「緑の党」は小規模な政党だが「左翼緑の党」と比較することは有意義と考えるからである。

二つの緑の党の歴史

環境政党に変化した社会主義政党「左翼緑の党」

「左翼緑の党」は当初、一九八九年の国政選挙に候補者を擁立するための連合組織として発足した。この連合体を組織したのは「共産党」「平和社会党（Pacifist-Socialist Party）」「政治的急進党（Political Radical Party）」「福音人民党（Evangelical People's Party）」および無党派の運動家だった。選挙では四・一％の得票率で六議席を獲得したため、各党派はこの連合体を継続させることにした。前回一九八六年の選挙では、四党派が独自に候補者を擁立した結果、合計しても得票率は〇・八％しかなかったため、今回の選挙は成功と言えた。

一九九〇年には正式に「左翼緑の党」が結成され、一九九一年中頃には各党派が解散して、独立した政党となった。ただしその一方、組織統合に反対した人々は、再度、「共産党」や「平和社会党」として翌年の選挙に挑んだが得票率はわずかしかなかった（Lucardie, 1995）。

一九八九年の選挙で六議席を獲得したものの当初の予想を下回ったため、様々な団体が参加する党内では激しいイデオロギー論争や派閥争いが起こると予測されたが、そうした事態にはほとんどならなかった。

一九九一年に採択された「左翼緑の党」の党綱領は、旧「政治的急進党」系が主張する「エコ自由主義」と、旧「社会主義平和党」と「共産党」系が主張する「エコ社会主義」の妥協の産物だった。「エコ自由主義」を信奉する潮流は市場経済を支持し、環境税の導入を主張した。「エコ社会主義」を信奉する潮流は、民主的な計画経済を支持し、環境規制の強化を主張した(Lucardie, 1992)。ただし他国の緑の党と同様、次第に優勢となったのは「エコ自由主義」だったが、両派とも教条的に自説を主張することはしなかった。党綱領も、「左翼緑の党は、一つの支配的なイデオロギーや理論を支持せず、複数の理念を基盤にする」と宣言していた。ここで言う「複数の理念」とは、「民主主義」「自然と環境への尊重」「社会的公正(社会的富の公正な配分)」「国際的な連帯」を意味していた(Groen Links, 1991)。

また「左翼緑の党」は、新しい社会運動とも非公式だが緊密な関係を維持した。とくに連携が深かったのは平和運動や女性運動よりも、一九八〇年代以降に台頭した環境運動だった。国政選挙では、「環境防衛(Defence of the Environment)・地球の友オランダ」のような大規模な団体や、「自然と環境」などの環境保護団体も、「左翼緑の党」を支持した。「左翼緑の党」の初代代表には、「地球の友オランダ」の事務局だったマリケ・フォスが就任した。

環境保護団体に支持されたことで、「左翼緑の党」は有権者から環境派として好印象を持たれたが、次の一九九四年の国政選挙では得票率が三・五%に下がり、五議席しか獲得できなかった。世論調査によれば、有権者の半数近くが「左翼緑の党は環境破壊に対して有効な政策を掲げている」と感じていたが、当時のオランダでは環境問題が選挙の争点にならなかったのである。

しかも「左翼緑の党」は選挙直前になって、新たな代表の選出に苦慮していた。一九九三年九月には七人が立候補して、メンバーによる投票が実施された。候補者の内、二人は共同で代表を担うことを表明したが、どの候補も過半数の支持を集められず、十月に行われた二度目の投票でイナ・ブラウワーがようやく過半数を制した。ブラウワーは共産主義を信奉する弁護士であり、移民団体の事務局長だったモハメド・ラベーと共同で代表を担うことになった。しかし、マスコミは代表選挙における分裂状況を大々的に報道したため、一九九四年の選挙では有権者に悪印象を与えることになった。結局、選挙後にブラウワーは辞任し、後任には彼女のライバルだったポール・ローゼンモーラーが代表になった。彼は労働組合の元事務局長であり、かつては毛沢東主義者だった。

一九九五年の州議会選挙でもわずかしか得票率が増えなかったが、一九九八年の国政選挙では突然、得票率が上昇した。定数一五〇議席の下院で「左翼緑の党」は五議席から一一議席へと倍増したのである。翌一九九九年の州議会選挙でも得票率は前回の五％から一〇％へと倍増し、全州議会で七七議席を獲得した。同年の欧州議会選挙でも、得票率を過去最高の一二％近くまで増やして四議席を獲得した。

ところが二〇〇二年の国政選挙では再び得票率が低下し、ポール・ローゼンモーラーは代表としての威信を失った。しかも、彼とその支持者たちは「多文化主義」政策を擁護していたが、当時のオランダでは多文化主義に対する批判が高まっていた。さらに二〇〇二年に状況を悪化させたのは、多文化主義批判の中心人物だったポピュリストの政治家ピム・フォルタインが暗殺され、しかもその実行犯が「左翼緑の党」を支持する環境運動家だったことである。その後、ローゼンモーラーは深刻な脅迫を受けるようになり（フォルタインの支持者が脅迫したのかは不明）、二〇〇二年十一月に辞任した。

代表を継いだのは若くて魅力的な女性フェムケ・ハルセマだった。一九九七年に「左翼緑の党」に参加する前は「労働党」の調査部に勤務しており、一九九八年に国会議員に当選した。しかし、翌二〇〇三年一月に再度、実施された国政選挙で「左翼緑の党」は支持率低下に歯止めがかからず、一〇議席から八議席へとさらに減少した。当時は、右翼の連立政権が成立する可能性が高まっており、それを阻止するため「左翼緑の党」の支持者も投票先を「労働党」に切り替えたことが原因だった。二〇〇四年六月の欧州議会選挙でも四議席から二議席に減少し、二〇〇六年の国政選挙でも一議席減らして七議席になった。

しかし、地方議会選挙における「左翼緑の党」は比較的好調であり、アムステルダム、ロッテルダム、ユトレヒトなどの大都市では地方政府にも参加している。

メンバーの傾向については、他政党と同様に「左翼緑の党」も一九九〇年代にはメンバーが減り、一九九〇年の一万六〇〇〇人から、一九九八年には一万二〇〇〇人に減少した。ただしメンバーの入れ代わりは比較的少なく、一九九七年に在籍していた七五％のメンバーは一九九三年以前に加入していた(Leijser, 1997)。得票数に対するメンバーの比率は、一九九四年の選挙では四％で他政党と同水準だったが、一九九〇年代末には二・六％に低下した。しかしその後は、メンバーが増えた一方で得票数が減少したため、二〇〇三年には再び四％になった。二〇〇七年には七％に増加している。

他政党と同様に、ほとんどのメンバーは党活動に参加してないが、一九九二年と二〇〇二年の調査によれば、緑の党では約三分の一のメンバーが、月に一時間以上を党活動に充てている。ただし活動のほとんどは地方支部で行われており、国レベルの中央組織で活動しているのはごく少数の運動家である。

失敗に終わった「緑の党」

もう一つの緑の党は、環境運動家と元「政治的急進党」のメンバーによって一九八三年十二月十七日に結成された。ただし法律上の制約から、一九八八年まで彼らは「緑の連合（Federative Greens）」、あるいは「欧州緑の党（European Greens）」と名乗っていた。（原注1）

好調な世論調査の結果に期待を大きくした彼らは、一九八四年の欧州議会選挙に「欧州緑の党」の名称で挑戦したが、一・三％の得票率で落選した。さらに、一九八六年の国政選挙には「緑の連合」の名称でに立候補したが〇・二％の得票率で議席を獲得できなかった。

選挙結果に失望した「緑の連合」は一九八八年に、ロエル・ファン・ダインが設立したエコロジストの地域政党「アムステルダム緑の党（Green Amsterdam）」と合併した。元アナーキストの彼は「政治的急進党」で活動していたが、エコロジー中心主義が受け入れられなかったために離党し、一九八六年にアムステルダム市会議員に当選した。ただし「緑の連合」と「アムステルダム緑の党」の組織は同規模だったが、組織論をめぐってはイデオロギー的に対立していた。「緑の連合」は、各州で自立的に活動する政治団体の連合を目ざしていたが、「アムステルダム緑の党」は個人を基盤とする中央集権型の組織だった。それでも結果的に妥協が行われ、地域組織としても個人としてもメンバーになれる「緑の党（The Greens）」が一九八八年に結成された。

しかし、その後も「緑の党」は小規模で組織も弱体だった。一九八九年時点のメンバーは三三〇人しかいなかった。財源も不足していたため、一九八九年の欧州議会選挙には候補者を擁立できなかった。同年の国政選挙では、ファン・ダインを党の顔にして選挙運動を展開し、前回より得票率は増えたが当選できなかった。

その一方、彼らの競争相手である「左翼緑の党」は一九八九年の国政選挙で六議席を獲得していた。

有権者が望んでいたのは「緑の党」のような環境問題に重点を置く「濃い緑の党」でなく、「左翼緑の党」のような社会主義的な傾向のある「薄い緑の党」だったのである。

それでも「緑の党」は、一九九〇年と一九九一年の地方選挙において、アムステルダム市議会で二議席、北ホラント州で一議席、南の小さな町オーステルハウトで一議席を獲得した。ただし国政選挙には落選したため、ファン・ダインを中心とするグループは、組織の中央集権化を主張して改革を進めた。反対派は一九九二年に離党して「連邦主義者92（Federalist'92）」を結成した。彼らは国政選挙に候補者を擁立しないことを決めており、オーステルハウト町の議員が加わった。

反対派が離脱した後も、「緑の党」内では主要な支部であるアムステルダムで政治的対立が深まり、組織は分裂した。選挙に負けて内紛まで起きたため、メンバー数はさらに減少した。そこで「左翼緑の党」との選挙協力を交渉したが実現せず、それが原因で新たな対立が党内に生まれた。

それでも「緑の党」は一九九四年の地方議会選挙で議席数を増やし、四市で四議席を獲得。アムステルダムでも二議席を維持した。そこで彼らも数カ月後の国政選挙での当選を期待するようになった。メンバーも一九九三年五月には三一七人だったが、一九九四年四月には五二二人へと増加していた。その上、情熱的な人物ハイン・ウェストルーアン・ファン・メーテレンが代表になったことで、さらに楽観

原注1　その制約とは「政治的急進党」の中心人物二人が、一九八二年に「オランダ緑の党」を政党登録していたことだった。彼らの目的は、右翼的なグループが「緑の党」を名乗ることを阻止することだった。実際には「オランダ緑の党」は活動しておらず、単なる登録上の存在ではあったが、法的に、同じ党名を登録できなかったため「緑の連合」を名乗っていたのである。

主義が強まった。ところが一九九四年の国政選挙の得票率は過去最低であり、再び期待は打ち砕かれた。一カ月後の欧州議会選挙では、人気のある神父で「左翼緑の党」としてEU議員も務めたヘルマン・フェルベックが「緑の党」から立候補したが、得票率は二・四％で当選できなかった（表10‐1参照）。

ところが「緑の党」は、一九九五年に行われた上院選挙で初めて議席を獲得した（オランダの上院議員は、州議会議員が上院議員を選ぶ制度である）。当初、「緑の党」は「左翼緑の党」に選挙協力を打診したが拒否されたため、他の運動団体と共同で候補者リストを作成し、現実派の地域政党とゆるやかな連合体を結成した。彼らが共有していたのは「スモール・イズ・ビューティフル」の理念といくつかの環境政策だけだった。結果的に彼らは活動を統一できず、上院に当選できたのは「緑の党」の候補マーテン・ビアマンだけだった。それでも、彼が当選したことで「緑の党」とその州組織には国から助成金が支給されるようになった。彼らは「マーテン・ビアマン財団」という研究機関を設立して、一九九七年から活動を始めた。

「緑の党」もようやく上院に議席を獲得して活動資金が確保でき、マスコミ報道も増えたことで、一九九八年の地方議会選挙では議席を倍増させた。メンバーも徐々に増加した。代表には若くて野心的なヤープ・ディルクマアが選出され、アナグマ保護を目的とした小さな環境保護団体の代表にも就いた。ところが、一九九八年の下院選挙では、再び議席獲得に失敗した。得票率は〇・二％で当選ラインにまったく届かなかったため十月に開催された総会では、これ以上、党を継続することに疑問の声が上がった。そこで総会ではいくつかの選択肢が議論された。「左翼緑の党」との合併、国政選挙に向けた他団体との連合化、国政選挙からの撤退と地方選挙への集中が検討され、最終的には、再び開催された総会

表10-1 「緑の党」と「左翼緑の党」の選挙結果(1989年〜2007年)

欧州議会選挙、国政選挙、州議会選挙における議席数と得票率(全国の合計)

	緑の党		左翼緑の党	
年	議席数	得票率(%)	議席数	得票率(%)
1989(欧州議会)	—	—	2*	7.0
1989(国会)	0	0.4	6	4.1
1991(州議会)	1	0.5	36	5.2
1994(国会)	0	0.2	5	3.5
1994(欧州議会)	0	0.2	1	3.7
1995(州議会)	2**	0.6	36	5.4
1998(国会)	0	0.2	11	7.3
1999(州議会)	2	0.6	77	10.1
1999(欧州議会)	0	2.4	4	11.8
2002(国会)	—	—	10	7.0
2003(国会)	—	—	8	5.1
2003(州議会)	0	0.3	51	6.9
2004(欧州議会)	—	—	2	7.4
2006(国会)	—	—	7	4.6
2007(州議会)	0	0.1	32***	6.2

*「左翼緑の党」が結成されたのは1990年だが、1989年6月の欧州議会選挙と9月の国政選挙には連合組織が候補者リストを形成して候補者を擁立した。

**南ホラント州において、「左翼緑の党」との共同リストによって当選した「緑の党」の議員を含む。

***州議会の総定数は2007年に、764議席から584議席に削減された。

で国政選挙からの撤退が決定された。二〇〇一年にはファン・ダインと彼の支持者たちも「左翼緑の党」に合流し、「緑の党」のメンバーは再び減少した。

こうして「緑の党」は二〇〇二年の国政選挙には候補者を擁立せず、地方議会選挙でも多くの議席を失った。アムステルダム市とライデン市では各一議席を維持したが、勝利と呼べたのはズボーレ市議会選挙の当選だけであり、それも「左翼緑の党」と共同で候補者リストを形成した結果だった。

「緑の党」の上院議員だったマーテン・ビアマンも一九九九年の上院選挙に再選したが、二〇〇二年には「生きがいのあるオランダ（Liveable Netherlands）」という新党に加わった。

二〇〇三年の州議会選挙で「緑の党」は残る議席も失った。「緑の党」の見通しは悲観的だが、強硬派の活動家たちは今後も活動を継続する決意である。彼らの理想は高く、新党結成に向けた綱領を策定して、新たな原則を宣言するため討議を続けている。

創設時の組織

設立時における「左翼緑の党」の組織

「左翼緑の党」の第一回総会は一九九〇年に開催され、規約と細則を決定した。規約の内容は、左派リバタリアンの「社会主義平和党」と「政治的急進党」の思想的影響を受けており、誰でもメンバーになることができた。第一回総会には、メンバーなら誰でも参加でき、議決権も与えられたが、「将来的には、総会での議決権を地方支部から選出された代議員に限定する」ことにした（Groen Links, 1990）。党綱領や細則の決定、「党執行部（party exective）」の選出、国会議員候補の指名など、重要な議案はすべて総会で決定することにした。さらに、条件を満たせば一般メンバーも直接投票（郵送も含む）で総会の決定を修正する提案を行うことができ、党の代表と国会議員候補者リストの筆頭を選ぶこともできた（オランダの政治システムでは、通常、候補者リストの筆頭になって当選した人物が、議員団の代表になる）（Groen Links, 1990）。また、「候補者推薦委員会（candidate committee）」が設置され、国家議員の候補者と「党執行部」メンバーを総会に推薦することになった。
「党執行部」の任期は二年で二期まで再任できた。国会議員の任期は三期を上限とし十二年間まで継続できたが、通常は二期で交代した。さらに規約上では議員を罷免することもできたし（Groen Links, 1990）、国会議員が国レベルの党役員を兼任することは禁止された。「評議会」の委員は州支部が選出し、その役割は「党執行部」の監督、「候補者推薦委員会」の委員と総会の議長の指名、予算案の承認、および政治課題について討議することとされた。一九九〇年に「左翼緑の党」が結成されるまでの期間は、各選挙区組織から選出された代議員によって「評議会」が構成された。

こうした組織の縦軸とは別に、規約では「課題別グループ」の組織化を認めた。この「課題別グループ」も総会に動議を提出して、候補者を推薦できる権利をもっており、地方支部に近い権限をもっていた。「課題別グループ」は、これまで差別と戦ってきた解放団体の傾向が強く、九〇年代には七つの分野で組織された。それはたとえば「フェミニスト・ネットワーク」、同性愛者による「ピンクの左翼（Pink Left）」、「進歩的移民連合」、難病の若者、障がい者、慢性病患者、五十歳以上の高齢者グループなどだった。

さらにまた、元「福音人民党」のメンバーを中心としたキリスト教徒が「ゴスペルと政治の討論会」を組織して定例会を開催し、機関紙（「The Left Cheek」）を発行した。ただし、この組織は方針決定の場としてはほとんど機能しなかった。

党内で派閥的な機能を果たしたのが「ドイツ緑の党」で結成された組織と同じ名称の「左翼フォーラム」だった。このフォーラムには「左翼緑の党」のメンバーだけでなく、他の左翼団体も参加できたが、その半数近くは「左翼緑の党」に合流しなかった元「社会主義平和党」のメンバーだった。ただし「左翼フォーラム」の関心は、党内で議員に圧力を与えることより、議論することだった。一九九四年になると活動的なメンバーがいなくなり、解散することになった。「左翼緑の党」では派閥活動を認めておらず、派閥の存在は規約でも禁止されていたのである。

第一回総会で注目すべき点は、「クオータ制」について真剣に議論はしたが、実際の役員には女性が不在だったことである。ただし規約では「すべての党組織で、男女比を同数にする」と定められており(Groen Links, 1990)、その後は常にこの方針が実施されている。候補者リストでも、男女がほとんど交互に並んでいるため、国会議員や地方議員の当選者数もほとんど男女同数である。

移民についても「国内人口における人数比に応じて、役職数を割当てる」ことを定めた(議員候補者については同様の規定はなかった)(Groen Links, 1992)。

一九八九年の国政選挙では、メンバーの多い三つの主要な選挙区で六人が当選した。当選者の出身母体は、党内最大の勢力であった「政治的急進党」から二人、「社会主義平和党」から二人、「共産党」から一人、そして無所属が一人であり、「福音人民党」からは一人も当選できなかった。

「左翼緑の党」の主な財源はメンバーの会費に依拠していた。一九九一年時点で、収入の約五四%は会費が占めており、約二一%が地方議員や国会議員からの寄付だった。残り一六%は国から支給された助成金であり、調査活動や政治教育に充てられた。党の事務局は二二人が専従者で、三人が臨時雇用だった(Groen Links, 1990 ~ 1992)。

一九九〇年段階の「左翼緑の党」は、本書の序章で示されたどの政党モデルにも完全には該当しない。

むろん「アマチュア運動家の党」の特徴はいくつも備えていた。すなわち、社会運動との非公式な連携、国との距離、得票数に比べたメンバーの少なさ、活気にあふれた総会、強力な地方支部、活発な運動家、財源に占める会費の割合（徐々に国からの助成金の割合が増えたが）などである。しかし他方では「国民政党」の特徴ももっていた。すなわち「緑のイデオロギー」よりも現実的な原則を重視したこと、社会運動でなく「共産党」や「左翼急進党」のような小規模な大衆政党が基盤になって発足したこと、代議員によって総会が運営されたこと、議員候補者を地方組織でなく総会で決定したことなどである。さらにまた、設立当初から専従の事務局を雇用したことや、共同代表制ではなく代表を一人にした点などは「大衆政党」の特徴に該当する。

創設時の「緑の党」の組織

一九八八年に結成された「緑の党」は、多くのメンバーが「地方組織」に所属しており、「自立した地方組織こそが全国的な党そのものである」と公式に位置づけられた。メンバーも会費は地方組織に納めていた。ただし「地方組織」と平行して、メンバーが直接、加入できる「全国支部」も存在した（De Groenen, 1989）。

総会の代議員は「地方組織」と「全国支部」のメンバーによって選出された。代議員数は、各組織のメンバー数に応じて決められたが、一つの「地方組織」が代議員定数の半数は超えられないことになっていた。その理由は、最大規模の「地方組織」であるアムステルダムの代議員が総会を支配することを防ぐためだった。規約上では「代議員は選出された組織の意向を尊重する」ことになっていたが、現実には議決の際に代議員は各自の判断で賛否を決定していた。

「評議会」の役割は「執行委員会」を監督することであり、「執行委員会」の候補者は地方組織と全国支部が推薦したが「評議会」の承認を必要とした（執行委員の任期は一年とされた）。「評議会」には「執行委員会」を招集する権限もあり、規約の変更、地方組織の加盟や除名、年間予算、選挙方針など重要な議題については、参加メンバーを広げた「拡大評議会」を開催して討議・決定した。

規約は「総会」の開催頻度を定めてなかったが、定期的に開催された。総会には、すべてのメンバーが参加して発言でき、議決権が与えられた。さらに、党役員や国会議員に対して説明を求めることもできた。ただし、総会の決定は拘束力を持たず、諮問機関的な位置づけだった。権力の中心を握っていたのは「評議会」だったのである。それでも、国会議員と欧州議員の候補者は総会の場でメンバーの投票によって決定された（De Groenen, 1989）。

一九八八年段階の「緑の党」の組織は、ほとんど「アマチュア運動家の党」の基準に合致していた。すなわち、新しい社会運動が起源であり、非公式な結びつきを維持していた。強固なイデオロギーとは言えないまでも緑の原則を宣言していた。国家との距離は遠く、得票数に比べてメンバーは少なかった。メンバーなら誰でも総会に出席できたが、最も強い影響力をもっていたのは地方組織だった。国会議員は党に対する権限を持たなかった（この時期、まだ国会議員は当選していなかったが）。専従事務局は存在せず、メンバーからの会費が唯一の財源だった。共同代表制ではなかったが、選挙運動の期間を除いて党の代表が影響力を発揮することはほとんどなかった。

組織改革

「左翼緑の党」のゆるやかな変化（一九九〇年～二〇〇七年）

設立以降の「左翼緑の党」はプロフェッショナル化が進み、メンバーも均質になったが、民主的な組織でなくなったわけではない。メンバーの増減はあったが、変動の幅は少なかった。派閥間の対立が起きてグループごと脱退することはなく、派閥間の争いも減っていった。

「党執行部」は一九九二年に、組織改革の方針について助言を得るための「委員会」を設置した。その代表を担ったのが社会科学者のジャン・ウィレム・ドイフェンダクだった。設立当初の「左翼緑の党」が目標としていたのは「大衆政党」だったが、実際には「エリート政党」的な要素もあり、市民との関係を強化できないことが課題だったのである（Duyvendak et al. 1993）。そこで、この「助言委員会」が提案したのは、「一般市民にも党内の議論に参加してもらうこと」「様々な人々がメンバーに参加できるように加入条件を下げて市民政党になること」「規約上だけなく、実際の組織運営においても直接民主主義を導入すること」（Duyvendak et al. 1993）、そして「組織をプロフェッショナル化すること」だった。

こうした提案はほとんどが承認されたが、実施されるまでに数年かかった。「評議会」が「党評議会」に改組されたのは一九九六年のことだった。「党評議会」の定数は八〇人で、評議会の代議員の大部分は地方支部のメンバー数に応じて選出された（一九九六年には、一二三三の地方支部が存在したが、州ごとに地方支部を組み合わせて代議員数を決めた)。その他の代議員は、各州支部から選出された (Groen Links, 1996)。

新たな「党評議会」の役割に大きな変更はなかったが、一つだけ例外があった。様々な政治課題については、新たに設置した「フォーラム」で議論することにしたのである。「フォーラム」には「左翼緑の党」のメンバーでなくても参加できた。「フォーラム」で議論された内容は公表され、「党評議会」が承認した場合には、正式に「左翼緑の党」の政策と位置づけられた (Groen Links, 1996)。

さらに先述した「助言委員会」は、「地方支部から選出された代議員だけでなく、すべてのメンバーに総会での議決権を与える」ことを提案していた。「執行委員会」はこの提案に賛成したが、一九九五年の総会で否決されてしまった。それでも賛否の差が僅かだったため妥協が模索された。それまでは、地方支部のメンバー数に応じて代議員数を割り当てていたが、代議員数を決める権限を地方支部に与えたのである。ところが、この方針の解釈をめぐって議論が紛糾したため、最終的には二〇〇一年の総会で「すべての登録メンバーに、総会での議決権を与える」ことが決定された (Groen Links, 2001)。

「組織をプロフェッショナル化する」という提案の実現にも時間がかかったが、一九九〇年代には「調査局」と「教育機関」、および「第三世界との持続可能な連帯のための財団」が設立され、二〇〇一年末には、党組織と関連団体で二八人の専従者が活動するようになった(二八人のうち、調査局には五人の社会学者や政治科学者が在籍した)。二〇〇六年には「執行委員会」の構成を一五人に絞り、同時に常設の「キャンペーン・チーム」を設置して、世論調査のために専門企業とも契約を結んだ。

党の財源のうち、約四五%はメンバーの会費でまかなわれていたが、議員報酬からの寄付が二五%、国からの助成金が二〇%を占めた。この収入は、各組織の運営費だけでなく、ラジオやテレビの放送にも充てられるようになった（Groen Links, 2002）（ちなみにオランダの他政党は、財源の多くを党員からの会費に依存しており、議員からの寄付は少額なのが特徴である）。

こうしてプロフェッショナル化が進んだことで、指導部に権力が集中する結果になったのだろうか。一九九五年の総会に出席したある代議員は、「党の権力は様々な機関に分権化されている」と語っていた（Lucardie/Van Schuur, 1996）。しかし実際には、国会議員に注目が集まり、代表であるポール・ローゼンモーラーの名声と影響力が高まるようになっていた。しかも、彼が総会での決定に反する発言を行ったことに対して不満をもつメンバーもいた。それでも一九九八年の国政選挙では、彼を候補者リストの筆頭にすることに誰からも異論は出なかった。その上、「国会議員の任期は二期まで」という規定にかかわらず、彼は二〇〇二年の国政選挙で三期目に立候補することを許されたのである。

ただし、一九九七年の総会では「メンバーの投票で党代表を選出する」という規約が廃止されたが、二〇〇五年になると、再びメンバーの投票で党代表を決定することになった。また総会における「候補者推薦委員会」の権限も弱められた。二〇〇五年には「戦略委員会（Strategic Council）」と「国政選挙運動チーム」が設置され、選挙運動の戦略と方針は党中央の組織が決定することになった（Meijer, 2006）。

結局のところ「左翼緑の党」の組織は一九九〇年以降、実質的に大きな変化はなかったと言える。二〇〇二年の調査でも、メンバーのほとんどが、分権化された組織に満足していた。「党代表に権力が集中しすぎている」と感じていたメンバーは一八%だけで、「国会議員の影響力が強すぎる」と答えたのも九%しかいなかった。他方で、「総会の権限が弱すぎる」と答えたメンバーが一四%、「メンバーの権限が弱すぎる」と答えたのは三五%だった。

「緑の党」の組織改革（一九八八年～二〇〇七年）

他方で「緑の党」は、何度も組織改革を繰り返し、選挙に敗北するたびに組織と戦略を見直した。「アムステルダム緑の党」と「緑の連合」が合併して一年も経たない内に、プロジェクト・チームが設置されて組織改革を検討したが（Visser, 1989）、組織は変化しなかった。

一九九一年の州議会選挙で一議席しか当選できなかった原因についても、組織と戦略に問題があると考えられた。ファン・ダインを中心とするアムステルダムのメンバーは、連合体的な組織のあり方を批判し、「総会で方針を決定すべき」と主張した。彼らは、権力の中心を、混乱して非効率な「評議会」から総会に移すべきだと考えたのである。この提案は一九九二年の「拡大評議会」で議論され、五六対三二の賛成で承認されて、二年間の実施後に点検することになった。ところが、反対派はこの決定を「緑の党の組織原則に反する」と批判して離党し、新たに「連邦主義者92（Federalist '92）」を結成した（Van Duijn/Visser, 1992）。

一年後には「緑の党」の新たな組織が規約化され、メンバーが直接参加する全国組織だけを継続して、それまでの州組織を廃止した。ただし、各州に在籍するメンバーや「地域支部（local branch）」を登録するための事務的機関は各地方に残された。しかも、「地方支部（regional blanch）」が独自に規約を定めて組織運営を行うことも認めたため、党の方針に反する決定が行われることもあった（De Groenen, 1993）。

結局、この組織改革は権力を分散させることになった。規約上、権力の中心は「評議会」から、最高議決機関である「総会」に移行して、毎年一回以上開催されることになった。綱領と規約の決定、国会議員の政策の監督、国会議員候補の選出も「総会」で決定されることになった。日常的な対応を行う「執行委員会」も「総会」で選出された。「執行委員会」の任期は二年で全員が交代し、再任は認められなかった。権力の中心が草の根メンバーに移行し、すべてのメンバーが「総会」に参加できて議決権も与えられた。わずか五％のメンバーが賛同すれば、臨時総会も招集できたし、規約もメンバーの投票で改正できた。

このように直接民主主義の原則が強化されたものの、代議制を完全に廃止することはできなかった。総会の決定では「評議会」には何の権限もなく、一つの委員会と位置づけられていた。ところが「執行委員会」と国会議員を監督するためには「評議会」が必要であるとして、年四回、開催されたのである。

一九九〇年代中頃にも、組織問題が再び争点となり、一九九四年の総会では「評議会」の委員を「地域支部」が選出することにした。しかし、同年の国政選挙では再び一議席も獲得できなかったことから、さらに組織改革が議論されたが改革方針は承認されなかった。一九九六年の総会では、数名のメンバーが、以前のような地方組織の連合体に戻すことを主張したが、直接民主主義による総会の開催を継続することが承認された。

それでも一九九七年の総会では、地方組織の連合体という組織論を完全に放棄して、「評議会」と「地方支部」も廃止された。それまでメンバーのほとんどは「地方支部」に加入していたが、その後はすべてのメンバーが「地域支部」に加入することになった。さらには、「地域支部」が「執行委員会」の委員を選考して、総会で承認を受けることにした。最大の「地域支部」であるアムステルダムからは、二人の執行委員が選出され、その他の「地域支部」からは各一人が選出された。「緑の党」唯一の州議会

表10-2　緑の党と左翼緑の党のメンバー数（1989年～2007年）

年	緑の党	左翼緑の党
1989	331	18,400*
1990	441	15,900
1991	494	14,971
1992	420	13,548
1993	387	12,500
1994	600	12,978
1995	480	11,705
1996	525	11,617
1997	563	11,873
1998	558	13,821
1999	400	13,855
2000	400	14,314
2001	200**	15,037
2002	220	18,469
2003	148	20,503
2004	175	20,709
2005	不明	21,383
2006	不明	23,490
2007	120	21,901

*連合した各政党と直接加入のメンバー数の合計。
**会費未納者を除外したメンバー数。

出典：「オランダ政党資料センター」

議員がいる州では、次回の選挙準備と州議会議員を監督するために「州執行委員会」が設置された。

「執行委員会」は年四回以上開催され、メンバーなら誰でも「執行委員会」に出席できたし、議決権はなかったが発言もできた。こうして「執行委員会」が「評議会」の機能を引き継いだが、唯一の例外があった。それは、これまでのように「執行委員会」は議員の判断に対して「監督」せず、「助言」にとどめるという点だった。議員の活動を党組織から自由にしたのである。

その後、「緑の党」の組織はほとんど変化していない。「地域支部」が約二〇しかない小規模な政党にふさわしいシンプルな組織になった。現在の「緑の党」の組織は、さらに縮小している。二〇〇〇年に会費を納入したメンバーは二二一〇人だったが、二〇〇四年には一七五人に減っている（表10‐2参照）。「執行委員会」に委員を選出しているのは六支部だけである。収入の九〇％は会費に依拠しており、メンバーの会費が党を支えている（Ter Haar, 2002）。

二〇〇七年における「左翼緑の党」と「緑の党」の比較

二〇〇七年までの両党の特徴を、本書の序章、表1‐1で示した一四の基準にしたがって比較分析しよう。

第一に、両党の「起源」は大きく違っている。「左翼緑の党」は、新しい社会運動に支持されながらも、小規模な既成政党の合併によって誕生した。他方で「緑の党」は、他国の緑の党と同様に、地方の環境運動団体と「政治的急進党」を離党した何人かのメンバーによって設立された。

第二に、両党とも明確な「イデオロギー」はもってなかった。「左翼緑の党」は政党としての理念は掲げていたが、イデオロギーについては言及を避けていた。「緑の党」も選挙では「エコロジーを基盤とする連帯」と「平等」を主張していたが、党綱領の中でこうした原則を宣言したのは近年のことである。

第三に、両党とも「社会運動との組織的な連携」はなかった。そのため「緑の党」は勢力を拡大できなかった。ただし「左翼緑の党」は、社会運動と個人的なつながりをもっており、国会議員の候補者も社会運動の出身だった。

第四に、両党とも政権に参加しておらず、近い将来もその可能性はないと予測される。連立政権に参加することは、「左翼緑の党」内にいる元「社会主義平和党」や、「緑の党」内にいる元アナーキストのメンバーが反対するだろう。ただし、両党とも基本的には「政権に参加しない」とは表明しておらず、「左翼緑の党」は地方議会レベルでは連立政権に参加している。(訳注1)

第五の「メンバー数」については、「左翼緑の党」のメンバーは少人数でもなく、一九九六年以降は増加傾向にある。二〇〇七年の調査で「左翼緑の党」に投票した有権者のうち、約七%が会費を納入したメンバーだった。他方で「緑の党」のメンバーは常に少人数で、一九九七年以降は得票数も減少している。一九八九年の調査では投票者の一%が会費を納入したメンバーだったが、一九九四年と一九九八年には三%だった。

第六に、両党とも「共同代表制」を採用していない。「左翼緑の党」は代表を置かない時期もあったが、代表は常に一人だった。「緑の党」には反権威主義的な政治文化があり、強力なリーダーシップを容認しない傾向がある。

第七に、両党とも基本的に、国会議員の候補者は総会で決定している。

第八の「党と国会議員の関係」については、両党とも国会議員団に対する統制力をもっていない。ただし「左翼緑の党」は、規約上では総会で議員を更迭することもできることになっているが、「緑の党」にそうした規定はない。議員の任期を定めて交代制を徹底することも重視されなかった。「左翼緑の党」の国会議員は任期を延長したし、「緑の党」も一九九七年には交代制の規定を廃止した。

第九の「権力の中心」については、両党とも「総会」の役割を強化してきた。とくに「緑の党」では、その傾向が顕著である。「緑の党」は一九九七年まで、地方支部が選出した代議員が構成する「評議会」を権力の中心と位置づけていたが、同時に一般メンバーも総会で発言し、影響力を行使していた。「左翼緑の党」の場合は、常に「総会」が最高議決機関だった。

第一〇の「基礎組織」は、両党とも「地域支部」である。「緑の党」においては、一九八〇年代から一九九〇年代初めまで「地方支部」が重要だったが、「左翼緑の党」では当初から「地方支部」を重視しなかった。両党ともに「地域支部」が選挙運動だけでなく直接行動、討議集会、イベントなどでメンバーや支持者を動員していた。

第一一の「基礎組織と幹部との関係」については、両党とも「地域支部」が総会を通して影響力を行使していた。「緑の党」はメンバーなら誰でも総会に出席し議決権をもてた。「左翼緑の党」も一九九一年まで、そして再び二〇〇一年以降、同様の方式で総会を運営している。ただし両党とも、メンバーから動議が提出されて総会で承認されたことはほとんどない。

第一二の「メンバーの役割」については、「メンバーは受け身で、活動に参加しない」という不満が多かった。何らかの活動に参加していたメンバーは三分の一だった。

第一三の「財源」については、両党の状況は大きく異なる。「左翼緑の党」は、上下両院に議員を擁し

訳注1　二〇一〇年六月の国政選挙で「左翼緑の党」は六・七％の得票率で、前回の七議席から三議席増の一〇議席を獲得した。さらに二〇一二年四月には、「自由民主国民党」のルッテ首相が内閣総辞職を発表し、政権が崩壊。緊急に、「自由民主国民党」「キリスト教民主党」「左翼緑の党」「民主66」「キリスト教連盟党」の五党からなる暫定政府が誕生した。

ているため多額の助成金が支給されており、収入の二五％を占めている。メンバーの会費が占めるのは三五％であり、残り四〇％は議員からの寄付である。

「緑の党」には議員がいないため、国からの助成を受けていない。選挙運動時に、ラジオやテレビを通じてわずかに政見放送が行われる程度である。したがって、収入のすべてはメンバーの会費に依拠している。また間接的に「マーテン・ビアマン財団」から助成金を受けている。

最後に「党の機関」について言えば、一般的に組織の「プロフェッショナル化」は財源の豊かさに比例すると言える。「左翼緑の党」では一九九〇年代に一時、事務局を減らしたが、党中央、調査局、教育機関、「持続可能な連帯のための財団」では二五人の専従事務局を雇用していた。他方で「緑の党」の事務局を担っていたのはボランティだけであり、「マーテン・ビアマン財団」についてはほとんどの活動費を国から援助されていたが、二〇〇三年までパートタイムの事務局が一人いただけである。

以上の比較から二つの結論が導き出せる。創設から約二十年以上が経過したが、「緑の党」は依然として典型的な「アマチュア運動家の党」である。その一方、「左翼緑の党」は全く異なる組織に変化した。前身の「共産党」「政治的急進党」「社会主義平和党」の流れを組んで、小規模ながらも「大衆政党」の特徴を備えている。ただし「左翼緑の党」でも、メンバーが直接総会に出席して議決権をもつようになったことで、少しずつ「アマチュア運動家の党」の傾向も強まっている。

両党とも一九九〇年代には組織を「プロフェッショナル化」することを目ざしたが、「緑の党」には必要な財源がなかった。「左翼緑の党」では、専門職化した議員と運動家とが衝突することもあるが、今も両党では運動家が大きな役割を担っている。ただし現在の「左翼緑の党」は、「プロフェッショナルな選挙政党」の要素も合わせもつようになった。リーダーは専任化した個人に依拠するようになり、国会議員代表と事務局の影響力も強まっている。

二つの緑の党を分析すると、他国の緑の党とは異なる傾向が発見できる。「緑の党」は大きな組織改革を実行したが、それには外的要因が大きく影響している。すなわち、環境運動団体からの支持がなかったことや、規模の大きな「左翼緑の党」と競争を強いられたことが改革の要因となったのである。内的要因としては、ロエル・ファン・ダインを中心とした派閥が、連合体的な組織に反対したことがあげられる。ただし「緑の党」では、リーダーと派閥間との権力バランスがしばしば変化したため、個別の事例を改革の要因と位置づけることは困難な状況にある。

「左翼緑の党」における組織改革は抑制されたものだった。選挙の敗北によって改革の必要性が正当化されることもなく、むしろ組織改革を促したのは、緑のイデオロギーの特徴である党内民主主義と参加の思想だった。「左翼緑の党」の母体であった既成政党が目ざしていたのは「大衆政党」だったが、「左翼緑の党」は意識的に過去から脱却し、少なくとも部分的には「アマチュア運動家の党」へと進んでいった。政治的社会的な自己認識にもとづいて自己改革を進めた事例であると言えよう。一般的に政党は、外部からの衝撃や内部での変化に影響されて組織改革が起こると考えられている。しかし「左翼緑の党」の場合には、「自己認識が変化した結果として改革が進んだ」新しい一般理論に該当する実例と言えるかもしれない。

第四部　少数の国会議員を擁する緑の党

第11章　実験的な進化　オーストラリアとニュージーランドにおける緑の党の発展

オーストラリアとニュージーランドの緑の党は、独自に進化をとげてきた。欧州では当然のように考えられてきた緑の党の組織と発展過程に対して問題提起となるだろう。そもそも世界で最初の緑の党の母体は、一九七二年にオーストラリアで設立されたのである。

本章では、二つの緑の党の設立と組織に影響を与えた特殊な環境について考察するが、そこには三つの重要な特徴がある。

第一には、ニュージーランドとオーストラリアの社会が比較的平等であり、ネットワーク的な社会構造にあること。第二には、両国の選挙制度が欧州と異なっていること。そして第三に、一九七〇年代中頃まで両国の労働党は保護主義的な政策を進めてきたが、一九八三年から一九九〇年代初期に政権の座について以降、新自由主義へと政策転換したことである。一九九〇年代には比例代表制に近い選挙制度が導入された。さらに、新自由主義的な経済政策が社会と環境に様々な影響を与えたことで、緑の党も選挙に成功するようになったのである。

オーストリアの小さな島であるタスマニア州で、「統一タスマニア党（United Tasmania Party）」の前身である「統一タスマニアグループ（United Tasmania Group）」が結成されたのは一九七二年三月だった。さらに五月には隣国のニュージーランドで「バリュー党（Values Party：真価党）」が結成された。当時は、「緑の党」と名乗っていなかったが、両党の政策は今日の緑の党そのものだったと言える。その政策や主要な人物たちも、一九九〇年代に発展した緑の党へと引き継がれていった。政党としての登録も今日の緑の党に継承されている。「統一タスマニアグループ」が「オーストラリア緑の党」になり、「バリュー党」が「ニュージーランド緑の党」へと発展して名称変更したことは、両国の選挙管理局にも記録されている（原注1）（Dann, 1999）。

原注1　本章の執筆者であるクリスティーン・ダンは、「ニュージーランドとオーストラリアを初めとする緑の党の世界的な起源」と題する博士論文を一九九九年に執筆している。また彼女はニュージーランドで設立された「バリュー党」における最後の有給事務局であり、一九九〇年以降は、全国広報官（一九九〇〜一九九二年）、州評議委員（一九九一〜一九九三年）、全国執行委員（一九九六〜一九九七年）、「バンクス半島保護キャンペーン」マネージャー（一九九六年、二〇〇二年、二〇〇五年）、党共同議長（一九九八〜二〇〇〇年）、全国キャンペーン共同マネージャー（一九九九年）、候補者選考委員（二〇〇一〜二〇〇二年）、「戦略推進グループ」（二〇〇三〜二〇〇四年）を担った。二〇〇〇年から二〇〇六年までは、「ニュージーランド緑の党」の議員会派で研究員や農業・貿易・外交政策などの教育担当を務めた。本書における一九九〇年以降のニュージーランドとオーストラリアの緑の党の組織の展開については、彼女自身の経験を踏まえたものである。ただしオーストラリア緑の党については、同党の元財務責任者であったグレッグ・バクマンの協力による。

オーストラリア

タスマニア州で生まれた新たな政党の構想

一九七二年に、タスマニア州では、自然が手つかずのまま残されていたペダー湖で、ダムの建設計画が持ち上がった。そして同時期に国政選挙が実施されることになったので、そのチャンスを生かすため「統一タスマニアグループ」という政党を結成しようとする気運が急速に高まった。運動の目標は、タスマニア州に水力発電を導入しようとする「自由党」と「労働党」の合意に反対することだった。「統一タスマニアグループ」の代表には、タスマニア大学の植物学者で「ペダー湖行動グループ」の設立者でリーダーだったディック・ジョーンズが就いた（Dann, 1999）。一九七二年三月二十三日に、タスマニアの州都ホバートで大規模な市民集会が開催され、「統一タスマニアグループ」の結成と活動方針が決定された。

国政選挙では当選を果たせなかったが、彼らは政治活動を続けることにした（正式に政党登録したのは一九七四年である）。彼らは「新しい倫理」と題した政治宣言を作成し、この二ページの文書には、環境だけでなく社会・文化・経済における党の目標と理念が掲げられていた。代表のディック・ジョーンズが目ざしていたのは、「統一タスマニアグループ」を環境保護だけでなく社会と政治を変革するための運動体へと発展させることだった（Dann, 1999）。

そこで彼らは設立当初から、「統一タスマニアグループ」を本格的な政党にしようとした。ただし「統一タスマニアグループ」の規約を起草したのは「オーストラリア労働党」を除名された一人のメンバーであり、彼が参考にしたのは「労働党」の形式的でピラミッド型の組織だった。規約によれば、支部を組織して、党首と一〜二名の副党首、事務局長、財務責任者、監査役を選出することになっていた。そしてタスマニア州に五つある選挙区ごとに「地域評議会」を設置して、年四回、会議を開催することにした。さらに「執行委員会」「政策委員会」「規約委員会」を設置して州の総会で選出することとした。その上に「全州評議会」を組織して、事務や財務処理については「中央執行委員会」に指示を与えて監督するとともに、選挙運動を担当することとした（Walker, 1998）。

以上が、規約上の組織形態だったが、実際には会費を納入するメンバーがタスマニア州全体でも二五〇〜三〇〇人しかいなかった。そのため、これらすべての職務を担い、会議に参加できる人数も揃わなかったため、規約通りに組織運営することはできなかった。そこで結局、実態に合わせて、草創期の緑の党の特徴である大多数の合意にもとづき意思決定を行うことにした。代表のディック・ジョーンズも、環境問題を引き起こした原因の一つはピラミッド型の社会構造にあると考えていた。そのため「ピラミッド型でなく、ネットワーク型で協同形式の組織を作って分権化し、メンバーの直接参加によって意思決定する」組織方針が提案された（Dann, 1999）。「統一タスマニアグループ」の創設者の一人は、後に他国の緑の党にも共通する、規約を重視しない意思決定方法について「その時々で、陽気に意見を交わしながら方針を決めており、政党というより友人関係に近かった」と語っている（Dann, 1999）。「統一タスマニアグループ」は、社会に開かれた政治団体だった。一九七四年には、活動資金の中で会費収入が占めていたのは一〇%だけだった。公的な政党としての条件を満たしていないため、州からの補助金もなく、お祭り的なイベントを開催して活動資金の大半を集めた。フォークソング・コンサート、原生林ウォーキング大会、自然保護地域についての映写会、ワインとチーズの夕べ、バーベキュー大会なども開催した(Dann, 1999)。

こうした「政治を楽しむ」というテーマは、ニュージーランドの「バリュー党」にも共通しており、どちらの政党も小規模な都市で誕生したことに特徴がある。オーストラリアのホバートも、ニュージーランドのクライストチャーチも、当時の住民は二五万人以下だった。メンバーの多くは、そこに生活する若者や学生たちだった。党が結成される以前から、彼らはみな友好関係にあった。大きな一軒家を四~五人で借りて、家事を分担しながら共同生活をするのが一般的であり、そうした人間関係を通して社会的なネットワークが広がっていた。当時は、キリスト教関係者や、政治運動のグループも共同体作りを広めていたが、両党メンバーの共同生活はそのような意図的に組織された社会関係ではなかった。それでも彼らが共同生活をおくっていたことで、社会的な思想もすぐに伝達され、個人的な人間関係を通して政治的な関係が広がる社会環境があったのである。

コミュニティ活動から誕生した政党

初期のリーダーだったディック・ジョーンズが、新たな政治哲学を打ち出した理由は当時の社会状況と結び付いていた。「統一タスマニアグループ」の政治的な方向性を検討していた彼は、一九七四年六月に次のように語っている。

「経済力がもたらした巨大な問題を解決するためには、経済資源を適正に配分する中央政府が必要である。ただし意思決定の権限については、できる限り自然で人間的な規模のコミュニティレベルに委譲することが重要である」。彼は、「統一タスマニアグループは、先進国において初めて地域を再建する貴重な党になりうる」と信じていた（Dann, 1999）。

したがって「統一タスマニアグループ」の実際の活動も、彼が提示したイデオロギー的な方向性と一致していた。コミュニティを基礎にした意思決定を尊重し、規則よりも合意にもとづいて方針を決定したのである。

もう一つ重要な点は、「統一タスマニアグループ」のメンバーが様々な地域組織の運動家だったことである。たとえば「ペダー湖行動グループ」「バッテリー・ポイント協会（州都ホバートにある最古の歴史的遺産を保全する団体）」「ダーウェント川保存委員会」などである（Dann, 1999）。「統一タスマニアグループ」の支部としても地域活動に参加し、たとえば「フオン・バレー支部」は有機農家間で農業機械や資材の貸し借りを支援する活動を行っていた。

一九七〇年代〜八〇年代の落選

オーストラリアのタスマニア州の選挙制度は「単記移譲式投票制」を採用している（訳注1）。小規模政党や無所属の候補にとって必ずしも不利な選挙制度ではなかったが、「統一タスマニアグループ」は一九七〇

訳注1　比例代表制の一種だが、自分が一番好ましく思う候補者が落選した場合に備えて、二番目、三番目に好ましい候補者も指定して投票する制度。

年代から八〇年代にかけて九回、選挙に挑んだものの当選できなかった。しかも一九七七年には、環境保護と社会改革を政策に掲げた「オーストラリア民主党」が結成され、対象となる有権者層が重なるために強力な競合相手となった。

そこですでに一九七六年末の段階で「統一タスマニアグループ」のリーダーたちは、タスマニアの自然を保護するために別の方法を模索し始めていた。彼らは「タスマニア自然協会」というラディカルで革新的な自然保護団体を設立し、「統一タスマニアグループ」の候補者だったボブ・ブラウンが代表になった。

一九九二年「オーストラリア緑の党」の結成

一九八九年には、ボブ・ブラウンがタスマニア州議会議員に当選した（Damn, 1999）。彼の仲間には四人の議員がいたが、当時はまだ「オーストラリア緑の党」が設立されていなかったため、彼らは「緑派・無所属」を名乗っていた。ただしタスマニア州議会では政党の力関係が均衡していたため、少数派の彼らもキャスティング・ボートを握れた。彼らは、環境政策の実現を条件に「労働党」と合意して、タスマニア州において歴史的な「労働党」政権を誕生させた。当初の合意が準備不足だったために二年余りで連携は決裂したが、緑の運動にとって最初の貴重な経験だった。タスマニア州だけでなくオーストラリア本土でも「緑の党」の設立を目標にしていた彼らにとって、新たな展望を切り開くことになったのである。

一九八〇年代は、オーストラリアの緑の運動家たちにとって「先住民が住む森林保護」と「原発・核兵器の廃絶」が運動の焦点だった。一九八〇年代初めのオーストラリアでは、ウランの採掘と輸出、さらにそのウランを用いた核兵器に対して大規模な抗議運動が起きていた。一九八四年には、ウラン鉱山の数を制限すると公約に掲げていた「労働党」が方針を転換したことで、抗議運動から発展した「核軍縮党」が結成された。一九八四年末の連邦議会選挙では、西オーストラリア選出のジョー・バレンタインが「核軍縮党」から上院に初当選した（Brown/Singer, 1996, Papadakis, 1993, Prior, 1987, Vallentine, 1987）。

　ところが「核反対」というシングル・イシューの運動が短期間のうちに政党として自立することは困難であり、「核軍縮党」は分裂してしまった。そこで一九九〇年にバレンタインは、新たに結成された「西オーストラリア緑の党（Western Australian Greens）」に参加し、オーストラリア初の「緑の党」の上院議員になった。

　公式に政党となった「西オーストラリア緑の党」は、平和運動の思想を受け継ぎ、メンバーが直接参加して、合意にもとづく意思決定を重視する組織を形成した。メンバーや対象となる有権者は「オーストラリア民主党」と重複していたが、両党の間には多様性を尊重する協調関係が築かれていたため、激しい競合や対立関係には至らなかった。こうした関係はオーストラリア東部の州でも同様であり、緑の党を形成するために努力が続いた。緑の党と「民主党」のリーダーたちは「核軍縮党」に残る運動家とも連携し、当選を目ざして選挙協力したのである（Brown/Singer, 1996）。

　こうして一九九〇年時点では、タスマニア州議会と連邦議会の上院で緑の党の議員が誕生したが、全国レベルの緑の党は結成されていなかった。一九九〇年の国政選挙では、自然保護が大きな政治課題となり（Bean et al. 1990）、「労働党」も人気のある環境大臣を選挙運動の前面に押し出したため、緑の運動家たちは、環境問題を選挙の争点にするチャンスと考えた（Papadakis, 1993）。そのため全国レベルの「緑の党」結成に向けて真剣な努力が続けられたが未だ実現できずにいた。

しかし一九九二年にはタスマニア州の「緑派・無所属議員」と支持者たちが「タスマニア緑の党」を結成。そして同年八月に、タスマニア州、クイーンズランド州、ニューサウスウェールズ州の運動家がシドニーに集まり、ついに「オーストラリア緑の党（Australian Greens）」が結成された。「西オーストラリア緑の党」も二人目の上院議員として、ディー・マーゲットが当選した（ただし「西オーストラリア緑の党」が、「オーストラリア緑の党」に加わったのは、それから十年後だった）。

一九九五年には「オーストラリア首都特別地域（首都キャンベラを含む選挙区）」の議会に二人が当選し、ニューサウスウェールズ州議会でも一人が当選した（Brown/Singer, 1996）。

一九九六年には、タスマニア州議会で再び「タスマニア緑の党」がキャスティング・ボートを握るようになった。西オーストラリア州議会でも二人の議員が当選し、さらに連邦議会選挙では西オーストラリア州選出の二人の上院議員のうち、一人は落選したが、ボブ・ブラウンがタスマニア州選挙区で上院議員に当選したため、上院では引き続き二議席を維持した。

一九九九年にはニューサウスウェールズ州議会で二人目の議員が当選、二〇〇三年には三人目が当選した。二〇〇一年には西オーストラリア州議会で二議席増やして五議席になった。さらにニューサウスウェールズ州でも初の上院議員が当選した（ただし西オーストラリア州の上院議員が一人落選したため、上院議員は二人のままだった）。

二〇〇一年には「オーストラリア緑の党」が主催者となり、世界で初めての「世界緑の党大会（グローバル・グリーンズ）」が首都キャンベラで開催され、七二カ国から八〇〇人の緑の党メンバーが参加した。

そして二〇〇二年には、初めての下院議員がカニンガム選挙区の補欠選挙で当選した。オーストラリアの下院で小政党が当選したのは一九四六年以来、初めてのことだった。同年には、タスマニア州議会における「緑の党」議員の当選を阻止するために、「労働党」と「自由党」の合意によって議席数が削減された。そのため当選ラインは上がったが、「タスマニア緑の党」は四議席を獲得して、両党の画策を失敗に終わらせた（Crowley, 1996, 1999）。

このように一九九六年から二〇〇三年までの当選者数は少なかったものの、議席を獲得できなくても「緑の党」の支持率は上昇した。二〇〇四年の選挙前に行われた世論調査によれば、支持率は過去最高の一二％に達していた。二〇〇四年の連邦議会選挙でカニンガム選挙区の下院議員は落選したが、上院の議席は四人に増え、得票率は全国で七・六％になった。上院では「民主党」に代わる勢力になったが「緑の党」にとってこの結果は期待したほどの成功とは言えなかった。下院で「緑の党」が当選困難だったのは選挙制度のためだった。社会民主主義の「労働党」と保守派の「民主党」が競合する選挙区で両党が第二の選択肢として支持者に指示したのは、キリスト教政党「ファミリー・ファースト（家族優先）党」であったため、「緑の党」が当選するのは困難だったのである（原注2）。

こうして「緑の党」の支持率は全国的に上昇していたが、二〇〇五年二月の西オーストラリア州議会選挙では、五議席から二議席に減少した。それでも「緑の党」が成長したことで「民主党」は「主要だが小規模な政党」へと後退し、すでに二〇〇四年の選挙は「労働党」と「自由党」の争いになっていた。

上院では正式に「緑の党」の会派が結成された。二〇〇七年末の総選挙では南オーストラリア州でも初の上院議員が誕生し、上院における「緑の党」の会派は五議席に増えた。「自由党」に代わって「労働党」政権が誕生し、「労働党」の得票率が上昇したにもかかわらず、「緑の党」の得票率も上院で九・〇四％、下院で七・七九％に増加した。上院で五議席を確保したことで、正式に政党としての地位を獲得した「緑の党」には、国会の事務局などの援助が与えられるようになった。また上院では、他の無所属議員や「ファミリー・ファースト党」の議員と連携して、キャスティング・ボートを握るようになっている。(訳注2)

ニュージーランド

オーストリアで「統一タスマニアグループ」が結成された二カ月後の一九七二年五月には、ニュージーランドで「バリュー党」が結成された。「バリュー党」は、「統一タスマニアグループ」のような環境保護団体から生まれたわけでもなく、既成の政治組織が基盤になったわけでもなかった。発案者は、当時二十四歳のジャーナリストであるトニー・ブラントという青年だった。彼はニュージーランドの首都ウェリントンで政治学を学び、一九六〇年代に発展した若者たちによる新しい社会運動を研究していた。たとえば、女性解放、同性愛者の権利獲得、先住民マオリの人々による土地や言葉の権利を求める運動、アパルトヘイト政策を進める南アフリカ共和国とニュージーランド政府との経済連携に抗議する運動、人種差別、太平洋上における核実験、ベトナム戦争などが運動団体のテーマだった。青年が中心となった左翼的な政治団体「進歩的青年運動」も活動していた。ニュージーランドには伝統的な自然保護団体も存在したが、こうした新しい社会運動とは目的も人材もまったく異なっていた。さらにまた、ラディカルで都市型の環境保護団体「エコロジー・アクション」や「地球の友」なども新たに設立されて発展していた。ところが一九四〇年代以後のニュージーランド政治を支配してきた「労働党」と「国民党」の二大政党は、こうした新しい運動とは人的なつながりもなければ、思想もまったく異なっていた(Dann, 1999)。

そこでトニー・ブラントは、こうした新たな状況を反映する新党を設立すべきと考えた。一九七二年五月、首都ウェリントンにあるビクトリア大学で、彼は約六〇人の聴衆を前にして、新党設立の必要性を訴えた。彼が当初、考えていた党名は「青年党」だった。彼は自分の構想が三十代以上の人々にアピールするとは思えなかったからだった。しかし周囲からは「ヒットラー青年隊」を連想して印象が悪いといった批判が出たため、新たに考案したのが「バリュー(真の価値)」という党名だった。それは彼にとって中心的な思想である「生活の質」という新たな価値観を表現していた。

原注2　オーストラリアの下院議員選挙の選挙区では「選択投票制度(選好順位連記投票)」によって投票が行われる。有権者は一人の候補者に絞るのではなく、候補者の選好順位を選択して投票する。第一順位の候補者が得票率の過半数を超えなかった時には、最下位になった候補者の票が再配分され、それでも過半数を超えなければ、同じ手順が繰り返される。こうして二番目に望まれた候補者が、当選者を決定することがよくあるため、各政党はお互いに二番目に選択する候補について予め合意し、投票時の候補者の選択順位についても支持者に要請することが多い。

訳注2　二〇一〇年の選挙では、上院の議席を九に増やして第三の勢力になった。

結成総会でブラントは「過剰な消費を基盤とした経済成長」を批判し、「経済にとっての必要性でなく、人間の必要性に適応した社会を創ろう」とアピールした。彼の主張に賛同した人々が参加し、ジャーナリスト仲間が中心となって、ニュージーランドの主要都市で三つの支部が設立された。しかし選挙の投票日が一カ月にせまっても組織は広がらず、八七の選挙区で九人しか候補者を擁立できなかった。ところが社会問題を報道する有名なテレビ番組にブラントが出演したところ、驚くほどの反響を呼んだ。放送の一週間後には初の全国総会が開催され、最終的には四二人の候補者を擁立した。メンバーの平均年齢は二十九歳で、ロック・コンサート、路上でのゲリラ的な演劇、前衛的なポスターや公開討論会などが彼らの選挙運動であり、若者たちから熱狂的に支持された。しかし、全国の得票率はわずか二％で、一三の選挙区で三位に位置したが、新党の将来は見えなくなってしまった。

無政府状態に陥った新たな政党の実験（一九七三年）

一九七三年二月には「バリュー党」の第二回総会が開催された。組織、規約、活動方針、地方議会選挙についての検討が主な議題だった（Dann, 1999）。この総会で提案したのは、後に重要な保守派団体のリーダーとなった、きわめて説得力のある人物だった。彼は、ぎっしりと書き込んだ一三ページの提案文を配布して「党首、支部、全国執行委員会を置かず、完全に分権的で、指導者の存在しない組織を形成する」ことを主張した。彼の提案は承認され、理論上、すべての決定権は地域組織に委ねられることになった。ウェリントンにある中央組織には、事務処理をこなす事務局だけが置かれた（Dann, 1999）。

当時の総会の議事録を読むと、地域を基盤とした参加型の組織作りを目ざして、新しい政党組織を実現しようする強い意志が存在していたことが分かる。互いの信頼、決定権の共有化、個人の自発性、誠実さ、そして政治に対する情熱が重要と考えられていた。ただしその一方では、新たな組織に対して強く危惧する声もあった。「選挙でリーダーを選ばず、各メンバーの自発的なリーダーシップによって組織を運営するなら、無政府状態に陥らないための対策が必要である」という指摘や、「バリュー党のメッセージを効果的に広めるためには、もっと強力で民主的な組織が必要である」という意見もあった(Dann, 1999)。

結局、この実験によって組織は無政府状態となり、「バリュー党」はほとんど崩壊しかけた。全国的な組織の運営は、キャサリン・ウィルソンという事務局一人によって担われ、彼女は地域組織間のコミュニケーションを維持・促進するためにニュース・レターを発行した。しかし一九七三年末に各地域組織の状況を調査すると、党活動は驚くほど衰退していることが判明した。そこで一九七四年四月には、彼女と、創設者のトニー・ブラント、さらにもう一名とで会合を開き、前年の総会で決定したばかりの「組織運営方針」を転換することを決定した。「組織運営方針」に従えば、総会を開催するためには、地域組織からの発議にもとづき、他の三分の二の地域組織が同意することが必要だった。しかし、彼らはそれを無視して一九七四年八月に総会の開催を呼びかけたのである。

「バリュー党」の再建(一九七四年〜)

一九七四年の総会で「バリュー党」は、組織を改革した。「党首」と「副党首」および「全国執行委員会」とその委員長が選出され、各州と主要都市に「地域組織」を形成することにした。すべての会議と、党の運営方針については、メンバーが直接参加して意思決定することになった。会議の決定は、多数決を採らず、合意にもとづき決定することにした。さらに、「最高代議員会」を年四回開催して党の方針を検討し、「全国執行委員会」と党首に対して指導・助言することにした。

こうした組織の再編成によって、「バリュー党」のメンバーは約二〇〇〇人まで増え、「全国事務局」として二人の専従者（事務局長と組織担当者）を雇用し、国政選挙にも二度、挑戦した。ただし、今回の組織改革でも地域活動を重視しており、メンバーは反核運動団体、リサイクル活動、植樹事業などに積極的に参加した。この視点は、一九七六年の規約に掲げた「党の目的」でも一貫していた。すなわち「バリュー党」の長期目標は「公正で持続可能なコミュニティを基盤とした社会を構築することである」と定義されていたのである（Dann, 1999）。

このように「バリュー党」では、メンバーが積極的、意識的、かつ最大限に意思決定に参加することを組織運営の基本方針にしており、その目的にそって組織を形成した。「組織運営の原則」としては、「下位レベルの組織で効率的に判断できるなら、いかなる方針についても、上位レベルの組織に決定を委ねるべきでない」と規約の細則に定めた。会議も、議長の指示にもとづいて議論を進め、多数決で決定するような伝統的な方法を採らなかった。ファシリテーターを置いて、合意を形成しながら意思決定を進めたのである。彼らはこの手法を、イギリスとアメリカのクエーカー教徒の運動家から直接、学んだ。(訳注3)クエーカー教徒たちは一九七一年から一九七二年にニュージーランドを訪問し、反核実験、反戦、反アパルトヘイトの活動に参加していた「非暴力・直接行動」の運動家たちの指導にあたっていた。このトレーニングを受けた「バリュー党」のメンバーや支持者たちが、その後、オーストラリアに行って

「統一タスマニアグループ」のメンバーにもその手法を伝えたのだった（Dann, 1999, Oppenheimer/Lakey, 1965）。

ただし「バリュー党」がこうした意思決定の手法を導入したのは、彼ら自身の判断でもあった。「バリュー党」の初期メンバーの一人は、ニュージーランドの先住民マオリ族と連携して活動していた。そしてそもそもマオリ族には「誰にもさえぎられずに話す権利をすべての人がもつ」という伝統があった（Dann, 1999）一九七五年に「全国執行委員会」は、合意にもとづく意思決定を実施するため、詳細にその方法を解説した「意思決定の方法についての討議文」を作成し（Willington Region NZVP, 1976）、すべてのメンバーに配布して説明を行った（Dann, 1999）。

こうして「バリュー党」は、全国規模の政党として必要な組織を構築しながら、効果的に選挙を戦い、コミュニティの問題にも積極的に取り組む組織を形成しようとした。さらには法律や財務上、政党に求められる義務も果たしながら、組織活動と意思決定でメンバーの参加を最大限に発揮させようとする政党の先駆者になった。こうした方針は、後にニュージーランドで発足した「緑の党」に引き継がれて「伝説」として語り伝えられた。

「バリュー党」の波乱と衰退（一九七九年〜一九八八年）

組織改革を進めた「バリュー党」だが、選挙結果は一九七五年の得票率五・三％から一九七八年には

訳注3　一七世紀イギリスで設立された、平和主義を提唱するキリスト教会。

二・八％へと大きく後退し、組織を継続することさえ困難になった。ニュージーランドの選挙制度は一人しか当選できない小選挙区制であるため、保守派の「国民党」を政権から降ろしたい有権者にとっては、「バリュー党」のような小政党でなく「労働党」のような大政党に投票した方が自分の投票が生きる可能性が高い。「バリュー党」は小選挙区制度のしわ寄せを受けたのである。

一九七九年の総会では激しい対立が起こった。一方には「明確な社会主義政党へと転換し、党首の役割を拡大してメンバーの役割を縮小し、権威主義的な組織に改革する」ことを主張するメンバーが登場し、他方にはそれを拒否するメンバーがいた。議論の結果、社会主義政策へと転換することが承認されたものの、社会主義派は「党首」の座を獲得できなかった。結局、社会主義派は党を去り、彼らが提案した組織改革も実施されなかった。

ちなみにこの時代のニュージーランド政治は、史上もっとも右翼的な段階に突入していた。一九八四年まで続いた「国民党」は極端に保守的な政策を進めたし、一九八四年に政権交代した「労働党」も新自由主義に進んで行った（ただし「労働党」の新自由主義政策は、政権交代後の数年間は明確でなかった。選挙時点で「労働党」が公約に掲げた、進歩的な反核政策と、充実した社会政策は有権者にとって魅力的だった）。

こうして小選挙区制度というハードルの高さを考えると「バリュー党」のメンバーでさえ、当選を諦めるようになった。そのため一九七九年から八九年まで「バリュー党」の勢力は衰退し、二〇〇〇人のメンバーが二〇〇人程度まで減少した。国政選挙に挑戦するのは、意志の固い数名の候補者だけだった。緑の政治の実現を目ざしたはずの情熱も、様々な市民活動の中に雲散霧消し、残った政治活動は「選挙制度改革」だけとなった。「選挙改革連合」という運動体が目標としたのは、一院制であるニュージーランド議会に「小選挙区比例代表併用制」を導入させることであり、積極的にキャンペーンを展開した。(訳注4) 後に「ニュージーランド緑の党」の共同代表となるロッド・ドナルドは「選挙改革連合」の全国議長を務めたことで政治的に有名になった。

「緑の党」の結成と「連合党」(一九八九年〜一九九五年)

一九八九年の地方議会選挙では、「バリュー党」を脱退した数名の人々が「無所属・緑派」と称して当選した。そして同年に「バリュー党」は「緑の党」へと名称変更し、十一月には「緑派」の地方議会議員とその支持者が集まり、全国レベルの政党を結成して翌年の国政選挙に挑戦することを検討した。

一九九〇年三月には、全国政党の結成に向けた二回目の会議が開催され、「緑の党」と「無所属・緑派議員」とが組織統合することに合意した。そしてついに三回目の会議において「アオテアロア・ニュージーランド緑の党(The Green Party of Aotearoa NewZealand)」(以下、緑の党と呼ぶ)が正式に結成されたのである(「アオテアロア」とはマオリ語でニュージーランドの意)。一九九〇年の国政選挙には九七選挙区で七一人が立候補し、「緑の党」への政党票は六・八%、全候補者の得票率は九・一五%になったが、当選者はいなかった(Bale, 2003)。

一九九一年四月には緑の党として最初の全国総会が開催された。ただしこの時点の緑の党は、各地の運動家によって結成された急ごしらえの政党であり、男女一人の「議長」を選出して、「臨時執行委員

訳注4　「小選挙区比例代表併用制」はドイツの選挙制度と同様に、政党票の得票率によって議席数が決定され、選挙区の候補者と政党名簿の候補者で議席が充足される制度。

会」を設置した。緑の党としての公の顔は、男女各二人・計四人の「広報官（spokesperson）」が担った。会費を納めた正式メンバーは五〇〇人足らずだった。設立当初から緑の党のすべての会議は合意にもとづく意思決定によって行われたが、創設メンバーにとっては長年経験を積んだ馴染みのある方法だった。さらに緑の党として組織化を進め、規約の作成にも取り組んだ。会議を初めとするすべての活動において、メンバーの参加を最大限に高めることが目標だった。

ところが一九九一年十一月になると、緑の党が「連合党」に参加したことで、合意にもとづく意思決定によって組織運営を進めることが困難になった。「連合党」を結成した目的は、小政党が連合して小選挙区で当選を果たすことにあり、「新労働党」の提案によるものだった。さらにまた、共通課題である選挙制度の改革と、「労働党内左派」に対して影響力を与えることも目的だった。こうして緑の党は自らの組織化を進め、同時に「連合党」との協議を行うため、緑の党として「代表」を選出する必要に迫られた。

そこで一九九四年の総会では「連合党」の「代表」を緑の党からも選出し、その一方で、緑の党における「代表」の役割を定めた。規約では「総会」を最高議決機関と位置づけ、開催方法と議事運営規則を定めた。さらに「評議委員会」を設置して、「総会」に議案を提出するとともに、次回の「総会」が開催されるまでの間、必要な決定を行うことにした。「評議委員会」を構成するのは、地方から選出された男女同数各二名の代議員、「執行委員会」の委員長、四人の「広報官」だった。「執行委員会」を構成するのは、男女同数の「共同議長」「事務局」「会計責任者」さらに各地方組織の執行委員会から選出された「代議員」だった。

こうして一九九四年に承認された規約は主として、党の組織構造と運営方法を定めた。ところが現実の緑の党の組織は小規模である上、一九九三年から九七年まで「連合党」に参加していたため、規約で定めた組織運営方針を完全に実施することはできなかった。結局、この規約は緑の党が「連合党」から離脱した後の一九九八年に変更された。

それでも一九九三年の国政選挙で「連合党」は、二つの選挙区で当選を果たした。さらに選挙制度を問う国民投票が実施されて「小選挙区比例代表併用制」が承認されたため、次回一九九六年の国政選挙では「連合党」が議席を拡大する可能性が高まった。

緑の党にとっても初の国会議員を当選できる可能性が出てきたため、「連合党」の内外で緑の党の存在感を強くアピールする必要性が生じ、緑の党でも「党首」を選出することが合意された。一九九五年の総会では、男女各一人の「共同党首（Co-Leader）」を設置する提案が承認され、ジャネット・フィッツサイモンズとロッド・ドナルドが選出された。彼らはその後の十年間、対立候補もなく党首を続けた（ロッド・ドナルドは二〇〇五年に四十八歳という若さで亡くなったが、フィッツサイモンズは二〇〇七年時点でも党首を継続している）。彼らが長年、党首を継続できたのは、有権者に向かって緑の党のメッセージを雄弁に語れた上に、国会内でも政治的手腕を発揮したことによる。さらにまた緑の党には、議員経験のある有力な対立候補が不在だったこともある。彼らが命令型のリーダーシップを行わなかったことも、メンバーは好感をもった。彼らは自分たちの役割を、緑の党の代表として公の前で発言することと、国会内の議員活動に限定していたのである。党内の様々な出来事に指図するようなことはしなかったし、緑の党も彼らにリーダーとしての権限を与えなかった。「全国執行委員会」には彼らも出席し、全員の合意で方針が決定できない場合は採決を行ったが、承認には七五％の賛同を得ることが必要だった。ただし議決権をもつのは代議員に限られており、「共同党首」には議決権は与えられなかった。

初の国会議員の誕生と議席の拡大（一九九六年〜二〇〇八年）

一九九六年には選挙制度が「小選挙区比例代表併用制」に変更され、緑の党に初の国会議員が誕生した。「連合党」として一三人が当選し、その内の三人が緑の党の候補者だった。一九九七年末に緑の党は「連合党」を離脱し、「連合党」の会議にも参加する必要がなくなった（ただし国会議員は「連合党」との選挙協定を遵守して、次回の選挙まで「連合党」の会派に残った）。最終的に緑の党の三人の国会議員のうち、「共同党首」だった二人は「連合党」を脱退したが、一人は引き続き「連合党」に残ることを選択した。

一九九九年九月の国政選挙において緑の党は出遅れたが、五・一六％を獲得した。得票率にもとづき、コロマンデル選挙区で当選した一人を含めて定数一二〇議席のうち、七議席が割り当てられた。彼らのうち六人は、成人になって以降、様々な政治活動にかかわってきた。たとえば、天然資源の保護、廃棄物の減量化、女性の権利、食の安全、失業者の権利、選挙制度改革、遺伝子組み換え作物反対、マリファナ使用の自由化、原発と核兵器反対、平和運動、原生林の保護、人権や労働組合の権利、地域の様々な環境保護活動など、その活動範囲は多岐にわたる。運動経験のない国会議員は一人だけだった。彼らの経歴はまさに「アマチュア運動家」であり、緑の党の特徴を明確に反映していた。(訳注5)

事務局と活動資金

国会議員の当選によって緑の党は、議員を補佐する専従事務局を雇用できるようになった。国会議員が専従の事務局として選んだのは、彼らと同様、党内外で長年、活動してきた運動家であり、事務局に不可欠な経験や専門的な資格をもっている人物だった。事務局は、選挙に立候補したり、議長や政策委員長を務めるなど、これまで緑の党内で指導的な役割を担ってきた。こうして新たに形成された「国会会派」は、豊富な経験を積んだ事務局によって強力に支援されることになった。

ところがその一方で、一九九九年の選挙時に党組織で活動していたのは、半日勤務の事務局一人だけだった。選挙後になって党の実務を管理する責任者が必要となったため、「執行委員会」の「共同議長」たちは「全国事務局」を設置しようと考えた。緑の党も独自の国会議員を抱えたことで、政党として法的な責任を果たし、組織を運営する必要性が高まっていた。もはやボランティアが、限られた時間の範囲で事務処理を進めるのでは限界だった。

しかし一九九九年十二月、「共同議長」が「執行委員会」に「全国事務局」の設置を提案したところ、激しい反対に合った。二〇〇〇年四月になっても決着せず、新たな事務局も任命されなかったため「共同議長」の一人は辞任した。専従事務局長の必要性を主張した彼女の意図に対して見当違いな批判が行われ、個人的な中傷まで受けて嫌気がさしたことが原因だった(原注3)。

最終的には「事務局長」でなく、「党組織調整担当(Party Development Co-ordinator)」という役職を置くことになり、二〇〇〇年の下期になって人事が決まった。役職名から推測すると、支部活動の支援や、キャンペーンの推進が主な役割のように思える。しかし実際の仕事のほとんどは、「執行委員会」や議

訳注5　ニュージーランド緑の党は二〇〇八年の国政選挙で九議席、二〇一一年には一四議席へと議席を増やした。

員の要請に対処することだった。加えて、予算執行や事務管理、キャンペーン事務局の支援も仕事だった。結局は事実上の「事務局長」だったが、自らを縦型の企業的組織ではないと位置づけていた緑の党としては、あくまでも民主的な手順を踏みながら手分けして仕事を進めた。

「党組織調整担当」の手当のほとんどは当初、国会議員による寄付によってまかなわれた（候補者は、当選後、議員報酬の一〇％を党に寄付することを誓約していた）。一九九六年に最初の国会議員が誕生した際には、党収入の半分近くを議員の寄付が占めていた。ところが二〇〇七年になると、メンバーからの会費収入が、国会議員からの寄付を大きく上回るようになった。さらにこの段階になると新たに選出された「共同党首」ラッセル・ノーマンにも手当が支給された。彼が、国会議員を降りたため、収入がなくなったことが理由だった。

現在の緑の党は、積極的に独自に資金集めを行うようになり、法律が定めた最高限度額まで国会議員から寄付を受ける必要もなくなった。もっともこの背景には、二〇〇五年の国政選挙後、会計監査員の調査によって、「国会議員に支給される議員活動費が、緑の党の選挙活動費に充てられている」と指摘された事件があった。ほとんどの政党が同様の支出を行っていたが、緑の党に対してだけ法令違反として数万ドルの返却を求められたのである。緑の党の国会議員は、「会計監査員の判断はきわめて硬直的であり、意図的に緑の党だけを対象にしている」と感じたが、即時に返還した方が良いと判断した。結果的にこの事件が契機になって、緑の党は活動資金から事務局の手当までほとんどすべての費用を国会議員の寄付に依存すること止め、日常的に資金集めができる政党へと変化した。事務所を持ち、有給の事務局を抱えるいくつかの地方組織でも独自に資金集めを実施している。

こうした党内における専門職化は「ニュージーランド緑の党」が政党として進化していることを示しているが、その意味については本章の最後で説明したい。一九九〇年代末から国会議員を増やしてきた「オーストラリア緑の党」でも、同様の傾向と党内における緊張関係が確認できるからである。

オーストラリアとニュージーランド・試行錯誤による組織の進化

「オーストラリア緑の党」は一九九五年に男女各一名の「共同党首」を設置してから、大きく変化した。一九七〇年代に設立された前身の「統一タスマニアグループ」と比較すると、その違いはさらに大きい。「ニュージーランド緑の党」も、国会議員が増え、議会内の主要な勢力になったことで大きく変化した。両党とも、同じ方向に向かっているが、同じ困難にも直面している。選挙に成功した以上、議会政党として機能するためには、外部の論理に従わねばならないからだ。現在の緑の党を構成しているのはアマチュア運動家だけでなく、専従者の人数が増加している。ところが専従者の仕事は議会内の活動を進めることであり、草の根運動の支援が主要な役割ではない。すなわち両党が直面している課題とは、高いレベルにあるアマチュア運動家の活動と情熱を生かし、組織内の民主主義を犠牲にすることなく、国会

原注3　辞任した「共同議長」とは本章の著者である。有給の事務局長を任命することを最初に提案したのも彼女だった。彼女自身、何年間も無給で事務作業を担っていたが、緑の党が法的に対応して組織運営を進めるためには専従の事務局長が必要と考えていた。専門的能力をもつ事務局が、専任で働くことで事務局長としての能力が発揮できると考えたのである。ところが彼女の提案に対しては様々な批判が行われ、中には「民主的で草の根の組織である緑の党を破壊して〝企業化〟しようとしている」という非難もあった。

で成果を上げることなのである。果たしてそのレベルまでプロフェッショナル化を進めることが容認されるだろうか。初期の頃からの中心メンバーにとっては、アマチュア主義こそ緑の党を結成した動機だったし、それこそが緑の党を民主的で活動的な組織にしているのだ。

緑の党に対して、どのような圧力が内外から作用しているのか以下に分析しよう。第一に、最大の外的要因は、他政党の存在である。両国とも大政党の選挙方針が、緑の党の当落を左右している。大政党は同じ選挙区での対立候補の擁立を見送り、緑の党を批判しないことによって緑の党を支援することもできる。他方で、有権者は当選の見込が薄い小政党に対しては、自分の投票が死票になることを危惧して選択肢からはずしてしまう。一九八〇年代のニュージーランドでも、本来なら「バリュー党」に投票されるはずの票が、当選可能性の高い「労働党」に流れてしまった。したがって他政党と協力関係を築くことができれば、有権者の投票行動に対して有利に働く。ところが緑の党の場合、他政党と選挙協力や連合することは、組織内の火だねになり、対立関係が生じる可能性がある。そのため、他政党と連携して国会議員を当選させたり、連立政権に参加しても、支持者には成功と思われないこともある。多くのアマチュア運動家にとっては、自らの権利や要求を主張することが政治活動の目的であって、そのため運動団体でも活動し、直接行動に訴える運動家もいる。その上、アマチュア運動家の中には、緑の党が現状レベルの議会勢力に留まっていることで十分と考えている人々さえ存在する。「他政党と妥協して、自らの主張の一貫性を失ったり、議会外の運動が制限されるくらいなら、少数派のままでいる方が良い」と考える人々も多いのである。

こうして緑の党では「運動」と「選挙」という二つの目標と理念の狭間で、対立関係が起こることがよくある。「ニュージーランド緑の党」でも一九九九年と二〇〇二年の国政選挙直前には、こうした議論が起きた。とくに二〇〇二年には「労働党」との連立をめぐって論争が続き、多くの時間と労力が費やされた。彼らは事前に、「連立政権に参加して大臣に就任した場合の責任と権限」について、内閣の規則まで細かく調べ上げた。さらには、「連立政権参加後、緑の党内における民主主義の重要性と一貫性を維持する方法」についても多くの時間をかけて検討した。二〇〇五年の選挙でも、この問題が議論されてさらに精査を重ねた。ところが現実には、オーストラリアとニュージーランドの「労働党」は連立相手として緑の党でなく、右派政党を選択したため、緑の党の努力は今の所、無駄に終わっている（ただしニュージーランドでは、緑の党と「労働党」政権の間に非公式ながらも合意があり、エネルギー効率の促進や有機農業などに関する政策提案と予算執行については緑の党に判断が委ねられている。また二〇〇八年以降、オーストラリアの「労働党」政権は、上院で法案を通過させるために緑の党と協調する傾向にある）。

「オーストラリア緑の党」には、一九八〇年代に「西ドイツ緑の党」で活発化したような大規模な「原理派」や反政党的な運動家はいない。それでも二〇〇四年には、「オーストラリア緑の党」でも初めて対立的な関係が生まれた。原因は、党の中央組織が他政党との交渉について先決できる仕組みを導入しようとしたためだった。他政党との交渉については中央組織に判断を委ねることを、地方組織に強く要請したのである。反対したのは数名だけだったが、「緑の党は独自路線を歩むべきだ」と強く批判されたため、緑の党の中央組織と「労働党」との交渉は行き詰まってしまった。それでも最終的には「労働党」に対して、「合意を結んだ事項については遵守する」ことを緑の党として確約したことで、二〇〇七年の国政選挙では「労働党」との協調関係が築けた。ただし「オーストラリア緑の党」内では地方組織と中央組織の間に対立関係が生じており、今も続いている。もともと「オーストラリア緑の党」の全国組織は、各地で設立された緑の党の連合体として形成されたため、地方組織の側は中央組織の権力が強力になることを危惧している。ただしその一方では、「オーストラリア緑の党がもっと有効に機能するためには、中央組織を強化することが必要である」という認識が広がっているのも事実である。

緑の党に対する第二の外的な圧力がマスコミであり、緑の党はマスコミに対して相反する感情をもっている。緑の党のような小政党は多額の広告費を用意できない以上、自分たちのメッセージを広めて、存在を誇示するためにはマスコミに報道される必要がある。ところがグローバルに展開するマスコミ業界が求めるのは報道する値打ちのある事件であって、緑の党が本当に伝えたい主張とマスコミの要求が一致することは少ない。したがって緑の党内には、「たとえ関連性が薄い出来事でも、報道されて注目を集めるべき」という意見と、「自らの主張の一貫性を損なうくらいなら、報道されなくてよい」という意見があり、両者の間には緊張関係が存在する。

結局、望ましいのはメンバーや有権者と緑の党の間に、迅速で直接的なコミュニケーション手段を築くことである。そのため「ニュージーランド緑の党」はホームページを使って積極的に情報を発信し、常に最新情報を更新することで、多くの市民が閲覧するようになっている。さらに、メンバーと支持者には定期的にEメールを通して、総合的なニュースや専門的な見解を伝えている。「オーストラリア緑の党」も二〇〇七年から情報発信を開始したが、ホームページの内容は総合的でなく、記事の更新回数も少ない。Eメールを使ったニュースも頻繁には発信されておらず、むしろ地方組織がこの種の活動を積極的に実施している。ただし、上院議員の会派は独自のホームページを持っており、登録者にはEメールで情報を送っている。

第三の外的要因は、議会内の運営手続きである。議員がそれを熟知しなければ議会内で有効に活動することはできない。緑の党は、自発性や創造性を尊重し、同意にもとづく政治手法については習熟しているが、議会内のゲームに勝ち続けるためには細かな規則にも対応しなければならないのは当然のことである。

次に、内的な圧力について考えると、現在は党内における圧力が大きな緊張関係を生むようになっており、今後はこの内部からの圧力が「アマチュア運動家の党」から「議会の党」に発展するための障害になるかもしれない。とくに「オーストラリア緑の党」では、内部からの要求や、組織構造と手続きの変化にどのように対応して、党内を統一するのかという点が全体的な課題になっている。他政党やマスコミ、議会は、緑の党が「アマチュア運動家の党」から脱却することを要求する。こうした時代状況の中で、どのようにしてメンバーの参加を維持するのかが「オーストラリア緑の党」に問われているのである。

党内における第一の圧力は、「意思決定の方法」の問題である。党の発足から現在に至るまで、党内では意思決定の方法をめぐって様々な緊張関係が生じてきた。「オーストラリア緑の党」では常に合意にもとづく意思決定を進めてきた。しかし組織が大きくなった現在、技術をもつファシリテーターが存在しなければ、この決定方法は時間の浪費となり、これまでの組織的な蓄積も無駄になってしまうかもしれない。このままでは運動家のエネルギーを浪費するだけで、本来なら緑の党に参加するはずの運動家を遠ざけてしまう可能性もあるのだ。

党内における第二の圧力は、「組織機構と人事」の問題である。今後は、代表の選出、専従事務局の設置、候補者の選考をめぐって対立が起こる可能性もある。「我々みんながリーダーである」「ボスが必要な組織はいらない」といった理想は今も消滅してない。それでも「ニュージーランド緑の党」は一九九五年に、男女各一人の「共同党首」の選出を決定した。総会では、誰かが党の方針を提案しなければならないし、明確に説明責任を果たす人物がいなければ、マスコミや議会の側が勝手に緑の党のリーダーが誰なのか決めつけてしまうためである。

「オーストラリア緑の党」は二〇〇五年に、「国会議員が会派の代表を選出するにあたっては、党の判断を仰ぐ必要はない」ことを決定した。「国会議員が選んだ会派の代表に対しては、党が拒否権をもつべきである」と主張したメンバーもいたが、最終的には「党が拒否すれば、国会議員と党とが分裂する危険性がある」と判断したのである。メンバーの直接選挙で国会議員の代表を選ぶという方法もあるはずだが、それについてはほとんど検討されなかった。なぜなら数年前に「オーストラリア緑の党」の競合相手である「民主党」が同様の直接選挙を実施したところ、組織が大混乱に陥ったからである。

「専従事務局の設置」についても、しばしば議論の対象になる。オーストラリア、ニュージーランド両国の緑の党のメンバーは、「アマチュア運動家の党」であることを誇りにしており、それと相反するような組織改革に対しては防衛的な反応をする。たとえ党組織が適切に機能しない場合があっても、専従者や有給の役職を置くことを、彼らは嫌がるのだ。しかし、そのためにどれほどの問題が生じているのか認識しているのは、党の議長、事務局長、会計責任者など、公的な国政レベルの仕事をボランティアで担っている役職員だけである。彼らは組織の全体状況を把握しているため、何が実施されずに放置されているのか分かっており、理想と現実との落差を縮めるために格闘している。問題を解決するためには専従事務局の人数を増やす必要があるのだが、草の根アマチュア主義が根強く存在しているため、党内の強固な民主主義と専従事務局とは共存できずにいる。結局、今のところ両国の緑の党とも専従事務局の必要性をメンバーに理解させられずにいるのだ。それでも「オーストラリア緑の党」では二〇〇四年の選挙後、ボブ・ブラウンの強力な要請によって、「全国事務局長（National Officer）」を設置した。その役割は党を全国に拡大し、組織を強化することである。「ニュージーランド緑の党」でも二〇〇五年以降、「党組織調整担当」の主要な仕事は組織活動になり、事務処理的な業務は減少している。

「候補者の選出」も重要課題である。かつての「ニュージーランド緑の党」なら、選挙ごとに有能な候補者を探し出さねばならなかったが、この六年で状況は変わった。立候補を希望する者が増えたため、むしろ適切な人物を選抜することが課題になったのである。国会議員という不安定な立場でも緑の党の代表という名誉を担って、その責任を果たせる人物を選考することが近年の重要課題になった。そこで候補者選考にあたっては、厳密な審査を実施するとともに、メンバーも選考に参加する二段階の選考方式を採り入れるようになった。具体的には、立候補を希望する人物は様々な書類を提出して誓約書に署名し、詳細な面接を受ける。こうした事前審査の手続きは、特別に招集された委員会が担当し、まずは人物の適性を点検して候補者候補として承認を受ける。

政党名簿に掲載する候補者の順位については、年会費を納入したメンバーの投票で決定する。また、各選挙区で立候補する候補者については、その選挙区組織で六カ月以上の会費を納入したメンバーによって決定される。

ただし、こうした候補者選考の方法はニュージーランドのように小規模で一院制の国会なら比較的容易だし、もともと「ニュージーランド緑の党」ではメンバーの活動が活発である。ところが「オーストラリア緑の党」の場合、連邦と州と地域組織の間に緊張関係が存在する。そのため、「ニュージーランド緑の党」のように、厳密な審査と民主的な手続きとを調和させて統一した、全国的な候補者選考の手続きは確立されていない。その結果、二〇〇四年の国政選挙では上院議員の候補者を州組織が決定したために、「オーストラリア緑の党」としてバランスのとれた有力な候補者を擁立することができなかった。

しかも「オーストラリア緑の党」の場合、国会議員が当選した後で国と州との間の緊張関係はさらに高まる。どちらが活動資金を握るのかという問題が起きるためである。オーストラリアの選挙制度では、下院は選挙区で四％以上、上院はすべての州の合計で四％以上の得票率を獲得すると、一票に付き約二オーストラリアドルが政党助成金として各州の政党組織に支給される。国会議員を選出するための投票なのだから、論理的には国レベルの政党組織に支給するのが妥当と思われるが、実際に補助金を受け取る権利をもっているのは州組織なのである。二〇〇七年の国政選挙で、緑の党は四三〇〇万オーストラリアドルを支給されたが、国レベルの組織に振り分けられたのは一〇％だけだった。そのため「オーストラリア緑の党」の国レベルの組織を運営する費用は、そのほとんどがメンバー会費（八・三オーストラリアドル）と、国会議員から寄付される五％の議員報酬でまかなわれている（国会議員は自分の選挙区組織にも五％を寄付する）。ただし「オーストラリア緑の党」でも、活動資金の配分方法を変更することを二〇〇七年に決定したため、将来的には活動資金が統一的に運用され、州や地方に支給されていた補助金の大部分が国レベルの組織に集約される予定である。

一方、ニュージーランドでは国からの助成金制度がないため、「ニュージーランド緑の党」は、国会議員からの少額の寄付に依拠している。二〇〇七年までは、国レベルの組織運営費の約半分を国会議員の寄付が占めていた。メンバーからの会費や寄付が国家議員の寄付を上回るようになったのは二〇〇七年以降のことである。国レベルの組織運営費が不足しているのは明らかで、党組織の運営にかかわるのは一般メンバーとアマチュア運動家だけだった。ところが国会議員団には専従事務局がついており、党組織から独立して活動することができた。国会議員が多少の額を党に寄付したところで議員団には事務局がいて活動資金があるため、議員団と党組織との活動規模には差がある。この差がさらに拡大すれば、議員団が党組織から独立して独自の路線を進む可能性もあるかもしれない。しかし今のところ、両国の緑の党はこうした危険性があるとは考えておらず、状況を改善しようともしていない。その理由は、最初に当選した議員たちが今も緑の党に誠実であり、「アマチュア運動家」の期待と要望に応えようとしているためと考えられる。「アマチュア運動家」として成長してきた多くの議員は、今も草の根民主主義を基盤とする政治を尊重しているのである。

それでも将来は、国会議員が独自の制度を確立し、政治家指向の強い職業的な議員が増えたら、現在のような組織運営の方法を変更し、党と議員の格差を埋めるため真剣に努力すべきだったと後になって悔やむかもしれない。しかし今のところ「ニュージーランド緑の党」が実施しているのは、「国会議員団の会議に党の代表も参加して、党の方針と矛盾がないように調整すること」あるいは「党の各委員会に対する国会議員の参加や発言を制限する」といった程度の制約しかない。「オーストラリア緑の党」

でも国会議員の活動を監督しているが、その方法は「ニュージーランド緑の党」よりはるかに緩やかである。こうして議員と緑の党とは良識的な関係にあるため、国会議員がメンバーや有権者からの委任を無視して、議員として独自に権限を行使したり、党から独立した組織を形成しない限り、問題が起ることはありえないだろう。

ただし現実には、まさにこうした事件がニュージーランドの「新労働党・連合党」で起きた。緑の党と同様の「アマチュア運動家の党」だった「新労働党・連合党」では、数人の国会議員が独自に党首を選出して実権を握り、新党を結成して新たな支持者獲得に乗り出したのである。党組織には事務局も活動資金も残らず、選挙で候補者を擁立することもできなくなった。緑の党のメンバーは「緑の党の議員が、そのような非倫理的な行為をするはずはない」と信じているだろう。しかし緑の党が政党として自立するためには、十分な資金を独自に確保しておくのは当然のはずである。さもなければ両国の緑の党でも、将来、深刻な事態が起こらないとは限らない。

最後に党内における第三の内的圧力が、「政策の決定方法」である。この問題は、国会議員が当選した後になって、大きな影響をメンバーに与える。アマチュア運動家には、将来、実現する可能性もない課題や政策について延々と議論する時間があるが、議員の場合は、党内の優先順位とは無関係に、外部から何の配慮もなく緑の党の方針を尋ねられることがある。とくに「オーストラリア緑の党」では、議員とメンバーが日常的に接触して協議する機会が少なかったので、議員はこの種の問題に対処するために苦労してきた。そこで近年は、専門知識をもつメンバーと議員とで委員会を開催して政策を検討し、さらに選挙の前年には総会で政策を修正、承認するようにした。「ニュージーランド緑の党」でも、各地域から選出された委員によって構成される「全国政策委員会」を毎月、開催するようにしている。ただし新たな政策の提案や修正、全面的な変更についてはメンバーとの協議と合意が必要であり、事柄によっては決定に至るまで三年かかったこともある。過去二回の選挙ではこうした手続きが障害となり、合意できずにいた政策を急きょ決定したり、選挙に間に合わないこともあった。それでもこうした手続きこそが「アマチュア運動家の党」としての特徴であり、今後も継続すべきとメンバーは考えている。しかし、方針が決定できず議会で態度を保留することは、議員にとって大問題である。緑の党の議員としては、党の方針に誠実に対応し、メンバーの意向を尊重したいと考えても、他政党にとっては格好の攻撃材料になるのだ。

「プロフェッショナルな運動家の党」としての緑の党の未来構想

「ニュージーランド緑の党」は、今後も国会の議席数を増やして勢力を拡大することを期待されており、将来の予測も可能になった。そこで彼らは、党が所有している無形の資源を再点検し、目標を見直し、長期的視点で計画を立てる段階に至ったと考えた。二年間にわたって党内全体で草の根レベルの討論を行い、二〇〇四年の総会では「戦略的計画書」を採択したのである。この「計画書」は党の「ビジョン」から始まり、「価値」「使命」「成功の基準」「組織および政治勢力としての長期目標」を示している。

さらに新たな宣言を掲げ、緑の党を「高度な水準でメンバーの参加を基盤とする、運動家の党である」と明確に定義した。具体的には「価値」の第五、六項目で、「時間的に可能な限り合意にもとづいて決定を行う」「相手を尊重して議論を行い、個人攻撃は行わない」と述べている。また緑の党の「使命」についでは「選挙で当選を果たし、議員を支援し、後継者を育てる」ことを通して、「コミュニティを基盤とした緑の運動を育て、発展させて、政治的な変革を追求する」と述べている。「長期的な組織目標」の第八、九項目として「緑の党は、すべてのレベルでメンバーの積極的な参加を促し、草の根におけるリーダーシップと、信頼にもとづく代表制度の文化を重視する」、さらには「持続的な活動を育成して、積極的にメンバーを支援し、メンバーの人格と政治的能力の向上に努める」と述べている。

以上のように「ニュージーランド緑の党」は、「アマチュア運動家の党」としての起源に誠実であると同時に、政治という競技で勝つためには国会と地方議会において「プロフェッショナルな集団」を形成することが必要であると認識している。緑の党にとっての成功とは、議員を当選させて議会で影響力を発揮することだが、それと同時に、緑の政治の目的とそれを実現する過程に忠実であるべきである。すなわち緑の党にとって最大の課題は、「アマチュア運動家の党」という起源から成長することの困難と矛盾に対処できるかどうかにかかっているのである。

第12章　イギリスにおける緑の党　組織の変化と継続性

はじめに

欧州における最初の緑の党は、今から四十年近く前にイギリスで誕生した。そして設立以来、長年、論争の中心になったのが組織問題だった。党内では「選挙指向派」と「アナーキスト」が対立し、組織論争が続いてきた。ところがそれにもかかわらず、組織構造は今でもほとんど変化しておらず、継続している点が多いのが実態である。

そこで最初に一九七三年から二一世紀初めまで続いた組織論争について説明する。それを通して、組織がどのように変化し、あるいは変化しなかったのか、その原因を分析することが本章の目的である。

イギリスにおける緑の党の歴史については多くの出版物を参照したが（緑の党の運動家としては、Parkin, 1989, Wall, 1994, Barnett, 1998, 研究者としては、Rüdig/Lowe, 1986, Byrne, 1989, Rootes, 1995, Faucher, 1999, Burchell, 2002, Holzhauer, 2004, Bennie, 2004）、組織問題に関する論文はわずかしかない（McCulloch,

1983, 1992, 1993)。そこで本章では、私自身が一九八一年に「イギリス緑の党」に関心をもつようになってから収集してきた党内の議事録や、様々な発行物などの資料を活用した。また多くの集会に参加して見聞きした議論や決定内容、多くのリーダーたちに行ったインタビューも資料にした。

周知のようにイギリスは「イングランド」「スコットランド」「ウェールズ」「北アイルランド」の四つの「国」で構成されている。それを反映してイギリスの緑の党は、時代ごとに組織の構成を変更してきた。一九七〇年代から八〇年代は一つの党しか存在しなかったが、一九九〇年には「スコットランド緑の党」と「イングランド・ウェールズ緑の党」へとそれぞれ独立した。「ウェールズ」は「イングランド・ウェールズ緑の党」に残ったが、一九九一年に「自治区の党」として特別な地位を認められた。「北アイルランド」にも緑の党を設立するため、一九九〇年代の一時期は「イングランド・ウェールズ・北アイルランド緑の党」へと名称を変更し、二〇〇三年には「北アイルランド緑の党」として独立した。その後「北アイルランド緑の党」は「アイルランド緑の党」と合併し、「アイルランド緑の党」内における「北アイルランドグループ」として活動している。

以上のように現在のイギリスでは、「イングランド・ウェールズ緑の党」「スコットランド緑の党」「アイルランド緑の党・北アイルランドグループ」という三つの独立した組織が存在している。

イギリスにおける緑の党の歴史には、選挙が大きく影響している。とくに「イングランド・ウェールズ緑の党」では一九九〇年以降、選挙結果を反映して党内の組織問題が大きく報道されるようになった。ただし「スコットランド」と「北アイルランド」でそうした事態は起こらなかった。まずは党内の組織問題について分析する前に、これまで党がどのように発展してきたのか各段階をふり返ってみる。

イギリス緑の党の選挙の歴史

イギリスにおける緑の党の起源は、「ピープル（People）」という名の小さな政治団体にさかのぼる。「ピープル」は一九七三年の初め、コベントリーという工業都市で結成された。イギリスは各選挙区で一人しか当選できない小選挙区制なので、小政党が国政選挙で当選するためには、特定の地域に活動を集中して支持者を拡大するしか道がない。イギリスで緑の党が議会勢力として成長するためには、当初から大きな苦労を余儀なくされる政治構造にあった。

一九七五年には党名を「ピープル」から「エコロジー党」へ変更し、新たなメンバーの加入が進んだことで、党運営を専門化しようと努めた。一九七九年にはメンバーが数百人に増え、国政選挙では五〇人以上の候補者を擁立したため、テレビで全国に政見放送が行われた。期待したほどの票は得られなかったが、政見放送によって多くの視聴者が初めて党の存在を知った。メンバーはさらに急増し、一九七九年末には四〇〇〇人を超えた。さらに一九八〇年代初めに平和運動が盛り上がったことにより「エコロジー党」の活動も活性化したが、イギリス政治では周辺的な存在にすぎなかった。

一九八五年には再度、党名を変更し、「エコロジー党」から「緑の党」になった。当時の欧州大陸では「ドイツ緑の党」などが次々と国会議員を誕生させていたため、その関係性をアピールすることが目的だった。

一九八九年の欧州議会選挙では、得票率が急上昇した。環境問題が重要な政治課題として浮上した影響を受け、選挙区全体で一四・九％の票を得た。当時のイギリスは欧州議会選挙でも小選挙区制だったため一人も当選できなかったが、緑の党にとっては大きな成果であり、マスコミから大きな注目を集めた。

ところが夢のような時期はすぐに過ぎ去った。選挙後には、世論調査の支持率が急落したのである。一九八九年七月に八％あった支持率も、一九九一年には一〜二％へと激減した。メンバー数も一九九〇年には一万八〇〇〇人と史上最高の水準に達したが、それをピークに急速に減少した。欧州議会選挙で多くの票を得たにもかかわらず、一九九二年の国政選挙では当選を果たせなかったため、有力なリーダーたちも党を離れてしまった。さらに一九九〇年代にはイギリス社会全体が環境問題に対する関心を失ったために緑の党の影響力は低下し、一九九〇年代末にはメンバーが四〇〇〇人にまで減少した。

ところが一九九七年に「労働党」政権が誕生し、選挙制度が変更されたことで、緑の党に再びチャンスが巡ってきた。最大の変化は、「欧州議会」と「大ロンドン市議会」の選挙に比例代表制が導入されたことであり、「スコットランド議会」と「ウェールズ議会」も権限が拡大されて、小選挙区比例代表併用制が導入された。

こうして一九九〇年代末から二〇〇〇年代初めに実施された選挙制度改革によって、「緑の党」にも国会議員を当選させる可能性が開けた。その結果、一九九九年の欧州議会選挙で二人（ジーン・ランバートとキャロライン・ルーカス）を当選させ、二〇〇四年にも再選を果たした。

「スコットランド緑の党」も一九九九年に初めてスコットランド議員を当選させた。二〇〇三年には七議席となり、二〇〇七年の選挙でも議席数を維持した。「大ロンドン市議会」でも二〇〇〇年に三議席、二〇〇四年に二議席を獲得。二〇〇七年には「北アイルランド議会」でも初の議員を誕生させた。ただし「ウェールズ議会」では一九九九年、二〇〇三年、二〇〇七年とも落選に終わっている。

「大ロンドン市議会」では「イングランド緑の党」も与党の立場になった。二〇〇〇年の選挙で三議席を獲得した後、当時、無所属だったケン・リビングストン市長から要請されて環境アドバイザーの役職に就き、二〇〇三年には議員の一人が「大ロンドン市」の副市長になった。ただし二〇〇四年の「大ロンドン市議会」選挙では三議席から二議席に減り、ケン・リビングストン市長も「労働党」に復党してしまった。そのため、無所属の市長を支えることで与党としての責任を経験した「緑と赤のゆるやかな連合」も幕を閉じた。

「スコットランド緑の党」は二〇〇三年に七人の議員を当選させたが、連立与党への参加には消極的だった。当時の「スコットランド議会」は「労働党」と「自由民主党」の連立政権であり、「スコットランド緑の党」は野党であることを選択した。しかし二〇〇七年の「スコットランド議会選挙」では方針転換し、最終的には「スコットランド国民党」と合意を交わした。「原発に依存しないエネルギー政策」について政策協定を結び、「スコットランド国民党」の党首アレックス・サモンドを「スコットランド第一首相」に指名したのである。

地方議会選挙でも同様の成功が続いた。「大ロンドン市」以外の地方議会は引き続き小選挙区制だったが、二〇〇七年五月の地方選挙では、三九自治体で一一〇議席を獲得した。ノリッジ、オックスフォード、リーズ、ランカスターなどの地方議会では連立政権に参加した。スコットランドも地方議会選挙は小選挙区制だったが、二〇〇七年五月にはグラスゴーとエジンバラで初めての地方議員を誕生させた。

しかし国政選挙では依然として当選できずにいた。一九九七年に「労働党」政権が誕生した後には、「選挙制度改革を問う国民投票を実施すべき」という議論が活発化した。ところが、二〇〇一年の国政選挙で「労働党」が圧勝した後は、結局、政治課題から選挙制度改革を外してしまい、近い将来、改革が実施される見込みがなくなった。

こうして緑の党が下院選挙で当選することは困難だったが、一九九九年に「自由党」の上院（貴族院）議員ボーモントが緑の党に加入したため、上院では発言権をもつようになった。

一九九〇年代から二〇〇〇年代初めの世論調査では、緑の党の支持率は一～二％で、二〇〇四年以降も三～四％程度だった。そのため現在の選挙制度では、緑の党が国政選挙に当選する可能性はほとんどなかった。そこで最近は、特定の選挙区に狙いを絞って、初めての国会議員を当選させることを目標にしている。二〇〇一年にはブライトン・パビリオン選挙区での得票率は九・六％だったが、二〇〇五年の国政選挙ではキース・テイラーが二二・〇％の票を獲得し、労働党、保守党に次ぐ三位につけた（後に彼は緑の党の共同議長となった）。二〇一〇年に予定される次回の選挙では、欧州議員であるキャロライン・ルーカスが同選挙区から立候補する予定である（訳注1）。

地方議会での当選者が増え、メンバーも安定して増加するようになった。「イングランド・ウェールズ緑の党」のメンバーは一九八九年に一万七〇〇〇人に達した後、一九九〇年代に激減して四〇〇〇人以下になったが、それ以降は徐々に増加した。二〇〇〇年代初めに五〇〇〇人、二〇〇四年に六〇〇〇人、二〇〇五～二〇〇六年には約七〇〇〇人と増加している。スコットランドでも年々、メンバーが増加しており、二〇〇一年の五一〇人から二〇〇六年の九六三人に増えている。イギリスには政党助成金の制度がないため、緑の党の財政はかなり不安定である。(原注1) それでも近年はメンバーが安定したため、危機的な資金不足には陥っていない。なお「スコットランド緑の党」には「スコットランド議員」がいて、補助を受けている。

以上のようにイギリスの緑の党は、以前よりも影響力を拡大している。欧州議会とスコットランド議会でも再選を果たし、地方議会選挙でも着実に当選を重ねている。北アイルランド議会でも二〇〇七年に初の議員を当選させたので、今ではイギリスの緑の党はどの地方でも当選できる可能性を示すようになった。メンバーも安定して、増加傾向にある。こうした成果にもかかわらず、現在の小選挙区制が続く限り、緑の党が国政で大躍進する可能性は低いのが現状である。

イギリス緑の党における組織論争

イギリスの緑の党は、政治的には周辺的な位置にあるにもかかわらず（あるいは周辺的な位置にあるために）、党内の組織論争に多くの時間と労力を費やしてきた。何年間も総会では組織改革が議論の中心

原注1　国会議員の候補者は、選挙区内の有権者に無料で郵便物を一回、送ることができる。さらに五〇人以上の立候補者を擁立した場合には政見放送が行える。ただし選挙に関する放送については規制が厳しく、テレビやラジオを使っての選挙運動は認められない。

訳注1　二〇一〇年五月の総選挙において、キャロライン・ルーカスが緑の党として初の下院議員に当選した。

になり、組織規約の変更をめぐる論争が党内に亀裂を生んできた。

イギリスにおける緑の党の歴史の長さと党内論争の激しさ、問題の複雑さを踏まえると、重要な決定や議論を説明するだけでも膨大な頁が必要である。そこで実際に決定された方針と、変更された規約に絞って以下に議論の変遷を説明する。

「規約のない党」の誕生（一九七三年～一九七六年）

イギリスの緑の党は、初期段階において、組織問題をめぐる議論が起こらなかった。党内の議論によって、組織構造を決定したわけではないのである。組織問題は他国の緑の党にとって重要課題だったが、イギリスでほとんど議論されなかったことは重要な点である。

実は、他国と違ってイギリスの緑の党は、社会運動から誕生したわけではなかった。そのため、新左翼の運動家が主張するラディカルな民主主義が、党の組織方針に影響することはなかったのである。代表を「議長」にするか「党首」にするかについての議論はあったが、本質的には中央集権的な党組織を前提としており、イギリスにおける伝統的な政党組織を反映していた。むしろ組織方針に影響を与えたのは、「分権化」を重視する『スモール・イズ・ビューティフル』（F・アーンスト・シューマッハー著、小島慶三、酒井懋訳、講談社学術文庫、一九八六年）にもとづくエコロジー思想だった。

こうして一九七三年に「ピープル」党を創設した人々の背景には、ラディカルな思想や新しい社会運動は存在しなかった。それどころか、彼らの政治的立場は「労働党」より「保守党」に近かった。初期の指導的運動家だったトニー・ホイッテカーは元保守党の地方議会議員であり、「ピープル」設立時の組織は伝統的な政党に近かった。

一九七四年には「ピープル」の設立総会が開催されたが、そこでも党組織について特に議論はなかった。総会では創設者たちの提案がそのまま承認され、「全国執行委員会」を設置して、「議長」にホイッテカーを選出した。その他に組織に関する規約はなかった。

党組織に規約がないことは草の根民主主義の原則と矛盾するはずだが、なぜ議論が起きなかったのだろうか。「ピープル」の内部に意見の相違がなかったわけではない。しかし彼らの主要な関心はあくまでも社会問題の解決にあり、権威主義的な組織を形成することが事務的に提案されても、議論する段階にはなかった。党の組織構造が専制的であっても、社会を分権化するという思想と目的によって中和されてしまったのだ。党結成における思想の核となったのは一九七二年に発表された『Blueprint for survival（生存のための青写真）』であり、彼らの目的は社会を完全に「分権化」することにあった(Goldsmith et al. 1972)。

それでも党が発展するにつれて、「分権化」を重視する運動家たちは党内の組織構造について議論するようになった。ただし、それも一般メンバーから要求されたり、総会で提案されたわけではなく、「全国執行委員会」自らが「全国執行委員会が党の指導部である」という考え方を否定したのである。「全国執行委員会」がこの原則を決定したのは、「ピープル」から「エコロジー党」へと党名変更した一九七五年のことだが、その後の組織論に大きな影響を及ぼすことになった。「全国執行委員会」の選挙は毎年行い、任期は最長三年までとした。「党首」は不要とされて「議長」も選出せず、「全国執行委員会」の委員が交代で「議長役」を務めることにした。

しかし後になってこの方針を「行き過ぎ」と考える委員が現れ、「交代制でなく継続的な責任をもつ、強力な中央指導部が必要」と主張した。そのため一九七六年の総会では、「地域から代議員を選出して全国執行委員会を構成する」ことが決定された。さらに「全国執行委員会」は「全国議長」を設置することを決め、ジョナサン・テイラーを選出した。彼は組織形成をめぐる議論で中心的な役割を果たし、規約を起草した。一九七七年九月の総会で若干の修正を経て、規約が採択された。

こうして、「全国執行委員会」が担う実務や決定方法が初めて体系的な規約として制定された。さらにまた「全国執行委員会」も再構成されることになった。それまで「全国執行委員会」の委員は総会で承認されていたが、新たな規約では「イングランド」を九つの地域に分け、「スコットランド」「ウェールズ」「北アイルランド」と合わせて一二の地域を定めた。そして各地域組織から一人ずつ「執行委員」が選出され、それに加えて全国のメンバーの投票で三人が選ばれた。地方議員と国会議員については、最大六人まで「執行委員」を兼任できることにした。議員の任期に関する規定はなかったが、全国のメンバーによって選出される三人の「執行委員」の任期は三年までとした。各地域組織から選出される「執行委員」の任期についても規定はなく、選出方法も各地域の判断に委ねられた。

「草の根民主主義」による組織の形成（一九七七年～一九八八年）

このように政党が規約を制定することは組織がプロフェッショナル化していく過程の一つであり、

第二段階に発展したことの表れだった。一九七九年に「エコロジー党」は五〇人の候補を擁立して、政見放送を行った。それを契機に「左派自由主義」や「アナーキスト」的な傾向をもつ新たなメンバーも参加し、党が根本的に変化する基礎が作られた。彼らは、党組織のあるべき姿について明確な見解をもっていたため、一九八〇年代から一九九〇年代にかけて党内での論争を支配した「アナーキスト」と「選挙指向派」との対立が始まったのである。

新たなメンバーの参加は、二つの面から組織論争に影響を与えた。「アナーキスト」が加入したことで「分権化」への要求が強まったが、他方では、マスコミに注目されるようになったために、「選挙に当選することは可能であり、そのためには党組織をもっとプロフェッショナル化すべき」という期待感が生まれた。そのため「党組織の分権化」を望む運動家と、「指導部を強化して、もっと効果的な選挙活動を展開する」ことを望む運動家との間で、長きにわたる論争が始まった。

この問題が最初に議論されたのは一九七九年の総会だったが、翌年以降も継続的に何度も議論になった。しかし「党中央の権限を廃止すべき」と主張する「アナーキスト」からも、「党首を設置して、全国執行委員会の権力を強めるべき」と主張する運動家からも、それ以上、具体的な提案は出なかった。

それでも一九八〇年代になると徐々に規約が修正されて、少しずつ「分権化」が進められた。一九八〇年の総会では、「全国執行委員会」の役割が弱められて(McCulloch, 1992)、「全国評議委員会」に改組した。構成メンバーも変更され、各地域組織が選出する「評議委員」に加え、すべてのメンバーの郵便投票によって四人の「評議委員」を毎年、選出することにした。さらに総会でも四人の「評議委員」を選出したが、交代を促すために、そのうち二人は新たな委員と入れ替わることにした。メンバー投票と総会で選出する「評議委員」の任期は最長三年に制限された。さらに「評議委員」を兼任できる国会議員の数を六人から三人に減らした。現実には国会議員は存在しなかったにもかかわらず、国会議員の中から選出される三人の「評議委員」を選考するために、規約上では、地方議会議員と国会議員で構成される「選挙人団」を組織することにした。

さらには「不服中立委員会」と「議事運営委員会」が設置された。その役割は、総会の議事運営を規約にもとづいて裁定することであり、両委員会のメンバーも総会で選出することにした。そして「議事運営委員会」によって「総会を毎年開催し、方針を決定するのは代議員でなく、総会に参加したすべてのメンバーが議決権をもつ」ことが決められた。また総会に参加できないメンバーも委任状を通して、決定に参加できることにした。

「議員候補者の選考手続き」も総会で承認された。原則として「各選挙区の組織が議員候補者を選考する」こととし、選挙区に組織がない場合に限って「全国評議委員会」が候補者を選考することにした。各選挙区の組織は、詳細な選考手続きを独自に定めることができたが、選考過程は民主的であり、選挙区に住むすべてのメンバーが選考に参加でき、郵便による投票も実施することが条件とされた。

一九八二年十月に開催された「全国評議委員会」は、それまで一人だった「全国議長」を三人の「共同議長」に変更することにした。規約が定めていた「全国議長」の役割を三人の「共同議長」で分担することにしたのである。この方針は、「党首は不要」いう原則を強調するための変更であり、「全国議長」を事実上の「党首」に昇格させようとする動きをあらかじめ封じ込めることが目的だった。「全国評議委員会」は「共同議長」の役割についても議論を重ね、最終的には規約も修正された。

こうして一九八〇年代初期に規約が修正された後は、一九九〇年代までほとんど組織に変化はなかった。それでも全国の運動家にとっては組織論が関心の中心であり、一九八〇年代は引き続き組織問題が活発に議論された。論争の場となったのは一九八二年に設置された「党組織検討会議」であり、様々な組織改革案をめぐって何年も激論が交わされたが、総会で承認された提案はほとんどなかった。承認された改革案も、組織運営を本質的に変えることはなかった。たとえば一九八三年には、「全国」という表現を、規約からすべて削除することを決定したが、それは結局、「全国・評議委員会」という名称を「エコロジー党・評議委員会」に変更しただけのことだった。さらに一九八五年には「エコロジー党」を「緑の党」に名称変更し、「エコロジー党・評議委員会」を「緑の党・評議委員会」と呼ぶことになった。

こうして「アナーキスト」と「選挙指向派」の両者いずれも、期待した改革を進められなかったが、とくに不満を募らせたのが「選挙指向派」だった。一九八六年には、ジョナサン・テイラーやポール・エキンズなど組織を近代化させようとしたリーダーたちが、「緑の主流派（Maingreen）」というキャンペーン・グループを結成した。ところが「参加者は、この主張に賛同する者だけに限定する」と定めた方針が反発を招いた。「秘密めいた活動であり、緑の党の精神に反する」と批判され、「一部のエリートが党の乗っ取りを企てている」といった疑いをもつ者もいた。「緑の党・評議委員会」もこの活動を批判したものの、彼らを除名することはしなかった。それでも反発は収まらず、一九八六年の総会で「緑の主流派」からの提案は議題にされなかったため、彼らの戦略は消滅してしまった。

「緑の二〇〇〇」キャンペーンによる「プロ化」の勝利と敗北（一九八九年〜一九九六年）

第三段階の組織改革運動は、一九九一年の総会に提案された「緑の二〇〇〇」キャンペーンによって始まった。一九九〇年代初めの党内に深刻な影響を与えたこの運動の動機、過程、影響、最終的な結末について以下に説明する。

このキャンペーンが提案される契機になったのは、一九八九年の欧州議会選挙で緑の党が一五％近くの票を獲得したことだった。議員は当選できなかったものの、長年の運動家たちは「ついに緑の党がイギリス政治の主流に登場する時期が到来した」と真剣に考えるようになった。問題は、彼らが党内の「選挙指向派」と連携して活動していたものの、結束した組織基盤がないことだった。それでも、一九八九年の欧州議会選挙以降に参加してきた新たな運動家たちも「党内の手続きは分かりにくく、非効率だ」という不満をもっていた。

こうして欧州議会選挙を担った運動家たちによって「緑の二〇〇〇」キャンペーンが開始された。彼らが代表に担ぎ出したのは、イギリスの緑の運動で最も有名な二人の人物だった。一人は、欧州議会選挙を強力に支援した運動家サラ・パーキンであり、もう一人は一九八〇年代初頭に党内で指導的な役割を果たし、環境保護団体「地球の友」の元事務局長で、緑の政治に関する著者としても有名なジョナサン・ポリットだった（Porritt, 1984）。

「緑の二〇〇〇」キャンペーンの企画者たちは過去の失敗を踏まえて、「過激な組織改革」と受け止められるような言葉を避け、「党首」の導入も提案しなかった。彼らの主張はあくまでも、組織運営の手続きを変更することであり、目的は効率的に選挙を戦える組織に改革することだった。

最も重要な提案は、日常業務に責任をもって対処する組織として新たに「執行委員会」を改組することだった。「執行委員会」を構成するのは一人の委員長と八人の委員であり、全国のメンバーが郵便投票を通じて毎年、選出することが提案された。

第二の提案は、党を代表してマスコミに説明を行う二人の「主席議長（Principal Speakers）」を選出することだった。

そして第三の提案は、総会の方針を「代議員」によって決定することだった。それまでの総会は、会費を納入したメンバーなら誰でも参加して発言できたが、地方組織が選出した「代議員」による総会運営を提案したのである。この改革の目的は、総会におけるアナーキストたちの特権を奪うことだった。アナーキストたちは、総会に参加しない一般メンバーに代わって総会で大きな影響力を発揮していた。そのため、「代議員」制度を導入することは多くの一般メンバーに支持され、党組織の「民主化」を進めることになると、「緑の二〇〇〇」キャンペーンの提案者たちは考えたのである。

さらに「緑の二〇〇〇」キャンペーンは、「地方評議委員会」を象徴的な存在にしようとした。すでに、かつての「評議委員会」は「地方評議委員会」に改編されており、権限は弱められていた。「地方評議委員会」の会議は年四回開催されたが党の運営には大した役割を果たしておらず、日常的な組織運営と、総会で決定された方針の実行は「執行委員会」が担っていた。それでも「地方評議委員会」は、二つの重要な権限をもっていた。第一に「地方評議委員会」は、三分の二の同意をもって「執行委員会」の委員を罷免することができた。第二に「地方評議委員会」は、党の戦略を策定する役割を担っていた。そのため「執行委員会」に権力を集中させて、選挙で最大限に支持者を獲得できる戦略的な組織に改革したいと考えていた「緑の二〇〇〇」キャンペーンは、「地方評議委員会」の権限を弱めて象徴的な存在にしようとしたのである。

「緑の二〇〇〇」キャンペーンは、すべてのメンバーに対して彼らの提案を呼びかけ、組織全体に広めようとした。前回の一九八六年に失敗に終わった改革運動との決定的な違いは、支持者を広げるために、これまで総会に出席したことはないが自らの「代議員」を通して総会決定に関与したいと希望する一般のメンバーに向けてアピールしたことだった。彼らは「緑の二〇〇〇」キャンペーンへの賛同を呼びかけ、集められた委任状は総会で「緑の二〇〇〇」キャンペーンの提案に対する賛成票になった。こうして一九九一年九月に開催された総会では、辛辣な議論が交わされたものの、「緑の二〇〇〇」キャンペーンの提案は多数の委任状に支えられて承認された。[原注2] 総会で行われた選挙では、新たに設置された「執行委員会」の委員と二人の「主席議長」が選出された。「執行委員会」の委員長にはサラ・パーキンが選出された。

ところが、一年も経たずに「緑の二〇〇〇」キャンペーンが描いた夢は挫折した。サラ・パーキンは委員長を辞任し、彼女の支持者たちも脱退してしまった。決定的な要因は、「緑の二〇〇〇」キャンペーンの予測が楽観的過ぎたことにあった。組織改革後には、マスコミも緑の党への関心を失い、メンバーは急速に減少した。そして一九九二年四月の国政選挙の結果も悪かった。そのため「緑の二〇〇〇」キャンペーンを支持した人々も、緑の党の影響力が低下したことに不満をもち、リーダー間の衝突と論争は激化した。
「緑の二〇〇〇」キャンペーンの改革が中途半端だったことも、危機を増幅させた。もともと「緑の二〇〇〇」キャンペーンの目的は、リーダーシップの強化にあった。ところが実際には、強い権限をもった「リーダー」は存在しなかった。「地方評議委員会」の権限を完全に奪えなかったことも影響した。組織改革によって、「地方評議委員会」の役割は基本的に「執行委員会」を支援して戦略を助言することに変更された。ところが「地方評議委員会」は依然として「執行委員会」を罷免し、代わりの委員を決定する権利をもっていた。そのため「緑の二〇〇〇」キャンペーンの提案が総会で承認された後、すぐに「地方評議委員会」は反撃を開始し、一九九二年夏には「執行委員会」の委員長になったサラ・パーキンを罷免しようとするキャンペーンを始めた。そのため結局、彼女は委員長を辞任し、離党したのである。

ところが激しい党内闘争の後も、結局、大きな変化は起こらなかった。「緑の二〇〇〇」キャンペーンの提案に反対していた運動家たちは、すぐに方針を撤回させることを望んでいた。しかし、多くのメンバーと運動家たちは、果てしない組織論争にうんざりしていた。総会で新たな規約が承認された直後に、すべてを元に戻すのは容易でないし、好ましいとも思わなかった。結局、新たな規約を元に戻そうとする動きは起こらず、一九九二年の総会では、サラ・パーキンの辞任が承認されただけだった。唯一、修正されたのは「緑の二〇〇〇」キャンペーンの提案によって廃止された「国レベルの党役員の任期を

原注2　提案に対する唯一の修正点は、「主席議長」を男女各一人にすることだった。

三年に限定する」という規約が復活しただけだった。

「党首」の誕生（一九九七年～二〇〇七年）

一九九七年になると「労働党」政権が誕生し、一九九九年には重要な選挙制度改革が一部で実施されたため、緑の党にも飛躍のチャンスが生まれた。欧州議会、スコットランド議会、大ロンドン市議会の選挙で当選を果たし、一九九九年は緑の党にとって新たな段階のスタートになった。

議員の誕生は党内の活動にも影響を与えた。一九九九年の欧州議会選挙で初当選を果たした直後には、大きな組織改革は実行されなかったが、緑の党も選挙制度の変更に対応する必要性が生じていた。しかも、日常的にマスコミ報道が増えたため、緑の党をアピールすることがさらに重要課題となった。

イギリスでも欧州議会選挙に比例代表制が導入されたため、緑の党は「候補者リスト」を作成する必要があった。そこで「イングランド・ウェールズ緑の党」は、メンバーの郵便投票で候補者順位を決定する仕組みを作った。「当選後、欧州議員は緑の党との連携を軽視するのではないか」という危惧があったため、議員と党との関係も課題になった。そこで選挙前に開催された一九九八年の総会では、「欧州議会議員は緑の党の総会に参加すること」「執行委員会や地方評議委員会から要請があれば、委員会の会議に出席すること」「議員報酬の一〇％を党に寄付すること」が決定された。ただし議員が党役員を兼任することについては問題にならず、実際に当選後も多くの欧州議員が党の役員を兼任した。

さらに、一九九八年に制定された「政党登録法」に緑の党も対応する必要があった。同法に従えば各政党は、党名、通称、ロゴ、党首を登録しなければならず、緑の党も形式的にせよ、誰かを「党首」として登録する必要があった。そこで「イングランド・ウェールズ緑の党」は内規を変更し、「執行委員会」の委員長を「党首」として登録することにした。

その他に組織改革をめぐる議論は起きなかったが、比較的、重要な改革としては、役員の任期制限を一部、緩和したことがある。それまで「執行委員会」の任期は、連続最長三年と定めていたが五年に延長した。「地方評議委員会」も最長二年二期から、二年三期に延長した。こうした変更を提案したのは年長の党役員であり、多くの委員も同意したのは選挙での当選を重視したためと考えられる。

ところが一九九九年の総会では、「緑の二〇〇〇」キャンペーンの提案によって一九九一年に導入した「代議員制による総会運営」を再び廃止した。かつてのように会費を納入するすべてのメンバーが総会に参加でき、すべての提案について議決権が与えられた。すなわち再び「分権化」の原則を強化することになったのである（ただし将来、二年続けてメンバーが一万人を超えた場合には、「代議員制による総会運営」に再び戻すことにした）。

こうした様々な変化にどう対処すべきか、党内では戸惑いが生じ、組織問題をめぐって多くの議論が交わされた。とくに顕著だったのは二つの論争だった。

第一は、組織の基本構造についての議論である。一九九九年には「規約検討会議」が設置され、「執行委員会」と「地方評議委員会」の役割について議論が始まった。「緑の二〇〇〇」キャンペーンによって一九九一年に変更された規約を再度、修正しようとする意見が出されて、多くの時間が費やされたが、どの提案も多数の賛成を得られず、組織が大きく変更されることはなかった。

第二に、「党首」についての議論が二〇〇〇年代初めから始まった。とくに二〇〇二年九月に「執行委員会」の「委員長」としてアンドリュー・コーンウェルが選出された際には、政党登録のための「党首」を決定する必要もあったために論争が起きた。コーンウェルは「党首」の役割を議題にすることを提案し、二〇〇三年の総会で議論することになったが、結局、新たな提案は見送られた。しかもコーンウェルが自ら再選を辞退したことで、議論は終了したかに見えた。ところがその後もこの問題は議論され続けた結果、「党首」に対する嫌悪感は薄らいでいった。二〇〇三年には、イングランド北西部とウェールズの緑の党組織が「議長」でなく「代表」を選出した。

こうして「イングランド・ウェールズ緑の党」を除いて、各地の緑の党は次第に「党首」の必要性を受け入れるようになった。「アイルランド緑の党」も二〇〇一年に規約を変更して、初代「党首」にトレバー・サージェントを選出した。二〇〇三年には北アイルランドの緑の党が「イングランド・ウェールズ緑の党」から独立した際には、「共同主席議長（principal speakers）」ではなく「共同代表（co-leaders）」と呼ぶようになった。その後、北アイルランドの緑の党は「アイルランド緑の党」と統合したことで彼らの代表も「党首」になった（ただし北アイルランドの組織は「共同代表」のままだった）。

「スコットランド緑の党」はさらに大きく変化したが、一九九九年に初の議員が当選し、二〇〇三年に議席数を増加させても、組織問題は深刻な議論には発展しなかった。一九九一年に「イングランド・ウェールズ緑の党」から独立した時点で「スコットランド緑の党」は「主席議長」さえ置かなかったが、一九九八年の法改正で「党首」を登録することが必要になったため、「評議委員会」の議長を「党首」として登録することにした。当時の規約では、いかなる「代表」の存在も認めておらず、あくまでも事務手続き上の対応だった。

ところがマスコミから取材を受けるようになったことで、党に変化が生まれた。一九九九年に初当選したロビン・ハーパーと、二〇〇二年に「評議委員会」の「議長」に選出されたエリナー・スコットは、しばしばマスコミから「党首」として扱われた。とくにエリナー・スコットは、「スコットランド史上初の女性党首」と紹介された。党内での位置付けに変更はなかったが、登録上の「党首」という言葉が状況を変えていったのである。

さらに二〇〇三年の選挙で議員が七人に拡大した後には、党規約の変更について議論された。ただし二〇〇四年七月の総会では、「党首」の位置づけは変更せず、それまで一人だった「評議委員会」の「議長」を男女各一人の二人に増やし、メンバーの直接選挙で選ぶことにした。さらに、「評議委員会」を次の総会が開催されるまでの最高決定機関と位置づけ、「執行委員会」を日常的な実務に対応する「運営委員会」に改組した。

「イングランド・ウェールズ緑の党」と違って「スコットランド緑の党」には議員が所属していたため、スコットランド議会において大きな役割を果たすことが期待された。マスコミも彼らを独立した政党として扱い、財政規模も拡大した。とくに二〇〇三年に七議席を獲得したことで大きな変化が生じた。二〇〇二年には二万九五二二ポンドだった年間収入が、二〇〇三年には七万八三一四ポンドとなり、二〇〇六年には一三万九一六九ポンドまで増加した。二〇〇四年に採択された新たな規約では「草の根民主主義の原則を維持する」ことを再確認したが、マスコミに対応する必要から「党首」という言葉に対する拒絶感は薄らいでいった。「国会議員と党役員の兼任を禁止すべき」という意見も出なくなり、二人の国会議員が「共同議長」に選出された。さらに「スコットランド緑の党」のホームページでは彼らを「共同党首」と紹介するようになった。

こうしてスコットランドと北アイルランドの緑の党は、規約上では「共同代表」の原則を維持しながら、実質的に「党首」を受け入れていったが、「イングランド・ウェールズ緑の党」では「党首」をめぐる論争がさらに加熱した。そのため長年にわたる論争の結果、二〇〇七年三月の総会において、メンバーの投票で決着を付けることが決定された。それまでの二人の「主席議長」に代わって「党首（party leader）」と「副党首（deputy leader）」を選出することの是非を、メンバーの投票で決定することにしたのである。同時に「党首と副党首は執行委員会を兼任し、すべての議題について議決権をもつ」ことも提案された。

規約を変更するためには三分の二を超えるメンバーの同意が必要だったため、賛成・反対両派がホームページを開設して、メンバーの支持を拡大しようとした。「党首賛成派」のサイトは、リーダー的な運動家の主張を掲載し、党外からも賛同者を集めた。「党首賛成派」のキャンペーンの支持者としては、欧州議会議員で女性の「主席議長」だったキャロライン・ルーカス、大ロンドン市議会議員で元市長候補だったダレン・ジョンソン、二〇〇八年のロンドン市長候補シャン・ベリーがいた。さらに党外の著名人としては、「持続可能な開発委員会」委員長で元緑の党の運動家だったジョナサン・ポリット、「地球の友」事務局長トニー・ジュニパー、政治学者ポール・ホワイトリー教授がいた。「党首賛成派」は「マスコミ対応のためには、積極的な影響力をもつ党首の存在が必要である」と主張した。さらにこの主張を論理的に説明するため、環境問題に精通する主要紙の記者やジャーナリストに依頼して、「党首が存在しない緑の党の弱点」について論文を発表した。

「党首反対派」も同様に、彼らの見解を普及するためのホームページを開設した。「党首反対派」を支持したのは、男性の「主席議長」だったデレク・ウォール、大ロンドン市議会議員ジェニー・ジョーンズ、上院議員ロード・ボーモントだった。ホームページには、ジャーナリストや運動家だけでなく、緑の党のリーダーとして活躍してきた元運動家や地方議員の主張を積極的に掲載した。彼らの主張の核心は、「一人の党首が存在しないことこそが、緑の党のアイデンティティであり、決して妥協できない組織の本質的な特徴である」という点にあった。

二〇〇七年十一月にメンバー投票が行われ、十二月に結果が発表された。賛成は七三%（二六三四票）、反対は二七%（九六三票）で、賛成が規約の改正に必要な三分の二を超えた。こうして二〇〇八年秋には、初めて「党首」と「副党首」の選挙が実施され、キャロライン・ルーカスが「党首」になった。

イギリス緑の党の「特殊性」をもたらした要因

以上のようなイギリスにおける緑の党の歴史を振り返りながら、党内民主主義に対してどのように対応してきたのか分析しよう。第一には設立当時における組織の特徴を決定した要因について、第二には組織を変化させ論争を招いた要因について、説明する。

イギリスにおける初期段階の緑の党「ピープル」が誕生に至る状況は、他の西欧諸国と大きく異なっていた。イギリスでは一九七三年と早くから初期段階の緑の党が設立されたが、この党は「新しい社会運動」の発展する中から誕生したわけではなく、「新左翼」のイデオロギーも共有してなかった。「成長指向の産業社会に挑戦する」という活動方針はラディカルだったが、組織論の基礎にあったのは伝統的な政党概念だった。他国の緑の党のように「既成政党とは本質的に異なる、新たな形態の党を組織することによって、エコロジカルな社会の形成のために戦う」といった構想はもっていなかったのである。

それでも党を創設した後になって、「分権化こそが緑の社会を形成する原則であり、党組織の構造にも適応すべきである」という思想が、党内に深く根を下ろすようになった。「ピープル」と「エコロジー党」の社会的基盤に新しい社会運動や新左翼が影響してなかったにもかかわらず、「エコロジー思想」にもとづいて「分権化」の思想が広がったという点はきわめて重要な特徴である。緑の政治の本質的な要素である草の根民主主義が、新左翼や左派リバタリアンの思想からでなく、「エコロジー思想」から生まれたという事実は、緑の党を「新しい社会運動」の流れの中に位置づける一般的な解釈を覆すことになり、「イギリスの緑の党はエコロジー思想の中から誕生した」と考えることもできるのである。

それでは、イギリスの緑の党における組織論争については、どのように理解すべきだろうか。さらにまた、イギリスの事例は本書の序章で提示した、「緑の党は〝アマチュア運動家の党〟から〝プロフェッショナルな選挙政党〟に変化した」という仮説に、どの程度、合致するだろうか。この二つの疑問に答えるためには、一九七九年以降の党内論争を支配した「分権主義者」(アナーキスト)と「選挙指向派」の対立について検討することが必要だろう。

イギリスの緑の党は新しい社会運動の運動家によって設立されたわけではないが、後になって参加した分権主義者たちが「アマチュア運動家の党」としての特徴を具体化していった。彼らが党内民主主義を重視したことでメンバーと運動家の重要度が高まり、分権主義者たちは共同代表制を堅持し、選挙の当選を目的とするプロフェッショナル化を拒否したのである。

ところが「アマチュア運動家の党」という思想は組織全体に広まらず、絶えず「選挙指向派」から挑戦を受けていたことに限界があった。そもそも一九七九年までのリーダーたちは、選挙における当選を党の目的と考えていた。一九七七年に、ロゴマークや政策を変更したのも選挙で当選することが目的だった。一九七八年の選挙時には、メンバーが六五〇人しかいなかったのに、五〇人以上もの候補者を擁立し、選挙運動を通して必要な資金をすべて集めた。この選挙戦略が成功したことによって、新しい社会運動や左派リバタリアンの思想をもったメンバーが新たに数千人も入党し、党内の力関係が変化するという、矛盾した結果をもたらすことになったのである。それでも分権主義者は党の中央組織を完全に解体することはできず、党内で中心的な地位を占めていたのは引き続き、選挙活動を重視する運動家だった。こうして一九七九年以降の歴史の大部分は、両派の思想的な衝突の繰り返しになった。「選挙指向派」の目的意識は、選挙で成功した一九八九年および一九九九年以降、さらに重要となった。しかし「アマチュア運動家」の要素も緑の党にとっては重要であるため、「プロフェッショナルな選挙政党」へと完全に移行することもなかった。まさに「時計の振り子」のように組織が変化したのである。

緑の党が、プロフェッショナルな組織へと完全に変化しなかった主な要因は、緑の党を取り巻く制度的な構造のためである。一九九九年に選挙制度が一部、改革されて、欧州議会、スコットランド議会、大ロンドン市議会で議員が初当選するまでは、国からの助成金もなく、選挙で当選する見込みもなかったので「選挙指向派」が党内の主流派になることは非常に困難だった。イギリスの緑の党がきわめて敵対的な政治環境の中で、なんとか生き残ることができたのは、多くのメンバーや運動家にとって選挙の当選が主たる目標ではなかったためだったのである（Rüdig, et al. 1991, 1993）。彼らにとって緑の党とは、もう一つの政治的選択であり、緑のライフスタイルを具体化するための手段だった（Faucher, 1999）。それこそが長年にわたって緑の党の活動を継続してきた、重大な動機だったのである。

ところが選挙制度が改革されたことで、こうした党の側面に大きな変化をもたらした。第一には、一九七九年に欧州議会選挙が実施されたことである。永遠に当選できないと思われていた国政選挙の屈辱を乗り越え、緑の党も政治の舞台に登場して、影響力を発揮できる可能性が見えてきた。次の一九八四年の欧州議会選挙における得票率は低かったが、一九八九年の選挙結果は緑の党に大きな影響を及ぼした。供託金の制度があるため、選挙資金にも不足している緑の党が多数の候補者を擁立することは困難だったが、欧州議会選挙で一五％近くの票を獲得したことにより、その後の欧州議会選挙で当選する支持基盤を築くことができたのである。

第二の選挙制度改革は、一九九七年に「労働党」が政権に就いたことによって実施された。欧州議会選挙に比例代表制が導入され、スコットランドに権限が委譲されて議会が開設され、ウェールズとロンドンにも新たな議会が開設された。こうした変化は、緑の党に新たな政治的なチャンスを与えた。地方議会だけでなく、一九九九年には欧州議会でも選挙に当選し、議員の存在が彼らに現実的な視点をもたらすようになった。緑の党も、政治勢力として一躍、脚光を浴びるようになり、党の代表の意見がマスコミに対して大きな影響を与えるようになった。そのために「党首」をめぐる新たな論争が起こり、二〇〇七年にはついに「党首」を導入することになった。

「党首」を置くことがメンバーに受け入れられた一つの理由は、政党登録のために「党首」の氏名を登録することが必要だったためである。すなわち当初はあくまで事務手続き上の対応だったが、緑の党の中にはこれを契機にして「党首」制度を確立しようとする人々がいた。そして最終的に、一九八〇年代から九〇年代における組織の特徴だった「指導者を否定する文化」が薄らいでいった（Faucher, 1999）。

党の財源が増えたことも大きく影響した。議員の当選が緑の党の財政にとって大きな援助になったのである。とくに「スコットランド緑の党」の場合、二〇〇三年の選挙で七議席を当選させたことで議員からの寄付が党の財源を拡大した。ただしその逆に、党財政に占めるメンバー会費の割合は減少し、二〇〇六年には収入の一三％まで低下した。「イングランド・ウェールズ緑の党」も、欧州議員と大ロンドン市議からの寄付が大きな財源となり、二〇〇六年の年間予算では会費の占める割合は二八％に低下した。

一九九〇年代後半からはメンバー数が着実に増加し、二〇〇六年にはイギリス全体で約八〇〇〇人となった。ただし、メンバーの脱退率も以前から高いため、メンバーからの会費収入は不安定だった。それでも選挙の当落にかかわらず一九七〇年代から長年在籍している小規模だが献身的な団体からの寄付によって、党の財政は支えられてきた。

一般的には、競争相手である他政党の変化が党組織に影響を与える可能性もある。ところがイギリスの緑の党にとって他政党の存在は、さほど大きな影響を与えなかった。ただし一時期、「社会民主・自由連合（SDP/Liberal Alliance）」が第三の勢力として台頭した。彼らが、国政選挙に勝利して与党になれば比例代表制が導入される可能性もあったため、一九八〇年代に緑の党の「選挙指向派」はその実現を真剣に期待していた時もある。(訳注2) ちなみに、イギリス緑の党にとっては中道政党が主要な競合相手であり、当初は「自由党」、その後は「自由民主党」が選挙時の競合相手だった。一九八九年の欧州議会選挙では「自由民主党」の低迷が緑の党の得票率を高めた。

一九九〇年代から二〇〇〇年代には、すべての主要政党が環境問題を政策に採り入れるようになった(Carter, 2006)。「自由民主党」は環境問題に長期的な視点をもっていたが、「労働党」の環境政策は形だけだった。むしろデービッド・キャメロンを新党首にした「保守党」こそが、緑の党にとって新たな競合相手になる可能性もあった。しかし二〇〇七年に、「保守党」は内部問題をめぐって分裂状態となった。結局、他政党が環境問題に真剣に取り組み、緑の党の脅威になることは起こりそうもない状況である。

一九八九年以降の組織論争において、選挙結果が大きく影響したのは確かである。一九八九年には欧州議会選挙で得票率が上昇したことで、将来への希望が湧いた。緑の党も将来的には当選可能性があるという期待感が高まったことが、「緑の二〇〇〇」キャンペーンの重要な推進力になったのである。ところが「緑の二〇〇〇」キャンペーンが提案した組織改革の提案は承認されたが、一九九二年の国政選挙に惨敗したことで期待は砕け散り、多くの運動家が離党してしまった。二〇〇〇年代も同様に、選挙結果が組織論争に影響した。一九九九年の選挙に当選したことで期待感が高まったものの、二〇〇一年の国政選挙が失敗に終ったことで、次の欧州議会選挙には再び落選するのではないかという危惧が起きた。こうして「過去の選挙結果」と「将来の期待」の中から、「選挙に当選するためには組織を改革してプロフェッショナル化すべき」という要求が生まれてきたのである。

この傾向は、緑の党の地方組織が「代表」を置くようになった点においても共通している。二〇〇三年の「ウェールズ議会」選挙に当選できなかったため、ウェールズでも多くのメンバーが組織改革の必要性を確信するようになった。二〇〇四年の欧州議会選挙では、北西イングランド選挙区の候補者がマスコミに対して自分を党の「代表」と名乗ったことで投票率を上昇させた。

二〇〇七年になると「イングランド・ウェールズ緑の党」も大論争の末、メンバー投票によって「党首」の設置を承認したが、これも選挙に当選するという期待感が影響した。その前の二〇〇四年には、欧州議会選挙と大ロンドン市議会選挙で得票率を減らしていた。二〇〇五年の国政選挙でも落選していた。緑の党は、政治的な議論、とくに地球温暖化問題について語らせれば、立派な政策を主張できた。しかし選挙で当選するためには、「党首」がマスコミに向かって親しげな口調で、緑の政策を分かりやすく説明することが絶対に必要であると、多くのメンバーが考えるようになったのである。

それでも一つだけ疑問が残るのは、なぜ「選挙指向派」は「他の問題よりも組織改革が最重要課題である」と考えたのかという点である。その答えについては、一九九〇年に発行された党の機関誌「エコニュース」に掲載された記事が次のように示唆している。「彼らの反応は、心理療法士が〝防衛機制〟と

訳注2　一九八一年に「労働党」の右派が離党して「社会民主党」を結成し、一九八三年の国政選挙では「自由党」とともに「社会民主・自由連合」を形成した。合計得票率は二五・四%だったが、結局、小選挙区制に阻まれ、当選したのは二三議席、議席率三・五%にとどまった。両党は一九八八年に合併し、一九八九年に「自由民主党」に改称した。比例代表制の導入を党是としている。

呼ぶ行動に似ているかもしれない。絶望的な周囲の状況を変えられない以上、自らを守るために緑の党は、内部の制度や組織を変えるしかないと考えたのである」(Luckman, 1990)。おそらくある面でこの分析は当たっていると考えられる。「選挙指向派」は、選挙の当選を優先すべきと考えていたが、当選するために必要な政治環境を自らの力で変えることはできなかった。とくに一九八九年以降は緑の党の支持率が低下する一方で「自由民主党」の勢力が回復していた。緑の党が国政で当選するためには選挙制度の改革が絶対条件だった。しかし彼らに対処できるのは組織内の問題だけだったため、組織改革の重要性が強調された可能性がある。

ただしイギリスの緑の党の特徴としては、「党首」や「組織」をめぐる論争の激しさに比べて、「議員」の役割についてはほとんど議論が起きなかったことがある。現在のところ、欧州議員と緑の党との間には何の問題も存在しないように見える。「スコットランド緑の党」でも一九九九年に議員が初当選した時に、組織改革をめぐる議論はほとんど起きなかった。二〇〇三年に議員が七人当選して初めて組織の見直しが検討されるようになったが、大規模な組織改革が行われることもなく、段階的に改革が進められている。このようにイギリスの緑の党では、議員の増加が契機となって組織改革が進むことはなかった。その原因は、当選した議員が自らの役割を党の方針の範囲内に限定しており、党と議員の関係が良好だったからと考えられる。議員が党内で指導的な役割を担うことを制限するような規約はないので、議員がリーダーとして振る舞うこともできたが、議員自身がそれを選ばなかったのである。

イギリスの緑の党の組織を変化させてきたもう一つの要因としては、メンバーの「人数」「性質」「年齢」が変化した点がある。一九七九年には新たなタイプの運動家が大量に加入したが、彼らは一九六〇年代の抗議運動の流れをくんだ左派リバタリアンやオルタナティブな運動家だった。さらに十年後の一九九〇年にも、かつてとは異なる社会的背景をもったメンバーが加入した。「サッチャーの子どもたち」と呼ばれた世代である彼らは「経営感覚」をもっており、「緑の二〇〇〇」キャンペーンでも重要な役割を果たした。ただしいずれの時も数千人単位でメンバーが増えたが、その後は大規模なメンバーの増加はない。一九九九年の選挙で成功してもメンバーが大量に加入することはなかったため、二〇〇〇年代の組織論争は以前よりも落ち着いてきた可能性もある。

メンバーの「人数」や「性質」と並んで「年齢」すなわち高齢化も組織に影響している。一九九〇年と二〇〇二年に行われた「スコットランド緑の党」の調査を比べると、メンバーの平均年齢は三十九歳から四十七歳に上昇している。どちらの調査でも、メンバーの多くは高等教育を受け、福祉活動などの専門職や民間企業以外の職場で働いており、社会的背景については変化がなかった（Bennie, 2004）。この傾向がイギリスの緑の党全体にあてはまるとすれば、緑の党のメンバーは十〜十五年前と変わることなく、同じような社会集団から参加していると考えられる。そうだとすれば、この間に組織改革が進んだのは「古くからの緑の運動家」に対する「新たな世代」の挑戦でなく、同じ「緑の世代」の中で考え方が変化したためと考えられよう。

最後に強調したいのは、かつてタブーとされた「党首」という存在に対して拒否感が消えたことである。二〇〇〇年以降は「党首」という言葉が頻繁に使われるようになった。スコットランドを除き、イギリスの緑の党は「草の根民主主義」を体現する重要な要素であったはずの「共同代表」制を廃止した。現代のマスコミに依拠した民主主義制度では、一人の「党首」が党を代表して意見を表明することの重要性を多くのメンバーが認識するようになったためと考えられる。

ただし、緑の党におけるリーダーシップのあり方を変化させた要因が、「すべての世代の緑の運動家とメンバーが共通認識をもつようになったため」なのか、それとも「草の根民主主義のイデオロギーをもたない、エコロジカルな政治をめざすメンバーが新たに大量に参加したため」なのかは現時点では定かでない。今後、さらなる検証が必要だろう。

結論 「党首」がイギリス緑の党を変化させる可能性

イギリスの緑の党は、四十年近くにわたって組織論争を続け、様々な提案がされてきた。それにもかかわらず、過去を振り返れば大きな変化はなかったという印象がある。組織の柱となる思想は一九七五年に決定され、その後、少しずつ変化したが根本的な原則は変わらずにいる。規約もほとんど変更されず、最近になって多少、組織文化が変化した。重要な点は「党首」という言葉に含まれていた挑発的な響きをメンバーの多くが否定的に感じなくなったことである。

この文化的変容は重要な出来事なのだろうか。一般的に、イギリスの緑の党では誰もが次のように主張する。「緑の党にとっての〝党首〟とは現在もこれからも〝名目上の指導者〟であり、〝広報官〟にすぎない。その地位に就いたからといって権力を握るわけではないのだ」。

しかし、こうした文化的な変容によって、実質的な権力構造が確立される可能性もある。実際、イギリスの緑の党の場合、大多数のメンバーは党の方針を決定する場に参加していない。その上、メンバーが少数であるにもかかわらず、選挙では多数の票を得ている。党の役員は運動家の中から選ばれているが、運動家の人数もさほど多くはない。比較的少数の運動家グループが方針の決定権を独占しているため、彼らが国会議員になれば大きな影響力をもつのは確実である。議員としてマスコミの前に立つことによって、その中の何人かはさらに際だった存在になるだろう。一般市民や緑の党の支持者はもちろん、緑の党のメンバーも「マスコミに登場している人物が緑の党の代表だ」と考えるようになっても不思議はない。

これまではマスコミに対応する人物がいなくても問題は起きなかった。マスコミからの評価は不安定なため、「マスコミ対策は縮小するか中止すべき」という意見もあった。ところが二〇〇〇年代になると、「マスコミからの注目度を高めるべき」という意見が強まった。そして、社会全体の原理として広めるはずだった「草の根民主主義」の思想が消えていったのである。他政党が追従すべきモデルであったはずの草の根民主主義を、社会的に実現することはもはや不可能になっている。その上、今では「労働党」や「保守党」でさえ、全党員の投票によって方針を決定するようになった。もっとも一般的に他政党の場合、その目的は投票を通して党首に対する支持を拡大し、一部の活動家が党の方針に反対できないようにすることにある。イギリスの政党政治では、「党首」個人に対する熱狂的な人気がさらに大きな影響力をもつようになった。「左派リバタリアン」は、こうした傾向を長年、批判しているが、各政党が大衆に対する説明を「党首」に依拠するようになったことは現実である。緑の党が掲げていた「複数代表制」や「草の根民主主義」の思想も、時代遅れになったはるか昔の理想のように感じられる。

二〇〇七年には「イングランド・ウェールズ緑の党」も、マスコミに対する説明は「党首」がすることになった。多くの人々は「これで緑の党もようやく現代的な政党になった」と受け止めている。しかし他方では今でも「党首の導入は、緑の党の実体を変えるものでなく、アピールの方法を変えただけである」という意見もある。果たして今後「党首」の存在は、緑の党の性格を変えることになるのだろうか。ただし他政党なら様々な社会的資源を活用して党勢を拡大できるが、緑の党の場合は「党首」と「運動家」の両方が必要である。したがって、緑の党は今後も他政党とは異なる存在であり続けるだろう。「党首」が積極的に活動すれば「運動家」の存在は不要になるかもしれないが、マスコミからの注目が集まれば、新たな運動家が参加してくる可能性もある。

「イギリス緑の党が共同代表制を放棄したことは、一般的な政党に発展していく第一歩である」と考えることもできる。ロベルト・ミヘルスが提唱した「寡頭制の鉄則」すなわち「政党は必然的に寡頭制となる」ことが証明されたというわけである。しかしイギリス緑の党には、「政党はどうあるべきで、どのように行動すべきである」といった先入観を拒否してきた歴史がある。これからも緑の党は、伝統的な政党構造を受け入れつつ「党首」の権力を制限し、思想上だけでなく実践的にも「草の根民主主義」の原則を維持することは可能だろうか。イギリス緑の党が「寡頭制の鉄則は誤りである」ことを証明できるか否かについては、今後の検証を待たねばならないだろう。

第13章　カナダ緑の党　草の根民主主義からの急速な転換

カナダ緑の党の歴史

「カナダ緑の党」が結成されたのは一九八三年、「ドイツ緑の党」が選挙で大成功したことが世界に大きく報道された時だった。ドイツ緑の党が様々な資料を英文で世界に発信したことで、カナダにも大きな刺激を与えた。カナダ緑の党の創設者は、次のように語っている。

「従来の政党はほとんどが内向きで、活動範囲も国内に限定していた。自分たちの総合的なメッセージを世界に発信することなんて考えられなかった。ところがドイツ緑の党は自分たちを、国を超えて活動する存在として考えていた。彼らの視点は最初からグローバルだったのである」

一九八三年二月には北米最初の緑の党として、カナダのバンクーバーで「ブリティッシュコロンビア緑の党」が結成され、さらに六月には「オンタリオ緑の党」が結成された。八月には「カナダ緑の党」が政党として登録し、十一月四日から六日にかけてカナダの首都オタワのカールトン大学で設立総会が

開催された。その後、カナダのすべての州（ニューブランズウィック州を除く）と準州でも緑の党が結成された。（訳注1）

二〇〇六年には「カナダ緑の党」が四・五％、二〇〇七年には「オンタリオ緑の党」が八・二％の得票率を達成した。「ブリティッシュコロンビア緑の党」も二〇〇一年五月に一二・四％と初めて二桁の得票率を達成したものの、二〇〇五年には九・二％に減少している。（訳注2）「ブリティッシュコロンビア緑の党」の得票率が高いのは、同州では環境保護運動が大きな影響力をもっている上、伝統的に左翼的傾向があるためである。（訳注3）

カナダは小選挙区制であるため、過半数近くの票を得なければ当選できない。そのため、有権者は自分の投票が死票になることを避けるため、当選可能性が少ない小政党に投票しない傾向がある。したがって新党の場合は、地域で支持者を固めていかなければ当選は困難である。バンクーバーやビクトリア州にあるいくつかの地方議会で緑の党が当選できたのは、理念を共有する他政党と連合した結果であり、例外的なケースである。

本章では州レベルの緑の党として最も歴史が古くて強力な「ブリティッシュコロンビア緑の党」と「オンタリオ緑の党」、および連邦レベルの「カナダ緑の党」に焦点をあてる。カナダの緑の党は「アマチュア運動家の党」として出発したが、設立当初の草の根民主主義的な組織運営を早くから転換していった。

彼らが国政選挙で当選する可能性が開ける以前から、プロフェッショナル化を目ざした派閥が形成され、草の根民主主義を重視する勢力は少数派になっていったのである。

草創期の草の根民主主義的な組織

「ブリティッシュコロンビア緑の党」

「ブリティッシュコロンビア緑の党」は、一九八三年の設立直後から「アマチュア運動家の党」としての特徴を具体化していった。設立したのは、左派の「新民主党」支持者と環境保護運動家たち数人だった。彼らは既成政党に失望しており、伝統的な政治過程を改革したいと考えていた（Hay, 1984）。創設者の中には、主要な環境保護団体である「西カナダ野生委員会（ＷＣＷＣ）」を設立したエードリアン・カーとポール・ジョージがいた。

こうして「ブリティッシュコロンビア緑の党」は、分権化、権力の共有、合意にもとづく意思決定など、先進的な組織方針を導入していった。「党首」を置かずに、組織を代表しない「共同議長（shared speakers）」と三人の「広報官（spokespersons）」を選出した。

訳注1　連邦国家であるカナダは、一〇の州と三つの準州で構成されている。
訳注2　二〇一一年に、「カナダ緑の党」として初の連邦議会議員が当選した。
訳注3　ただし二〇〇一年のブリティッシュコロンビア州議会選挙では、左派の「新民主党」の前党首グレン・クラークがスキャンダルを起こしたため、右派の「自由党」が五七・六％の票を獲得し、定数七九議席のうち、七七議席を獲得したこともある。

さらに、政治における女性の少なさを是正するため、党役員にはクオータ制を適応した。一九八三年から八五年までは、全員の合意にもとづく意思決定の方法を試みた。「環境破壊を引き起こしたのは、政治制度だけが問題ではなく、議論の進め方や意思決定の方法にこそ本質的な原因がある」と創設者たちは考えていたのである。四年に一度の選挙で議員を選ぶだけでは、短期的な思考に陥って判断を誤ってしまう。そこで彼らは、合意にもとづく意思決定の方法を研究し、そのトレーニングを指導する専門家を外部から招いて、手法を具体化することに取り組んだ。

「オンタリオ緑の党」

同様に「オンタリオ緑の党」も設立当初から、党役員に権力をもたせず、草の根民主主義にもとづく参加型の組織運営を試みた。さらにまた、先進的な様々の社会運動を党活動に参加させることを目標にした。

一九八五年には初の州議会選挙に取り組んだが、得票率はわずかで、その後の活動は分権的な組織作りに重点を置いた。「オンタリオ緑の党」には組織としての方針がなく、会員制度も会費もなく、指導部も広報官さえいなかった。「執行委員会」でなく「調整委員会」が設置され、毎月の会議では委員が交代で議長を務めた。同党に存在したのは四つの役職だけだった。「党首」は置いたが党を代表して発言する権限をもたず、州に政党登録するため法律上、必要なだけの存在だった。その他には「会計責任者」、州内における支部のリストを管理する「事務局」、州総会の「議長」を選出した。総会では代議員制を採らず、団体加入も認めなかったし、メンバー全員が参加する直接民主主義で方針を決定した。非中央集権的な社会を築く、最初の場が党内であると考え、一〇〇%の全員一致で合意することを目ざした。

「オンタリオ緑の党」で最も特徴的な点は、政治課題ごとに「支部」を組織した点にある。各「支部」は有機農業や女性団体などの社会運動や地域問題と連携し、地理的な境界線や選挙区とは無関係に組織された。「オンタリオ緑の党」は、こうした「支部」を最重要の組織単位として機能させようとした。彼らが目ざしたのは、社会団体や環境保護団体のコーディネーターとして「支部」が活動することだった。社会運動と一緒になって共通の目標を実現するために、革新的な組織を形成したのである。緑の党の運動家たちは、平和、女性の権利、社会的公正、環境保護などの実現を目ざす社会運動と政治活動との間に、真の連帯を構築したいと強く願っていた。

ところが現実には、彼らの目的は達成されなかった。当初あった七支部が二五支部に増え、各支部は独自にメンバーを集めたが、各支部の名簿は「オンタリオ緑の党」には提出されなかった。そもそも「オンタリオ緑の党」には、外部との交渉を担当する者がおらず、「オンタリオ緑の党」の名簿もなかった。結局、「オンタリオ緑の党」を構成するのは「支部」そのものであり、メンバーも「支部」に加入していた。各「支部」はそれぞれに「広報担当」を置き、選挙の候補者も「支部」が独自に擁立する権限をもっていた。

「総会」が二日間にわたって年三回開催されたことも「アマチュア運動家の党」に共通する特徴だった。ただし、いつも各地で会議が開催されていたが、オンタリオ州のレベルで会議が開催されることはほとんどなかった(de Jong, 2002)。

「カナダ緑の党」

「カナダ緑の党」の組織も、「ブリティッシュコロンビア緑の党」や「オンタリオ緑の党」とほとんど同様の過程をたどって発展した。意図的に、ゆるやかで分権的な組織を形成したが、組織の目的は、政策を実現するために指導力を発揮することではなく、カナダにおける緑の運動の情報交換の場として機能することだった。当初は「総会」も開催せず、「党首」や「事務局」もいなければ、政策もなかった。五人の「広報担当」だけが置かれて、「ブリティッシュコロンビア州ーユーコン準州」「プレーリー地域（カナダ西部に位置する三州）ーノースウェスト準州」「オンタリオ州」「ケベック州」「大西洋州（大西洋に面している四州）」から各一名が選出された。「カナダ緑の党」は、あくまで各州の緑の党がゆるやかに連携するための組織だった。このように「カナダ緑の党」が中途半端な状態にあったのは、小選挙区制のため連邦議員の当選が困難だったことや、国の面積が広大だったことに起因した（Parkin, 1989, Hay, 1984）さらに、緑の党が伝統的な組織構造を肯定せず（Hay, 1984）、反中央集権主義思想を重視していたことも影響していた（Macdonald, 1991）。

カナダの首都オタワで開催された設立総会では、既成政党のような伝統的な方針決定の構造を逆転させて、メンバーの合意で方針を決定することにした。アメリカの物理学者フリチョフ・カプラとシャーリーン・スプレットナクは当時の組織を次のように記している。

「中央集権的な組織にするのか、それとも分権化するのかをめぐり、長時間、活発に議論が交わされて、最終的には伝統的な政党構造を逆転させることに決定した。中央集権的な既成政党は代議員によって運営されるため、州組織との間に距離があった。それと反対に緑の党は、反中央集権主義と草の根民主主義の原則にもとづき、州レベルの党が主要な役割を担い、その上で段階的に連邦レベルの政党へと発展していくことにしたのである。したがって連邦組織の当面の役割は、情報交換の場として機能し、運動を調整することだった。メンバーが相互に連携することを促して、カナダの緑の党を代表して国内外のマスコミに対応することがその役割だった」(『グリーン・ポリティクス』、吉福伸逸・鶴田栄作・田中三彦訳、青土社、一九八四)(Capra/Spretnak, 1984)。

一九八八年の選挙に向けて発行された政策集には、民主主義についての彼らの見解が明確に述べられている。

「現在のカナダの政党は、重要な民主主義の原則にもとづいていない。我々は、各政党に対して新たな原則を実施することを求めよう。すなわち、〝すべてのメンバーは、すべてのレベルの会議や委員会に参加できること。すべての議員は任期を制限されて、再選は一期限りとすること〟である。すでに我々はこうした方針を実践しているのである。

我々は、メンバーの合意にもとづいて方針を決定する。多数決で決定せず、参加者すべてが合意できるように努力する。〝決定にかかわった人々の意見には、それぞれ一片の真実がある〟と考えるからだ。緑の党は、〝提案は修正されることによって、より良い方針に練り上げられる〟と考える。〝提案を修正すると主旨が曖昧になる〟と考える伝統的な視点とは反対の立場なのだ」

現在の社会では、組織運営の規則と手続きを定めた「ロバート議事規則」が広く実施されているが、彼らの考えがそれを反映してないこと明らかである。(訳注4)「ロバート議事規則」では、多数派に決定権を与える一方で、強硬な少数派の意見については熟慮の上、決定することを多数派に求めている。

こうして一九九〇年代中頃までの「カナダ緑の党」は、すべての提案を合意にもとづいて決定するため、十分な時間を確保し、五日間もかけて総会を開催していた。

分権的な組織が変化した要因

「ブリティッシュコロンビア緑の党」

ところが「ブリティッシュコロンビア緑の党」における草の根民主主義の実験は、一九八三年から一九八五年までの二年間しか続かなかった。そもそもこの方法は、容易に変更することができた。全員一致で決定することが原則のため、毎年の総会で承認を受ける必要があり、もしも承認されなければ「ロバート議事規則」に戻すことになっていた。全員が合意しなければこの原則を中止することができるため、合意に基づく意思決定の方法が廃止されたのは当然のなりゆきと言えた。

一九八五年の総会では、少数のグループが反対したため、全員一致の原則を廃止することが決定された時には多くのメンバーが退場して、緑の党にとって忘れ去ることのできない大事件になった。ただしそれでも、公式には意思決定の方法は変更されたが、実際には「ロバート議事規則」が適応されることはほとんどなかった。引き続き、会議では合意形成が重視され、提案をそのまま採決せずに、できるだけ全員が合意することが追求されたのである。採決によって決定する場合も、一般的な議案については出席者の過半数が賛成すれば承認されたが、特別な議案については七五%以上の賛成が必要だった。提案の主旨を変えない範囲で決定内容を修正することもあった。「ブリティッシュコロンビア緑の党」は「ブリティッシュコロンビア・ソサエティ法」に従って政治団体登録していたが、そもそも同法は、社会的組織における採決の方法や、可決に必要な賛成数について右記のように定めていたのである。

それでも党内では派閥争いが続き、一九九三年には、三人の「共同広報官」を一人の「代表(leader)」に変更することで既成政党に近づいた。初の「代表」に選ばれたのはスチュアート・パーカーという二十一歳の青年であり、彼が「代表」に選出されたことは、緑の党に新たな時代が訪れたことを意味する象徴的な出来事だった。彼は二〇〇〇年に失脚するまでの七年間にわたって、党の支持者を拡大していった。青年団体、反貧困運動家、先住民の独立主義者、そして彼自身が所属していたアフリカ系カナダ人団体など、主要な団体の代表も緑の党に参加し、労働組合との連携も始まった。一九九九年の州議会選挙では、反貧困グループが緑の党の候補者を支持した。また彼は、「代表」の権限を強めて組織の制度化を進め、「ロバート議事規則」を導入して、緑の党を「正常化」していった。

ところが彼は、二〇〇〇年三月の総会で信任されなかったため、九月には「ブリティッシュコロンビア緑の党」の創設者の一人で、有名な環境保護運動家のエードリアン・カーが新代表に選ばれた。さらに総会では、執行機関である「州評議会(provincial council)」の委員として、ほとんど新たなメンバーが選出された。彼らは、環境NGOの運動家が中心になって組織された、緑の党の支援団体「グリーン・

訳注4　「ロバート議事規則」は、米国の軍人だったヘンリー・ロバートが、アメリカ議会の議事規則にもとづいて一八七六年に考案した議事進行規則であり、会議の進め方の基本とされている。

アウトリーチ」(Green Outreach) に参加していた。パーカーの支持者と異なり、彼らは社会主義政党や社会運動団体と強く結び付いており、多くは環境保護団体の有給職員だった。新たに選出された一二人のうち、一一人がこの団体に属しており、「バルハラ・ソサイエティ」「シエラ・クラブ法律弁護基金」「ディビッィド・スズキ財団」などの団体で有給の事務局として働いていた。

パーカーが代表を降ろされた後には、パーカーの支持者たちも離党した。さらに世代的な変化も起きた。パーカーが代表だった時期には、「州評議会」の半数以上が三十歳以下だった。しかし新たな委員の中で三十歳以下だったのは、パーカーの時代から留任した「西カナダ野生委員会(WCWC)」の職員アンドリア・ライマーだけだった。それでも二〇〇六年になると若い委員が増え、一五人の内、六人が三十歳以下になった。「ブリティッシュコロンビア緑の党」の副代表になったアンゲラ・リードも二十八歳であり、持続可能な社会を目ざすベンチャー企業の創設者だった。

二〇〇〇年の総会では規約が大幅に変更され、議案を決定する際に内容を修正するのは認めないことになった。さらに、合意形成を基本としつつも「ロバート議事規則」を適用し、最終的には採決をもって決定できるようになった。新代表になったエードリアン・カーは、「新たな採決方法は、ロバート議事規則と、合意にもとづく意思決定の統合であり、これで緑の党が停滞することはなくなる」と語った。

ただしこの方針には反対の人々もおり、彼らは「一九九〇年代から、緑の党の役員たちは、合意にもとづく意思決定を行わず、〝ロバート議事規則〟を優先させてきた」と批判した。それでも現実には、新たな派閥が組織され、合意形成より採決を優先する傾向がさらに強まった。新たな「州評議会」の委員たちは、階層的な組織の企業やＮＧＯで専門的な仕事をしてきた経験があり、法律に関する知識や経験もあった。中には弁護士もおり、彼らの多くは合意にもとづく意思決定に納得していなかったのである（Kisby, 2002）。

党の顧問的な立場にあった人々は、合意形成の意味と価値を重視していたが、現実的な勢力に圧倒されて消耗し、自分たちが少数派になったと感じた。新たなリーダーたちは合意形成に共感してないどころか敵対的であったため、党内で多数派になれなかった彼らは、「もはや自分たちは歓迎されてない」と感じた（Kisby, 2002）。

こうした反発はあったが、エードリアン・カーが代表になって以降、緑の党は注目を集め、選挙の得票率も劇的に増加した。二〇〇六年にエードリアン・カーは、「ブリティッシュコロンビア緑の党」を離れて「カナダ緑の党」の副代表になった。二〇〇七年には「ブリティッシュコロンビア緑の党」の新たな代表に、エスクワイモルトの地方議員でビジネス経験もある、心理学者のジェイン・スターク博士が選出された。

「オンタリオ緑の党」

「オンタリオ緑の党」も、一九九〇年代に抜本的な組織改革を実施した。分権と合意による意思決定を原則にしつつ、採決によって方針決定することを段階的に進めたのである。すでに一九八〇年代後半には、「現実派」の派閥が支配権を握っていた。彼らは党を「正常化」するため、メンバー制度を整え、リーダーに権限を集中し、採決による決定方法の制度化を進めていった。一九九二年には規約を改正して、三人の「広報担当」を廃止し、一人の「代表（leader）」を置いた。政治課題ごとに組織していた「支部」も廃止し、選挙での当選に向けた選挙区組織を強化した。一九九三年から代表になったフランク・デ・ヨングは、次のように語っている。

「支部という組織構想は機能せず、社会運動が支部に発展することはなかった。理論は実現しなかったのだ。社会運動が圧力団体として影響力を発揮するためには、政党と距離を置く必要があったからである」

そもそもカナダには、慈善団体による政治活動を規制する法令があったため、慈善団体が政治活動に寄付すると資格を剥奪される可能性もあった。こうした現実を踏まえれば、「社会運動として支部を組織する」という方針には根本的な問題があったのである。一九九三年にオタワで開催された総会では、「代表」選挙に初めての対立候補が出現し、選挙の結果、フランク・デ・ヨングが選出された。

採決による決定方法も一九九〇年代初めに導入した。規約上では合意によって決定することが前提であり、どうしても決着が付かない場合の最終手段として採決で決定することができたが、可決には六〇％の賛成が必要だった。ところが、この前提はすでに完全に放棄されていた。二〇〇〇年にキッチナー‐ウォータールーで開催された総会では、議案は三つの質問を受け付けただけで採決に入ったし、議案に対する修正動議の提案も禁止された。二〇〇一年の総会では、議案が提案された後すぐに採決が行われた。

また、「執行委員会」を男女同数で構成し、定期的に交代することも止めた（ただし、二〇〇六年には再度、見直しされて「副代表」は男女各一人とし、地域組織の代表と役員も男女同数にすることにした）。

二〇〇二年四月には年次方針を検討する会議がパリーサウンドで開催され、出席者四七人のうち、三六人の賛成によって、合意にもとづく意思決定を完全に廃止することを決定した。一九九〇年代の会議なら、参加者は議案について質問し、採決の前に修正動議を提案できた。その上、採決の時に一人でも「レッド・カード（反対票）」を挙げた場合、その議案は「異議あり」と位置づけられて別の「検討会（workshop）」に回され、意見の違いを埋めて合意に達するまで議論が続けられた。[訳注5] 当時の参加者に聞く限り、こうした議事運営は比較的、順調に機能していたようである（Bonser, 2002）。ただしこれに反対する人々は「討議に時間かかりすぎ、少数の人間が議論を独占している」という不満をもっていたのである。

二〇〇二年に、採決による決定方法が導入されたことにより、メンバーは郵便でも総会の議決に参加できるようになった。総会では、修正動議の提案は禁止され、質問も三つ以内に制限された。具体的には次のようにして議事運営を進めることになった。

「提案者からの議案は、ファシリテーターが読みあげる。ファシリテーターは三つまで質問を受け付けて、提案者に説明を求める。修正動議は受け付けず、もしも議案を修正する場合には、検討会での議論に回される。六〇％以上の賛成を得られれば議案はそのまま承認される。六〇％以上の反対があれば否決され、その会議ではそれ以上の討議をしない。どちらにも達しない議案は、検討会に回される」（オンタリオ緑の党・二〇〇二年決定方針）。

訳注5　一般的に緑の党の会議では、賛成の意思表示として「グリーン・カード」、反対として「レッド・カード」、保留として「イエロー・カード」を掲げる。

それまでは反対意見があれば、全員が合意できるまで検討会で議論した。その上、承認された場合でも、今後の参考のために反対意見を付記するといった配慮をしていたが、現在は実施していない。なぜなら、〝提案に対して疑問があるのなら質疑応答の場で議論できるはず〟であるし、〝質問者は出席者に対して、その議案を検討会で議論すべき理由を説明すれば良い〟と考えられるようになったのである。議案が検討会に回されれば、非公式な議論を通して合意形成を進めることで、内容を修正することもできるからだ。

新たに始められた厳格な方針決定の方法に対しては、反対意見もあったが大きな問題にはならず、現在の会議は以前よりスムーズに進行している。ただしそうなった理由は、合意形成を重視していた人々や、環境保護や社会的公正を目ざすラディカルな運動家が徐々に離党したため、さほど反対意見が表明されなくなったためかもしれない。

二〇〇二年十一月三十日にトロントで開催された総会では、設立時からの原則である直接民主主義の原則まで変更されそうになった。「個々のメンバーの議決権を廃止して、選挙区組織から選出された代議員によって総会を運営する」という議案が提出されたのである。しかしその議案について検討会で討議した結果、メンバーの議決権を廃止することは多数のメンバーが望んでないことが明らかになった。最終的に、検討会の参加者たちが合意したのは、「代議員制度も併せて導入することによって、実質的にメンバーの決定権を拡大する」ことだった。つまり、「個々のメンバーは引き続き総会に参加して議決権をもつが、総会に参加できないメンバーについては郵便で投票するか、代議員に決定を委任できる」ことにしたのである（表13‐1参照）。

表13-1 「ブリティッシュコロンビア」「オンタリオ」「カナダ」緑の党のメンバー数

年	ブリティッシュコロンビア緑の党	オンタリオ緑の党**	カナダ緑の党***
1983	497	不明	不明
1984	302*	不明	不明
1985	493	不明	不明
1986	不明	不明	不明
1987	298	不明	不明
1988	不明	不明	不明
1989	不明	不明	不明
1990	不明	100*	100*
1991	不明	不明	不明
1992	450*	不明	不明
1993	280	不明	不明
1994	不明	不明	不明
1995	420	200*	200*
1996	624	不明	不明
1997	不明	不明	不明
1998	不明	400*	400*
1999	690*	不明	不明
2000	854	484	不明
2001	3, 000*	924	不明
2002	2, 600*	727	800*
2003	2, 100*	1, 543	2, 600*
2004	1, 380		
2005	1, 100		
2006	1, 000		
2007	3, 350		

*推定人数。

**1980年代の「オンタリオ緑の党」は、メンバーの一覧表を作成しておらず、課題ごとに組織された支部数（7団体から25団体）だけが把握されていた。

***「カナダ緑の党」には、メンバー数の記録が残っていない。ただし上記の人数は各州の緑の党とは重複していない。

合意にもとづく意思決定が変更された主な要因は、「現実派」の派閥が台頭してきたことによる。彼らの主要な関心事は、緑の党の組織を確立して、選挙に集中することだった。設立当初の「オンタリオ緑の党」に、アナーキストや左翼の派閥に対抗する勢力は存在しなかった。しかし一九八〇年代後半になると、多くのメンバーが「リーダーに権限を持たせるべき」と考えるようになり、「執行委員会」を設置してある程度の権限を委任しようとしたのである。しかも、そうした状況の時に、新たなメンバーが少しずつ参加し始めた。彼らは、草の根的な社会運動に参加した経験がなく、合意にもとづく意思決定にも馴染みはなかったし、緑の党の哲学にも価値を感じていなかった。

フランク・デ・ヨングは次のように語っている。「彼らが聞いたことがあるのはドイツ緑の党のうわさであって、どこかの組織に参加してみたかっただけだった。彼らが期待していたのは機能的な政党組織だったが、現実の緑の党はそのようには機能していなかったのだ」

また一九九〇年代初めには、オンタリオで活動していた反体制的なリバタリアンの政党が解散し、同党の多くの運動家が緑の党に参加したことで、右派の現実的な派閥はさらに強化された。「オンタリオ緑の党」において「調整委員会」のメンバーだったグレッグ・ボンサーは、当時の状況を次のように述べている。

「合意にもとづく意思決定に対しては年をおうごとに批判が高まっていた。議論を通して方針が改善されることの大切さやその過程について、意義を感じない人々から批判が増えていった。彼らの関心は、選挙や資金集め、メンバーの拡大であり、緑の党がマスコミに登場することだった。彼らにとって、議論を重ねて政策を改善していくことは時間の無駄だった。こうした集団が、緑の党における環境政策や社会的公正の姿勢を事実上、骨抜きにした。経済や教育に関する政策についても、緑の党の路線を明らかに右寄りの路線へと牽引して行った。彼らにとって重要なのは、中間層の票を獲得し、できるだけ早く権力を獲得することだった。理想の党を形成することや、真の代替案を創ることに関心はなく、人々が一般的に信じていることに迎合せずに、本当に正しいことは何かを考えようとはしなかった」

こうした指摘はあったが、「合意にもとづく意思決定を廃止したために、党内の民主主義が衰退した」という批判については、現在の多くのメンバーは同意していない。

フランク・デ・ヨングも次のように語っている。「以前と比べて現在の緑の党は、一般的な組織になったが、より民主主義的になったと思う。メンバーの役割と責任、意思決定の方法が明確になったからだ。分かりやすい意思決定の仕組みがないと、特殊な派閥が組織されて活動するが、彼らは誰に対しても説明責任がないため、知らぬ間に物事が進んでいたのだ」

こうした組織改革が進むにつれて「オンタリオ緑の党」の選挙結果は急成長し、一%に届かなかった得票率が、二〇〇三年には二・八%になり、二〇〇七年には八・一%に達した（表13-2参照）。

組織構造が変化したことで、党内の力関係も変化した。合意を重視する「原理派」と呼ばれた派閥は、完全に少数派となって排除された。ほとんどが一九九〇年代に離党したため、もはや党を代表する勢力ではなくなった。それでも二〇〇二年の総会で、「総会運営を代議員制に変更する」という提案が否決されたのは、「個々のメンバーが決定権をもつ」という組織原則を完全には放棄したくないという意思表示だった。草の根で活動するメンバーの権利と影響力を低下させるような、これ以上の「正常化」は拒否されることが明らかになったのである。

表13-2 ブリティッシュコロンビア、オンタリオ、カナダ緑の党の得票数と得票率

カナダ緑の党			ブリティッシュコロンビア緑の党			オンタリオ緑の党		
年	得票数	得票率(%)	年	得票数	得票率(%)	年	得票数	得票率(%)
1984	26, 921	0.2	1983	3, 078	0.19	1985	5, 345	0.1
1988	47, 228	0.4	1986	4, 660	0.24	1987	3, 398	0.0
1993	32, 979	0.2	1991	12, 650	0.86	1990	30, 097	0.7
1997	55, 583	0.4	1996	31, 511	1.99	1995	14, 108	0.4
2000	104, 402	0.8	2001	197, 231	12.39	1999	30, 749	0.7
2004	580, 816	4.3	2005	161, 842	9.17	2003	126, 651	2.8
2006	664, 068	4.5				2007	355, 041	8.1

「オンタリオ緑の党」は、州内の遠方で活動するメンバーも権利を行使できるように、地域組織の形成を進めている。フランク・デ・ヨングは、「合意にもとづく意思決定や、草の根民主主義の原則から一時的に遠ざかることがあっても、将来、振り子は再び戻るかもしれない」と二〇〇二年に語っている。

「カナダ緑の党」

「ブリティッシュコロンビア緑の党」や「オンタリオ緑の党」と同様の変化は、「カナダ緑の党」でも起きた。派閥の力関係が変化して、合意にもとづく意思決定の経験がない、新たなリーダーが選出された。ただし組織運営に参加するのは少数で、多くの党役員は州組織の役員と兼任していた。「オンタリオ緑の党」の代表で、「カナダ緑の党」でも活動してきたフランク・デ・ヨングは、「オンタリオとブリティッシュコロンビアで改革が進んだ結果、カナダ緑の党でも〝正常化〟が始まった」と指摘する。

一九九〇年代初めには「カナダ緑の党」も、「広報担当」を五つの地域から選出する制度を廃止して、「代表」を一人置くこ

とにした。二〇〇〇年八月には規約が修正され、「アメリカ緑の党」を模範にした「基本的価値」を定めた。その第五条には、「文化と人種の多様性、および合意にもとづき、分権化された意思決定の手続きを尊重する」と記載されている。しかし実はすでに一九九〇年代初めから「カナダ緑の党」は州組織と同様に、草の根民主主義、合意にもとづく意思決定、分権化の原則を積極的には推進しなくなっていたのである。一九九〇年代中頃には、合意形成よりも採決による決定を優先するようになった。一九九〇年代後半になるとこの傾向はさらに加速して、採決の手続きが修正された。一九九八年にウィニペグで開催された総会では、「可決に八五％の賛成が必要とする基準を引き下げる」という提案をめぐって激しい議論が交わされた。結果的に引き続き、合意形成を目ざすという原則は尊重しつつも、「全国レベルの総会と会議では、六六％の賛成で可決できる」ことになった。

もっとも、この大きな方針変更が実現したのは、党内に「奇妙」な変化が生じており、「緑の党は過去の原則から脱却すべきである」という要求が強まっていたからだった。一九九六年の総会では、「選挙の全候補者に対しては、緑の党の原則と政策を遵守する義務を課す」という提案までも否決されてしまった。すなわち、緑の党の基本原則さえ修正しようとする変化が党内に生まれていたことに対する危機感から、「可決に必要な賛成ラインを引き下げる」ことが承認されたのである。

二〇〇二年にモントリオールで開催された総会では、決定の進め方に関する規約が修正された。現在の「カナダ緑の党」は「オンタリオ緑の党」が採用した方法をさらにゆるめた。具体的には、総会の最初に事前投票を行い、メンバー全体の意思を測る。次に提案内容を読み上げ、提案者は三つまで質問に答える。その後、カードを挙げて採決を行う。もし六六％以上が賛成なら提案は自動的に可決される。

六六%以上が反対なら否決される。どちらにも達しない場合は検討会に委ねられる。検討会では、合意にもとづく意思決定方法にのっとり、より慎重に議論が進められる。提案の主旨を損なわない範囲で修正することも検討会で判断される。

二〇〇二年の総会では、「カナダ緑の党」の創設以来続いてきた国と各州の組織関係を「逆転させる」規約を採択した。これまでは、各州の緑の党が主要な役割を担い、「カナダ緑の党」の「評議委員会」を構成するのは、各州の緑の党の代表だった。しかし新たな規約では、各州の緑の党は、「カナダ緑の党」の「評議委員会」に対する代表権を失った。その代わりに、各州に住む「カナダ緑の党」のメンバーが、州ごとに代議員を選出することになった。しかも、代議員になるためには、各州の緑の党のメンバーである必要さえなかった。

「カナダ緑の党」のメンバーは、すでに全国的に増えていたためこの改革は不可避だった。そもそも「連邦と州の選挙に関する法令」は「選挙を目的として、連邦と州との間で、政党が資金を移動することを禁止」していたのである。こうした規制があったので、「カナダ緑の党」がある程度の規模になった以上、州レベルの組織の連合体として全国組織を運営することは困難だった。

それに加えて、州議会選挙と連邦議会選挙では、選挙区の範囲が異なるという問題があった。そのため、連邦議会選挙では、選挙区ごとに連合組織を形成しなければならなかったのである。そして最終的な理由として、「カナダ緑の党」はすでに州を超えて活動し始めていたため、緑の党が存在しない州でも候補者を擁立して活動を広げたかったのである。

ところが皮肉なことに、「カナダ緑の党」が州から独立することを決定した総会で、反対意見の多かった「アザラシ狩り」を認める決定をしたのである。ニューファンドランド州の緑の党の提案を尊重したことで決定した方針だったが、後になって周囲からの批判を受け撤回することになった。(原注1)

一九九七年から二〇〇一年まで「カナダ緑の党」の代表だったジョアン・ルソーなど多くのメンバーは、「カナダ緑の党」が、草の根民主主義の思想を放棄するのではないかと危惧していた。彼らは、「合意形成のために努力すべきである。この原則を守るためには絶対に必要な場合に限って採決で決定すべきであり、可決には少なくとも三分の二以上の賛成が必要である」と確信していた。

しかし他方で、二〇〇一年から二〇〇三年まで代表だったクリス・ブラッドショーは、次のように語っている。

「多くのメンバーが合意にもとづく決定を非効率と考えるようになっていた。彼らは、新たに採用された投票制度の方が民主的と考えていたのである。検討会で討議を重ねた後でも、反対票を掲げるメンバーがおり、反対を続ける人々に自分の主張をいつまでも説明する機会を与えていた。採決を阻止するため、彼らが嬉々として反対票を上げ続ければ、ほとんどの方針は可決できなくなってしまう。結果的

原注1　多くのカナダ人が「アザラシ狩り」に反対していたにもかかわらず、「カナダ緑の党」がそれを容認したのは、彼らの思想の基盤にあったのが「持続可能な収穫」を提唱する「ディープ（深い）」なエコロジー思想でなく、「シャロー（浅い）」な思考であったことの表れだった。二〇〇四年三月には、オンタリオ州の州都トロントを拠点とする、動物の権利擁護団体「動物の解放」が党本部に抗議活動を行ったため、緑の党の代表は方針の撤回を約束した。二〇〇四年八月にカルガリーで開催された総会では、「アザラシ狩りを認める」方針を撤回し、圧倒的多数の賛成をもって「商業的なアザラシ狩りの中止を要求する」方針を採択した。ただしこの決定によって「カナダ緑の党」は、アザラシ狩りに反対するカナダで初の政党になった。

に多くの人々は、多数の意思が反映されないと感じていたのだ。

質問を三回に制限することに批判はなかった。あらかじめ全体の意向を知るために事前投票を行うからだ。事前投票の段階で、三分の二以上が賛成していることが分かり、承認される可能性が高ければ、議案に反対の人は提案者に質問することを通して自分の意見をメンバーに表明し、検討会での議論に回すことも提案できたのだ」

こうして「カナダ緑の党」における意思決定の方法が大きく変更されたのも理由があった。一九九三年に「オンタリオ緑の党」の代表となったフランク・デ・ヨングは次のように語っている。

「市民とマスコミに緑の党を理解してもらうためには、カナダ緑の党を〝正常化〟しなければならなかった。新たに参加したメンバーも組織の仕組みが理解できるようにする必要があった。組織の制度化を進めることは、誰かが決断しなければならなかったことなのだ」

ただし「カナダ緑の党」の創設者の一人スティーブ・キスビーは別の意見をもっている。意思決定の方法が大きく変更されたのは、「メンバーが大きく入れ替わったことが原因である」と彼は考えているのだ。

「最近、カナダ緑の党のリーダーになった人々の多くは、主要なNGOや企業で働いてきた経歴をもつ。そうした団体では組織的に決定が下されるため、彼らには合意にもとづく意思決定の経験はほとんどない。合意を形成しながら会議を進め、効率的に決定する方法を知らないのだ」

「カナダ緑の党」の創設者たちにとって、草の根民主主義という創造的な原則と実践はきわめて重要だったが、それも今では組織の記憶の中から消えつつあるようだ。

その後の「カナダ緑の党」は、二〇〇四年と二〇〇六年の連邦議会選挙で過去最高の得票率を達成した。二〇〇〇年に〇・八％だった得票率は、二〇〇四年に四・三％、二〇〇六年に四・五％へと上昇した。こうした選挙での好成績も影響して、党の組織構造が変化したと考えられる。

フランク・デ・ヨングは「つい最近まで、カナダ緑の党の組織はまったく機能していなかった。会議を二時間延長しても決定できないことがあった」と指摘する。ただし一九九七年から二〇〇一年まで「カナダ緑の党」の代表だったジョアン・ルソーは次のように反論する。「会議がまとまらなかったのは、選挙の当選を優先する人々が、緑の党の原則を妥協させようとして圧力をかけてきたために、党内対立が激しくなったからだ」

二〇〇三年には有名なビジネスコンサルタントで著述家でもあるジム・ハリスが「カナダ緑の党」の代表になった。「すべての選挙区で候補者を擁立し、選挙に当選できるプロフェッショナルな政党を形成する」というビジョンを、メンバーに共有してもらうため、彼は積極的に行動した。彼の提案に賛同できなかった何人かの評議委員は、緑の党を離れて「新民主党」に参加した。しかし彼らが離党した結果、ジム・ハリスは、「半年前に比べて評議委員会は、数多くの決定ができるようになった」と語った。彼は目標を達成するため、自らが確信するプロフェッショナリズムを実行して、当選に必要な組織基盤を拡大しようとした。数十人の事務局を雇って、常設の事務所を借り、ホームページを充実させて、潤沢な資金を集めるため歴史的な募金活動に取り組んだのである。その結果、緑の党のホームページは、マスコミから「すべての政党の中で最高の内容」と称賛されるようになり、たった三十六日間で一七万五〇〇〇ドルの寄付を集めた。それまでホームページを通じて集めていた年間の寄付金の七倍にあたる額だった。

ただし、それに対して「カナダ緑の党」の元メンバーたちはジム・ハリスに対して批判的だった。「彼によって達成された多額の寄付や支持率の上昇は、大きな犠牲を伴っている」と考えていたのである。たとえばジョアン・ルソーは、近年の緑の党では政策が大きく変更され、それまで批判してきた大企業の活動や、戦争反対といった緑の党の原則からも遠ざかっていると危惧していた。

それでも活動資金が増えたことで、組織構造と意思決定の仕組みは大きく変化した。それまで「カナダ緑の党」の年間予算は二万五〇〇〇ドルしかなく、「評議委員」自らが事務処理をこなさなければならなかった。ところがそうした状況は、年間一〇〇万ドルもの活動費を調達できるようになった政党にとって適切とはいえなくなった。日々、多くの決定が下されて、事務局に指示されるようになった。二〇〇四年の連邦選挙の期間中には、「評議委員会」が指名した「選挙運動委員会」が日常的な決定を引き継いだ。こうして「カナダ緑の党」は組織を整備して、「三〇八選挙区すべてで候補者を擁立する」という大目標を達成できた。二〇〇〇年の選挙でそれが実現できたのは「自由党」だけだった。ジム・ハリスは、「目標を達成するために努力したことで、カナダ緑の党の信頼度は高まった。我々の活動を妬むマスコミもあるかもしれないが、過去二十一年間に報道された以上の量の情報がマスコミによって報道された」と語った。カナダ最大の新聞『グローブ・アンド・メール』紙も、「これまで純粋な弱小政党と見なされていた緑の党だが、ハリス氏によって、かつてなかったほどマスコミに報道されるようになった」と評価した（Gray, 2004）。

組織構造と意思決定の仕組みを変化させた大きな動機は、もう一つあった。それは「選挙で得票率二％を超える」という目標だった。二〇〇三年に選挙法が改正されて、二％以上の票を獲得した政党には公的助成金が支給されることになったのである。この重要かつ民主的な選挙法の改革は、中道左派の「自由党」党首だったジャン・クレティエン首相が、十年にわたる在任期間の遺産として導入したものだった。選挙法が改正されたことによって、企業と労働組合による政党への献金は制限され、個人からの寄付が奨励されるようになった。企業と労働組合による献金は最大一〇〇〇ドルまでとされ、対象も候補者と選挙区の組織に制限された。その代わり、政党に対しては一票に付き一・七五ドルの助成金が割当てられることになったのである。カナダの選挙は各選挙区で一人しか当選できない小選挙区制であるため、それまでは緑の党に投票しても無駄な死票になることを懸念する有権者が多かった。しかし、政党に対する新たな財源制度が実現したことで、そうした危惧が緩和されることになった。たとえ当選できなくとも二％以上の得票があれば、次の選挙まで緑の党の財源を確保できるようになったからである。

こうした要因が相乗効果を招いて、カナダ緑の党に対する支持率は、二〇〇〇年に比べて劇的に増加した。『グローブ・アンド・メール』紙も、「政党の狭間にあった緑の党が、自力で政治の主流に登場してきた」と報じた。しかしそれでも緑の党は、小選挙区制に阻まれて一人も当選できずにいた。二〇〇六年の選挙でも、再度、すべての選挙区で候補者を擁立することで支持者をつなぎ止めることによって、わずかに得票率を増加させた。

二〇〇六年にジム・ハリスは「党首（Leader）」に立候補しないと宣言し、同年八月に行われた党首選挙では、環境保護運動家のエリザベス・メイが圧勝で選出された。彼女は一九七〇年代にノバスコシア州で、除草剤の空中散布を中止させるために立ち上がった著名な弁護士だった。一九八六年には、連邦政府で環境大臣の顧問になった。一九八九年にカナダで環境保護団体「シエラ・クラブ」が創設された際には事務局長となり、十七年間その役職を担った後、「カナダ緑の党」の党首に選ばれた。「ブリティッシュコロンビア緑の党」の創設者であったエードリアン・カーが、二十年後に代表に復帰したことを思い出させる出来事だった。

カナダで緑の党が結成される前の一九八〇年には、連邦議会選挙に一一人が立候補したが、一九八三年にはその候補者たちが集まって緑の党の前身となる政党「スモール・パーティ（Small Party）」を設立した。エリザベス・メイはその時の候補者の一人であり、マスコミにも有名で、緑の党にとって待望の人物だった。

エリザベス・メイの活躍によって、「カナダ緑の党」はさらにマスコミから注目を集めるようになった。労働者の権利拡大など、環境保護を超えた幅広い社会問題に取り組むようになり、緑の党を政治の中心に押し出した。彼女にとって、「北米自由貿易協定（NAFTA）」の再交渉を進めることも重要事項の一つである。ただし彼女の強力なリーダーシップが議論を招いたこともある。たとえば、キリスト教徒である彼女は、信仰にもとづき妊娠中絶に否定的な立場をとっており、妊娠中絶を認める緑の党の方針と対立している。また、「自由党」の党首ステファン・ディオンと、「相手が立候補する選挙区には自党の候補者を擁立しない」という合意を交わしたことも議論を呼んだ。(原注2) さらにエリザベス・メイは、「自由党」(訳注6) の党首ディオンの首班指名にも支持を表明したことで、彼女の政治アドバイザーが辞任する事態になった。

現在の組織

カナダにおける緑の党は、早くから「プロフェッショナルな選挙政党」に移行した。カナダは小選挙区制であるため、国会議員の当選はきわめて困難だったことが影響したことは確かである。それにしてもカナダの緑の党は、合意にもとづく意思決定、分権化、リーダーの交代制や、役員の男女同数制とい

原注2　カナダの緑の党は、地方議会選挙では他政党と積極的に連携したが、連携相手は基本的に左派系の政党や派閥だった。たとえば一九九九年の地方選挙では、「新民主党と連携するビクトリア市民有権者（ＮＤＰ）」という団体と緑の党が連携し「赤と緑の連合」を形成し、ブリティッシュコロンビア州の主要都市ビクトリアで初の一議席を獲得した。

　ブリティッシュコロンビア州最大の都市バンクーバーでは一九九六年の選挙で惨敗した後、緑の党は左翼政党と連携して「進歩的有権者連合」を形成し、一九九九年十一月の選挙に挑んだ。その結果、二人の市会議員に加え、三人の学校理事、一人の公園局長などの役職を含めて二七議席中六議席を獲得した。「バンクーバーの声」と呼ばれたこの連合組織は長続きしなかったが、初めての当選だった。

　二〇〇二年には緑の党単独で候補を擁立し、ブリティッシュコロンビア州全域で得票率を増やした。とくにバンクーバーでは立候補者数も増えたため、全体で一〇％の得票率になり、一人の学校理事を当選させた。環境保護運動家で労働組合の活動家でもあるデービッド・キャメロンは、一九九九年に「バンクーバーの声」を組織した時の市長候補だったが、当時の活動を次のように述べている。「他団体との連合組織を形成することが草の根運動から政治運動へと発展する道であり、市民が政治を改革する第一歩なのである」

訳注6　エリザベス・メイは、二〇一一年五月の連邦議会選挙で「カナダ緑の党」として初当選した。

った草の根民主主義的な原則を、連邦議員の当選可能性が高まる以前から放棄してしまった。「政党組織における寡頭制の鉄則」は一般的に、選挙に当選できる可能性が出てきた後にあてはまる原則であり、カナダの緑の党における変化はまれな事例といえる。すなわち通常なら、得票率が増え、政党への期待感が高まるにつれて、組織が発展し、制度化が進むのである。したがって、なぜカナダの緑の党は特異な発展をとげたのか、その理由を明らかにすべきであり、いくつか重要な要因が確認できる。

第一に、合意にもとづく意思決定は、一度でも伝統的な手法を導入してしまえば、後戻りが困難なことである。「ブリティッシュコロンビア緑の党」の場合も、毎年、意思決定の仕組みについて討議した結果、少数派の反対によって継続が阻止された。合意にもとづく意思決定は、少数派が反対しても放棄しなければならなくなる。そのため、多数決による採決方法を導入してから元に戻そうとしても、以前のような方法では議論を進められないため、多数派を覆すことができない。

カナダにおける三つの党の事例を見ても、一般的な意思決定の方法を一度、導入してしまえば、合意にもとづく意思決定には戻れないことが分かる。元に戻すためには、メンバーの大多数がこの案件を議題に採り上げ、設立時の原則に立ち返ることに賛成することが必要である。しかし、それは現実的に非常に困難で、あり得ない。その理由として、次の点も影響している。

つまりカナダの緑の党が変化した第二の要因として、派閥争いによって組織の変化が加速したことがある。派閥争いが起こると、合意形成を重視する運動家は消耗してしまう。「ブリティッシュコロンビア緑の党」でも、合意形成を重視していたエコ・フェミニストが離党したが、最大の原因は議論の進め方をめぐる論争にあった。「オンタリオ緑の党」で、草の根民主主義を重視する運動家たちは左翼的であり、党の〝正常化〟を目ざすリバタリアンの派閥とは思想的にも対抗関係にあった。結局、議論の進め方など現実的な要因のために離党を選んだのは、草の根民主主義を重視する運動家たちだったのである。

第三には、古くから経験を積んだメンバーが党を去ることで、組織論をめぐる議論の記憶が失われてしまったことである。草の根民主主義の価値にほとんど理解のない、新たなメンバーが参加したことで、この傾向がさらに強まった。合意にもとづく意思決定の手法について新たなメンバーがトレーニングでも受けなければ、新たなメンバーが多数決の制度を否定することはありえない。しかも、もともと「オンタリオ緑の党」の場合は、エコ・フェミニスト、ディープ・エコロジスト、社会的エコロジー主義者、動物の権利擁護などに関与するラディカルな運動家が少数だった。多くのメンバーは、合意にもとづく意思決定の経験はほとんどなかった。その上、もしも新たに参加したメンバーが合意による意思決定を進めようとしても、党内で提案するには不利な立場にある。伝統的な手法で組織運営にかかわってきた人々の方が優勢であり、総会の開催期間も短縮されたので、こうした提案が議案として採り上げられる可能性はほとんどなくなった。

最後に第四の理由として、カナダでは外的な要因も組織構造と意思決定の仕組みが変化することに影響した。カナダの主要なメンバーは、他国の緑の党が成功している事実を目撃して、自分たちもいずれは連邦議員を当選できると考えてきた。カナダの緑の党にとって最大の障壁となっているのが小選挙区制だが、比例代表制に移行する可能性も出てきた。二〇〇四年三月の連邦議会では、「比例代表制も含めた新しい選挙制度の導入の検討」を提言した「カナダ法律委員会」の報告書が議題になったのだ。そのため緑の党のリーダーの中には、近い将来、選挙制度が変更されれば飛躍的に成功すると確信している人々もいる。もっとも三つの主要な州（ブリティッシュコロンビア、プリンスエドワード・アイランド、オンタリオ）で行われた住民投票では、いずれも可決に必要な六〇％の賛成を下回っている。

こうしてカナダの緑の党は「プロフェッショナルな選挙政党」を理想的な組織モデルと考えて、実際にその方向へと進んできた。草の根民主主義的よりも、選挙の当選を重視するようになったのである。「アマチュア運動家の党」から段階的に改革が進み、一九九〇年代には複数の要素が混在しつつ、新たな形の組織になった。合意形成の必要性も徐々に払拭され、全員一致の原則が薄らいで多数決が広まった。そして最終的にカナダの緑の党は、採決の前に合意形成を進める努力を完全に放棄してしまったのである（ただしこれまでは、代表の交代制と男女同数制も廃止していたが、「オンタリオ緑の党」では、いくつかの役職について再びこの原則を導入した）。

当初は「カナダ緑の党」も、分権的な組織を積極的に作ろうとした。各州の緑の党が全国レベルでもリーダーシップを発揮することを目標にして、各州の緑の党から「評議委員会」の委員を選出した。一九九七年四月から二〇〇一年三月まで「カナダ緑の党」の代表を務めたジョアン・ルソーは、カナダ全域で緑の党の原則と政策を一貫させることに重点を置いていた。

ところが二〇〇二年の総会では、それまでの組織構造を転換させる新たな規約が採択された。「評議委員会」の代議員を、「カナダ緑の党」のメンバーが直接、選出することになったのだ。各州の緑の党が代議員を選出することを廃止したことで、各州の緑の党の影響力は弱まった。

それでもカナダの緑の党が「自由党」「新民主党」「保守党」のような「プロフェッショナルな選挙政

党」に到達したと判断するのは早計だろう。今も緑の党のメンバーは、既成政党より格段に、党活動に参加する機会をもっている。政策の形成過程でも、メンバーの寄与は大きい。「カナダ緑の党」は、二〇〇四年の連邦議会選挙で情報を蓄積できる公開制のソフトウェアを導入し、インターネットを通して選挙政策を作成したのである。緑の党のメンバーたちは、選挙政策のページに絶え間なく書き込みを行い、掲載内容に編集を加えることで、総合的な経済政策を完成させた。

州によって異なるが、各州の会議では最大で一〇人の賛同者がいれば、メンバーは誰でも動議を提出できる。また、三人から二五人の賛同者を集めれば「評議委員」にも立候補できる。議員候補者を選考するのも、各選挙区の組織に所属するメンバーである。選挙区に緑の党の組織がなければ、「評議委員会」がその地域に住むメンバーと一緒になって候補者を探して選考する。選挙期間中の選挙運動方針も、各候補者と選挙区の判断に任されている。

最後になるが、緑の党の特徴は、メンバーの利益を最優先して方針を決定できることである。緑の党には、企業や労働組合とのしがらみがないからである。「ブリティッシュコロンビア緑の党」と「オンタリオ緑の党」の主な活動資金は、メンバー会費、個人からの寄付、様々な物品販売でまかなわれている。法人から寄付の申し出があった場合も、金額は制限されている。ただし二〇〇七年に「ブリティッシュコロンビア緑の党」は、試験的に「二五〇〇ドル以下であれば中小企業と労働組合からの寄付を受け付ける」という方針を採択した。先に述べたようにカナダでは二〇〇三年に政治資金に関する改革が実施されて、「カナダ緑の党」など連邦レベルの政党に対しては、企業や労働組合からの寄付金額が制限された代わりに、選挙の投票数に応じて公的助成が受けられるようになったことが影響している。

結論

カナダの緑の党が示しているのは、「アマチュア運動家の党」であっても、選挙に当選する可能性が開ける前に、草の根民主主義の原則を放棄する場合がありうるということである。組織を改革しようとする人々は「議員が当選すれば、もっと大きな成果が得られる」と主張して、この方針を正当化し、ある程度その主張が受け入れられてきた。

現実的な事情を優先させて、緑の党を根本的に変化させてきた要因はそれ以外にもある。新たに設立され、発展途上にある政党において、合意にもとづく意思決定を行うことは批判を受けることに弱いため、少数の人々が反対しただけでそれを放棄してしまった。初期の頃から草の根民主主義のパラダイムを支持してきた人々も、緑の党を「正常化」しようとする派閥によって、巧妙に少数派へと追いやられ、党から追い出された。しかも、カナダの緑の党のようにメンバーの人数が少ないと、派閥争いは先鋭化し、決裂は決定的となった。トレーニングを通して、合意にもとづく意思決定の手法を学ぶことはできるが、小規模でメンバーが代わりやすい政党が、そうしたプログラムを継続的に実施することは困難である。

しかも、他国における緑の党の成功を目の当たりにした上、比例代表制が実現するかもしれないといった外的な要因も影響した。こうしてカナダの緑の党は、「寡頭制の鉄則」が予測するより早くの時点から、新たな段階に押し上げられたと言えるだろう。

第14章　アメリカの緑の党

アメリカにおける緑の政治団体は、議員の当選を目標にして成長してきた。メンバーと活動資金も増え、選挙の得票数も伸びている。とくに二〇〇〇年の大統領選挙では、アメリカ政治に波紋を投げかけた。

二〇〇四年の大統領選挙の結果はいま一つだったが、州議会と地方議会でも立候補を続けており、二〇〇八年、二〇一二年にも大統領選挙に挑戦した。

ただし「アメリカ緑の党」は「プロフェッショナルな選挙政党」になることを目ざして発展してきたとはいえ、プロフェッショナルな政党としての機能を確立するためには、いまだに組織は小さく、財政基盤も弱いのが現状である。

アメリカ緑の党の歴史

アメリカで緑の政治組織が設立されたのは、一九八四年五月にさかのぼる。「ドイツ緑の党」の大成功が、エコロジー運動のグループに刺激を与え、「北米・地域生態系会議（North American Bioregional Congress）」が開催された際に、政治組織の設立に向けた会合がもたれた。そこでは、「アメリカの多様な政治・文化を反映できる組織をどのように形成するか」「歪んで堕落したアメリカ政治に大きな影響を与えるためには何をすべきか」といった議論が交わされた。しかし引き続き開催された次の会合では、「草の根民主主義的な政治活動が発展していない現時点で、緑の党の設立は時期尚早である」と判断し、代わりに「連絡委員会」を結成することになった。その時、ヒントになったのは、「アメリカ独立戦争」において火付け役になった組織だった。アメリカ東部のメイン州から西部のジョージア州に至るまで、イギリス領植民地だった各地のグループの連合体として組織されたのが「連絡委員会」だったのである（原注1）（訳注1）（Tokar, 1992）。

それと同時に「緑の情報センター」が結成され、緑の運動の共通理念として「一〇の基本的価値（10 Key Values）」が採択された。その一〇項目とは、「エコロジーの知恵、社会的公正、草の根民主主義、非暴力、分権、地域主権の経済、フェミニズム、多様性の尊重、個人とグローバルな責任、未来指向」だった。ただし「フェミニズム」については「曖昧な表現であり、男性もフェミニストであり得るのか」という批判があったため、「脱家父長的価値」という言葉に置き換えられた。さらにその後、結成された「アメリカ緑の党」では、「フェミニズムとジェンダーの平等」という言葉を用いている。この「一〇の基本的価値」は現在も共有されており、緑の運動が共有する哲学的価値観を示している。緑の党のメンバーは、こうした哲学的な原則こそが既成政党との違いであると確信している（ただし緑の党では「分権」が基本であるため、州や地方組織がどのような原則を定めるのかについては、各組織の判断に委ねられている）。「緑の政治組織にとって必要な最初の活動は、自己学習である。緑の運動の歴史と領域、展望について人々が十分に理解し、自らの思想として積極的に認識できれば、緑の運動は次々に広がり、新たな活動が生まれるからである」（Rensenbrink, 1999）。

初期段階の組織

当初の設立メンバーたちは、毎年、開催された「緑の大会」に集まった。運動の発展に伴い、「草の根運動が、全国レベルでも民主主義を持続させるために、どのような組織を形成すべきか」について議論を重ね、二つの原則を採用した。第一の原則としてメンバーは「緑の基本的価値」に賛同することを

原注1　同時期に「アメリカ共産党」の元メンバーが、スターリン共産主義から脱却した社会主義的な政治を目ざして「緑の党」を結成しているが、全く無関係である。

訳注1　独立戦争は、イギリス本国とアメリカ東部の一三のイギリス領植民地との戦争であり、一七七五年から一七八三年まで続いた。

表明して、全国組織に会費を納入し、実際の運動に参加すること。第二の原則として、全国大会に参加できないメンバーも方針の決定に参加できるよう、自らが指名した代理人に委任する権利を与えることを可能にした。

この時点における彼らの組織は、明らかに「アマチュア運動家の党」の定義に該当しており、第1章の表1・1に掲げたほとんどの特徴を示している。新しい社会運動の運動家たちによって考案され、採択された「一〇の基本的価値」は、不完全ではあるが明確に一つのイデオロギーであると言える。

多くの運動家は他の社会運動団体にも所属しており、市民社会と非公式な連携を維持していたが、緑の政治組織との具体的な連携は進まなかった。理由の一つは、アメリカでは税法上、選挙時に社会運動団体が政党と組織的に提携することが禁止されているためだった。しかしそれ以上に大きな理由は、社会運動団体に所属する多くのメンバーが、引き続き「民主党」を支持していたためだった。

そもそもアメリカでは、新たな政治組織が国会議員に立候補することはきわめて困難だった。地方議会では何人かが当選したが、それも無所属としてだった。メンバー数に比して得票数は多かったが、全国的に見れば、どの地方のメンバーも投票数もわずかだった。緑の政治組織が候補者を擁立できたのは地方議会と州議会に限られており、今も地方で選挙運動を展開することの重要性が強調されている。活動方針の決定も各地方組織に委ねられ、毎年開催された全国大会の運営は運動家たちが担っていたが、彼らも地方組織の代議員として全国大会に参加していた。

新たな緑の政治組織の財源は、ほとんどメンバーの会費だけであり、事務局もボランティアが担っていた。このように彼らはまさしく「アマチュア運動家の政治組織」であり、選挙に候補者を擁立していたという点で、何とか「政党」と呼べる存在だった。地方議会の立候補者数も、一九八五年三人、一九八六年三人、一九八七年八人、一九八八年二人、一九八九年七人、一九九〇年二一人だった。しかも当選できたのは数人だけで、候補者は「緑の党」でなく無所属を名乗っていた（Feinstein, 2004）。

全国組織の形成と対立

こうした状況の中で、選挙の当選を目ざす運動家たちは、新たな組織が必要と考えるようになった。もっと効率的で、選挙法に対応した組織を形成すべきだと考えたのである。ところが、それに反対する運動家もいたので方針は一致せず、一九九〇年代初めまでに、おおむね二つの潮流に分かれていった。それぞれのグループは様々な名称で呼ばれていたし、どこにも参加しないメンバーも多数いたため、以下に述べるのは、あくまでも単純化した経緯である。

一方の「左派緑のグループ」は一貫して、緑の党の特徴である先進的な方針を堅持しようとした。人種、性、同性愛をめぐる差別に反対し、労働者層への支援と緑の運動とを連携させたいと考えていた。彼らは、緑の運動としての一貫性を持続させるためには、「緑の基本的価値」に賛同するメンバーを増やすことが必要と考え、会費を納入するメンバーを募った。また彼らは、選挙に直接、関わらない社会運動を組織したり抗議運動を行うことは、選挙活動と同様に重要であると考えていた。社会運動の基盤がないまま選挙を行えば、議員が当選しても既成政党と何ら変わらないものになってしまうと考えていたのである。

もう一方の主要なグループは「緑の政治ネットワーク」と呼ばれ、選挙の当選を重視する人々が集まった。彼らは「左派緑のグループ」ほど左翼的でなく、選挙に関わらない運動を組織することが重要だとは考えなかった。そうした社会運動はすでに多数、活動しており、緑の党の役割は選挙運動という既存の枠組みを通して、社会に問題を訴えることだと考えていた。したがって彼らは、具体的な選挙方針を重視して、選挙活動を規制している国と州の法令に対応した組織に改革することが必要と考えていた。政党登録するためには、「州全域で活動する組織が存在し、有権者なら誰でも党員になれること」が条件であると、多くの州の法令は定めていた。そのため、特にこの党員資格をめぐって「左派緑のグループ」と「緑の政治ネットワーク」は対立した。「緑の基本的価値」に賛同するメンバーを増やすことを重視していた「左派緑のグループ」は、「目的を共有しない人々が加入すれば、党を乗っ取られてしまう危険性がある」と考えていたからである。

一九九〇年代初めになると、新たに全国組織として「緑の党アメリカ（Greens/Green Party USA）」が結成されたが、各運動家が個人としてメンバーになる仕組みであり、州レベルの組織が関与することはできなかった。そこで「緑の政治ネットワーク」のメンバーは、組織機構の改革を目ざして規約の変更を提案したが、多くの委任状を集めた一握りの運動家によって否決されてしまった。そのため「緑の政治ネットワーク」は、「結局、委任状という仕組みはメンバー個々人の意志を反映しておらず、不正に操作されている」と批判した。

「緑の党アメリカ」に不満を抱いた州組織のリーダー数人が独自に会合を開き、互いの問題や、実現可能な戦略について討議した。彼らの関心は選挙にあり、「緑の党アメリカ」として大統領候補を擁立する案が浮上した。様々な候補に打診した結果、ラルフ・ネーダーが「緑の党アメリカ」の指名を受ける可能性があることが分かったが、ネーダーはいくつかの条件を提示した。「選挙費用として彼自身が四〇〇〇〇ドルを集めるが、それ以上は拠出しないこと」、そして「緑の党のメンバーにはならないこと」がその条件だった。

彼が提示した条件が選挙運動の障害になる可能性はあったが、彼を支持する運動家たちにとってラルフ・ネーダーは最強の候補者であった。ネーダーは三十年以上にわたって消費者の権利を守る活動の先頭に立ってきた。巨大な自動車会社と戦い、勝利もした。(訳注2) さらに市民の利益を守るための弁護士事務所「パブリック・シチズン」や、ワシントンに本部を置くシンクタンク、大学を基盤にするネットワーク「パブリック・インタレスト・リサーチ・グループ」など進歩的な組織を新たに設立してきた。また、誠実な人柄でも著名な人物だった。多くの運動家は、「ネーダーが自分で選挙方針を組み立てようとしている点に問題はあるが、彼の知名度はそれを十分に補えるだけの価値がある」と考えた。中にはむしろ、彼の選挙手法を積極的に評価し、「地域の運動家が選挙運動を担ってこそ、地域活動を重視する緑の党の精神にふさわしい」と主張する運動家もいた。

ネーダーの選挙は、緑の党内に様々な議論を巻き起こした。彼は緑の党のメンバーでなく、将来もメンバーになるつもりはなかった。また彼は、人種、性、同性愛者をめぐる差別に反対する運動にも関

訳注2　ネーダーは『どんなスピードでも自動車は危険だ』(河本英三訳、ダイヤモンド社、一九六五年)という本を出版して、乗用車の欠陥を告発した。自動車業界とアメリカ政府は、彼の告発を受けて、安全性対策を実施するようになった。

心がなかった。さらに多くの運動家は、大統領選挙にかかわれば各地域で巨額の選挙資金と労力を集めねばならないことを危惧していた。

さらに問題だったのは、そもそも緑の党には大統領選挙の候補者を選考する仕組みがなかったことだった。もしもこの件を全国総会で議論したら、賛成・反対両者の間で激しい論争が起こり、両派とも必死で委任状を集めることが予測された。そこでネーダーの支持者たちは、別の方法を考え出した。彼らは最初にネーダーを「カリフォルニア緑の党」の大統領候補に選出しようとしたのである。この方法なら、一つの州の総会でネーダーを候補者として承認することが可能であり、成功すれば他の州でも同様の手続きを検討することになると予測された。

こうしてネーダーは、一九九六年三月に「カリフォルニア緑の党」の予備選挙で承認され、他の州の緑の党でも承認を受けた。彼は大統領候補として認知されるようになり、八月にロサンゼルスで開催された全国総会に招かれた。「緑の党アメリカ」の公式の総会ではなかったが、四日間にわたる部会での会議の後、五日目に大統領候補を承認する臨時総会が開かれ、彼の演説が行われた。すでに一二の州で承認を受けており、八月十九日の全国総会の場で大統領候補として承認された（Sheasby, 1996, Rensenbrink, 1999）。

一九九六年に行われた大統領選挙では、二一州で候補者名簿に記載され、さらに二三州で自書式投票が行われて、合計四四州で立候補したが、六八万五二九七票、〇・九七％の得票率で、全候補者中四位だったため、どの州でも選挙人を獲得することはできなかった。（訳注3）得票率からすると惨敗のようだが、緑の党にとっては成功だった。もともと彼らの目的は、大統領選挙に当選することではなく、緑の党の組織拡大にあったからである。事実、その後、緑の党は大きく成長し、メンバーが増えて、活動地域も広がった。選挙直後に、バージニア州ミデルブルグで開催された集会には、三一州の緑の党から代議員が参加し、新たに全国的な政治組織「緑の党・州連合（Association of State Green Parties）」が結成された。「緑の党・州連合」は、先に述べた「緑の政治ネットワーク」を引き継ぐものであり、選挙を重視する彼らは、二〇〇〇年の大統領選挙でも再びネーダーを擁立して、活発に選挙運動を展開した。

そのため、緑の党の分裂は決定的となり、「緑の党アメリカ」と「緑の党・州連合」の対立が続いた。一九九六年後半に「緑の党アメリカ」は、連邦選挙委員会に政党としての登録手続きを行った。この動きに対して「緑の党・州連合」は、「ネーダーを候補者にすることに反対する人々が、独自に候補者を擁立しようとしているのではないか」と疑いをもった。「緑の党アメリカ」が政党登録することで、「大統領選挙資金・公的補助制度」を利用して、選挙資金を獲得しようとしていると考えたのである。後になってこの疑惑は誤解であることと判明したが、「緑の党アメリカ」の著名なメンバーだったジャナ・カトリップが「緑の党・州連合」の集会に参加しようとしたところ拒否されたため、「緑の党アメリカ」内にいた「左派緑のグループ」を激怒させた。こうして「緑の党アメリカ」（左派緑のグループ系）と「緑の

訳注3　アメリカの大統領選挙において、有権者は大統領候補への投票を誓約する選挙人団に投票する。他の選挙人団より多くの票を獲得した選挙人団がその州に割り当てられた全議席を獲得する。なお、多くの州では、二大政党以外の立候補については、一定数の有権者による賛同署名を必要としている。そのため第三党の候補者は署名が集まらずに立候補できない場合がある。また、立候補の条件を満たした場合でも、二大政党以外の候補者については、州によって、初めから名簿に名前が記載されている場合と、有権者が任意で自書式投票する場合がある。

党・州連合」（緑の政治ネットワーク系）の両派は激しく非難の応酬を繰り返したものの、ほとんどのメンバーは中立的だった。実際には多くの州や地方の組織は両方の全国組織にかかわっていたためだった。

二〇〇〇年に「緑の党・州連合」は、前回よりも一般的な手続きを踏んでネーダーを候補者に決定した。ネーダーの他には三人（ジェロ・ビアフラ、ポール・グローバー、ジョエル・コヴェル）が立候補を表明した。各州組織は代議員を選出し、七月にデンバーで開催された全国総会では、ネーダーが大多数の代議員の支持を獲得して承認された。決定後は他候補もネーダーを支持する演説を行った。今回の選挙では、ネーダーは資金集めの能力を発揮して、約一〇〇万ドルもの選挙資金を集め、大統領選挙では公的補助が受けられる資格も得た。この資金によって、ほとんどの州で少なくとも一人は専任で働く事務局員を雇用し、限られた範囲だったがマスコミを使った広告も実施した。ネーダーの得票数は二七〇万票になり、得票率は三％近くまで増加した。最も重要な点は、フロリダ州やニューハンプシャー州では僅差で首位に立ったことである。しかし、アル・ゴア候補を擁立して大統領選挙に敗れた「民主党」は、「ネーダーが立候補したために民主党の票が奪われ、その結果、共和党のジョージ・W・ブッシュを大統領にしてしまった」と主張して、ネーダーと緑の党を非難した。

「アメリカ緑の党」による独自候補の擁立

大統領選挙では「緑の党アメリカ」もネーダーを支持したが、選挙の数カ月後には再び両党のリーダー間で論争が始まった。そこで「緑の党・州連合」は組織の統合を提案したが、「緑の党アメリカ」の全国総会では、多くの委任状が集められて組織統合は否決されてしまった。

結局、「緑の党アメリカ」から多くのリーダーが脱退して「緑の党・州連合」に合流し、「緑の党・州連合」は「アメリカ緑の党（Green Party of the United States）」に改組された。残った「緑の党アメリカ」は現在も活動を続けているが、今日では「アメリカ緑の党」が事実上、アメリカにおける「緑の党」となっている。

「アメリカ緑の党」は基本的には今も州レベルの緑の党の連合体であり、国レベルの中央組織は小規模である。中央組織としては、各州から選出された代議員で構成される「調整委員会」、少数の「運営委員会」、三人の有給「事務局」（後に二人に縮小）、一八の「作業部会」がある（図14‐1が組織の構想図だが、実際にはすべての組織が機能したことはない。図14‐2は、二〇〇五年一月に構想した、意思決定の流れを示したものである）。

ネーダーが二〇〇〇年の大統領選挙に出馬したことで、「アメリカ緑の党」は急成長した。二〇〇〇年の選挙時には七つだった州組織が、二〇〇一年九月にはコロンビア特別区を含む三三州に拡大した。州議会や地方議会選挙では、過去最高の二七四人の候補者を擁立して三五人が当選した。州と地方議会の勢力拡大はその後も続き、二〇〇一年の候補者数二八三人（当選者六四人）、二〇〇二年の候補者数五六〇人（当選者八一人）、二〇〇三年の候補者数二七六人（当選者六五人）、二〇〇四年十月には候補者数四三二人（当選者六四人）になった。登録メンバーも一九九四年には九万人以下だったが、二〇〇四年には三〇万人を超えた（表14‐1）活動資金も二〇〇一年には約八万五〇〇〇ドルだったが、二〇〇四年には四〇万ドルにまで増加した（表14‐2）。

図14-1　アメリカ緑の党の組織構想図

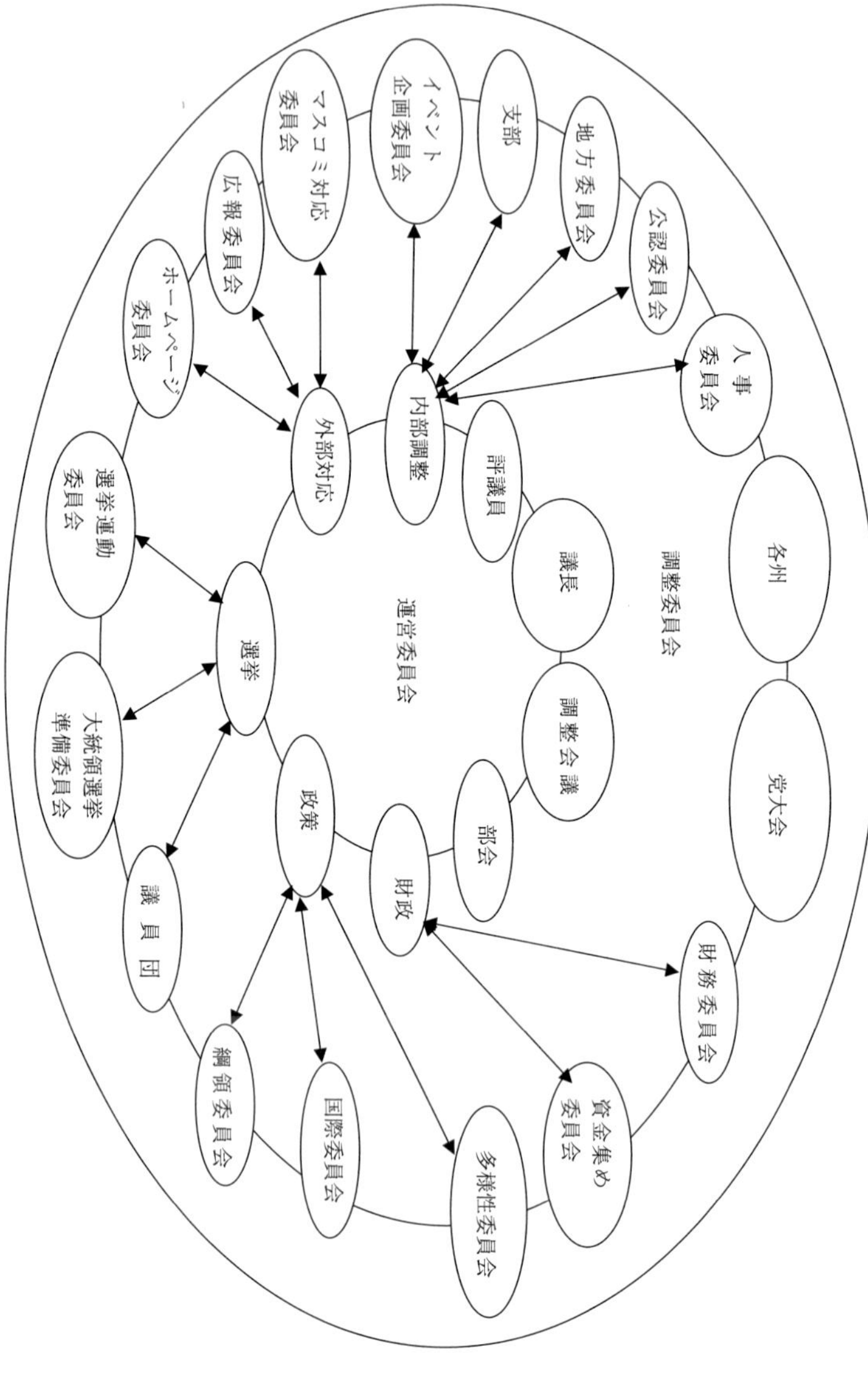

図14-2　アメリカ緑の党における意思決定の流れ（2005年1月）

州レベルの緑の党
↓
（選挙）
↓
「調整委員会」
↓
（選挙）
↓
「運営委員会」
↓
（選挙）
↓
「政治局長」「事務局長」「資金集め担当」

表14-1　選挙が行われた年の登録メンバー数（1994年～2006年）

年	メンバー数
1994	89, 566
1996	111, 342
1998	118, 537
2000	194, 873
2002	274, 740
2004	313, 586
2006	292, 450

表14-2　アメリカ緑の党の収支（2001年～2006年）

年	総収入（ドル）	総支出（ドル）
2001*	85, 834.96	56, 293.32
2002	482, 513.50	483, 814.37
2003	533, 116.60	526, 937.21
2004	439, 171.32	414, 460.18
2005	322, 841.34	358, 104.33
2006	329, 883.84	378, 121.99

＊8月から12月までの数値。

こうした組織の拡大とメンバーの増加は、地方から積み上げられた結果だった。地方の運動家たちが賛同署名を集め、寄付を募り、候補者を探し、選挙運動を担ったのである。それでも二度にわたるネーダーの立候補が、組織拡大に大きく影響したことは確かだった。

そのため、二〇〇四年にネーダーが再び立候補を決意したにもかかわらず、彼が「アメリカ緑の党」に推薦を求めなかったことで、緑の党は危機的状況に陥った。もともとネーダーは緑の党のメンバーではなかったし、二〇〇〇年の選挙後には、彼が選挙資金の寄付者リストを渡すことを拒んだため、ネーダーと緑の党は緊迫した関係にあった。ある者は、「そもそもメンバーでない人物を候補者に選んだことが間違いだった」と批判した。またある者は、「ネーダーを立候補させたことで民主党の票を奪い、共和党のジョージ・W・ブッシュを当選させてしまった。小選挙区制というアメリカの選挙制度では、連邦議会に当選することは困難であり、二〇〇四年の選挙では、州議会と地方議会だけに立候補すべきだ」と主張した。それでもネーダーが「アメリカ緑の党」の予備選挙に立候補すれば、彼が支持されることは確実だった。しかし結局、ネーダーは二〇〇四年一月に、無所属で大統領選挙に出馬すると発表した。六カ月後に開かれた「アメリカ緑の党」の全国総会に、ネーダーは代理人を通して支持を求めたが、二度の投票の結果、「アメリカ緑の党」は独自候補としてデイビッド・コブを擁立することを決定した。

だが「アメリカ緑の党」は独自に候補者を擁立したことで、大きな問題を抱えることになった。各地で選挙運動を展開したが、一般市民にはほとんど伝わらず、多くの有権者にとっては緑の党が消滅したかのように思えた。結局、「アメリカ緑の党」は多くの州で立候補の資格さえ得られなかった。(訳注4)

二〇〇六年の州議会選挙において「アメリカ緑の党」の支持率はやや回復したが、あらためて地方の活動を強化することで、全国レベルでの後退をくい止めることが課題となった。

結論

アメリカにおける緑の党の歴史をふり返った時、初期段階における「緑の党アメリカ」を「アマチュア運動家の党」と位置づけ、その後の「緑の党・州連合」、さらに現在の「アメリカ緑の党」へと「プロフェッショナルな選挙政党」に変化してきたと考えることもできる。しかしそうした評価は、実態と大きくかけ離れており、それには二つの理由がある。

第一に積極的な理由としては、今も「アメリカ緑の党」ではメンバーが活動に深くかかわっているからである。専従の事務局は、全国の組織を調整するために、アマチュア運動家と一緒に仕事をしなければならなかった。アマチュア運動家たちも進んで組織活動に参加し、自らの社会的信用をかけて、多くの時間を緑の党に費やしてきた。アマチュア運動家たちは有給の事務局と同様の仕事をしているのである。

第二に消極的な理由としては、そもそも緑の党の組織が「プロフェッショナルな集団」を抱えるほどの規模に達していないからである。「アメリカ緑の党」の事務局は少人数である。ある程度の報酬を得

訳注4　アメリカでは、一定の条件を満たす大統領候補に対して、集めた選挙資金に見合う補助金が与えられる。

ている事務局でさえ六人しかいない。有給で働く専従の事務局がいなければ「プロフェッショナルな選挙政党」としての機能は維持できないが、「アメリカ緑の党」の過去五年の年間予算は五〇万ドル程度しかない。もしも二〇〇〇年にネーダーが大統領選挙で五％の得票率を超えていたら、「大統領選挙資金・公的補助制度」によって助成を受けられ、今日の状況は大きく違っていたかもしれない。しかし現実はそうならず、ネーダーが寄付者リストの提供を拒否したこともあって、「アメリカ緑の党」は財政難に苦しんでいる。結果的に組織は拡大したが、依然としてアマチュア運動家が大きな影響力をもっている。

その上、「アメリカ緑の党」内には、今も組織をプロフェッショナル化することに対する抵抗がある。第1章・表1‐1の政党モデルの中で、「プロフェッショナルな選挙政党」としての特徴があてはまるのは、「基礎組織は選挙区である」という一項目だけである。二〇〇〇年の大統領選挙の予備選挙時には、若干の選挙補助金を州から受けられたし、少数の有給事務局もいる。数名の地方議員は州組織の代表となって事務所も構えている。こうした傾向は「プロフェッショナルな選挙政党」の特徴だが、「アメリカ緑の党」では大部分の活動がメンバーによって担われている。ほとんどの方針が合意にもとづいて決定されており、候補者も各地域で選ばれる。二〇〇四年に二度の投票の結果、デイビッド・コブを大統領候補に選出したように、最終的な決定は全国総会で行われている。次の全国総会までの期間は、各州のメンバーがインターネットを通じた投票で選出する委員によって構成される「調整委員会」が執行している。

「アメリカ緑の党」にとって最も重要な外的要因は、立候補条件を満たすために各州の選挙法に対応した組織を形成しなければならないことである。州によって法令の内容は多少異なるが、いずれも党組織のあり方を詳細に規定している。記録を保存し、報告書を保管しておかねばならないし、メンバーの資格を定める必要もある。こうした選挙規則に対応するために、各州や地方で努力を重ねてきたが、必ずしも成功していない。党組織の運営を専従者に委任すれば、こうした仕事はたやすいことかもしれない。専従者なら容易に法令を理解して、それに対応した組織作りを進めることだろう。

ただしアメリカの選挙法は特殊であり、外部の勢力によって組織が乗っ取られる危険性もある。二〇〇〇年に「アメリカ緑の党」が規約を変更した際には、新たに加入したパトリック・ブキャナンという人物が会計責任者に指名されたが、党の中心メンバーが反対していたにもかかわらず彼の独走を阻止できなかった。一九九四年には、ニューヨーク州の「自由主義党」も同様の危機に直面したことがある。ラジオのパーソナリティだったハワード・スターンが、放送を通じて聴視者に「自由主義党」への投票を呼びかけた結果、「自由主義党」の総会で彼自身が州知事候補に選ばれたのである。彼にとっては知名度を上げるためのパフォーマンスでしかなく、数週間後には候補者になることを撤回したが、ニューヨーク州の「自由主義党」は一時、崩壊しかかった。

「アメリカ緑の党」の組織に大きな影響を与えたもう一つの要因が、ネーダーの大統領選挙である。ただしこれが内的要因かそれとも外的要因なのか区別することは難しい。最初に彼を担ぎ出したのは党内の運動家であり、二〇〇〇年の大統領選挙でネーダーは、「アメリカ緑の党」の旗手として承認された。二度の大統領選挙は緑の党としての活動だったのである。ところが二〇〇四年には、ネーダーが緑の党の公認候補にならないと決めておきながら、後になって総会で支持を求めたことで「アメリカ緑の党」は動揺した。それでも「結果的には、ネーダーを支持せず独自候補を擁立したことで、アメリカ緑の党としての統一性を確認することができた」と考える運動家もいる。

しかし他方で「カリフォルニア緑の党」のピーター・カメーヨは、「ネーダーを支持しなかったのは日和見主義のためであり、民主党に屈服しただけである」と批判する。「カリフォルニア緑の党」のリーダーだったピーター・カメーヨは、ネーダーと共に副大統領候補として立候補した人物であり、次のように分析している。

「緑の党がネーダーを支持せず、独自候補を擁立したのは、ジョン・レンセンブリンクやメディア・ベンジャミンのような党内にいる民主党支持者からの圧力によるものだ。彼らはアメリカ緑の党を、民主党の大統領選挙に影響しない程度の勢力に押しとどめておきたかったのだ。〝民主党と共和党が接戦なら、民主党に投票しよう。共和党が優勢で民主党の敗北が決定的なら、緑の党に投票しよう〟というのが彼らのメッセージなのだ。

民主党に配慮すると明言した緑の党のリーダーは当初、一七人だった。ところが最終的には、独自候補を擁立するという方針がリーダー全体に支持された。すべての有力なリーダーたちが、民主党との同盟関係を重視して、ネーダーを支持する方針を転換させたのだ。こうして緑の党を、地方議会だけに立候補して、特定の政治課題については民主党に圧力をかける政治団体へと変えてしまったのだ」

しかし、彼から批判されたレンセンブリンクは次のように反論している。

「ネーダーは当初、無所属で立候補すると公表しておきながら、後になって緑の党の支持を求めてきた。そのために、彼を応援してきた草の根の運動家たちを失望させてしまった。そもそも運動家たちの関心は選挙より、もっと長期的な緑の党の組織拡大戦略にあったのだ」

ベンジャミンも同様の指摘をする。

「もしもネーダーが真剣に努力したなら、緑の党の支持を得られたはずだ。ところが彼は総会にも現れなかった。多くの運動家たちは、〝ネーダーは、緑の党が自分を支持するのは当然と考えている〟と感じてしまったのだ」

結局、二〇〇四年の大統領選挙では、どちらの候補も大した成果を上げられなかった。ネーダーは三六州で立候補し、得票数は四二万七〇五三票、得票率〇・三六%だった。コブはさらに少なく、二八州で立候補し、得票数は一一万六〇七九票、得票率〇・一%だった（訳注5）(Leip, 2004)。もしも「アメリカ緑の党」が「プロフェッショナルな選挙政党」だったなら、この選挙結果を受けて衰退したはずである。しかし現実には、「アメリカ緑の党」は継続しており、地方議会選挙に重点を置いている。二〇〇四年の当選者は六四人、二〇〇五年四六人、二〇〇六年三五人、二〇〇七年三六人であり、「アメリカ緑の党」は引き続き、地方議会で政策の実現を目ざしている。

大統領選挙もあきらめていない。二〇〇七年後半には、緑の党の予備選挙に五人が立候補を表明し

訳注5　二〇〇八年の大統領選挙には民主党の下院議員だったシンシア・マッキニーが、副大統領候補としてヒップポップ・アーティストのローザ・クレメンツが緑の党から立候補した。ラルフ・ネーダーも無所属で立候補したが、結果はネーダーが七四万票、マッキニーが一六万票だった。

二〇一二年十一月の大統領選挙にラルフ・ネーダーは立候補せず、医師のジル・スタインが緑の党から立候補して約四〇万票の票を得た。

た。その内の一人が、民主党の前議員シンシア・マッキニーだが、他方ではネーダーやエレイン・ブラウン（黒人解放運動「ブラック・パンサー」の元議長）を擁立しようとする動きもあった。

二〇〇四年の大統領選挙結果が緑の党の将来にとって、どのような影響をもたらすのかはわからない。ジョージ・W・ブッシュ大統領が当選したため、一九三三年の「ニューディール政策」以来、初めてと言えるほど、左派とリベラル勢力が結束することになった。ただしこうした傾向は「アメリカ緑の党」にとって積極的な意味をもたない。アメリカでは左翼的な小政党が支持者を拡大できる可能性はほとんどないからだ。それでも「民主党」内の左派勢力は右寄りなケリー大統領候補に対して不満をもっていたし、オハイオ州で起こった不正選挙疑惑にも納得してない。もしも民主党が二〇〇八年の大統領選挙に中道派の候補を擁立すれば、緑の党が再浮上する可能性も残っている。

ただし「アメリカ緑の党」の当面の課題は、州と地方議会の選挙に集中することであり、多くの州で立候補権を獲得するために努力するしかない。

現在の「アメリカ緑の党」は、選挙で当選するために党を「プロフェッショナル化」したいと望んでも、専従者を雇用するだけの資金がない。したがって今後も「アマチュア運動家の党」として継続するものと予測される。

第五部　結論

第15章　結論　「ケンタウロス」に成長した緑の党

はじめに

本書の目的は、各国における緑の党の組織を調査するだけでなく、緑の党が長年の間にどのように変化したのか体系的に分析することであり、そのため一四カ国における一六以上の緑の党を比較してきた。欧州を初めとして、アメリカ、カナダ、オーストラリア、ニュージーランドなど、主要な緑の党をすべて採り上げた。(原注1) 各専門家は、創設時から近年に至るまで長期にわたる組織の全体像を分析しており、多くの緑の党は一九七〇年代に誕生したので対象期間は約三十年にわたっている。

この最終章では、最初に設定した四つの主要な疑問に答えるため、体系的に比較検討を行う。第一の疑問は、緑の党は設立当初から「アマチュア運動家の党」として出発したのかという問いである。第二には、創設者の意図は別として、各国の緑の党は共通の道をたどって組織を変化させ、「プロフェッショナルな選挙政党」に変化したのかという疑問である。すなわち、政党として発展して、組織の制度化を進めたことによって、緑の党が主張してきた草の根民主主義のパラダイムを維持できなくなったのではないかという疑問である。第三の疑問として、緑の党の組織を変化させた決定的な要因は何か。そして第四の疑問は、近年、設立された他の政党にもあてはまる組織変化の一般的な傾向を、緑の党の事例から導き出すことができるかという点である。すなわち緑の党を分析することによって、政党組織の変化をめぐる「一般理論」を導き出せるかという疑問である。

ところが実際にこうした疑問に答えるためには、四つの大きな制約が存在した。第一の制約として、各専門家は具体的な資料を大量に収集し、複雑で幅広く多面的な緑の党の歴史を調査した。ところが、第1章で示した多くの疑問や仮説に対して、彼らは単純に賛成、反対といった言葉では答えていないのである。第二の制約は、序論では各国の相違点まで想定してなかったが、各専門家はその国特有の状況や文化的要素についても言及していることである。第三の制約は、組織変化を分析する際には、原因と結果がきわめて微妙な関係にあることだ。こうした複雑さは社会科学的な調査につきものだが、緑の党も例外ではなかった。たとえば、選挙で惨敗した翌年に大規模な組織改革が実施された場合、一般的には「選挙に敗北した結果、改革を実施した」と説明する。ところが、組織的現象については、一面だ

原注1　欧州における主要な緑の党の一つ「イタリア緑の党（Itarian Verdi）」は本書では採り上げられなかった。ルクセンブルグ、マルタ、リヒテンシュタインなどの小国でも緑の党が活動しているが、採り上げていない。またスイスには「オルタナティブ緑の党」も存在するが、全国レベルの組織でないため採り上げていない。ノルウェー、アイスランド、デンマークでは現在のところ全国レベルの緑の党は存在していない。ギリシャ、キプロスにも緑の党が存在するが、継続的には活動していない。東欧や中欧の緑の党も同様の傾向にある。例外として、ラトビアとチェコ共和国にも緑の党はあるが、歴史が浅く組織も小さい。

けから説明できないのである。しかも、関係者の証言そのものが誤っていることもある。人間は、後になって出来事を合理化する場合があるし、自分の立場を擁護したり、常識的な立場から説明する場合もある。そこで事実の確かさを見極めるためには、選挙における敗北の状況、党内における人間関係、マスコミの影響などについても確認する必要がある。時間の経過でさえ、客観的な事実とは言えない。たとえば党内の中心人物たちが、選挙前から落選を予測して改革に取り組んでいることもある。要するに、一つの党を分析する場合には、多面的かつ総合的な検討が必要なのである。政党とは総合的な「社会的システム」であり、様々な仮説にもとづいて、多様な要素をフィードバックしながら分析しなければならないのだ（Eldersveld, 1964）。

第四の制約としてとくに重要な点は、各国の緑の党における組織の制度化が様々な段階にあることだ。たとえば「ドイツ緑の党」は高度に組織化されており、国会と地方議会で多数の議員が活動しているし、長期にわたる連立政権の経験がある。他方で、「イングランド・ウェールズ緑の党」や「オランダ緑の党」のように、小規模のまま組織が拡大せず、地方議員も少数だが、長年にわたって活動を続けてきた政党もある。さらにはその中間にある政党も多数あり、それぞれが独自の歴史を歩んでいる。あるいは、そもそも政党として扱うべきか判断に迷う緑の党もある。たとえば「スイス緑の党」は政治勢力としての立場を確立しているが、基本的には二六州にある緑の党のゆるやかな連合体であるため、各州の党が独自の権限を持ち、組織構造も様々である。「アメリカ緑の党」も、政党と位置づけるべきか、州レベルの政治運動のネットワークと呼ぶべきか、あるいは初期段階にある政党と考えるべきか判断に迷う。近年では「カナダ緑の党」と「オーストラリア緑の党」も全国組織を形成しているが、基本的には地方レベルの政党や政治運動のネットワークと考えるべきだろう。以上のように様々な制約はあるが、体系的に比較することによって四つの主要な疑問に答えたい。

緑の党の類型

緑の党は最初から「アマチュア運動家の党」だったのか？

「アマチュア運動家の党」としての一四の基準を比較したのが表15-1である。各専門家の評価にもとづき、一五の党の創設期にはどのような特徴があったのか示している（ただし「オーストラリア緑の党」については、創設期の組織データが十分に揃わなかったため対象外とした）。「創設期」については単純に「設立総会後の二〜三年間」と定義したが、実際にはもっと長期にわたって創設期が続いた緑の党もあった（最も極端な例が英国である）。

各党の回答を縦方向に確認すると最初に気づくのは、一五党すべてが「アマチュア運動家の党」のモデルに近いことである。オランダ（フルン！）、ドイツ、スウェーデンの三党は、一四項目すべての特徴にあてはまる。他の八党も一一項目以上があてはまる。

しかしその他の四党については、典型的な「アマチュア運動家の党」とは呼べない。最も遠い存在がイギリスであり、「アマチュア運動家の党」としての特徴は少ない。一九七三年に設立された「ピープル」は、一人のリーダーが中心になって組織されたため、草の根民主主義的な要素がほとんどなかった。

表15-1　緑の党、設立時における「アマチュア運動家の党」の要素
（○＝該当、×＝該当せず、△＝どちらとも言えない、－＝不明）

「アマチュア運動家の党」モデルの特徴	オーストリア	ベルギー（フルン！）	ベルギー（エコロ）	英国（イングランド・ウェールズ緑の党）	フィンランド	フランス	ドイツ	オランダ（緑の党）	オランダ（左翼緑の党）	アイルランド	スウェーデン	スイス	アメリカ	カナダ	ニュージーランド	15党の内、基準に合致する政党数
起源：新しい社会運動	△	○	△	△	○	○	○	○	×	○	○	○	○	○	○	11
イデオロギー：明確だが部分的	○	○	○	○	○	○	○	○	×	○	○	○	○	○	○	14
市民社会との関係：非公式な結び付き	○	○	○	○	○	○	○	○	○	○	○	○	○	○	○	15
国家との距離：遠い	○	○	○	○	○	○	○	○	○	○	○	○	○	○	○	15
得票数に対するメンバーの割合：少ない	○	○	○	○	○	○	○	○	×	○	○	○	○	○	○	14
リーダーシップ：アマチュアによる共同制	△	○	○	△	○	○	○	○	○	○	○	○	○	○	○	13
候補者選考：地方や地域	○	○	○	○	○	○	○	○	×	○	○	○	○	○	○	14
国会議員と党との関係：党に主導権	×	○	○	－	×	－	○	－	○	－	○	○	－	－	－	6
権力の中心：総会（運動家）	△	○	○	×	○	○	○	○	○	×	○	×	○	○	○	11

基礎組織： 地方や地域支部	○	○	○	○	○	○	○	○	○	○	○	○	○	○	○	15
党中央と基礎組織の関係： 直接選出、代議員制	○	○	×	×	○	○	○	○	○	○	○	○	○	○	○	13
メンバーの役割： 全面的な参加	○	○	×	△	○	○	○	○	○	×	○	×	×	○	○	10
財源： 政党助成金と寄付	○	○	○	△	○	○	○	○	○	×	○	○	×	×	×	10
組織運営：主にボランティア	○	○	○	○	○	○	○	○	×	○	○	×	○	○	○	13
14項目の中で明確に該当する項目数	10	14	13	7	13	13	14	13	9	10	14	11	11	12	12	
「エリート政党」モデルに該当する項目数	9	5	5	5	6	5	5	5	5	5	5	5	5	5	5	
「大衆政党」モデルに該当する項目数	2	5	5	4	4	4	5	5	5	4	5	3	4	3	3	
「国民政党」モデルに該当する項目数	1	1	2	4	1	1	1	1	1	3	1	3	2	2	2	
「プロフェッショナルな選挙政党」モデルに該当する項目数	2	2	2	4	2	2	2	2	4	2	2	2	2	2	2	

オーストリアも、三つの異なる政治勢力から誕生してきたため、緑の党としての特徴は少ない。オランダ（左翼緑の党）も、四つの小規模な政党の合併によって誕生したので該当する項目は少ない。アイルランドの場合は多くの項目にあてはまるが、独自の特徴も合わせ持っている。

そもそもオーストリアやオランダにおける緑の党の創設者は、新しい社会運動を基盤とする草の根民主主義の理念に否定的であり、最初から「アマチュア運動家の党」とは異なる組織だった。オーストリアやオランダでは、緑の党が設立される以前から国会議員が当選していたため、創設時の組織はすでに「プロフェッショナル化」しており、政党政治の中で積極的に活動していた。

次に、一四項目の基準について一つずつ評価しながら、各国の緑の党が「アマチュア運動家の党」としての特徴にあてはまるのか確認し、相違点についても比較しよう。

―「新しい社会運動が起源」（一五党中一一党が該当）。「緑の党は、一九六〇年代から一九七〇年代に活発化した新しい社会運動を継承している」と一般的に考えられている。それが多くの緑の党にあてはまることは確かだが、明らかな例外もあった。たとえばオーストリアには極左の運動家が参加しており、参加型の組織文化もあったが、中央集権的な組織だった。ドイツの場合は、保守的な環境保護団体が参加していた。ベルギー（エコロ）では、地域政党を基盤とする反体制派の運動家が参加していたが、中央集権的な組織構造だった。イギリスの場合、設立当初のリーダーは新しい社会運動とほとんど無関係だった。

―「イデオロギー：明確だが部分的」（一四党が該当）。唯一の例外がオランダ（左翼緑の党）であり、設立前から「国民政党」に近いイデオロギーをもっていた。

―「市民社会との関係性：非行式だが日常的な連携」（一五党すべてが該当）。

―「国家との距離」（一五党すべてが該当）。ただし、オーストリアとオランダ（左翼緑の党）の場合、緑の党の設立時にはすでに国会議員が存在した。

―「投票数に対するメンバーの割合：少ない」（一四党が該当）。唯一の例外がオランダ（左翼緑の党）である。同党の場合、既存の政党の合併によって誕生したため、メンバー数は一万五〇〇〇人を超えていた。ただし選挙の当選者数はさほど多くなかった。

―「リーダーシップ：アマチュアによる共同代表制」（一三党が該当）。オーストリアの場合は「共同代表制」だったが「有給の専従者」が組織運営を担っており、権限も集中していた。その反対にイギリスは、「一人の代表」で「無給」だったがリーダーシップは強力だった。一般的に緑の党では、「共同代表制の場合は無給」で、「一人代表制の場合は有給」という傾向があるが、両国の場合はいずれにもあてはまらない。

―「候補者選考：地方組織で実施」（一四党が該当）。この点も、唯一の例外がオランダ（左翼緑の党）である。候補者選考は、地方組織ではなく中央組織で行われていた。

―「国会議員と党との関係：党に主導権」（六党が該当）。この基準については「どちらとも言えない」という回答が多数あった。ただし、そもそも小選挙区制に阻まれて国会議員が存在しない緑の党もあった。あるいはそれと反対にオーストリアやフィンランドのように、緑の党が正式に結成される以前から国会議員が当選していた場合もあり、そうした緑の党では当然、議員団が党よりも強い影響力をもっていた。

—「総会や支部を通して、運動家が権力を行使している」（一一党が該当）。ただし、党内の公式な会議以外で、この基準があてはまる緑の党は少ない。たとえばオーストリアの場合には、国会議員団が権力の中心にいることは明確である。また、アイルランドは草の根レベルの参加を強調しているが、現実には少数のリーダーが総会より強力な決定権をもっている。

—「基礎組織：地方支部」（一五党すべてが該当）。

—「基礎組織と党幹部との関係：直接選出か代議員制」（一三党が該当）。例外はイギリスであり、少なくとも設立後の数年間は、代議員の選出やメンバー投票も実施されなかった。

—「メンバーの役割：全面的な参加」（一〇党が該当）。これもイギリスには該当しない。メンバーは各地で活動し、「全国執行委員会」は完全に独立した存在だった。イギリスほど極端でないにせよ、アイルランド、スイス、アメリカでも、ほとんどのメンバーは各地域での活動に専念しており、国レベルでの活動はほとんどなかった。

—「財源：政党助成金と寄付」（一〇党が該当）。欧州以外の三党（アメリカ、カナダ、ニューランド）では財源に占める会費の割合が少ない。この三党は常時、寄付金を集める活動を展開しており、その点では「エリート政党」や「プロフェッショナルな選挙政党」に近い。その他の二党（アイルランドとイギリス）も含めて、これら五党が欧州大陸の外に位置している点は興味深い。

—「党組織の運営：主にボランティア」（一三党が該当）。ここでいう「党組織」とは、国会議員団の事務局組織を対象外としている。例外は二党あるが、その一つがオランダ（左翼緑の党）であり、設立当初から専従集団が組織運営を担っていた。もう一つの例外がスイスであり、最初に当選した三人の国会議員を中心にして専従の事務局が形成されていた。

以上、全体を比較することで確認できる点は、四つの緑の党については重要かつ例外的な特徴があることだ。オランダ（左翼緑の党）とオーストラリアでは、当初から党組織が形成されていた。他方、イギリス（ピープル）とアイルランドでは、まったく組織化が進まなかった。したがって、「〝すべて〟の緑の党が設立当時は、アマチュア運動家の党だった」という一般的認識については疑問が存在する。ただし、これらの緑の党も、その他の政党モデルにあてはまらないことも事実である。

多くの緑の党は「エリート政党」や「大衆政党」の要素をもっていたが、「国民政党」や「プロフェッショナルな選挙政党」の要素は少なかった。ただし、いくつかの項目はもともと複数の政党モデルに共通する基準のため、緑の党が他の政党モデルの要素をもっていても不思議ではない。事実、一五党すべての緑の党が、「エリート政党」の基準に最低でも五項目は該当している。オーストリアとイギリスの緑の党もとりあえずは「アマチュア運動家の党」と位置づけられるが、「エリート政党」に近いとも言えた。両党については、「〝アマチュア運動家の党〟と〝脱物質文明主義者のエリート政党〟との混合体」と呼ぶべきかもしれない。なお、オランダ（左翼緑の党）は明らかに例外的な存在で、同党は「アマチュア運動家の党」であるとともに、小規模な「大衆政党」だったと言える。

緑の党は「プロフェッショナルな選挙政党」に変化したのか？

現在の緑の党は、財源の獲得に成功して、専従の幹部役員が常駐する政党になった。したがって、「アマチュア運動家の党」から「プロフェッショナルな選挙政党」に変化したと言えるだろうか。表15-

2は、二〇〇八年時点における緑の党が、「プロフェッショナルな選挙政党」の基準にどの程度まであてはまるのかを示している。

全体を一望して気がつくのは、一五党すべてが「プロフェッショナルな選挙政党」に変化してない点である。最も合致する党でも、一四の基準の内、六項目にすぎない。表の中では「プロフェッショナルな選挙政党」に近づいている場合は、その項目数に応じて「+（プラス）」の印を付けた。その逆に「アマチュア運動家の党」から離れている場合は、「−（マイナス）」の印を付けている。「アマチュア運動家の党」から最も遠ざかった緑の党については、組織の制度化が進んでいると言える。さらに重要な点は、ドイツ、ベルギー（エコロとフルン!）、フィンランド、スウェーデンの五党はいずれも連立政権に参加したり、閣外協力を経験していることである。

したがって現在では緑の党を、二つに分類できるかもしれない。比較的「アマチュア運動家の党」に近い緑の党としては、フランス、オランダ（緑の党）、アイルランド、アメリカ、カナダ、オーストラリア、ニュージーランドがあげられる。イギリスも創設期に比べれば「アマチュア運動家の党」に近づいている。そして国会議員が増えているニュージーランドとフランス、二〇〇七年に連立政権に参加したアイルランドは別として、「アマチュア運動家の党」に近い党は、小規模な野党的存在である。例外はあるものの、組織の制度化が進んでいない緑の党は「アマチュア運動家の党」に近く、「プロフェッショナルな選挙政党」にはあてはまらないと言える。

「アマチュア運動家の党」から離れた緑の党の場合は、様々な点が他の政党モデルの基準にあてはまる。たとえばフィンランドとスイスには、「エリート政党」「プロフェッショナルな選挙政党」「アマチュア運動家の党」の要素がある。ドイツは「エリート政党」と「アマチュア運動家の党」の混合体に近い。こうした傾向はあるものの結論として、「組織が制度化された今でも緑の党は、すべてが〝アマチュア運動家の党〟としての特徴を共有している」と言える。

このように各国の緑の党は多様だが、「プロフェッショナルな選挙政党」に変化したと単純に言えないことは確かである。その理由は「プロフェッショナルな選挙政党」の一三の基準には、なおさら該当しにくいためである（なお一四の基準の内、最初の「起源：私的な非公開の集団」については、そもそも論外であると言える）。

—「イデオロギー：折衷主義」（一五党いずれも該当せず）。どの国の緑の党のイデオロギーも、折衷主義とまでは言えないが様々な要素を含んでいる。そのため、現在のイデオロギーを明確に定義することはできなかった。強いて言うならば、「明確だが部分的なイデオロギー」と「明確で包括的なイデオロギー（詳細な綱領を策定した緑の党の場合）」の中間に位置するイデオロギーと考えられる。

—「市民社会との関係：無関係」（一五党いずれも該当せず）。この基準についても、現在の緑の党と市民社会との関係を的確に評価することは困難だった。その理由は、新しい社会運動が衰退傾向にあるためだ。

—「国家との関係：密接に連携」（一五党いずれも該当せず）。緑の党の中には官僚機構と密接な関係をもち、ドイツのようにトップ官僚と深く連携している党もある。ただし、そうした党は例外的であり、既存の政権政党と比べれば、国家との関係はきわめて希薄と考えられる。

—「得票数に対するメンバーの割合：少ない」（一五党すべてに該当）。選挙の成否にかかわらず、どの党も同様の傾向を示しており、この基準がすべての緑の党にあてはまることは重要な点である。つまり、メンバーが少なくても多数の票を獲得できているのは、緑の党の選挙戦略が成功したからではなく、単にメンバーが増加してないのである。したがって、この基準に該当しているからといって、「プロフェッショナルな選挙政党」と定義することはできない。

―「リーダーシップ：専任の個人に依拠」（五党に該当）。党首が強い権限をもっているのは五党だけだった。ただし、他の一〇党に、この基準が本当にあてはまらないのか疑問が残る。なぜなら、この一〇党も共同代表制をとってはいるが、多かれ少なかれ専任制となっているからである。それでもこうした形態のリーダーシップは、他の政党モデルには存在しない。緑の党の多数の人々が、長年にわたって工夫してきた独創的な体制と言えよう。リーダーを専任制にしても、権力を集中させないため共同代表制にしているのである。多くの場合、男女各一名が役割分担して党首的な役割を担っている。

―「候補者選考：党中央の組織が決定」（一五党いずれも該当せず）。現在は、すべての緑の党が候補者選考の手続きを分権化している。

―「国会議員と党の関係：国会議員に主導権」（国会議員を擁する一一党すべてに該当）。一五党の中で国会議員を擁するのは一一党であり、全体としては国会議員が独立した権限をもっている。「国会議員は有権者から〝命令的委任〟を受けている」と考える緑の党はもはや存在しない。しかもほとんどの場合、国会議員団が党中央より大きな影響力を発揮している。

―「権力の中心：党幹部・役職員」（三党に該当）。現在もほとんどの緑の党では、規約上だけでなく実質的にも総会が重要な決定機関であり、運動家や地方組織から選出された代議員が影響力をもっている。ただし実際の権力は、総会だけでなく、執行機関や国会議員団にも分権化されている。

―「基礎組織：選挙区」（一五党すべてに該当）。ただしこの基準にあてはまるからといって、「プロフェッショナルな選挙政党」であるという証拠にはならない。選挙区と組織の範囲が重なるのは、よくあるからだ。

―「党中央と基礎組織との関係：象徴的関係」（一五党いずれも該当せず）。すべての緑の党が、委員を選出して党を運営しており、時にはメンバーの直接投票によって方針を採決する場合もある。

―「メンバーの役割：寄付、および総会における拍手での承認」（一五党いずれも該当せず）。すべての緑の党で、参加型の組織運営を続けており、様々なレベルでメンバーが積極的に参加することが期待されている。ただし制度化が進んだ緑の党の場合、メンバーの参加は地方の活動に限られているようである。

―「財源：寄付と政党助成金」（三党に該当）。組織の制度化が進んだ緑の党では、国からの助成金が主な財源になっている。他方、制度化が遅れている党では、今もメンバーからの会費に依拠している。とくに欧州以外の三党（アメリカ、カナダ、ニュージーランド）は大部分を寄付に頼っている。

―「党組織の運営：専従の事務局」（一一党に該当）。ほとんどの緑の党が、少なくとも党の中央組織では専従事務局を雇用しているが、事務局が少人数の党もある。ただし地域支部や、党と地域の中間にある組織の事務局体制は様々であり、財政規模に応じてボランティアと専従事務局が一緒に活動している。

表15-2　現在の緑の党における「プロフェッショナルな選挙政党」の要素

「プロフェッショナルな選挙政党」モデルの特徴	オーストリア	ベルギー（フルン！）	ベルギー（エコロ）	英国（イングランド・ウェールズ緑の党）	フィンランド	フランス	ドイツ	オランダ（緑の党）	オランダ（左翼緑の党）	アイルランド	スウェーデン	スイス	アメリカ	カナダ	ニュージーランド	15党の内、基準に合致する政党数
起源：個人によるイニシアティブ	×	×	×	×	×	×	×	×	×	×	×	×	×	×	×	0
イデオロギー：折衷主義	×	×	×	×	×	×	×	×	×	×	×	×	×	×	×	0
市民社会との関係：無関係	×	×	×	×	×	×	×	×	×	×	×	×	×	×	×	0
国家との関係：密接に連携	×	×	×	×	×	×	×	×	×	×	×	×	×	×	×	0
得票数に対するメンバーの割合：少ない	○	○	○	○	○	○	○	○	○	○	○	○	○	○	○	15
リーダーシップ：専任の個人に依拠	○	○	×	×	○	×	×	×	○	×	×	○	×	×	×	5
候補者選考：党中央組織が決定	×	×	×	×	×	×	×	×	×	×	×	×	×	×	×	0
国会議員と党との関係：国会議員に主導権	○	○	○	-	○	○	○	-	○	○	○	○	-	-	○	11
権力の中心：党幹部・役職員	×	○	×	×	○	×	×	×	○	×	×	×	×	×	×	3

基礎組織：選挙区	○	○	○	○	○	○	○	○	○	○	○	○	○	○	○	15
党中央と基礎組織の関係：象徴的関係	×	×	×	×	×	×	×	×	×	×	×	×	×	×	×	0
メンバーの役割：寄付と称賛	×	×	×	×	×	×	×	×	×	×	×	×	×	×	×	0
財源：寄付と政党助成金	×	×	×	×	×	×	×	×	×	×	×	×	○	○	○	3
党組織の運営：専従の事務局	○	○	○	×	○	○	○	×	○	○	○	○	×	×	○	11
14項目の中で明確に該当する項目数（設立時との比較）	5 (+3)	6 (+4)	4 (+2)	2 (-2)	6 (+4)	4 (+2)	4 (+2)	2 (0)	6 (+2)	4 (+2)	4 (+2)	5 (+3)	3 (+1)	3 (+1)	5 (+3)	
「エリート政党」モデルに該当する項目数	5	5	5	4	6	5	7	4	5	5	5	5	4	4	5	
「大衆政党」モデルに該当する項目数	3	2	3	3	1	1	3	2	2	1	2	2	2	2	1	
「国民政党」モデルに該当する項目数	4	3	4	2	4	2	3	2	3	3	3	4	2	2	1	
「アマチュア運動家の党」モデルに該当する項目数（設立時との比較）	7 (-2)	8 (-6)	7 (-6)	8 (+2)	8 (-5)	11 (-2)	6 (-8)	11 (0)	8 (-3)	10 (0)	8 (-6)	7 (-4)	10 (-1)	10 (-2)	10 (-2)	

以上のように、組織が発展して制度化が進んだ緑の党では、代表や党役員が専従職になっている。党首が強力な権限をもっている緑の党もある。ただしこうした緑の党でさえ、「プロフェッショナルな選挙政党」には変化していないのが現状である（そもそも「プロフェッショナルな選挙政党」に必要な財源が不足しているため、制度化が進んでいない緑の党も存在する）。

組織が変化する要因とメカニズム

次に、緑の党の組織が変化する要因とメカニズムについて検討する。表15‐3は、序章の表1‐2に掲げた「組織変化を促す主な要因」を基準にした各専門家による緑の党の評価である。

一般的な見解・組織を変化させる主な要因

最初に、二つの特殊な事例について説明しよう。そもそもフィンランドでは大きな組織改革を経験しなかった。またオランダの「左翼緑の党」は、党内外で起きた「事件」が組織改革をもたらしたのではなく、専門家の提案にしたがって自ら組織運営の方法を変更し、組織を改革していった。すなわち、オランダの事例は補足的ではあるが、特殊な組織改革の要因を提示している。外的要因や派閥の力関係の変化によらず、自ら主体的に組織を点検して改革を実行することもありうるのだ。この事実は、「組織改革とは、常に熟慮した選択の結果である」と指摘したアンジェロ・パーネビアンコの見解とも一致する（Panebianco, 1988）。またロバート・ハーメルも「組織改革は、目標にそった決断によって実行される」「状勢がどのように変化しようとも、党内の関係者が意識的な判断を下さなければ、党組織が変化する可能性は少ない」と指摘している（Harmel, 2002）。

これら二つの例外を除き、表15－3の基準にそって各国を比較し、共通する項目を検討すると四つの要因が大きな影響を与えていることが分かる。すなわち、⑫組織規模の変化（一〇党）、⑥選挙の勝敗（九党）、⑩派閥の変化（七党）、⑦国会議員の当落（六党）の四項目である。

その中で、⑫組織規模の縮小、⑥選挙の大敗、⑦国会議員の落選、の三項目については、「外部からの大きな衝撃が、組織改革を促す重要な要因である」という指摘にあてはまる（Harmel/Janda, 1994）。

とくに、⑥選挙の大敗が契機となって組織改革が実施されることは、しばしば起こる。ただしこの場合は、因果関係を分析する必要がある。そもそも緑の党にとって、必ずしも選挙で当選することが最終目標ではないはずだが、党の幹部や運動家にとって落選は「大失敗」と認識される。それでも落選したことで組織改革が進むわけではないのである。むしろ重要なのは、落選によって国からの助成金を失うことである。すなわち、⑦国会議員が落選したことで、⑫組織規模すなわち財源が縮小することこそが、深刻な事態に陥る重要な要因なのである。新たに結成されて発展途上にある党にとって、⑦国会議員の落選は初めての経験である。国会議員や事務局が減れば組織も縮小し、政治活動を継続させることも困難になるので、この状況に対処するためには組織を改革しなければならない。とくに党幹部にとって、組織改革は最重要の課題になる。
⑩派閥の変化も組織改革を促すが、これには、まったく異なる二つの可能性がある。第一の可能性としては、〝外部からの衝撃〟によって⑩派閥が変化し、組織改革を引き起こす場合がある。すなわち⑦国家議員が落選することによって、⑫組織規模（財源）が縮小し、改革が進められるのである。つま

り、国会議員が落選すると現実派や穏健派の派閥が主流になり、当選に向けて効率的な組織に改革しようとするのである。その典型例が、一九九〇年の選挙に惨敗した後の「ドイツ緑の党」における改革だった。

第二の可能性としては、「外部からの衝撃」とは無関係に、⑩派閥が変化することによって組織改革が進む場合がある。たとえば「フランス緑の党」では、一九九三年から一九九四年にかけて党内の左派が支配権をにぎったことで、それまでの草の根民主主義的な規約を修正したのである。

以上のような分析は、ブノワ・リウーの次のような主張を裏付けることになる。すなわち、「緑の党における組織変化の要因は二つに分類できる。一つは、組織の規模が大きく変化(縮小)すること、もう一つは、組織運営の近代化を目ざす派閥が主流派になることである」(Rihoux, 2001) これら二つの要因が連続して起きたこともあれば、独自に作用することもある。

そこで次には表15-3の基準を一項目ずつ点検して、主要な結論や条件、補足的な要因について確認する。

「政治制度の特徴とその変化」

表15-3の最初の四項目は「政治制度の特徴とその変化」についてである。ただし①政治体制の変化が、組織改革の要因と考えられる緑の党が少ないことは当然だろう。政治体制が大きく変動することは、滅多にないからである。その反対に、安定した政治体制が、緑の党の組織形態を決定づけたり、組織改革を起こさせない要因になることがある。その典型例がスイスであり、安定した連邦制の国であるため、

表15-3　緑の党の組織を変化させた要因

	「プロフェッショナルな選挙政党」モデルの基準	オーストリア	ベルギー（フルン！）	ベルギー（エコロ）	英国（イングランド・ウェールズ緑の党）	フィンランド	フランス	ドイツ	オランダ（緑の党）	オランダ（左翼緑の党）	アイルランド	スウェーデン	スイス	アメリカ	カナダ	ニュージーランド	基準に合致する党数
①	政治体制の変化		1	1				1									3
②	選挙制度の改革				1											2	2
③	政党制度の変更																0
④	政党助成金の変更		1	1													2
⑤	競合政党（競争相手）の台頭と衰退													1			1
⑥	選挙の勝敗（大勝・惨敗）	2	2	2	2			1	2		1	2	1				9
⑦	国会議員の当落	1	2				1	2			1	2					6
⑧	政権への参加・離脱		1	1													2
⑨	リーダーの交代	2			1		1		1						1		5
⑩	派閥の変化	1			2		2	2	1					2	2		7
⑪	運動家とメンバーの世代交代				1		1	1							1		4
⑫	組織規模の変化	1	2	1	1		1	2			1	1	1		1		10
⑬	運動家とメンバーの社会的背景の変化																0

各国専門家の評価（空欄=無回答・該当せず。1=ある程度該当。2=重要な要因。）

緑の党も連邦的な組織を形成している。

ただし、数少ない事例ではあるが、政治体制の変動が間接的にせよ組織に影響する場合がある。たとえばベルギーでは一九九三年に連邦国家へと移行したため、緑の党も選挙に当選して財源を確保できるようになったが、それと同時に新たな制約も生じた。ドイツでは東西ドイツの再統合によって、運動家たちの思想や組織に対する考え方が変化した。
②選挙制度の改革も組織に影響を与える。イギリスでは一九九九年から欧州議会選挙が比例代表制になったことで、欧州議員に初当選できた。ウェールズ議会とスコットランド議会も権限が強化されて、選挙制度が一部変更された。ニュージーランドでも一九九六年に選挙制度が改革されて、初の国会議員が誕生した。このように、イギリスとニュージーランドでは選挙に当選する可能性が開けたことが、組織改革を進める強い動機になった。限られた財源と事務局体制であっても、組織を「効率化」すれば、国会議員を当選できる可能性が出てきたことで組織改革が進んだのである（③政党制度の変更に該当する緑の党はなかった）。
④政党助成金も組織に影響する。ベルギーでは連邦制に移行後、地方の政党組織にも助成されるようになった。一九九〇年代以降、財源が増加したことにより、ベルギーの二つの緑の党では、有給事務局と専従の運動家の数も増え、組織が変化する間接的な要因になったのである。
しかし結論としては、「政治制度の特徴とその変化」が緑の党に大きな影響を与える可能性は少なく、ほとんどの場合が間接的な影響にとどまっている。ただし、党内の状況や意思決定の過程は外から見られない「ブラック・ボックス」であるため、政治制度の変化が実際にどのような影響を与えたのか、判

断しきれない可能性もある。

興味深いのは何人かの専門家が、上記の四項目の他に三つの要因を指摘している点である。第一の要因は、「マスコミと党との関係」である。オーストリアでは、選挙運動に対するマスコミの影響が強まったために党内指導部のプロフェッショナル化が進んだ。同様にベルギーでも、マスコミからの注目が高まり、迅速で効果的に対応することが必要になったため、党組織を近代化させた。カナダでもマスコミにアピールするため、緑の党のあいまいなイメージを改革して組織構造を単純化することになった。

第二の要因は、「EU統合に対する評価」である。オーストリアではEU加盟の賛否について短期間で決定しなければならなかった。そのため緑の党でも、意思決定の速度を早めるため組織改革が必要になった。

第三の要因は、「新しい社会運動の衰退」である。そのためドイツでは、草の根民主主義的なパラダイムから遠ざかることになった。思想的にも現実の上でも、草の根的な「運動としての党」の側面が徐々に衰退していったのである。

このように一見、無関係に思える要因が組織を大きく変化させることがある。ただしこうした要素が間接的な影響しか及ぼさないことも確かである。影響しても「政治制度の特徴とその変化」が直接的に組織を変化させることはないのである。

「政党間の競争の変化」

表15-3における五番目の要因が、⑤政党間における競争の変化だが、緑の党の組織変化にとって

この項目は無関係に思える。それでも、「対立候補の台頭や衰退」が組織に変化を促すこともある。アメリカでは、ネーダーが大統領選挙に出馬したことが事件に発展した。ネーダーが無所属で立候補したことで緑の党の組織に影響し、党内の緊張関係を高めることになった。

何人かの専門家は、これに関連してさらに二つの要因を指摘している。第一の要因は、「政党システムの多党化」である。アイルランドでは多党化が進んだことで、緑の党のような小政党にも好機が訪れた。そこで「選挙に勝利する」という論理が優先されるようになり、選挙戦略と組織改革が重視されたのである。第二の要因は、スウェーデンの「社会民主党」のように、主要な政権政党が圧倒的な力をもっている場合である。緑の党としては、圧倒的に優勢な「社会民主党」と連携する必要があったため、代表と国会議員に交渉における裁量権を与えることが組織改革を進める要因になった。

「分岐点となる状況の変化」

これは表15‐3における、⑥、⑦、⑧番目の要因である。すでに述べたように、⑥選挙結果の大きな変動がどのような影響をもたらしたのか、客観的に評価するのは難しいが、選挙の当落が組織改革を促す重要な要因であることは確かである。

ただし選挙結果が、どの緑の党にとっても同様の組織改革をもたらすわけではない。たとえば、ベルギー（エコロ）が一九九一年の選挙に勝利した時には、党内の主流派が勢力を拡大して組織を改革した。あるいはスウェーデンやドイツのように、地方議会における当選の拡大が組織改革を進めることもあった。スウェーデンやドイツでは議員の交代制が原則だったが、議席が増えて議員を交代させようにも運動家の人数が少なすぎたために交代制を廃止したのである。

その反対に、選挙に敗北した場合は、次の選挙で当選するため、効率的な組織を形成しようとするのが一般的な傾向である。国会議員の議席数を増やし、国からの助成金を再び獲得することが組織の目標になるのだ。それは地方議会でも同様であり、一九九八年から二〇〇二年にかけての地方議会選挙で敗北した「ドイツ緑の党」がそうだった。アイルランドの緑の党が、一九九九年の地方議会選挙で敗北した時も同様だった。

選挙に惨敗して、党の存続することさえ困難と受け止められた場合には、組織の大改革、あるいは再構築が進められる。これは二〇〇三年のベルギー（アガレフ）や、一九九〇年のドイツが惨敗した時に起きたことである。両党ともすべての国会議員が落選し、巨額の財源を失った。
⑦国会に議席を獲得する、あるいは議席を失う、という要因については、長期的な視点に立った評価が必要である。ドイツやベルギーのように国会の議席を獲得することは、緑の党にとって飛躍であることは事実である。国会議員の当選が契機になって、緑の党は安定した議会政党に成長してきた。ただし、国会議員が当選した後は党内における力関係が変化する。国会議員団が形成されることで、党内関係に緊張が生じるのだ。党幹部と国会議員団の双方が、組織運営に不満をもつようになり、やがて組織改革を促す要因になる。
スウェーデンでは、国会議員の落選が契機になって改革が進められた。メンバーが少なく財源が乏しい党にとって、国会の議席を失うことは、悲観的な動揺が組織内に生じる。それまでの規模で組織を維持するのは困難であり、独立した政党として存続することも危ぶまれるため、断固とした組織

改革が必要となる。こうした政党の存続にかかわる改革をパーネビアンコは「サバイバル・モデル」(Panebianco, 1988) と呼び、ブノワ・リウーも同様の指摘をしている (Rihoux, 2001)。

⑧連立政権 (閣僚) への参加あるいは離脱も組織改革の要因になる。連立政権に参加して閣僚に就任すれば、即座に日々の問題について判断を迫られる。それまでの意思決定や組織では対処できないことに気づき、現実に対応できる組織へと改革する (Rihoux, 2006, Rihoux/Rüdig, 2006) あるいは選挙に大敗して議席が減少したため政権から脱落して、組織構造を見直すこともある (Rihoux, 2006)。

こうした、⑥選挙結果の大きな変動、⑦国会の議席の有無、⑧連立政権への参加と離脱、という三つの「分岐点 (段階)」に加えて、各国の専門家は二つの補足的要因を指摘している。第一の要因は、「連立政権に参加する可能性」である。オーストリアでは、「緑の党は政権担当能力をもっていると、有権者が評価している」と判断したことで、連立政権の参加に向けて条件整備を進めた (Rihoux/Rüdig, 2006)。アイルランドでも同様の論理が働いて連立政権に向けた組織改革を進め、二〇〇七年に政権に参加した。

第二の補足的な要因も同様に、連立政権への参加が契機となった。ベルギー (アガレフ) では、初めて連立政権への参加に向けた交渉を始めたが協議が進展せず、交渉内容が公開されないことに不満が生じて改革の契機となったのである。

「党内における変化」

表15 - 3に示した最後の五項目は、「党内における変化」を促す要因である。当初の仮説としては、

⑨「リーダーの交代」を要因の一つと考えていた。ところが総合的に考えると、「リーダーの交代」には多様な要素が連動しているため、それによって組織が改革されたという確証は得られなかった。むしろ大きな要因は「派閥の変化」である。一般的な政党の場合には、リーダーが新たに選出される際には、支持者を集めるために組織改革を約束することがよくある。ところが緑の党の場合は、派閥の影響力が大きい上に、リーダーの存在自体に批判的な運動家もいる。したがって、リーダーが独力で改革を牽引することは不可能なのである。

それに比べて⑩「派閥の変化」は明らかに改革の要因となる。ただし派閥の力関係が変化すれば、必ず改革が進むというわけでもない。正確に言えば、「派閥の力関係が変化して、組織の〝近代化〟を目ざす派閥が総会で改革方針を提案し、それが承認されることで改革が実現する」のである。その上、二つの条件が前提となる。第一の条件とは、選挙で惨敗して、もはや党の拡大が困難になるといった「外部からの衝撃」が起こることである。第二の条件は、具体的な構想を持ち、組織化された二つの派閥が対立状態にあることである（Zariski, 1960）。これがまさに一九九〇年の「ドイツ緑の党」の状況だった。さらにまた、組織の「近代化」に向けた改革方針が承認されることで、組織内に新たな変化が生じる可能性もある。「原理派」の運動家やリーダーが離党して反対派が存在しなくなることで、さらに組織改革が進むことになる。

⑪「運動家やメンバーの世代交代」については、必ずしも明確な変化の要因とは言えなかった。特殊な例として、世代交代が直接的な要因となって改革を推進した緑の党もあった。フランス、イギリス、カナダ（オンタリオ緑の党）では、それまでの草の根民主主義を重視する組織文化とはまったく異なる運

動家集団が新たに参加して改革を推進したのである。

⑫「組織規模の変化」も、それ自体が決定的な要因になることは少ない。ただし国会議員団や党組織など、様々な組織レベルで有給事務局の割合が増えれば、組織を変化させる要因になる。ベルギー、ドイツ、オーストリアでは、国からの助成金が継続的に支給され、安定した議会勢力になったために同様の変化が起きた。有給事務局が党運営に不満をもつようになり、党内では「メンバーを重視すべき」という主張と、「選挙の当選を重視すべき」という主張が衝突して対立が深まった（Kitschelt, 1989）。それはまた、「アマチュア運動家」と「専従化した代表・幹部・事務局」との対立でもあった。

最後に想定した⑬「運動家とメンバーの社会的背景の変化」については、どの専門家も重要とは考えていない。メンバーの社会的な変化は、長期にわたって段階的に生じるため、変化を把握すること自体が困難なためかもしれない。

以上五項目の「党内における変化」に加えて、六番目の要因を指摘した専門家もいた。「カナダ緑の党」のように、地方の下部組織で実験された組織形態をモデルにして、それを党全体に導入した事例である。すなわち連邦制の組織を形成した「カナダ緑の党」は、州組織をモデルにしていたのである。ちなみにそれと反対に、階層的な組織を形成する既成政党でも同様の事例があるという指摘がある（Eldersveld, 1964, Kitschelt, 1989）。

緑の党と「政党の一般理論」

以上の分析を踏まえて我々は、「政党の一般理論」を導き出したいと考える。その際、「政党組織が変化する全体的な方向性（あるいは政党モデルの方向性）」と「政党組織を変化させる要因」とは相互に関連しているものの、我々はこれら二つの領域を区別して分析する。

現実への適応によって、草の根民主主義は衰退していない

第一に最も重要な結論としては、理念的な政党モデルであった「アマチュア運動家の党」と、設立当初の「緑の党」とは明らかに似ていることが実証された。すなわち一つの政党モデルとして、「アマチュア運動家の党」というモデルが有効であることが確認された。ただし、緑の党以外の政党にも「アマチュア運動家の党」というモデルを適応できる可能性はあるが、その場合には大きな制約が存在する。すなわち我々が分析した限りでは、「アマチュア運動家の党」は元のままの状態を永続させることができないのである。しかも、「アマチュア運動家の党」モデルは、我々が当初、提示した仮説より、複雑で精緻な定義が必要なのである。

ほとんどの緑の党は、同様の過程をたどって組織を変化させてきた。すなわち、自らを周囲の環境に適応させることで、組織を変化させてきたのである（Rihoux, 2001）。この事実は、「設立段階を過ぎた政党は、自らの目標に向かって周囲の環境を変えるのではなく、むしろ環境に適応しようとする傾向がある」と主張したパーネビアンコの理論を裏付けることになった（Panebianco, 1988）。こうして我々は、パーネビアンコが主張した「政党の一般理論」についても確認することになった。緑の党の場合も多かれ少なかれ短期間の内に組織の制度化を進め、「連帯のシステム」から「利益のシステム」に、言い換えれば「理念の実現を目的とする理論型組織」から「組織の継続を目的とする通常の組織」に、あるい

は「共通目標の実現を動機とする組織」から「具体的な目的の追求を動機とする組織」へと変化してきたのである。

ただし緑の党の場合、この結論については少なくとも二点の留保がある。第一に重要な点は、緑の党の場合は制度化を進めたことによって、党内が二つに分裂したことである。設立当初、存在したのは社会運動家の小さなグループであり、彼らには共通の文化と目標があって、立場も平等だった。ところがその後、制度化された党内には三つの集団が存在するようになった。運動家と一般メンバーによる「現場集団」、および国会議員の会派などの「議員集団」と「党幹部」である（Katz, 2002）。

そして「議員集団」と「党幹部」は短期間の内に、アマチュア運動家から脱却する。ところが、党内の大多数を占める運動家や一般メンバーなどの「現場集団」は、「アマチュア運動家の党」であることを重視して草の根民主主義を実践する。両者の違いは拡大し、同じ党で活動する動機も異なるようになる。「現場集団」の動機は連帯とイデオロギーといった「集団的な目標」の追求にあり、緑の党の信奉者を拡大する。他方で「議員集団」や「党幹部」は、世俗的な目的や名誉欲といった「具体的な目的」の実現が動機になって、上昇指向の人々を呼び寄せる。要するに、設立から約三十年が経過した現在の緑の党の組織内では、徹底した二極化が起きているのである。

党内が二極化している状況を解決するために、全く別の方向に進む可能性もある。最も制度化が進んだ緑の党は、すでに過去とはまったく別の政党になっているからだ。党中央にいる幹部や指導部、国会議員団は、きわめて一般的な組織運営を行っており、「エリート政党」「大衆政党」「プロフェッショナルな選挙政党」によく似ている。国によって差はあるが、こうした緑の党は、「脱物質主義のエリート政党」「左派リバタリアンのプロフェッショナルな選挙政党」「小規模な大衆政党」に変化したと言えるのかもしれない。

しかし視点を変えれば、緑の党には今でも以前と同様に「アマチュア運動家の党」としての特徴がある。地域支部が活動し、総会で議論が行われ、課題ごとに作業部会が設置されている。そのため「緑の党は、きわめて重層的な組織として運営されている」と指摘される（Kitschelt, 1989）。したがって、「緑の党は〝ケンタウロス〟に似ている」という評価は、まさに的を射た表現と言えよう。[原注2]「ケンタウロス」とは、上半身が人間で、下半身が馬のような神話上の生き物である。身体はアマチュア運動家だが、頭脳はもはや素人でなく、専門的能力を備えて選挙に対応する緑の党に「ケンタウロス」が似ているという評価なのである。

パーネビアンコの「政党の一般理論」に対して、第二に重要な留保としては、緑の党の主流派が草の根民主主義を受容するようになったことがある。もはや多くの緑の党は純粋な「アマチュア運動家の党」ではないが、今も重要な特徴を維持している。それは現在も強力なアマチュア運動家が、党内に残っているためなのだ。結成当時の「遺伝子」や「母斑」は、その後も組織内に生き続けており、軽視することはできないのである（Panebianco, 1988）。

以上の事実を踏まえると、ほとんどすべての緑の党は、少なくとも近い将来に「アマチュア運動家の党」から完全に脱却することはあり得ないと考えられる。それには多くの理由があるが、特に三つの

原注2　「ケンタウロス」という表現は、一九九八年にイングランド・ウォリックで開催された「欧州政治研究協会（ＥＣＰＲ）」の合同会議において、フォルクマール・ラウバー（Volkmar Lauber）によって用いられた。

点を指摘すれば、第一には、今でも緑の党には純粋な「遺伝子」が存在しているからこそ、魅力のある唯一の党として認識され、新たな運動家を獲得しているということがある。第二には、高等教育を受け、緑の党のイデオロギーに共感した多くの運動家が、今でも草の根民主主義を実現するために献身的な活動を続けていること。そして第三に、単純だが重要な理由として、緑の党のようにメンバーや財源などすべてが小規模な政党にとっては、「大衆政党」「エリート政党」「国民政党」あるいは「プロフェッショナルな選挙政党」へと完全に変化することは不可能だからである。しかも、小規模であるからこそ、緑の党は参加型の草の根民主主義を実践し続けることができたのである。

それでは、緑の党における草の根民主主義のパラダイムは、どのような可能性をもっているのだろうか。たとえば「アマチュア運動家の党」という政党モデルは、他の既成政党を変化させることができたのだろうか。確かなことは緑の党が、他政党の組織構造や運営方法に対して大きな影響を与えることはなかったという事実である。すなわち「緑の党の登場によって、既成政党が新たな政治組織に変化することはなかった」のである(Harmel, 2002)。いくつかの国の限られた範囲では、他政党に影響を与えたこともある。たとえばドイツでは、緑の党に影響されて、社会民主党もクオータ制やメンバーによる直接投票制度を導入した(Braunthal, 1999, Scarrow, 1999)。ただし、こうした事例はきわめてまれなことである。

緑の党が政治の舞台に参加した時には、他政党の組織を模倣しなかった。ところが自らの組織を制度化することに着手する段階になると、他政党と同様の制約に直面した。マスコミなど周囲を取り巻く環境に対応しなければならないため、緑の党にも「寡頭制の鉄則」のような力が働いたことは確かである（Ignazi, 1998）。しかし、それに対抗する力として、緑の党には「現場集団」からの抵抗があったため、「寡頭制の鉄則」が貫徹して既成政党と同様の存在になることを妨げてきたのである。

断続的な組織変化のメカニズム・緑の党が教えていること

本書の目的の一つは、ロバート・ハーメルの画期的な論文「政党組織の変化：競争の論理（Party Organiational Change : Competing Explanation?）」にもとづき、政党組織の変化について研究を進めることにあった（Harmel, 2002）。我々はその方法として、以下の三つの作業を行った。第一に、各国の緑の党の歴史を比較して仮説を検証すること。第二に、大きな組織的変化について定義すること。そして第三に、党組織に改革をもたらす可能性を体系的に把握することであった。

出発点にあったのは、組織変化を分析するためにハーメルが行った三つのアプローチ、すなわち「ライフサイクル」「システムレベルの傾向」「断続的な変化」であった。そして私たちは、緑の党内における断続的な組織の変化を分析した結果、ハーメルが提唱した統合的な理論を裏付けることになった（Harmel, 1994, Janda, 1994, Harmel et al. 1995）。第一に確認したのは、大規模な組織改革に至る過程では「外的衝撃」が重要な働きをすることである（Harmel, 2002）。ただし政党の目標と組織変化の構造は複雑であり、緑の党の場合も様々な形の外的衝撃が存在した。確かなのは、議席数が大きく変動すれば、党の財源や組織規模に対して大きな影響を与えるため、「選挙の成否」が外的衝撃の一つであることだ。他の政党研究者も「選挙の成否は、政党組織に大きな衝撃を与える」と指摘するが（Appleton/Ward, 1995）、とくに緑の党ではその傾向が顕著だった（Rihoux, 2001）。

第二に確認したのは、否定的な激しい外的衝撃が起こると党の存続を危うくし、大規模な組織改革をもたらすことだ。国会の議席を失えば助成金も支給されなくなり、党を解体させるか否かの危機的状況に陥る。そのため目的や動機は異なっても、「国会議員、事務局、党代表、専従幹部」と「現場のアマチュア運動家」の双方が、自分たちの目標が実現できなくなることに危機感を感じ、党を維持するために利害関係を一致させることになる。こうして緑の党は、「具体的な利益を追求する組織」へと大きく変化してきたのである。

第三に確認したのは、大規模な組織改革が起こるためには外的衝撃が必要だが、それだけでは不十分であるということだ。「派閥の変化」など、媒介的要素が必要なのである。だが緑の党の場合、「代表の交代」は重要な要素ではなかった。結局、組織改革とは「意図的な行為」なのである。「周囲の環境変化や、党内の政争は重大な要因である。しかし、そうした要素が組織変化を起こすためには、党内の関係者が改革の必要性を認識することが前提条件である」。「大規模な改革が実施されるためには、異なる立場の派閥が大連合する必要がある」(Harmel, 2002)。

第四に、政党モデル(Harmel/Janda, 1994)を補強する論理として、「分岐点(段階)」を通過することの重要性を確認した。国会議員の誕生や連立政権への参加といった「上方向への分岐点(段階)」や、国会における議席の消滅や連立政権からの離脱といった「下方向への分岐点(段階)」を通過することは、いずれも外的衝撃となって組織改革を引き起こしてきた。

最後の重要な媒介的要因が「組織構成」だった。組織の主体は、代表・幹部・運動家などの個人や、派閥などの集団であり、客観情勢を変化させるのもこうした主体である。彼らの動きを正確に把握することは困難だが、最終的には各主体が共に、「組織構造に問題がある」と確信した時、組織改革が実行されるのである。

変化した緑の党、それ以上に変化した現代政治

緑の党が設立された一九七〇年代から一九八〇年代において、彼らの目標は「政党政治そのものを変革する」ことだった。すなわち政治システムだけでなく、既成政党の政治手法を改革することが彼らの目標だったのである。しかしその点において彼らは成功せず、それどころか政治システムの側が、緑の党の組織を変化させてきた。これはきわめて重大な点であり、現在の緑の党は設立当時のような「アマチュア運動家の党」や「社会運動としての政治組織」ではまったくなくなった。その一方で注目すべきなのは、草の根民主主義や分権化といった特徴が薄らいだとはいえ、今もそれを維持している点にある。全体としては権力を集中させる方向にあるが、男女各一人の共同代表制を採用している。メンバーは総会を通して全国レベルの方針決定に関与できる。国会議員や党幹部による役員の兼任や、彼らの報酬額は制限されている。党内には、選挙の当選を重視する専任の幹部や、組織の効率を追求する指導部がいる一方で、日常的にアマチュア運動家が活動している。すなわち現在の緑の党は、中間的あるいは分裂的とも呼べる組織を形成しているが、それはまた「ケンタウロス」に喩えて表現される状態にあるのだ。

政治、政党、マスコミなど周囲の環境は、緑の党に強く圧力をかけてくる。そのため今後の緑の党は、さらに順応化を進めて、政治の主流に組み込まれてしまう可能性がある。しかし緑の党のメンバーや財源は、当面も小規模なままだろう。彼らが対象とする支持者の範囲は限られているので、多くの緑

の党が再び政治システムの周辺に押し戻される可能性もある。選挙に惨敗して、連立政権に参加できないどころか、国会の議席をすべて失う可能性さえある。しかし今後も、アマチュア運動家や現場で活動する人々が、短期間の内に草の根民主主義を放棄することはないだろう。仮にこれまでとはまったく異なる組織論をもった新たな運動家が大量に加入して、運動家たちを駆逐すれば大きく状況が変わるだろうが、現在のところそうした動きもなさそうである。したがって今後もしばらくの間、緑の党は現在の状態を持続するだろう。

ある面で、緑の党は三十年以上かけて既成政党と同様の道を進んできたと言える。周囲の環境に影響されて党のアイデンティは薄らぎ、選挙の当選を優先させるようになった。メンバーの動員力は弱まり、党幹部と現場との距離は広がった。他政党との競争関係は激しくなり、特定の集団やマスコミからの要求も強まっている。これらが緑の党の組織をめぐる全体像である（Dalton/Wattenberg, 2000, Webb, 2002）。

だからといって我々は、「西欧諸国では政党政治が衰退している」という一般的見解には賛同しない。それどころか、緑の党は今もって自律的であり、部分的ではあるが初期の特徴を純粋に持続している。制度化された政党政治に対して、緑の党の対応能力はあまりない。組織改革は途上にあり、その運営も容易ではない。それにもかかわらず緑の党の存在は、敵対的でたえず変化する政治環境の中にあっても、新たな政党が生き残れる可能性を確実に示しているのである。

Macmillan).
Müller, W.C. (1997), 'Inside the Black Box: a Confrontation of Party Executive Behaviour and Theories of Party Organizational Change', *Party Politics* 3: 293–313.
Panebianco, A. (1982), *Modelli di partito. Organizzazione e potere nei partiti politici*, (Bologna: Il Mulino [English translation by Marc Silver, *Political Parties: Organization and Power*, Cambridge: Cambridge University Press, 1988]).
Poguntke, T. (1993), *Alternative Politics. The German Green Party* (Edinburgh: Edinburgh University Press).
Rihoux, B. (2001), *Les partis politiques: organizations en changement. Le test des écologistes* (Paris: L'Harmattan).
Rihoux, B. (2006), 'Governmental Participation and the Organizational Adaptation of Green parties: On Access, Slack, Overload and Distress', *European Journal of Political Research* 45: S69-S98.
Rihoux, B. and Rüdig, W. (2006), 'Analyzing Greens in Power: Setting the Agenda', *European Journal of Political Research* 45: S1–S33.
Scarrow, S. (1999), 'Parties and the Expansion of Direct Democracy', *Party Politics* 5: 3, 341–62.
Webb, P. (2002), 'Political Parties and Party Democratic Control in Advanced Industrial Democracies', in Webb, Farrell and Holiday (eds).
Webb, P., Farrell, D. and Holliday, I. (eds) (2002), *Political Parties in Advanced Industrial_Democracies* (Oxford: Oxford University Press).
Wilson, F.L. (1980), 'Sources of Party Transformation: the Case of France', in Merkl (ed.) (1980).
Wilson, F. L. (1994), 'The Sources of Party Change: the Social Democratic Parties of Britain, France, Germany, and Spain', in Lawson (ed.).
Zariski, R. (1960), 'Party Factions and Comparative Politics: Some Preliminary Observations', *Midwest Journal of Political Science*, 4: 1, 27–51.

第15章　結論　「ケンタウロス」に成長した緑の党

Appleton, A. and Ward, D.S. (1995), 'Measuring Party Organization in the United States: An Assessment and a New Approach', *Party Politics* 1: 1, 113–2.

Braunthal, G.(1999), 'The SPD Leaders in Power and in Opposition', in Merkl (ed.).

Dalton, R.J. and Wattenberg, M.P. (eds) (2000), *Parties without Partisans: Political Change in Advanced Industrial Democracies* (Oxford: Oxford University Press).

Deschouwer, K. (1992), 'The Survival of the Fittest: Measuring and Explaining Adaptation and Change of Political Parties', paper presented at the ECPR Joint Sessions, Limerick.

Eldersveld, S. (1964), *Political Parties: A Behavioral Analysis* (Chicago: Rand McNally).

Frankland, E.G. and Harmel, R. (2000), 'Organizational Changes in the Greens: Implications for Grass-Roots Participation', paper presented at the ECPR Joint Sessions, Copenhagen.

Harmel, R. (2002), 'Party Organizational Change: Competing Explanations?', in Luther and Müller-Rommel (eds).

Harmel, R. and Janda, K. (1994), 'An Integrated Theory of Party Goals and Party Change', *Journal of Theoretical Politics* 6: 3, 259–87.

Harmel R., Heo, U., Tan, A. and Janda, K. (1995), 'Performance, Leadership, Factions and Party Change: An Empirical Analysis', *West European Politics* 18: 1, 1–33.

Hopkin, J. (2003), 'Political Decentralization, Electoral Change and Party Organizational Adaptation: A Framework for Analysis', *European Urban and Regional Studies* 10: 3, 227–37.

Ignazi, P. (1998), 'The Iron Law of Party Institutionalization', paper presented in the workshop, 'Challenges to Established Party Organization? Theory and Practice of Green and Alternative Left Party Organization', ECPR Joint Sessions, Warwick.

Katz, R. (2002), 'The Internal Life of Parties', in Luther and Müller-Rommel (eds).

Kitschelt, H. (1989), *The Logics of Party Formation: Ecological Politics in Belgium and West Germany* (Ithaca, NY: Cornell University Press).

Lawson, K. (1994), *How Political Parties Work: Perspectives From Within* (Westport, CN: Praeger).

Luther, K.R. and Müller-Rommel, F. (eds) (2002), *Political Parties in the New Europe: Political and Analytical Challenges* (Oxford: Oxford University Press).

Merkl, P.H. (ed.) (1980), *Western European Party Systems. Trends and Prospects* (New York: The Free Press).

Merkl, P.H. (ed.) (1999), *The Federal Republic of Germany at Fifty* (London:

第14章　アメリカの緑の党

Camejo, P. (2004), 'Democracy is the Key: An Interview with Peter Camejo', *Against the Current* 112 (September/October).

Gerritt, G. (2005), *Green Party Tempest: Weathering the Storm of 2004* (Providence, RI: Moshassuck River).

Feinstein, M. (2004), 'Green Party Election Results', <http://greens.org/elections/> (7 November) 2004.

Hawkins, H. (1997a), 'Green Parties: Still Seeking Unity', *Z Magazine* 10: 3 (March): 21–4.

Hawkins, H. (1977b), 'Individual Members: The Grassroots of Green Party Democracy'. *Synthesis/Regeneration* 14 (fall), <http://www.greens.org/s-r/14/14–02.html>.

Leip, D. (2004), 'Dave Leip's Atlas of US Presidential Elections', <http://www.uselectionatlas.org>.

Nader, R. (1965), *Unsafe at any Speed: The Designed-in Dangers of the American Automobile* (New York: Grossman).

Nichols, J. (2004), 'Nader '"Blew It" This Time', *The Capital Times*, web edition, 28 June, <http://www.madison.com/tct/news/stories/index.php?ntid=5810&ntpid=2> (7 November 2004).

Rensenbrink, J. (1999), *Against All Odds: The Green Transformation of American Politics,* (Raymond, ME: Leopold Press).

Sheasby, W.C. (1996), 'To Build a Party: Ralph Nader and the Green Candidacy', Newsgroup posting Grns.usa.forum.

Tokar, B. (1992), *The Green Alternative: Creating an Ecological Future* (San Pedro, CA: R. & E. Miles).

Greg Bonser (former Operations Coordinator for the Green Party of Ontario), 22 August 2002.

Chris Bradshaw (Leader of the GPC from March 2001-February 2003), 11 September.

Interviews with Adriane Carr (Leader of the Green Party of BC from March 2000 - present), 22 September 2004; 16 January 2005.

Gabriel Draven (President of the Green Party of Ontario), 1 June 2004.

Jessica Fracassi (Office Administrator, Green Party of Ontario), 8 January. 2008.

Paul George (one of 17 founders of the Green Party of BC), 22 October, 2002.

Jim Harris (Leader of the GPC from February 2003–2006), 16 September 2004.

Interviews with Frank de Jong (Leader of the Green Party of Ontario 1993–present), 12 September 2002, 19 July 2004.

Steve Kisby (Founding member of the Green Party of Ontario and the GPC), 21 September 2002.

Marjorie Morton (Green Party of BC Secretary and Office Coordinator), 19 November 2002.

Interviews with Joan Russow (Leader of the GPC from April 1997–March 2001), 11September 2002; 29 and 30 January 2005.

Capra, F. and Spretnak, C. (1984), *Green Politics* (New York: E.P. Dutton).
Fairbairn, S.(2004), 'Green Party to Debate Resolution Reversing Support for Seal Hunt', *Canadian Press*, 16 May.
Fair Vote Canada website www.fairvote.ca.
Goldberg, K. (2000), 'Green Party Coup (British Columbia Party Leadership and Membership Revamped)', *Canadian Dimension* 34: 4, 10.
Gray, J. (2004), 'Greens Declare Victory for Best Showing,' *The Globe and Mail*, 29 June, A6.
Green Party of British Columbia (2002), *Constitution of the Green Party Political Association of British Columbia* (draft – not officially filed copy) (Adopted February 1983, Revised: June 1984, July 1985, July 1988, October 1999, October 2002).
Green Party of Canada (n.d. a), *Abridged Plenary Rules of Procedure*.
Green Party of Canada (n.d. b), *Pre-1988 Policy Book*.
Green Party of Canada, *Canadian Greens/Green Party of Canada Constitution* (Adopted 1988, Amended 1996, 1998, and 2000).
Green Party of Ontario (2002), *Annual Policy Conference 2002 Minutes*, Parry Sound, 6 April.
Green Party of Ontario (1987), *The Constitution* (Constituted Spring 1987, Amended 1995-11-15, 1996-05-18, 1997-11-15, 1999-10-23, 2001-04-28, 2002-04-16).
Hay, J. (1984), 'The Struggling Greens', *Maclean's*, 4 June, 8(1).
Hoffman, H. and Orton, D. (1989), 'Canadian Greens: On the Political Margins', *Canadian Dimension* 23: 8, 20.
Robertson, J. R. (2003), *Legislative Summaries – Bill C-24 An Act to Amend the Canada Elections Act and the Income Tax Act (Political Financing)* (Ottawa: Library of Parliament – Parliamentary Research Division), <http://www.parl.gc.ca/common/bills_ls.asp?Parl=37&Ses=2&ls=c24>.
Lyon, V. (1985), 'The Reluctant Party: Ideology versus Organization in Canada's Green Movement', *Alternatives*, December, 3–9.
Macdonald, D. (1991), *The Politics of Pollution: Why Canadians Are Failing Their Environment* (Toronto: McLelland and Stewart).
Moore, O. (2004), 'Greens: Threshold Passed', *Globe and Mail Online Edition* www.globeandmail.com, 29 June.
Parkin, S. (1989), *Green Parties: An International Guide* (London: Heretic).
Politics Canada (2004), 'Green Party Site – A Model for Others to Follow', http://www.canadawebpages.com, 17 May.
Sawatzky, K. (2000), 'Lessons from Vancouver: Labour and Greens Can Get Along' (Green Party Coalition of Progressive Electors Alliance election results), *Canadian Dimension*, 34: 2, 17.
Urquhart, I. (2002), 'Will Ontario Start to Choke on Its Greens?', *Toronto Star*, 2 November.

Porritt, J. (1984), *Seeing Green: The Politics of Ecology Explained* (Oxford: Blackwell).
Richardson, D. and Rootes, C. (eds) (1995), *The Green Challenge: The Development of Green Parties in Europe* (London: Routledge).
Rootes, C (1995), 'Britain: Greens in a Cold Climate', in Richardson and Rootes (eds).
Rüdig, W. (1990), 'Explaining Green Party Development: Reflections on a Theoretical Framework', *Strathclyde Papers on Government and Politics* no. 71.
Rüdig, W., Bennie, L.G. and Franklin, M.N. (1991), *Green Party Members: A Profile* (Glasgow: Delta Publications).
Rüdig, W., Franklin, M.N. and Bennie, L.G. (1993), 'Green Blues: The Rise and Decline of the British Green Party', *Strathclyde Papers on Government and Politics* no. 95.
Rüdig, W., Franklin, M.N. and Bennie, L.G. (1996), 'Up and Down with the Greens: Ecology and Politics in Britain, 1989–1992', *Electoral Studies* 15: 1–20.
Rüdig, W. and Lowe, P.D. (1986), 'The Withered "Greening" of British Politics: A Study of the Ecology Party', *Political Studies* 34: 262–84.
Wall, D. (1994), *Weaving a Bower Against Endless Night … An Illustrated History of the UK Green Party* (London: Green Party).

第12章　イギリスにおける緑の党　組織の変化と継続性

Barnett, P. (1998), 'Silver-Green Anniversary: The First quarter-century of the Green Party, 1973–1998', http://mirror.greenparty.org.uk/information/silvergreen.htm (accessed 28 September 2004).

Bennie, L.G. (2004), *Understanding Political Participation: Green Party Membership in Scotland* (Aldershot: Ashgate).

Burchell, J. (2002), *The Evolution of Green Politics: Development and Change within European Green Parties* (London: Earthscan).

Byrne, P. (1989), 'Great Britain: the "Green Party"', in Müller-Rommel (ed.).

Carter, N. (2006), 'Party Politicization of the Environment in Britain', *Party Politics* 12: 747–67.

Evans, G.P.C. (1991), 'The Green Party An Inside Analysis' (MPhil dissertation, Nuffield College, Oxford).

Evans, G.P.C. (1993), 'Hard Times for the British Green Party', *Environmental Politics* 2: 2, 327–33.

Faucher, F. (1999a), *Les habits verts de la politique* (Paris: Presses de la Fondation Nationale de Sciences Politiques).

Faucher, F. (1999b), 'Party Organisation and Democracy: A Comparison of Les Verts and the British Green Party', *GeoJournal* 47: 487–96.

Franklin, M.N. and Rüdig, W. (1995), 'On the Durability of Green Politics: Evidence from the 1989 European Election Study', *Comparative Political Studies* 28: 409–39.

Goldsmith, E., Allen, R., Allaby, M., Davoll, J. and Lawrence, B. (1972), *Blueprint for Survival* (Harmondsworth: Penguin).

Holzhauer, D. (2004), 'The Greens at 30: An Examination of the Place of the Green Party in British Politics', paper presented at the Annual Conference of the Midwest Political Science Association, Chicago, April.

Lowe, P.D. and Rüdig, W. (1986), 'Political Ecology and the Social Sciences – The State of the Art', *British Journal of Political Science* 16: 513–50.

Luckman, R. (1990), 'Our Structure, Our Culture, Our Choice', *Econews* 54, December, iii.

McCulloch, A. (1983), 'The Ecology Party and Constituency Politics: The Anatomy of a Grassroots Party', paper presented to the UK Political Studies Association annual conference, University of Newcastle, April.

McCulloch, A. (1992), 'The Green Party in England and Wales: The Early Years', *Environmental Politics* 1: 418–36.

McCulloch, A. (1993), 'The Ecology Party in England and Wales: Branch Organisation and Activity', *Environmental Politics* 2: 20–39.

Müller-Rommel, F. (ed.) (1989), *New Politics in Western Europe: The Rise and Success of Green Parties and Alternative Lists*, (Boulder, CO; Westview Press).

Parkin, S. (1989), *Green Parties: An International Guide* (London: Heretic Books).

Bale, T. (2003), 'The Greens', in Miller (ed.).
Bean, C., McAllister, I. and Warhurst, J. (eds) (1990), *The Greening of Australian Politics: The 1990 Federal Election* (Melbourne: Longman Cheshire).
Brown, B. and Singer, P. (1996), *The Greens* (Melbourne: The Text Publishing Co).
Crowley, K. (1996), 'The Tasmanian State Election 1996: Green Power and Hung Parliaments', *Environmental Politics* 5: 3, 530–35.
Dann, C. (1999), 'From Earth's Last Islands. The Global Origins of Green Politics' (PhD thesis, Lincoln University).
Hay, P. and Eckersley, R. (eds) (1989), *Environmental Politics in Australia and New Zealand* (Hobart: Board of Environmental Studies, University of Tasmania).
Hay, P. and Eckersley, R. (1993), 'Tasmania's Labor-Green Accord 1989–91: Lessons from Lilliput', *Environmental Politics* 2: 1, 1–19.
Hutton, D. (ed.) (1987), *Green Politics in Australia* (North Ryde: Angus & Robertson).
Oppenheimer, M. and Lakey, G. (1965), *A Manual for Direct Action* (Chicago: Quadrangle Books).
Miller, R. (ed.) (2003), *New Zealand Government and Politics* (3rd edition; Melbourne: Oxford University Press).
Papadakis, E.(1993), *Politics and the Environment: The Australian Experience* (St Leonards: Allen & Unwin).
Prior, S. (1987), 'The Rise and Fall of the Nuclear Disarmament Party', *Social Alternatives* 6: 4.
Vallentine, J. (1987), 'A Green Peace: Beyond Disarmament', in Hutton (ed.).
Walker, P. (1989), 'The United Tasmania Group: An Analysis of the World's First Green Party', in Hay and Eckersley (eds).
Wellington Region of the NZVP (1976), 'Decision-making in the Values Party' (unpublished paper).

Militant: The Members of the Dutch GreenLeft', in W. Rüdig (ed.), *Green Party Members* (Cambridge, MA: MIT Press).
Meijer, H. (2006), 'Reorganisatie partijbureau. Campagnematig werken', *De Rode Draad* 231, 3–6.
Ter Haar, O. (2002), 'Afrekening 2001', *Gras* 11: 15, 3.
Van der Heijden, H.-A. (1992), 'Van kleinschalig utopisme naar postgiro-activisme? De milieubeweging 1970–1990', in J.W. Duyvendak et al. (eds), *Tussen verbeelding en macht: 25 jaar nieuwe sociale bewegingen in Nederland* (Amsterdam: SUA), 77–98.
Van Duijn, R. and Visser, R. (1992), 'Een terugblik' *Gras*, 7: 1, 9.
Van Harten, M. (1996), 'Van het partijbestuur', *Gras-Intern* 4, 1–2.
Visser, R. (1989), 'De Groenen van solokratie tot …?', *Gras* 4: 5, 4–5 .
Voerman, G. (1995), 'The Netherlands: Losing Colours, Turning Green', in R. Richardson and C. Rootes (eds), *The Green Challenge: The development of green parties in Europe* (London/ New York: Routledge), 109–27.
Voerman, G. (2005), 'Plebiscitaire partijen? Over de vernieuwing van de Nederlandse partijorganisaties', *Jaarboek 2004 DNPP* (Groningen: Documentatiecentrum Nederlandse Politieke Partijen), 217–44.

第10章　アマチュアとプロの運動家の党　オランダにおける二つの緑の党

Aarts, K. (1995), 'Nationale politieke problemen, partijcompetentie en stemgedrag', in J.J.M. van Holsteyn and B. Niemöller (eds), *De Nederlandse kiezer 1994* (Leiden: DSWO Press), 173–90.

Duyvendak, J.W. et al. (1993), *Duurzame democratie* (Amsterdam: GroenLinks).

De Groenen (1989), *Statuten De Groenen* (The Hague: De Groenen).

De Groenen (1993), *Statuten* (Amsterdam: De Groenen).

De Groenen (1997), 'Statuten van De Groenen', *Gras* 12: 2, 17–20.

Groen Links (1990), *Statuten en huishoudelijk reglement Groen Links* (Amsterdam: Groen Links).

Groen Links (1991), *Uitgangspunten van GroenLinkse politiek* (Amsterdam: Groen Links).

Groen Links (1992), 'Financieel verslag', *Congreskrant 2* (conference paper).

GroenLinks (1996), *Statuten, Huishoudelijk reglement* (Amsterdam: GroenLinks).

GroenLinks (2001), *Statuten en Huishoudelijk reglement* (Amsterdam: GroenLinks).

Heukels, P. (1994), 'Mededelingen van De Groenen: voorstel tot reorganisatie van de Groene Raad', *Gras* 9: 3, 29–30.

Koole, R.A. (1997), 'Ledenpartijen of staatspartijen? Financiën van Nederlandse partijen in vergelijkend en historisch perspectief', *Jaarboek 1996 DNPP* (Groningen: Documentatiecentrum Nederlandse Politieke Partijen), 156–82.

Leijser, R. (1997), 'Ontwikkelingen in het ledenbestand', *De Rode Draad* 140, 2.

Lucardie, P. (1992), 'De groene tinten van Groen Links', *De Helling* 5: 3, 21–3.

Lucardie, P. (1995), 'Binnenkomers en buitenstaanders: een onderzoek naar partijen die in 1994 hun entrée in de Tweede Kamer trachtten te maken', in G. Voerman (ed.), *Jaarboek 1994 DNPP* (Groningen: Documentatiecentrum Nederlandse Politieke Partijen), 123–48.

Lucardie, P., Voerman, G. and van Schuur, W. (1993), 'Different Shades of Green: A Comparison between Members of Groen Links and De Groenen', *Environmental Politics* 2: 1, 40–62.

Lucardie, P., van der Knoop, J., Voerman, G. and van Schuur, W. (1995), 'Greening the Reds or Reddening the Greens? The Case of Green Left in The Netherlands', in: Wolfgang Rüdig (ed) *Green Politics Three* (Edinburgh: University of Edinburgh Press), 90–111.

Lucardie, P. and van Schuur, W.H. (1996), 'De ontgroening van GroenLinks', *Jaarboek 1995 DNPP* (Groningen: Documentatiecentrum Nederlandse Politieke Partijen), 247–64.

Lucardie, P. and van Schuur, W.H. (forthcoming), 'More Moderate than

第９章　スウェーデン緑の党「環境党・緑」

Aylott, N. and Bergman, T. (2004), 'Almost in Government but not Quite: The Swedish Greens, Bargaining Constraints and the Rise of Contract Parliamentarism', Paper presented at ECPR Joint Sessions of Workshops, Uppsala, April.

Bennulf, M. (1995), 'Sweden: The Rise and Fall of Miljöpartiet de Gröna', in Rootes and Richardson (eds).

Bennulf, M. and Holmberg, S. (1990), 'The Green Breakthrough in Sweden', *Scandinavian Political Studies* 13: 2, 165–84.

Burchell, J. (1999), A *Comparative Analysis of Development and Change Within European Green Parties* (Doctoral thesis, University of Sheffield).

Burchell, J. (2002), The *Evolution of Green Politics: Development and Change Within European Green Parties* (London, Earthscan).

Doherty, B. (1994), Ideology *and the Green Parties of Western Europe: A Thematic Analysis with Reference to the Green Parties of Britain, France and Germany, 1973–1993* (unpublished Doctoral thesis, University of Manchester).

Gaiter, P. (1991), *The Swedish Green Party: Responses to the Parliamentary Challenge 1988–1990* (Stockholm: International Graduate School).

Lawson K. and Merkl, P.H. (eds) (1988), *When Parties Fail: Emerging Alternative Organizations* (Princeton, NJ: Princeton University Press).

Lindstrom, U. (1986), 'The Swedish Elections of 1985', *Electoral Studies* 5: 1, 76–8.

Miljöpartiet De Gröna (1985), *The Green Party of Sweden: Party Programme* (Stockholm, Miljopartiet de Grona).

Müller-Rommel, F (ed.) (1989), *New Politics in Western Europe: The Rise and Success of Green Parties and Alternative lists* (London: Westview Press).

Parkin, S. (1989), *Green Parties. An International Guide* (London: Heretic Books).

Roots, C. and Richardson, D. (eds) (1995), *The Green Challenge: The Development of Green Parties in Europe* (London: Routledge).

Ruin, O. (1983), 'The 1982 Swedish Election: The Re-Emergence of an Old Pattern in a New Situation', *Electoral Studies* 2: 2, 166–71.

Taggart, P. (1996), *The New Populism and the New Politics: New Protest Parties in Sweden in a Comparative Perspective* (Basingstoke: Macmillan).

Vedung, E. (1988), 'The Swedish Five-Party Syndrome and the Environmentalists', in Lawson and Merkl (eds).

Vedung, Evert (1989), 'Sweden: The Miljöpartiet De Gröna', in Müller-Rommel (ed.).

Die Grünen (2007), Chronik der Grünen Alternative, <http://www.gruene.at/uploads/media/chronik_nov2007.pdf>.

Die Grünen (2005), Satzungen der Partei (Party Statutes), <http://www.gruene.at/uploads/media/Statut05.pdf>.

Grüner Klub (1988), 'Neues Grün, Vorschlag für die offene neue Struktur', *Grüner Rundbrief* 1/1988.

Interview with Birgit Schatz, 29 December 2003, Salzburg.

Lauber, V. (1997), 'The Mixed Fortunes of the Austrian Greens in the Mid-1990s', *Environmental Politics* 6: 1, 185–93.

Lauber, V. (2003), 'The Austrian Greens after the 2002 Election', *Environmental Politics* 12: 3, 139–44.

Pilz, P. (1992), *Bitte eine Parteireform* (Vienna, mimeographed).

Raschke, J. (1991), *Die Krise der Grünen* (Marburg: Schüren).

Schandl, F. and Schattauer, G. (1996), *Die Grünen in Österreich. Entwicklung und Konsolidierung einer politischen Kraft* (Vienna: Promedia).

Rommel (ed.).
Ladner, A. (1996)'Die Schweizer Lokalparteien im Wandel. Aktuelle Entwicklungstendenzen gefährden die politische Stabilität', *Schweizerische Zeitschrift für Politische Wissenschaft* 2, 1–22.
Ladner, A. (1999), 'Das Schweizer Parteiensystem und seine Parteien', in Klöti (ed.).
Ladner, A. and Brändle, M. (1999), 'Does Direct Democracy Matter for Political Parties', *Party Politics* 5: 3, 283–302.
Ladner, A. and Brändle, M. (2001) *Die Schweizer Parteien im Wandel: Von Mitliederparteien zu professionalisierten Wählerorganisationen* (Zürich: Seismo).
Lawson, K. (ed.) (1994), *How Political Parties Work* (Westport, CN: Praeger).
Linder, W. (ed.) (1986), 'Politische Parteien und neue Bewegungen', *Schweizerisches Jahrbuch für politische Wissenschaft* 26 (Bern: Haupt).
Linder, W. (1994), *Swiss Democracy: Possible Solutions to Conflict in Multicultural Societies* (New York: St Martin's Press).
Longchamp, C. (1994), *Unterstützung von Bundesrat und Verwaltung* (Zürich: GfS-Forschungsinstitut, Bundeskanzlei/EJPD Bern).
Müller-Rommel, F. (ed.) (1989), *New Politics in Western Europe: The Rise and the Success of Green Parties and Alternative Lists* (London: Westview Press).
Müller-Rommel, F. (1993), *Grüne Parteien in Westeuropa. Entwicklungsphasen und Erfolgsbedingungen*, (Opladen: Westdeutscher Verlag).
Neidhart, L. (1986), 'Funktions- und Organisationsprobleme der schweizerischen Parteien', in Linder (ed.).
Papadopoulos, Y. (ed.) (1994), *Elites politiques et peuple en Suisse. Analyse des votations fédérales: 1970–1987* (Lausanne: réalités sociales).
Poguntke, T. (1987), 'The Organization of a Participatory Party – the German Greens', *European Journal of Political Research* 15: 609–33.
Poguntke, T. (1994), 'Basisdemokratie and Political Realities: The German Green Party', in Lawson (ed.).
Rebeaud, L. (1987), *Die Grünen in der Schweiz* (Bern: Zytglogge).
Rhinow, R.R. (1986), 'Funktionen und Probleme der politischen Parteien in der Schweiz', *Recht* 4, 105–19.

BfS – Bundesamt für Statistik (1997), *Nationalratswahlen 1995. Übersicht und Analyse* (Bern: Bundesamt für Statistik).
BfS – Bundesamt für Statistik (2003a), *Nationalratswahlen 2003. Der Wandel der Parteienlandschaft seit 1971* (Neuchâtel: Bundesamt für Statistik).
BfS – Bundesamt für Statistik (2003b), *Kantonale Parteiensysteme im Wandel. Eine Studie mit den Daten der Wahlen in den Nationalrat und in die kantonalen Parlamente 1971–2003* (Neuchâtel: Bundesamt für Statistik).
Daalder, H. (ed.) (1987), *Party Systems in Denmark, Austria, Switzerland, the Netherlands, and Belgium* (London: Frances Pinter).
Fogt, H. (1984) ,Basisdemokratie oder Herrschaft der Aktivisten? Zum Politikverständnis der Grünen, *Politische Vierteljahresschrift* 25: 1, 97–114.
Geser, H., Ladner, A., Schaller, R. and Ballmer-Cao, T.-H. (1994), *Die Schweizer Lokalparteien* (Zürich: Seismo).
Geser, H., Ladner, A., Meuli, U. and Schaller, R. (2003), *Schweizer Lokalparteien im Wandel. Erste Ergebnisse einer Befragung der Präsidentinnen und Präsidenten der 2002/2003* (Zürich: Soziologisches Institut).
Gruner, E. (1984), 'Parteien', in Klöti (ed.).
Gschwend, H. (1986), 'Die Umweltbewegung verändert die Parteienlandschaft – oder umgekehrt', in Linder (ed.).
Hug, S. (1990), 'The Emergence of the Swiss Ecological Party: A Dynamic Model', *European Journal of Political Research* 24, 645–69.
Hug, S. (1994), 'La cohésion des partis fédéraux dans la phase référendaire', in Papadopoulos (ed.).
Jacobs, F. (1989), 'Switzerland', in Jacobs (ed.).
Jacobs, F. (ed.) (1989), *Western European Political Parties: A Comprehensive Guide* (London: Longman).
Katz, R.S. and Mair P. (eds) (1992), *Party Organizations. A Data Handbook on Party Organizations in Western Democracies, 1960–90* (London: Sage).
Katz, R.S. and Mair P. (eds) (eds) (1994), *How Parties Organize: Change and Adaptation in Party Organizations in Western Democracies* (London: Sage).
Kerr, H. (1987), 'The Swiss Party System: Steadfast and Changing', in Daalder (ed.).
Klöti, U. (1984) (ed.), *Handbuch Politisches System der Schweiz* (Bern: Haupt).
Klöti, U. et al. (1999) (eds), *Handbuch der Schweizer Politik* (Zürich: NZZ).
Kriesi, H. (1995), *Le système politique suisse* (Paris: Economica).
Kriesi, H. (1986), 'Perspektiven neuer Politik: Parteien und neue soziale Bewegungen', in Linder (ed.).
Kriesi, H. and Wisler, D. (1996), 'Social Movements and Direct Democracy in Switzerland', *European Journal of Political Research* 30, 19–40.
Ladner, A. (1989), 'Switzerland: Green and Alternative Parties', in Müller-

第6章　アイルランドにおける緑の党

Anonymous (1989), 'Article on Green Party', *The Phoenix*, 30 June.

Baker, S. (1988), 'The Nuclear Power Issue in Ireland: The Role of the Irish Anti Nuclear Movement', *Irish Political Studies*, 3.

Bomberg, E. (2002), 'The Europeanisation of Green Parties: Exploring the EU's Impact', *West European Politics* 25: 3, 29–50.

Boyle, D. (1990), *Nuacht Glas – Green News*, October.

Coakley, J. (1990), 'Minor Parties in Irish Political Life, 1922–1989', *The Economic and Social Review.*

Coakley, J. and Gallagher, M. (eds) (1999), *Politics in the Republic of Ireland* (3rd edition; London: Routledge).

Ferguson, V. (1990), *Nuacht Glas – Green News*, November.

Green Party (1989), *Green Party Manifesto* (Dublin).

Green Party (1992), *Green Perspective 92* (Dublin).

Kell, Norah (1990), *Nuacht Glas – Green News*, 23, 5.

Mair, P. (1987), *The Changing Irish Party System* (London: Frances Pinter).

Mair, P. (1999), 'Party Competition and the Changing Party System', in Coakley and Gallagher (eds).

Mullen, J. and Whelan, N. (1999), *The Tallyman's Guide: Local and European Elections 1999* (Dublin: Limelight).

O' Donohue, M. and Hennessy, M. (2007), 'Overwhelming majority sweeps Greens into power', *The Irish Times*, 14 June.

Rafter, K. and Rafter, N. (1992), *Malin Head to Mizen Head; The Definitive Guide to Local Government in Ireland* (Dublin: Blackwater Press).

Sinnot, R. (1995), *Irish Voters Decide: Voting Behaviour in elections and referendums since 1918* (Manchester: Manchester University Press).

Sinnot, R. (1999), 'The Electoral System', in Coakley, J. and Gallagher, M. (eds).

Taylor, G. (1998), 'Conserving the Emerald Tiger: The Politics of Environmental Regulation in Ireland', *Environmental Politics* 7: 4, 53–74.

Taylor, G. (2001), *Conserving the Emerald Tiger: The Politics of Environmental Regulation in Ireland* (Galway: Arlen Academic Press).

Taylor, G. (2002), 'Hailing with an Invisible hand: A "Cosy" Political Dispute amid the Rise of Neo-Liberal Politics in Modern Ireland', *Government and Opposition*, 37: 4, 501–23.

Taylor, G. (2004), *Negotiated Governance and Public Policy in Ireland* (Manchester: Manchester University Press).

Taylor G. and Flynn, B. (2002), 'It's Green, But Is It of a Light Enough Hue?' *Environmental Politics* 12: 1, 225–32.

Tovey, H. (1990), 'Environmentalism in Ireland: Two versions of Development and modernity', paper presented at the International Sociological Association Conference, Madrid, 90s23618/isai/1990/7300 Sociological Abstracts, December 1990.

Whiteman, D. (1990), 'The Progress and Potential of the Green Party in Ireland', *Irish Political Studies* 5: 45–58.

phénomène partisan (Paris: Ellipses).
Steenkiste, L. (1994), *Verslagboek hearings duurzame demokratie*, Agalev (internal document).
Versteylen, Luc (1989), *Hoe verhoudt zich de beweging anders gaan leven tot de partij Agalev?* (Antwerpen: no publisher).

第5章　ベルギー　二つの緑の党の類似点と相違点

Buelens, J. and Deschouwer, K. (2002), 'Belgium', in Müller-Rommel and Poguntke (eds).

Buelens, J. and Rihoux, B. (2001), 'De toekomst is groen, maar niet noodzakelijk rooskleurig. Terugblik en vooruitblik op de transformatie van een kleine (bewegings)partij', in Mertens (ed.).

Delwit, P. (1999), 'Ecolo: les défis du "plus grand" des partis verts en Europe', in Delwit and De Waele (eds).

Delwit, P. and de Waele, J.-M. (eds) (1996), *Les verts en politique* (Brussels: De Boeck).

Delwit, P. and de Waele, J.-M. (eds) (1999), *Les Partis verts en Europe* (Brussels: Complexe).

Delwit, P. and Hellings, B. (2004), 'Ecolo et les élections du 18 mai 2003. Du paradis au purgatoire ou à l'enfer?', *L'année sociale 2003* (Brussels: Institute of Sociology/Institut de sociologie), 38–49.

Duverger, M. (1992), *Les partis politiques* (Paris: Seuil).

Hooghe, M. and Rihoux, B. (2000), 'The Green Breakthrough in the Belgian General Election of June 1999', *Environmental Politics* 9: 3, 129–36.

Hooghe, M. and Rihoux, B. (2003), 'The Harder they Fall: The Greens in the Belgian General Elections of May 2003', *Environmental Politics* 12: 4, 120–26.

Interview: Geysels (2001).

Janssens, F. (1989), 'Spanningen', *Bladgroen* 8: 1, 3–20.

Janssens, P. (1995), 'Morfologie van de Vlaamse politieke partijen in 1993 en 1994', *Res Publica* 37: 3-4, 389–426.

Janssens, P. et al. (1993), 'Morfologie van de Vlaamse politieke partijen in 1991 en 1992', *Res Publica* 35: 3–4, 503–60.

Kitschelt, H. (1989), *The Logics of Party Formation. Ecological Politics in Belgium and West Germany* (London: Cornell University Press).

Mahoux, P. and Moden, J. (1984), 'Le mouvement Ecolo', *Courrier hebdomadaire du CRISP*, 1045–6.

Mertens, J. (ed.) (2001), *De groei van groen* (Brussel: Houtekiet).

Müller-Rommel, F. and Poguntke, T. (eds) (2002), *Green Parties in National Governments* (London: Frank Cass).

Neumann, S. (1956a), 'Toward a Comparative Study of Political Parties', in Neumann (ed.).

Neumann, S. (ed.) (1956b), *Modern Political Parties: Approaches to Comparative Politics* (Chicago: University of Chicago Press).

Rihoux, B. (2001), *Les partis politiques: organisations en changement. Le test des écologistes* (Paris: L'Harmattan).

Rihoux, B. and Walgrave, S. (1997), *L'année blanche. Un million de citoyens blancs. Qui sont-ils? Que veulent-ils?* (Brussels: EVO).

Seiler, D.-L. (2003), *Les partis politiques en occident: sociologie historique du*

Borg, O. (1988), 'Vihreät — vihreä liike,' in Borg and Harisalo (eds).

Borg, O. and Paastela, J. (1983), 'Communist Participation in Governmental Coalitions: The Case of Finland', *Quaderni* 26.

Borg, O. and Harisalo, R. (eds) (1988), *Vihreä politiikka: Empiirisiä tutkimuksia aktivisteista, kannattajista ja poliittisesta toiminnasta* (Tampere: University of Tampere, Department of Political Science, Research Report 97).

Dittmers, M. (1988), *The Green Party in West Germany: Who Are They? And What Do They Really Want?* (Buckingham: Dimen).

Duverger, M. (1981), *Les partis politiques* (Paris: Armand Colin).

Järvikoski, T. (1981), 'Alternative Movements in Finland: The Case of Koijärvi', *Acta Sociologica* 24.

Kitschelt, H. (1989), *The Logics of Party Formation: Ecological Politics in Belgium and West Germany* (Ithaca, NY: Cornell University Press).

Michels, R. (1989 [1911]), *Zur Soziologie des Parteiwesens in der modernen Demokratie: Untersuchungen über die oligarchischen Tendenzen des Gruppenlebens* (Stuttgart: Alfred Kröner).

Moreau, P., Lazar, M. and Hirscher, G. (eds) (1998), *Kommunismus in Westeuropa: Niedergang oder Mutation* (Landsberg am Lech: Ilzog).

Müller-Rommel, F. (1991), 'Small Parties in Comparative Perspective: The State of the Art,' in Müller-Rommel and Pridham (eds).

Müller-Rommel, R. and Pridham, G. (eds) (1991), *Small Parties in Western Europe: Comparative and National Perspectives* (London: Sage).

Paastela, J. (1987), *Finland's New Social Movements* (Tampere: University of Tampere, Department of Political Science, Research Report 86).

Paastela, J. (1998), 'Finnlands Regierung: Ein seltsames Gespann' in Moreau et al. (eds).

Rebeaud, L. (1987), *Die Grünen in der Schweiz* (Bern: Zytglogge).

Remes, T. and Sohlstén, J. (eds) (2007), *Edellä! : Vihreä liitto 20 vuotta* (Helsinki: Vihreä sivistysliitto).

Sartori, G. (1976), *Parties and Party Systems: A Framework for Analysis* (Cambridge: Cambridge University Press).

Sohlstén, J. (2007), 'Vihreää valoa puolueelle', in Remes and Sohlstén (eds).

Sundberg, J. (1996), *Partier och partisystem i Finland* (Esbo: Schildt).

von Beyme, Klaus (1985), *Political Parties in Western Democracies* (Aldershot: Gower).

Newspapers

Kansan uutiset 1995.

Vihreä lanka 1983–2005.

Kitschelt, H. (1989), *The Logics of Party Formation. Ecological Politics in Belgium and West Germany* (Ithaca, NY: Cornell University Press).
Lahire, B. (1998), *L'homme pluriel. Les ressorts de l'action* (Paris: Nathan).
Lavabre, M.C. (2001), 'De la notion de mémoire à la production des mémoires collectives', in Cefaï (ed.).
Lepage, C. (2003), *De l'écologie. Hors de l'imposture et de l'opportunisme* (Paris: Raphaël).
Lucardie, P. (1999), 'Comment qualifier et répertorier les partis Verts' in Delwit and de Waele (eds).
Panebianco, Angelo (1982), *Modelli di partito. Organizzazione e potere nei partiti politici* (Bologna: Il Mulino)[English translation by Marc Silver: *Political Parties: Organization and Power*, Cambridge: Cambridge University Press, 1988].
Perrineau, P. (ed.) (2003), *Le vote de tous les refus* (Paris: Presses de Sciences Po).
Rihoux, B. (2001), *Les partis politiques: organisations en changement. Le test des écologistes* (Paris: L'Harmattan).
Roche, A. and Bennahmias, J.L. (1992), *Des Verts de toutes les couleurs, histoire et sociologie du mouvement écolo* (Paris: Albin Michel).
Sadran, P. (1987), 'Les élus de l'an VI' in 'La décentralisation cinq ans après', *Actualité Juridique Droit Administrative.*
Sainteny, G. (1997), *Les Verts* (Paris: PUF).
Sainteny, G. (2000), *L'introuvable écologisme français?* (Paris: PUF).
Schulthess, E. (2004), *Solange Fernex, l'insoumise: Ecologie, féminisme, non violence* (Barret-Sur-Meouge, Editions Yves Michel).
Serne, P. (2004), *Les Verts ont 20 ans: petite histoire de l'écologie politique en France* (Paris: Les Verts édition).
Spire, A. and Chancel, J. (1992), *La culture des camarades: que reste-t-il de la culture communiste?* (Paris: Autrement).
Villalba, B. (1996), 'La chaotique formation des Verts français à la profession politique (1984–1994)', *Politix* 35: 149–70.
Villalba, B. (1999), 'Les usages politiques du bilan, ou l'intégration assumée des Verts', in Delwit and de Waele (eds).
Villalba, B. (2005b), 'De l'apprentissage à la professionnalisation des usages techniques: la politisation des TIC chez Les Verts', *Revue Terminal*, 92.
Villalba, B. and Vieillard-Coffre, S. (2003), 'The Greens: From Idealism to Pragmatism (1984–2002)', in Evans (ed.).
Voynet, D. (2003) *Voix Off* (Paris: Editions Stock).

Alphandéry, P., Bitoun, P. and Dupont, Y. (1991), *L'équivoque écologique* (Paris: La Découverte/Essais).
Andolfatto, D., Greffet, F. and Olivier, L. (eds), *Les partis politiques. Quelles perspectives?* (Paris: L'Harmattan).
Boursier, P. and Chailan, P. (2001), *Le choix de l'Ecologie Sociale* (La Roche Sur Yon).
Boy, D. (2003), 'La place de l'écologie politique', in Perrineau (ed.).
Boy, D., Roche, A. and Le Seigneur, V.-J. (1995), *L'écologie au pouvoir* (Paris: Presses FNSP).
Boy, D., Roche, A. and Villalba, B. (2002), 'Le Vert et le Rose: le poids de l'environnement et du social chez les militants Verts Français', *Cahiers du Proses*, 3: <www.developpement.durable.sciences-po.fr/publications/cahier3.pdf>.
Boy, D., Rey, H. and Subileau, F. (2003), *C'était la gauche plurielle* (Paris: Presses de Sciences Po).
Bréchon, P. (ed.) (2001), *Les partis politiques français* (Paris: La Documentation Française).
Bréchon, P., Laurent, A. and Perrineau, P. (eds) (2000), *Les cultures politiques des français* (Paris: Presses de Sciences Po).
Bréchon, P. (ed.) (2005), *Les partis politiques français* (Paris: La documentation Française).
Cefaï, D. (ed.) (2001), *Cultures Politiques* (Paris: PUF).
Cole, A. (2003), 'Stress, Strain and Stability in the French Party System', in Evans (ed.)
Delwit, P. and De Waele, J.-M. (eds) (1999), *Les Partis Verts en Europe*, (Bruxelles: Éditions Complexe).
Deschouwer, K. (1994), 'The Decline of Consociationalism and the Reluctant Modernization of Belgian Mass Parties', in Katz and Mair (eds).
Evans, J. (ed.) (2003), *The French Party System* (Manchester, Manchester University Press).
Faucher, F. (1999), *Les habits verts de la politique* (Paris: Presses de Sciences Po).
Frémion, Y. (2007), *Histoire de la révolution écologiste* (Paris: Hoëbeke).
Hascoët, G. (1999), *Le pouvoir est ailleurs* (Paris: Actes Sud).
Hastings, M. (2001), 'Partis politiques et administration du sens', in Andolfatto, Greffet and Olivier (eds).
Ion, J.s (1997), *La fin des militants?* (Paris: l'Atelier).
Katz, R.S. and Mair, P. (eds) (1994), *How Parties Organize: Change and Adaptation in Party Organizations in Western Democracies* (London: Sage).
Katz, R.S. and Mair, P. (1995), 'Changing Models of Party Organization and Party Democracy', *Party Politics* 1: 1, 5–28.

(Westport, CT: Praeger).
Lüdke, H.-W. and Dinné, O. (eds) (1980), *Die Grünen: Personen – Projekte – Programme* (Stuttgart: Seewald Verlag).
Niedermayer, O. (2008), 'Parteimitglieder in Deutschland: Version 2008', Arbeitshefte aus dem Otto-Stammer-Zentrum, Nr. 13 (Freie Universität Berlin).
Maier, J. (1990), 'The Green Parties in Western Europe', *Die Grünen: Monatszeitung* (Bonn: Die Grünen).
Mayer, M. and Ely, J. (eds) (1998), *The German Greens: Paradox between Movement and Party* (Philadelphia: Temple University Press).
Merkl, P. (ed.) (1999), *The Federal Republic of Germany at Fifty: The End of a Century of Turmoil* (London: Macmillan Press).
Mewes, H. (1998), 'A Brief History of the German Green Party', in Mayer and Ely (eds).
Michels, R. (1911), *Political Parties: A Sociological Study of the Oligarchical Tendencies of Modern Democracy* (New York: The Free Press [English Edition, 1962]).
Panebianco, A. (1988), *Political Parties: Organization and Power* (Cambridge: Cambridge University Press).
Papadakis, E. (1983), 'The Green Party in Contemporary West German Politics', *Political Quarterly* 54: 3, 302–7.
Poguntke, T. (1993), *Alternative Politics: The German Green Party* (Edinburgh: Edinburgh University Press).
Poguntke, T. (1994), 'Basisdemokratie and Political Realities: The German Green Party', in Lawson (ed.).
Poguntke, T. (1996), 'No Future? Alliance 90/The Greens in East Germany', paper prepared for delivery at the annual meeting of the American Political Science Association, August–September, San Francisco.
Poguntke, T. (with B. Boll) (1992), 'Germany', in R.S. Katz and P. Maier (eds), *Party Organizations: A Data Handbook on Party Organizations in Western Democracies, 1960–1990* (Newbury Park, CA: Sage).
Poguntke, T. and Schmitt-Beck, R. (1994), 'Bündnis 90/Die Grünen after the Fusion', *German Politics* 3: 1, 91–113.
Raschke, J. (1983), 'Political Parties in Western Democracies', *European Journal of Political Research* 11: 112–13.
Raschke, J. (1991), *Krise der Grünen: Bilanz und Neubeginn* (Marburg: Schüren Verlag).
Raschke, J. (1993), *Die Grünen: Wie sie wurden, was sie sind* (Cologne: Bund-Verlag).
Veen, H.-J. and Hoffmann, J. (1992), *Die Grünen zu Beginn der neunziger Jahre* (Bonn: Bouvier Verlag).
Von Beyme, K. (1984), 'Die Ökologische Bewegung zwischen Bürgerinitiativen und Parteiorganisation', in Guggenberger and Kempf (eds).
Zeuner, Bodo (1985),'Parlamentarisierung der Grünen', *Prokla* 61: 13–18.

Conradt, D. et al. (eds) (2000), *Power Shift in Germany: The 1998 Election and the End of the Kohl Era* (Oxford: Berghahn).

Forschungsgruppe Wahlen e. V. (2005a), *Wahlergebnisse in Deutschland 1946–2004* (Mannheim).

Forschungsgruppe Wahlen e. V. (2005b), *Eine Analyse der Wahl vom 18. September 2005* (Mannheim).

Frankland, E.G. (1989), 'Parliamentary Politics and the Development of the Green Party West Germany', *Review of Politics* 51, 3: 386–11.

Frankland, E.G. (1999), 'The Green Party's Transformation: The "New Politics" Party Grows Up', in Merkl (ed.).

Frankland, E.G. (2000), 'Bündnis 90/Die Grünen: From Opposition to Power', in Conradt et al. (eds).

Frankland, E.G. (2003), 'Power, Identity, and Party Organization: The Greens, 1998–2002', paper prepared for delivery at the annual meeting of the German Studies Association, September, New Orleans.

Frankland, E.G. and Schoonmaker, D. (1992), *Between Protest and Power: The Green Party Germany* (Boulder, CO Westview Press).

Frankland, E.G. and Harmel, R. (2000), 'Organizational Changes in the Greens: Implications for Grassroots Participation', paper prepared for ECPR Workshop, 'New Forms of Political Participation: Activism in Green and Alternative Parties', 14–19 April, Copenhagen.

Gottschlich, J. (1998),'Die Geschichte der Grünen, Teil 1', in Groll and Gottschlich (eds).

Groll, P. and Gottschlich, J. (eds) (1998), *Die Grüne Gefahr: Eine Partei auf dem Weg zur Macht* (Berlin: taz-Journal).

Guggenberger, B. and Kempf, U. (eds) (1984), *Bürgerinitiativen und Repräsentatives System*, 2nd edition (Opladen: Westdeutscher Verlag).

Harmel, R. (1987), 'Michels +75: The Iron Law of Oligarchy Revisited', paper prepared for delivery at the annual meeting of the American Political Science Association, August, Chicago.

Hülsberg, W. (1988), *The German Greens: A Social and Political Profile* (London: Verso).

Kelly, P. (1980), 'Die vierte Partei – Eine wählbare ökologische, gewaltfreie, soziale und basisdemokratische Anti-Partei', in Lüdke and Dinné (eds).

Kelly, P. and Leinen, J. (eds) (1982), *Prinzip Leben: Ökopax – die neue Kraft* (Berlin: Olle & Wolter).

Kitschelt, H. (1986), 'Political Opportunity Structures and Political Protests: Anti-Nuclear Movements in Four Democracies', *British Journal of Political Science* 16: 1, 57–83.

Kitschelt, H. (1989), *The Logics of Party Formation: Ecological Politics in Belgium and West Germany* (Ithaca, NY: Cornell University Press).

Lawson, K. (ed.) (1994), *How Political Parties Work: Perspectives from Within*

Poguntke, T. (1993), *Alternative Politics. The German Green Party* (Edinburgh: Edinburgh University Press).
Raschke, J. (1991), *Krise der Grünen. Bilanz und Neubeginn* (Marburg: Schüren).
Raschke, J. (2001), *Die Zukunft der Grünen* (Frankfurt and New York: Campus Verlåg).
Rihoux, B. (2001), *Les partis politiques: organizations en changement. Le test des écologistes* (Paris: L'Harmattan).
Seiler, D.-L. (1993), *Les partis politiques* (Paris: Armand Colin).
Styrkarsdottir, A. (1986), 'The New Women's Movement in Iceland', in D. Dahlerup (ed.) *The New Women's Movement. Feminism and Political Power in Europe and the USA* (London: Sage), 140–57.
Van der Land, M. (2003), *Tussen ideaal en illusie. De geschiedenis van D66, 1966–2003* (The Hague: Sdu).
Van Kemseke, P. (1997), 'The Societal Position of Christian Democracy in France', in E. Lamberts (ed.) *Christian Democracy in the European Union (1945–1995)* (Leuven: Leuven University Press), 174–88.
Voerman, G. (1990), 'Een anatomische les: de congressen van de CPN ontleed', *Tijdschrift voor Sociale Geschiedenis* 16: 2, 182–99.
Wilson, F.L. (1980), 'Sources of Party Transformation: The Case of France', in P.H. Merkl (ed.) *Western European Party Systems. Trends and Prospects*, (New York: The Free Press), 526–51.
Wilson, F.L (1994), 'The Sources of Party Change: the Social Democratic Parties of Britain, France, Germany, and Spain', in K. Lawson (ed.) *How Political Parties Work: Perspectives From Within*, (Westport, CT: Praeger), 263–84.

Koole, R. (1996), 'Cadre, Catch-all or Cartel? A Comment on the Notion of the Cartel Party', *Party Politics* 2: 4, 507–23.

Krouwel, A. (2006), 'Party Models', in R.S. Katz and W. Crotty (eds) *Handbook of Party Politics* (London: Sage), 249–69.

Lucardie, P. (1991), 'Fragments from the Pillars: Small Parties in the Netherlands', in F. Müller-Rommel and G. Pridham (eds) *Small Parties in Western Europe. Comparative and national Perspectives* (London: Sage), 115–34.

Margetts, H. (2006), 'Cyber Parties', in R.S. Katz and W. Crotty (eds), *Handbook of Party Politics* (London: Sage), 528–35.

Massink, H.F. (1993), 'Jachin en Boaz. De gereformeerd-vrijgemaakte en bevindelijk-gereformeerde zuilen temidden van een geseculariseerde cultuur', *Transparant* 4: 2, 28–39.

Melucci, A. (1984), 'An End to Social Movements? An Introductory Paper to the Session on "New Social Movements and Change in Organizational Forms"', *Social Science Information* 23: 4/5, 819–35.

Michels, R. ([1911] 1962), *Political Parties. A Sociological Study of the Oligarchical Tendencies of Modern Democracy* (New York: The Free Press) [originally: *Zur Soziologie des Parteiwesens in der modernen Demokratie*, Leipzig: Klinkhardt, 1911].

Mintzel, A. (1984), *Die Volkspartei: Typus und Wirklichkeit* (Opladen: Westdeutscher Verlag).

Müller-Rommel, F. (1993), *Grüne Parteien in Westeuropa. Entwicklungsphasen und Erfolgsbedingungen* (Opladen: Westdeutscher Verlag).

Neumann, S. (1956), 'Towards a Comparative Study of Political Parties', in S. Neumann (ed.) *Modern Political Parties. Approaches to Comparative Politics* (Chicago: University of Chicago Press), 395–421.

Ostrogorski, M. ([1902] 1964), *Democracy and the Organization of Political Parties* (2 vols), (London: Mcmillan) [English translation by F. Clarke].

Panebianco, A. ([1982] 1988), *Modelli di partito. Organizzazione e potere nei partiti politici* (Bologna: Il Mulino) [English translation by Marc Silver: *Political Parties: Organization and Power*, Cambridge: Cambridge University Press, 1988].

Panebianco, A. (1988), 'The Italian Radicals: New Wine in an Old Bottle', in K. Lawson and P.H. Merkl (eds) *When Parties Fail. Emerging Alternative Organizations* (Princeton: Princeton University Press), 110–36.

Pedersen, M.N. (1982), 'Towards a New Typology of Party Lifespans and Minor Parties', *Scandinavian Political Studies* 5, 1–16.

Pedersen, M.N. (1991), 'The Birth, Life and Death of Small Parties in Danish Politics', in F. Müller-Rommel and G. Pridham (eds) *Small Parties in Western Europe. Comparative and National Perspectives*, (London: Sage), 95–114.

Poguntke, T. (1987), 'New Politics and Party Systems: The Emergence of a New Type of Party', *West European Politics* 10: 1, 76–88.

Buelens, J. and Lucardie, A.P.M. (1998), 'Ook nieuwe partijen worden oud. Een verkennend onderzoek naar nieuwe partijen in Nederland en België', *Jaarboek 1997 DNPP* (Groningen: Documentatiecentrum Nederlandse Poli'tieke Partijen), 118–52.
Carty, R.K. (2002), 'Canada's Nineteenth Century Cadre Parties at the Millennium', in P. Webb, D. Farrell and I. Holiday (eds) *Political Parties in Advanced Industrial Democracies* (Oxford: Oxford University Press), 345–78.
Duverger, M. ([1951] 1954), *Les partis politiques*, 2nd edition (Paris: Armand Colin).
Freeden, M. (1998), 'Is Nationalism a Distinct Ideology?', *Political Studies* 46: 4, 748–65.
Gunther, R. and Diamond, L. (2003), 'Species of Political Parties: A New Typology', *Party Politics* 9: 2, 167–99.
Harmel, R. and Janda, K. (1994), 'An Integrated Theory of Party Goals and Party Change', *Journal of Theoretical Politics* 6: 3, 259–87.
Harmel, R. (2002), 'Party Organizational Change: Competing Explanations?', in K.R. Luther and F. Müller-Rommel (eds) *Political Parties in the New Europe. Political and Analytical Challenges* (Oxford: Oxford University Press), 119–42.
Hopkin, J. and Paolucci, C. (1999), 'The Business Firm model of Party Organisation: Cases from Spain and Italy', *European Journal of Political Research* 35: 3, 307–39.
Ignazi, P. (1998), 'The Iron Law of Party Institutionalization', paper presented in the Workshop 'Challenges to Established Party Organization? Theory and Practice of Green and Alternative Left Party Organization', ECPR Joint Sessions of Workshops, Warwick.
Kaste, H. and Raschke, J. (1977), 'Zur Politik der Volkspartei', in W.-D. Narr (ed.) *Auf dem Weg zum Einparteienstaat* (Opladen: Westdeutscher Verlag), 26–74.
Katz, R.S. and Mair, P. (1992), *Party Organizations. A Data Handbook* (Beverly Hills, CA and London: Sage).
Katz, R.S. and P. Mair (1995), 'Changing Models of Party Organization and Party Democracy', *Party Politics* 1: 1, 5–28.
Kirchheimer, O. (1966), 'The Transformation of Western European Party Systems', in J. LaPalombara and M. Weiner (eds) *Political Parties and Political Development* (Princeton, NJ: Princeton University Press), 177–200.
Kitschelt, H. (1989), *The Logics of Party Formation: Ecological Politics in Belgium and West Germany* (Ithaca, NY: Cornell University Press).
Kitschelt, H. and Hellemans, S. (1990), *Beyond the European Left. Ideology and Political Action in the Belgian Ecology Parties* (Durham, NC: Duke University Press).

参考文献

訳者解説――液状化する政党政治を改革するヒントとしての緑の党

今や緑の党は世界的な存在となった。一九八〇年前後、政治の表舞台に登場した時には、エコロジーの旗を掲げた小政党と受け止められていた。ところがその後、欧州各国では短期間に連立政権に参加し、今では世界九〇カ国で活動している。

しかし、「アマチュア運動家の党」として出発した緑の党も、職業政治家が支配する議会政治という枠組みの中で生き残るためには、自己改革を迫られた。「反政党の党」と称していたラディカルなドイツ緑の党も、自らを「政党システム内のオルタナティブ」と位置づけるようになった。「緑の党は議員政党になった」といった批判もある。

緑の党が、どのような過程を経て自己改革を進め、政党政治の一画を担う存在となったのか。その過程の中で「草の根民主主義」という原則はどのように変化したのか。本書は、欧米一四カ国の緑の党を比較分析することで、その問いに答えている。さらに本書の特徴は以下の点にある。

第一に、よく知られたドイツ、フランスだけでなく、フィンランド、ベルギー、アイルランドなど連立政権に参加した国はもちろん、世界で最初に緑の党の母体を誕生させたオーストラリア、ニュージーランド、さらには設立から三〇～四〇年近く経ってようやく国会議員を誕生させたイギリス、カナダや、大統領選挙に挑み続けるアメリカなど、様々な歴史を持つ一四カ国の緑の党を比較したこと。

第二に、単に緑の党の現状を比較するのではなく、各国特有の政治制度と選挙制度、および政治状況を踏まえつつ、緑の党の創設・発展・現状に至る経過をたどりながら、どのような過程を経て、組織構造を変化させてきたのか分析したこと。

そして第三には、「あらゆる社会集団は規模が拡大するにつれて必ず寡頭制になる」と主張したドイツの社会学者ロベルト・ミヘルスの「寡頭制の鉄則」に抗して、緑の党が「草の根民主主義」の原則を変化させつつ、どのように維持しているのか示したことである。

現実の緑の党の組織は国によって多様であり、各国の違いを考察した点にこそ本書の意義があるのだが、以下にその概要を解説したい。

多くの日本人にとって緑の党は、反原発と環境保護を中心テーマにした野党的な小政党といったイメージが定着している。しかしすでに欧州の緑の党は、EU議会でも「欧州緑の党・欧州自由連盟」という統一会派を組み、一五カ国、五九人のEU議員が所属。中道右派、社会民主主義、自由主義に次ぐ第四の勢力に成長している。さらにアフリカ、アジア・太平洋、中南米と世界九〇カ国で結成され、世界大会も定期的に開催されている。（世界の緑の党の概要、特に思想と政策については、拙訳の『緑の政治ガイドブック』［デレク・ウォール著、ちくま新書、二〇一一年］をお読みいただきたい）

一般的に緑の党の基盤を形成したのは、六〇年代末の学生反乱であり、極左の活動家がリーダーだったという理解が普及している。確かに、ドイツ緑の党で最も著名な政治家で外務大臣まで務めたヨシュカ・フィッシャーや、フランス緑の党の欧州議員としてEU議会における統一会派の共同代表になったダニエルコーン＝ベンディットはいわゆる「六八年世代」の代表的な人物だった。

ただし一九七〇年代前半、緑の党の母体を発足させた創設者たちの動機や経歴は様々だった。一九七二年、オーストラリアで結成された「統一タスマニアグループ」は、タスマニア島にある湖の開発を阻止することを目的としていた。同時期にニュージーランドの首都で青年たちが結成した「バリュー党」が掲げたテーマは、「生活を変えて、社会を変える」ことだった。さらに翌一九七三年にイギリスで発足した「ピープル」は、地球的規模での環境破壊に危機感を抱いた人々によって結成され、政権与党の環境政策を改革することを目ざしていた。

その後、一九七九年のスリーマイル島原発事故や、米ソ冷戦時代における中距離弾道ミサイル配備を受けて、欧州では反核・反原発を結集軸とする新しい社会運動が大きな流れとなった。そして既成の政治に対抗する新たな政治運動の形成を目ざして、市民運動や新左翼の運動家だけでなく、既成の左翼政党あるいは保守系政党の議員も合流する。彼らは国政選挙に候補者を擁立するため、様々な運動の連合体として候補者の統一名簿を組織し、さらに国会議員の当選を契機にして緑の党は運動体から政党へと進化していった。

こうして一九七〇年代初めに、地球の各地から湧き出た小さな泉が細い流れを合流させて川となり、今では海を越えて世界中をつなぐ勢力へと成長したのである。ただし緑の党の歴史は多様であり、途中で枯れてしまった泉も数多くある。初の国会議員が当選するまでの期間も、国によって大きく異なる。

欧州各国では一九八〇年前後から国会議員を誕生させたが、その他の国々で国会（下院）に初当選したのは、ニュージーランド一九九六年、オーストラリア二〇〇二年、イギリス二〇一〇年、カナダ二〇一〇年のことである。その差は各国の政治制度と選挙制度の違いが影響しており、緑の党はそれぞれ異なる歴史をたどってきた。それでも緑の党は、国によって表現を変えながらも、ドイツ緑の党が設立当初に掲げた「エコロジー、非暴力、社会的公正、草の根民主主義」という四つの原則を今も共有としている。中でも緑の党におけるすべての特徴は、草の根民主主義の運動から派生しており、草の根民主主義こそが緑の党の核心と言われる。

こうして「アマチュア運動家の党」として出発した緑の党だが、次第に国会議員の当選が最優先課題となることで、組織を変化させていく。その過程で多くの緑の党は、「現実派」と呼ばれる選挙での当選を重視する派閥と、「原理派」と呼ばれる議会外での運動を重視する派閥との間で激しい対立と論争を繰り返してきた。それでも、政党政治の枠組みの中で党としての存在意義を発揮するためには、結局、国会議員の当選と連立政権への参加を優先課題にすることを迫られる。国会議員がいなければマスコミに黙殺され、有権者も当選可能性が低いと判断して投票を避ける。政党助成金が受けられなければ、党組織の縮小を強いられるのが政党政治の現実である（中には、長年の落選に苦しんだ結果、国政選挙を断念して地方議会選挙に専念することを指向したオランダのような事例もあるが、さらに衰退の路をたどった）。

国会議員に権力を集中させないため、一定の任期で交代させる「議員の交代制」ルールも、一九八〇年代後半には廃止した。もともと当落が激しく、人材も不足している小政党が、あえて議員を短期で交代させれば、政治活動の継続性はもちろん、党組織の存続さえ危うくなるためだ。それでも「草の根民主主義」を重視するメンバーたちの主張によって、多くの緑の党は「国会議員と党役員の兼任禁止」や「党首の否定」を原則としてきた。しかしそれさえ時間とともに、徐々に緩和されてきた。国会議員が当選し、連立政権への参加が契機になって、あるいはそれとまったく反対に、国会議員の当選が極めて困難な状況であるがゆえ、マスコミや有権者へのアピールを強めるため、当初は否定していた「党首」の存在を許容し、組織運営もボランティア中心から専任の役職員中心の体制に移行するようになった。「合意による意思決定」、すなわち多数決によらず「全員一致に至るまで議論する」原則もほとんど廃止されてしまった。現在の党中央の役職員や国会議員の影響力は、以前と比較すれば格段に強化されている。

それでは、現在の緑の党は設立当初の「アマチュア運動家の党」から、既成政党のような「プロフェッショナルな選挙政党」や「議員政党」に変化してしまったのだろうか。本書はそれを否定する。今でも多くの緑の党において、総会運営は代議制をとらずに、メンバーが直接、決議に参加している。今も多くの緑の党は、ローカルな緑の党組織の連合体であり、地方組織における活動はボランティアが中心である。メンバーが党中央に方針を全面委任することはなく、候補者選考も地方組織で行われている。長年にわたる組織内論争の結果、多くのメンバーが緑の党を離れたが、現在も緑の党は「アマチュア運動家の党」の特徴を維持しているのだ。それこそが他政党との差異を際立たせている緑の党の特徴であり、党の基盤を形成し、組織を進化させつづけている根源的なエネルギーなのである。

こうして本書の最終章は、あるイギリス研究者の比喩を紹介している。すなわち現在の緑の党は「ケンタウロス」に似ているという指摘である。「ケンタウロス」とは、ギリシャ神話に登場する「下半身が馬、上半身が人間」の生物である。つまり「直接民主主義に基づくアマチュアリズム」と「政権担当能力を持つプロフェッショナリズム」とが合体した政党になったという評価である（ちなみに「プロフェッショナル」には「職業的」と「専門的」という二つの意味があるが、ここで言う「プロフェッショナル」とは「専門的」という意味であり、緑の党は「職業的」な政党には変化していないと本書は指摘する）。

投票率の低下と政党政治の衰退は先進国に共通する今日的な課題である。多くの国では政党と市民がかい離し、政党政治は機能不全に陥っている。緑の党は、世界的な「政党離れ」という流れの中で誕生してきたとも言える。日本でも、原発、財政、格差・貧困等、政治課題は山積しているにも関わらず、選挙での投票率は低下する一方である。綱領どころか理念や政策すら不明な新党が次々に設立されて、議員は離合集散を繰り返している。こうした政党政治の現状を批判するのはたやすいが、「観客民主主義」と呼ばれるように、政党の液状化を招いた最終的な責任は、政治家と官僚に政治を委任してきた市民自身に帰するはずだ。政党による自己改革を待つことなく、市民自身が政治に直接、参加する回路を切り開いていくほかに、政党政治が再生する可能性はありえない。自民党が長年にわたって築いてきた「受け身の大衆民主主義社会」そのものを、市民自身が自治する力によって改革していかねばならないのだ。

二〇一二年七月には日本でも緑の党が発足し、わずか一年後の参議院選挙には一〇人の候補者を擁立した。世界一高額の供託金と小選挙区制を基本とする選挙制度という高いハードルを乗り越えて、日本で国会議員を当選させることは容易でない。本書からも読み取れるように、日本の緑の党が表舞台に登場して、政治的影響力を発揮するまでには、長期にわたる多くの人々の努力が必要となることだろう。

それでもこの高い山を乗り超えた先には、日本の政党政治と議会制民主主義にとって新たな地平が展望できるだろう。緑の党は市民が政治に参加する回路であり、市民社会と政治の構造を逆転させる道具である。四〇年にわたる欧米緑の党の経験は、私たち日本人にとって多くの示唆に溢れている。

二〇一三年八月

白井和宏

[編著者略歴]

E. ジーン・フランクランド（E.Gene Frankland）

アメリカ・インディアナ州マンシー市・ボール州立大学の欧州政治学教授。専門は、欧州の比較政治学、およびアメリカにおける環境法と環境政策。

著書に『Between Protest and Power: The Green Party in Germany』(Westview Pr, 1992)、『International Encyclopedia of Environmental Politics』(Routledge, 2001) など。

ポール・ルカルディ（Paul Lucardie）

オランダ・フローニンゲン大学において、1979年から2011年まで政党資料センターの研究員を務める。専門は、オランダの新党や急進的政党とイデオロギー。

著書に『The Politics of Nature: Explorations in Green Political Theory』(Routledge, 1995)、『Van de straat naar de staat? 』(Boom Onderwijs, 2010) など。

ブノワ・リウー（Benoît Rihoux）

ベルギー・ルーヴァンカトリック大学の政治学教授。専門は、比較政治学、民族運動と社会運動、政党と新しい社会運動。

著書に『Innovative Comparative Methods for Policy Analysis』(Springer, 2005)、『Configurational Comparative Methods』(SAGE Publications,Inc, 2008) など。

[訳者略歴]

白井　和宏（しらい　かずひろ）

1957年　横浜生まれ。中央大学法学部卒、英国ブラッドフォード大学ヨーロッパ政治研究修士課程修了。

生活クラブ神奈川理事、生活クラブ連合会企画部長を経て、生活クラブ・スピリッツ(株)代表取締役専務。

訳書に『緑の政治ガイドブック』（ちくま新書）、『遺伝子組み換え食品の真実』（白水社）、『それでも遺伝子組み換え食品を食べますか？』(筑摩書房)、『ワーカーズ・コレクティブ』(緑風出版)。著書に『家族に伝える牛肉問題』（光文社）など。

変貌《へんぼう》する世界《せかい》の緑《みどり》の党《とう》
——草の根民主主義の終焉か？

2013年9月30日　初版第1刷発行　　定価3600円＋税

編著者　E. ジーン・フランクランド、ポール・ルカルディ、
　　　　ブノワ・リウー
訳　者　白井和宏
発行者　高須次郎
発行所　緑風出版 ©
〒113-0033　東京都文京区本郷2-17-5　ツイン壱岐坂
［電話］03-3812-9420　［FAX］03-3812-7262［郵便振替］00100-9-30776
［E-mail］info@ryokufu.com［URL］http://www.ryokufu.com/

装　幀　斎藤あかね
制　作　R 企 画　　印　刷　シナノ・巣鴨美術印刷
製　本　シナノ　　用　紙　大宝紙業・シナノ　　E1000

Printed in Japan　　ISBN978-4-8461-1320-9　C0031

◎緑風出版の本

■全国どの書店でもご購入いただけます。
■店頭にない場合は、なるべく書店を通じてご注文ください。
■表示価格には消費税が加算されます。

ワーカーズ・コレクティブ
その理論と実践
メアリー・メロー／ジャネット・ハナ／ジョン・スターリング著　佐藤紘毅／白井和宏訳

四六判上製
三八四頁
3200円

労働者協同組合＝ワーカーズ・コレクティブ運動は、資本の論理に対抗し、労働と生活の質を変える社会運動として注目されている。本書は、ワーカーズ・コレクティブ運動の歴史と現状、理論と実践の課題をまとめたもの。

未来は緑　ドイツ緑の党新綱領
同盟90／ドイツ緑の党著／今本秀爾監訳

四六判上製
二九六頁
2500円

本書は、「ベルリン新綱領」の全訳である。21世紀のための持続可能な発展のモデル／プランが、体系的に環境、社会、経済の各分野に展開されている。政権参加の経験を基に、理解しやすく易しく書かれている未来の政策集。

緑の政策事典
フランス緑の党著／真下俊樹訳

A5判並製
三〇四頁
2500円

開発と自然破壊、自動車・道路公害と都市環境、原発・エネルギー問題、失業と労働問題など高度工業化社会を乗り越えるオルターナティブな政策を打ち出し、既成左翼と連立して政権についたフランス緑の党の最新政策集。

緑の政策宣言
フランス緑の党著／若森章孝・若森文子訳

四六判上製
二八四頁
2400円

フランスの政治、経済、社会、文化、環境保全などの在り方を、より公平で民主的で持続可能な方向に導いていくための指針が、具体的に述べられている。今後日本のあるべき姿や政策を考える上で、極めて重要な示唆を含んでいる。

エネルギー倫理命法
100%再生可能エネルギー社会への道

ヘルマン・シェーア著／今本秀爾、ユミコ・アイクマイヤー、手塚智子、土井美奈子、吉田明子訳

四六判上製　三九二頁　2800円

原発が人間存在や自然と倫理的・道徳的に相容れないこと、小規模分散型エネルギーによる代替の有効性を明らかにする。脱原発へ転換させた理論と政治的葛藤のプロセスを再現。

政治的エコロジーとは何か
フランス緑の党の政治思想

アラン・リピエッツ著／若森文子訳

四六判上製　二三二頁　2000円

地球規模の環境危機に直面し、政治にエコロジーの観点からのトータルな政策が求められている。本書は、フランス緑の党の幹部でジョスパン政権の経済政策スタッフでもあった経済学者の著者が、エコロジストの政策理論を展開。

バイオパイラシー
グローバル化による生命と文化の略奪

バンダナ・シバ著／松本丈二訳

四六判上製　二六四頁　2400円

グローバル化は、世界貿易機関を媒介に「特許獲得」と「遺伝子工学」という新しい武器を使って、発展途上国の生態系を商品化し、生活を破壊している。世界的に著名な環境科学者である著者の反グローバリズムの思想。

グローバルな正義を求めて

ユルゲン・トリッティン著／今本秀爾監訳、エコロ・ジャパン翻訳チーム訳

四六判上製　二六八頁　2300円

工業国は自ら資源節約型の経済をスタートさせるべきだ。前ドイツ環境大臣（独緑の党）が書き下ろしたエコロジーで公正な地球環境のためのヴィジョンと政策提言。グローバリゼーションを超える、もうひとつの世界は可能だ！

ポストグローバル社会の可能性

ジョン・カバナ、ジェリー・マンダー編著／翻訳グループ「虹」訳

四六判上製　五六〇頁　3400円

経済のグローバル化がもたらす影響を、文化、社会、政治、環境というあらゆる面から分析し批判することを目的に創設された国際グローバル化フォーラム（IFG）による、反グローバル化論の集大成である。考えるための必読書！

フランサフリック
アフリカを食いものにするフランス
フランソワ＝グザヴィエ・ヴェルシャヴ著／大野英士、高橋武智訳
四六判上製　五四四頁　3200円
数十万にのぼるルワンダ虐殺の影にフランスが……。植民地アフリカの「独立」以来、フランス歴代大統領が絡む巨大なアフリカ利権とスキャンダル。新植民地主義の事態を明らかにし、欧米を騒然とさせた問題の書、遂に邦訳。

鉄の壁［上巻］
イスラエルとアラブ世界
アヴィ・シュライム著／神尾賢二訳
四六判上製　五八四頁　3500円
公開されたイスラエル政府の機密資料や、故ヨルダン王フセイン、シモン・ペレス現大統領など多数の重要人物とのインタビューを駆使して、公平な歴史的評価を下し、歴史の真実を真摯に追求する。必読の中東紛争史の上巻！

灰の中から
サダム・フセインのイラク
アンドリュー・コバーン／パトリック・コバーン著／神尾賢二訳
四六判上製　四八四頁　3000円
一九九〇年のクウェート侵攻、湾岸戦争以降の国連制裁下の一〇年間にわたるイラクの現代史。サダム・フセイン統治下のイラクで展開された戦乱と悲劇、アメリカのＣＩＡなどの国際的策謀を克明に描くインサイド・レポート。

石油の隠された貌
エリック・ローラン著／神尾賢二訳
四六判上製　四五二頁　3000円
石油はこれまで絶えず世界の主要な紛争と戦争の原因であり、今後も多くの秘密と謎に包まれ続けるに違いない。本書は、世界の要人と石油の黒幕たちへの直接取材から、石油が動かす現代世界の戦慄すべき姿を明らかにする。

イラク占領
戦争と抵抗
パトリック・コバーン著／大沼安史訳
四六判上製　三七六頁　2800円
イラクに米軍が侵攻して四年が経つ。しかし、イラクの現状は真に内戦状態にあり、人々は常に命の危険にさらされている。本書は、開戦前からイラクを見続けてきた国際的に著名なジャーナリストの現地レポートの集大成。